KB161259

인민의 얼굴

인민의 얼굴

북한 사람들의 마음과 삶

한성훈 지음

2019년 6월 30일 초판 1쇄 발행

펴낸이 한철희 | **펴낸곳** 돌베개 | **등록** 1979년 8월 25일 제406-2003-000018호
주소 (10881) 경기도 파주시 회동길 77-20 (문발동)
전화 (031) 955-5020 | **팩스** (031) 955-5050
홈페이지 www.dolbegae.co.kr | **전자우편** book@dolbegae.co.kr
블로그 imdol79.blog.me | **트위터** @dolbegae79 | **페이스북** /dolbegae

주간 김수한 | **편집** 김수한·봉정하
표지디자인 장원석 | **디자인** 이은정·이연경
마케팅 심찬식·고운성·조원형 | **제작·관리** 윤국중·이수민 | **인쇄·제본** 영신사

ISBN 978-89-7199-966-0 (93330)

책값은 뒤표지에 있습니다.

이 도서의 국립중앙도서관 출판예정도서목록(CIP)은 서지정보유통지원시스템 홈페이지(http://seoji.nl.go.kr)와
국가자료공동목록시스템(http://www.nl.go.kr/kolisnet)에서 이용하실 수 있습니다.(CIP제어번호: CIP2019021920)

북한 사람들의 ——————— 마음과 삶

인민의 얼굴

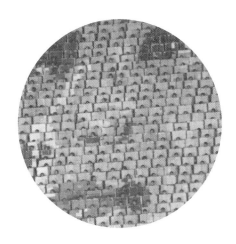

한성훈 지음

돌베
개

평생 몸 쓰는 일을 하다 떠난 어머니
류칠영(1930~2018)을 추모하며

차례

1부 흔들리는 인민

2부 인민의 일상생활

3부 인민의 내면세계

일러두기

1. 본문에서 □ 표시는 해독이 불가능한 단어를 말한다.
2. 본문에서 북한, 이북, 평양, 조선민주주의인민공화국 등은 맥락에 따라 혼용했다.
3. 본문에서 단행본은 「 」, 논문과 기사는 「 」, 정기간행물은 《 》, 영화와 노래 등의 작품 제목은 〈 〉로 구분하여 표시했다.
4. 인명의 직책은 당시의 시점을 기준으로 했다. 예를 들어 김정은 국무위원장 이전의 활동을 쓸 때는 노동당 제1비서와 같은 식으로 표기했다.
5. 본문에서 북한의 인명과 지명을 비롯한 고유명사는 현지 표기를 따랐고 인용문 및 참고문헌의 출처 표기 또한 그대로 두었다. 직간접 인용문의 북한어 일반명사와 띄어쓰기를 비롯한 맞춤법 역시 대체로 원문 및 현지 표기를 따랐다.
6. 개인 편지와 각종 자료는 문건이 작성된 시점의 표기대로 옮겨 적었다. 북한 인민들이 쓴 편지는 가능한 원문 그대로 옮기려 했고, 직접 인용이 아닌 경우에는 현재 그 뜻을 알 수 있도록 표현을 조금씩 바꾸었다. 편지의 표기는 작성자를 발신인으로, 받는 이를 수신인으로 통일했으며 날짜는 편지를 작성한 날로 했다. 작성일이 밝혀져 있지 않은 경우는 봉투에 찍힌 소인을 기준으로 하고, 발신지와 수신지의 주소는 봉투와 엽서에 적힌 대로 옮겼다. 발신인의 주소는 그가 이전에 살던 집이나 기관의 주소이고 병사들의 경우는 점령지역 기관이나 우편함이다.
7. 7장에서 11장까지의 내용 일부는 필자가 북한연구학회가 발행하는 《북한연구학회보》 제20권 제2호(2016)에 발표한 「신해방지구 인민의 사회주의 체제 이행」과 북한대학원대학교 심연북한연구소의 《현대북한연구》 제17권 3호(2014)에 발표한 「북한 사회주의 이행의 근대성과 일상의 변동」을 고쳐 썼다.
8. 전쟁과 개인의 서사를 다룬 12, 13장은 필자가 비판사회학회 학술지인 《경제와사회》 제94집(2012)에 발표한 「개인 편지에 나타난 북한 인민의 전쟁 서사」를 보완한 것이다.
9. 15장에서 19장까지의 내용 일부는 "The Ongoing Korean War at the Sinch'ŏn Museum in North Korea", *Cross-Currents: East Asian History and Culture Review*, No.14(Mar. 2015)와 《경제와사회》 제91집(2011)에 발표한 「전쟁사회와 북한의 냉전 인식」을 다시 쓰고 최근의 북한과 미국 관계 내용을 추가했다.
10. 본문에 수록한 이미지 가운데 김일성 주석과 김정일 국방위원장 장례 사진은 《평양타임스》*The Pyongyang Times*, 개인 편지는 국립중앙도서관이 미국 국립문서기록관리청(NARA)에서 수집한 자료, 신천박물관 사진은 미즈노 나오키 교토대학교 명예교수로부터 도움을 받았다. 그 이외 이미지는 화보 《조선》에서 얻었다.

* 이 책은 2014년 정부(교육부)의 재원으로 한국연구재단의 지원을 받아 수행된 연구임 (NRF-2014S1A6A4027510).

인민이 온다

북한은 낯설다. 이 나라와 이곳에 살고 있는 사람들을 생소하게 느
낄 때가 많다. 그들은 지구화된 시대에 드물게 국제 관계로부터 고
립된 채 살아왔다. 북한이 유별나게 보이는 것은 체제의 성격에서
특수성이 지나치게 커 보이기 때문이다. 사회의 고유함이 다른 사회
의 보편성에 비해서 이질적이라는 의미다. 사회주의 사회의 보편성
과 북한의 독자적인 통치 체제로서 유일사상체계가 뒤엉켜 있다. 이
북의 표현대로 유일사상체계와 유일영도체계는 다른 나라에서는 찾
아보기 어려운 통치 방식이다. 이 체제가 '유일'하기는 하지만 해명
이 불가능한 것은 아니다.

　학문은 이상과 현실을 좇는 것이다. 이 책은 두 가지 관점을 배
경으로 하고 있다. 하나는 분단사회론이다. 분단사회는 남한과 북한
의 사회를 두 개의 독자적인 사회로 바라보면서 남한이 북한에 미치

는 영향과 북한이 남한에 미치는 영향을 관계적 속성으로 파악하는 인식론이다. 해방 이후 근대 국가의 정치 제도를 근간으로 형성되어 온 남북한 사회는 한 번도 동질적인 현대 사회의 형태로 나타나지 않았다. 마주보는 이질성은 어떤 동질성을 설정하는 것이 아니었다. 같은 성질이나 특성이 있다면 그것은 과거의 것이다.

분단사회는 북한 사회의 고유한 독자성을 받아들이면서 남한 사회가 북한을 인식하는 방법을 의미한다. 그 역도 성립한다. 이것은 '분단'을 재인식하는 것이 아니라 북한 '사회'의 고유성과 내적 중심성을 강조하고 남북한의 관계에 영향을 받는 사회 변화를 설명하려는 접근 방식이다. 지리적 의미에서 출발한 분단은 정치 체제의 주요 관점으로 변해 왔다. 사람들의 인식으로 보면 분단은 서로 다른 체제와 동의어로 쓰이고 있다.

북한 사회를 포착하는 또 다른 관점은 인간의 감정과 사회적 행위를 설명하는 브로니슬라프 말리노프스키Bronislaw Malinowski에게서 얻었다. 뉴기니 지역 트로브리앤드군도 원주민들의 공식, 비공식 담론과 법적 생활을 분석한 그의 책 『미개 사회의 범죄와 관습』에서 영감을 받았다. 조선민주주의인민공화국이 미개 사회이거나 원시 공산사회라는 뜻은 아니다. 원시적이라는 것이 부정적일 거라는 선입견을 가질 이유는 없다. 어느 면에서 인간 정신의 원초적인 발동은 예나 지금이나 크게 다르지 않은 것이 사실이다. 조금만 다른 시선으로 보면 인간이 사회를 이루고 공동체 생활을 하는 이상 이것은 그만큼 오래된 기원을 가지고 있다.

사회란 다른 사람과 관계를 이루며 정치를 조직하는 곳이다. 사람이 모여 사는 공동체는 어느 사회에서나 조금씩은 공통점을 가지고 있다. 이북 사회 역시 다른 국가와 비교해서 뒤떨어지지 않는 정교하고 복합적인 체계를 발달시켜 왔다. 3대 세습의 이면에서 또 다른 원리가 작동하고 노동당의 정치가 사회를 관통하고 있다. 희로애락을 느끼는 보통 사람들의 삶 속에는 비약이 있을 수 없다. 그들은 정치 체제의 위계를 감당하면서 자신들의 의지를 북돋는 경향이 뚜렷한 사람들이다. 이 책은 북한 체제를 규정지으려는 결정주의 시각보다는 인민들의 삶과 정치적 감정을 연결 지어 사회의 제도적 이행을 해명하고자 한다. 그들 나름대로 선택한 체제 이행의 경로와 독자성을 존중하려고 고심한 결과다.

정부와 언론의 영향 때문인지 북한에 대해서 만큼 체제 붕괴를 예측하려는 일정한 경향이 있다. 인과 관계를 밝히려는 노력보다는 이른바 정권이 어떻게 될 것인지, 그 향방에 몰두하는 경향이 크다. 사회 변화의 현상과 구조를 분석하는 것과 정권이 어떻게 될 것이라고 하는 것은 근본적으로 다른 관점이다. 학문은 예언을 하는 것이 아니다. 이해를 근거로 행위를 설명하고 얽혀 있거나 복잡한 변화를 풀어낼 수 있지만 체제가 붕괴할 것인지, 전쟁이 일어날 것인지, 내부에서 저항이 있을 것인지 묻고 답하는 것은 연구나 담론이라고 할 수 없는 한낱 지레짐작에 불과하다. 설사 이런 종류의 일들이 어느 순간 한마디 말과 한 줄 문장으로 맞아떨어져서 실제로 그런 일이 벌어지더라도 말이다. 국내외의 다양한 인과 관계를 가진 변수들의 조합과 이 변수들의 상호 작용 그리고 그 영향을 무시하고, 무엇보다 북쪽에 살고 있는 인민들의 의지나 내면을 전혀 들여다보지 못한 예상일 뿐이다.

국제 관계 시각에서 북한 사람들을 보려는 관점이 횡행하고 있다. 사회의 변동과 그곳에 사는 사람들의 인식까지 국제 정치의 하위 범주에 놓고 예측하려는 추세는 평양을 이해하지 못할 뿐만 아니라, 그 구성원들의 삶을 무시하는 오류를 낳는다. 다르게 표현하면 북한 연구에서 만큼 특수성이 날뛰고 있다. 엉뚱한 주장을 내세우는 경우도 허다하다. 조건과 단서를 붙이고 있기는 하지만, 북한 사람들이 이북의 체제를 제거하고 남한과 통일해 남쪽의 풍요로움에 참여할 것이라는 단정과 같은 전망이 그렇다.

못사는 나라, '고난의 행군' 시기에 자기네 인민을 먹여 살리지 못했으니 비난받는 것은 피할 수 없다. 정치권력의 정당성과 낙후된 정치 체제를 비판하는 것도 일리가 있다. 하지만 이런 것들이 연구의 걸림돌로 작용할 수는 없다. 이 책은 인민에 초점을 두면서 노동당의 정책을 역사적으로 추적하고 정치적으로 구조화하는 과정을 다룬다. 동시에 가능한 한 그들의 생각, 느낌, 감정과 같은 내면의 세계를 들춰 보는 것을 목적으로 한다. 사람의 속마음을 어떻게 알 수 있을까만, 공통의 생활을 기반으로 축적된 인간의 행위는 유사한 감정으로 드러나는 경우가 많다. 동질적이라는 것을 반드시 나쁜 의미로만 받아들일 필요는 없다. 분석을 쉽게 하는 데 오히려 큰 도움이 된다.

3대 세습과 '왕조국가'라고 비판하더라도 이 체제의 내적 논리를 이해하고 해석하려는 노력을 게을리 할 수 없다. 한반도 남쪽에 미치는 영향이 어느 요인보다 절대적이기 때문이다. 당 우위의 국가라고 하는 사회주의 체제의 지도 원리와 세습으로 구축한 유일영도체계는 어긋난 톱니바퀴처럼 보인다. 두 번씩이나 아들에게 권력을 물려줌으로써 노동당 정치국 중심의 집단지도체제가 훼손될 가능성이 큰 것은 사실이다. 그래도 다음과 같은 설명은 삼가야 한다. 김정은 국무위원장을 홀로 선 독재자로 묘사하거나 지칭하는 것은 북한의 정치 제도를 이해하지 못하는 데서 나온 지적일 뿐이다. 노동당의 정책 결정 과정과 집단지도 형식을 띠는 부문별 일군협의회의 제한적이면서 관리된 집체과정을 깊이 이해하지 못한 결과라고 하겠다.

북한 연구를 매우 특수하게 보는 경향은 여러 가지 요인 때문이다. 정치 체제와 지도자들의 독특함이나, 정보의 통제와 연구 자료의 제한이 가장 중요한 문제일 것이다. 현장에 접근할 수 없는 한계는 연구 영역의 제한을 가져오고 뛰어난 연구가 제때 이루어지지 못하게 한다. 2018년 봄과 가을에 남북 정상 회담이 판문점과 평양에서 열렸고 그해 여름과 2019년 2월에는 싱가포르와 베트남 하노이에서 역사적인 북미 정상 회담이 있었다. 몇 번의 정상 회담을 전후해 북한 사회에 관한 정보가 쏟아지고 있다. 대다수 언론이 그동안 평양에 대해 보여 준 태도는 체제의 성격에만 골몰한 채 그곳에 사는 사람들의 내적 감정과 신념에 대해서는 무시하는 것이었다.

미국중앙정보국CIA이 기획하고 헬렌 루이즈 헌터Helen-Louise Hunter가 쓴 *KIM IL-SONG'S NORTH KOREA*(한국어판『CIA 북한보고서』)의 서문에서 밝힌 대목이 눈길을 끈다. 헌터의 책은 "군사, 정치 또는 경제 발전에 대한 전형적인 분석이 아니라 북한의 일상생활에 대한 사회학적 연구의 결과라는 사실"이다. 그의 책에서 또 한 번 놀라운 것은 인민들의 일상생활 다음에 덧붙인 "감정"에 관한 언급이다.

'일상생활과 감정'은 정보기관이 출간한 책의 주제로는 썩 어울리지 않지만, 그들의 기획은 이북에서 탈출한 사람과 그곳을 다녀온 사람들의 증언을 토대로 '전체주의 국가의 생활을 문서화'한 데 특별함이 있다. 지금으로부터 20년 전 평양을 분석한 헌터의 문제의식은 존중받을 만하다. 미리 밝혀 두지만 헌터의 책은 발간 당시를 기준으로 볼 때에도 상당한 의의를 가진다. 하지만 "종교적 숭배 사회를 정확하게 묘사하고 있다"는 헌터의 서문을 이 책에서는 비판할 것이다. CIA가 '종교적 숭배 사회'라고 한 것은 여러 가지 이유가 있겠지만, 가장 큰 문제점은 이북 사회와 그 구성원의 질서를 창조해 온 역사와 정치의 내적 논리를 도외시한 데 있다.

CIA는 정보의 90% 이상을 매체 보도에서 얻는다. 평양에 CIA의 현지 사무소 역할을 하는 곳도 있다. 스위스인 사업가 펠릭스 아브트Felix Abt가 2002년 7월부터 이북에 근무하는 7년 동안 평양에 상주한 미국인은 세계식량프로그램WFP의 평양사무소 소장을 맡은 토빈 듀Torben Due가 유일했다. 평양에 주재하는 외국 특파원들은 세계식량프로그램 사무소를 CIA 현지 사무소 또는 미국대사관이라고 불렀다. 위성과 무인정찰기로 정보를 얻는 것은 제한되어 있고, 외교 관계가 없는 상황에서 인민들과 접촉해서 직접 정보를 얻을 수 있는 기회는 앞서와 같은 프로그램에 참가한 사람들을 통해서 뿐이다.

인민들의 '일상생활과 감정에 대한 사회학적 연구'가 이 책의 주요 내용이다. 이 감정은 개인감정도 있겠지만 정치화된 감정을 말한다. 학계에서 북한 인민들의 일상세계와 생활문화에 관한 연구는 2000년 초부터 다양한 분야에서 시도되어 왔다. 평양에서 경제 협력 사업을 한 아브트가 외부의 학자들이 설명하는 것과 자신이 경험한 인민들의 일상생활이 어떻게 다른지 그 차이를 『평양자본주의』에서 조목조목 밝혀 놓았듯이, 내부의 시선이라고 해서 단순히 현상을 긍정하는 것만은 아니다. 결과에는 이유가 있다. 인민 대중의 사고와 행위에는 이북이 처한 상황에서 가장 적절한 선택이 무엇이었는지 알게 해 주는 공동체의 규범과 가치 체계가 존재한다. 규칙과 관례에 따라 행위 규범이 제도화되어 왔다.

이 책의 주제어인 인민에 대해서 설명해야겠다. 남한에서 이북의 정치 주체를 인민이라고 하지 않고 마치 낮추어 말하듯 '주민'이라고 부르는 것에 의문을 가진 지 오래다. 이 어휘에 낯선 대다수 사람들은 이념의 편향된 잔재를 담고 있는 것으로 인민을 받아들인다. 학계에서 북한을 연구할 때에도 '주민'이라는 말을 아주 흔하게 사용한다. 바깥세상에서는 인민들을 동질적이고 단일한 정치 공동체 구성원으로서 '주민'이라고 통칭하고 그들의 일상과 정서를 매우 단선적으로 보는 경향이 크다. '주민'은 한 정치 공동체와 그 구성원의 관계를 분석하는 데 매우 부정확한 용어다. 이 책에서 인민이라는 이북 사람들에 집중한 것은 각 나라의 정치 문화에 따라 다르게 쓰이는 이 용어의 대상과 개념, 언어로서 변형되는 문자의 유래를 탐문하기 위한 것이 아니다.

인민에 관한 문제의식은 새로운 주장이 아니다. 연세대학교 사회학과 박영신 교수는 1996년 봄학기 '용재기념 학술모임'에서 「기독교와 한글 운동」이라는 글을 발표한다. 이 주제문 곳곳에서 선생은 인민이라는 어휘를 계속 썼다. 발표가 끝난 뒤 이어진 질문에서 사회를 맡은 이만열 교수는 인민이라는 용어를 사용한 것에 대해서 특별한 사회학적 입장을 갖고 있는지 물었다. 선생은 "북쪽에서 쓰기 때문에 우리 스스로 우리말을 좁혀 들어가려고 하는 이유는 타당한가? 북쪽과 남쪽이 갈라지기 이전에 우리가 함께 썼던 말들이 있는데 그것을 우리가 좀 더 자유롭게 써야 할 필요가 있지 않을까?"라고 되물었다. 박영신 교수는 1978년 12월《동방학지》에 기고한「독립협회 지도 세력의 상징적 의식 구조」라는 글에서 이미 인민이라는 말을《독립신문》에 나온 그대로 사용했다.

언어 차이가 심해지면 서로를 이해하기 어렵다. 동일한 현상이라도 다르게 표시하고 표현하면 그 개념과 인식 또한 달라진다. 2002년 8월 러시아 극동 지역을 김정일 위원장이 방문했을 때 5일 동안 동행하면서 밀착 취재한 올가 말리체바Olga P. Maltseva에 따르면, 2000년 남북 정상 회담에서 김정일 위원장은 김대중 대통령의 말을 80%정도 이해했다. 사물이나 현상에 대한 지식은 그 자체로 통용되는 것이 아니라 정치 사회 변동의 산물로서 구성된다. 해방 공간의 역동적이고 변형적인 인민의 쓰임새와 용례에서 70여 년이 더 지난 현재, 남한에서 이 말은 이데올로기 용어로 덧씌워져 있다. 정치 공동체 구성원에 대한 개념어로서 제대로 된 논의조차 하지 못한 상태에서 터부시되어 왔다.

이북에서 사회의 기본 구성단위는 개인이 아니라 집단이다. 개별 공민이나 인민을 부정하지 않고 법적 의무와 권리를 가진 공민의 존재 또한 헌법에 명시하고 있지만, 그들에게 가장 중요한 것은 집합체로서 인민 또는 인민 대중이다. 이북 사회가 통합성이 높은 것은 인민들이 당과 국가 또는 인민들 사이에서 서로 간의 바탕이 되는 특성이 많기 때문이다. 인민들이 가진 공통의 관계는 다른 나라에 비하면 매우 한결같아서 다름이 거의 없는 것처럼 유사하다.

이 책은 사회주의 인간형에 따른 인민관의 정립과 생활양식의 정형화를 집중 분석한다. 1967년에 등장한 유일사상체계에 뒤이어 1974년에 발표한 '당의 유일사상체계 확립을 위한 10대 원칙'은 인민들에게 생활양식의 표준 규범이 되었다. 인간의 삶과 가치관의 체계를 포괄하는 생활양식은 유일사상체계를 확립하기 위한 10대 원칙과 이 원칙에 따른 인민들의 생활총화로서 집행된다. 최고 지도자를 제외하면 어느 누구도 피할 수 없는 것이 10대 원칙이고, 자아비판과 상호비판의 생활총화가 따른다. 김정일이 주도한 사회주의 인간형의 정립 과정이야말로 이북 정치 공동체 성원의 원형질이라고 하겠다.

이 책은 인민의 첫 모습을 김일성과 김정일의 사망 이후 나타난 애도와 상실감의 현장에서 담는다. 두 사람의 죽음은 그 자체로 이북에서 근래에 보기 드물게 큰 사건이었다. 체제 붕괴를 예측한 외부 세계의 시각부터 인민들의 눈물이 조작된 것이라는 둥 온갖 설이 난무했지만 세습과 함께 체제는 안정을 되찾았다. 정치권력의 세습에 대한 불가피한 선택과 인민들의 감정 구조를 뒤따라 서술할 것이다.

사회와 인민들에게 미친 영향으로 볼 때, 1994년 김일성 사망 이듬해부터 3년간 이어진 '고난의 행군'을 주시하지 않을 수 없다. 자연재해와 식량난, 경제 위기로 확대된 '고난의 행군'을 극복하는 과정을 장마당의 형성과 거래, 시장을 찾아 나선 인민들의 활동에서 찾아본다. 생계를 해결해야 하는 경제 활동은 인민들에게 시장에서 좀 더 자유로운 공간을 만들어 주었고, 이 공간은 사적 영역의 부분적 확대로 이어졌다. 중앙 계획 경제와 자본주의 경영 요소를 결합한 인민경제의 생산 양식 변화를 각종 조치 내용으로 알 수 있을 것이다.

북한의 독특한 신분 제도는 계급 계층을 포괄하는 출신과 사회성분으로 이루어져 있다. 사회주의 체제의 계급 관계를 기초로 하면서 전 인민을 3개 계층으로 나누고, 64개 세부 부류를 정해 인민들의 신분에 차등을 두었다. 성분 제도는 구성원의 통합보다는 노동당원을 핵심으로 출신과 개인 능력에 따라 사회성분이 결정되는 위계의 방식으로 구조화되었다. 소수의 예외가 있지만 성분에 따른 차별은 출신이나 개인 능력으로 극복할 수 없을 만큼 관료화되어 있다.

인민들의 일상생활 변화는 사회주의 체제로 이행하는 사회적 근대성의 과정으로 밝힌다. 이 변화는 협동농장 추진과 노동당을 중심으로 하는 조직 생활, 집단적인 단체 활동에서 알 수 있다. 한 국가의 모범이 되는 인간형을 어떤 방식으로 만드는지, 인민의 형성과 모범 인민의 창출을 제시하고 따라 배우기 운동과 북한식 사회주의 인간형의 정립 과정을 다룬다.

일상생활 다음으로 인민들의 감정을 세 가지 현상으로 설명한다. 첫째는 김일성과 김정일의 사망, 둘째는 반미 정서, 셋째는 한국전쟁 때 인민들이 밝힌 개인감정을 통해서다. 첫째는 개인과 집단 감정이 동시에 나타나는 집합을 이루고, 둘째는 정치적 집단 감정이며, 셋째는 개인감정에 속한다. 인민들의 심성은 강한 신념도 있지만 다양한 감정도 포함하고 있다. 그들의 내면에 잠복해 있는 집단 감정이 어떤 것인지, 김일성 주석과 김정일 국방위원장 사망 이후 벌어진 장례와 일련의 국상 기간에 나타난 현상을 돌아보며 설명할 것이다. 두 사람의 사망은 곧 최고 지도자와 인민의 관계에 대한 '사회정치적 생명체론'과 이로부터 파생하는 그들의 내면 의식의 연결 고리를 밝히는 사건이다.

두 번째 언급한 미국에 대한 감정을 지나칠 수 없다. 반미 정서는 경험과 정치의 이중 과정에서 안착된 대표적인 집단 감정이다. 한국전쟁의 경험에서 비롯된 이 감정과 반미정치는 70여 년 가까이 지속된 미국의 체제 위협에 따른 반작용으로 존재해 왔다. 김정일이 밝히는 대미외교의 진실과 인민들에게 반미정치의 상징처럼 되어 있는 신천박물관에서 정치적 감정의 실체를 보게 될 것이다. 신천학살의 가해자 문제와 미국을 비난하는 평양의 진의, 그 속마음을 열어 본다. 세 번째 개인감정은 한국전쟁이라는 매우 특별한 시공간에서 인민들의 편지 속에 드러난 내면세계를 그린다.

군인과 인민이 일치된 사회에서 전쟁을 상시 준비하는 체제를 설명하면서 한국전쟁과 핵무기를 빼놓을 수 없다. 지난 몇 년간 전 세계가 지켜보았듯이 핵무력의 완성은 평양의 시간표대로였다. 국제 사회의 제재가 동기가 될 수 없다는 뜻이다. 핵무기를 갖추고 국가 안보를 지키려는 대외 정책은 어느 날 갑자기 등장한 것이 아니라 오래된 북미 관계의 산물이다. 길게는 한반도에 처음 핵무기가 들어와 춘천의 미군기지 캠프페이지에 배치된 1958년부터, 더 길게는 한국전쟁 때 겪은 공중 폭격과 원자폭탄 위협으로까지 거슬러 올라간다.

1950년 전면 전쟁을 일으킨 김일성과 그의 동지들에게 가장 큰 두려움은 불과 2년 전에 세운 국가가 원자폭탄으로 이 땅에서 없어질지도 모르는 공포였다. 이 두려움은 누가 떠들지 않더라도 최고 지도자와 노동당, 인민들 모두가 침묵 속에 동의하는 것이었다. 전장의 체험은 이것을 겪지 않은 혁명후속세대, '새세대'에게도 교육으로 전승되어 경험으로 남아 있다. 그들에게 생존의 위기는 항상 미국으로부터 받는 침략 위협에 있다. 미국 본토를 향해 장거리 핵공격을 할 수 있는 능력을 갖추고서야 노동당은 평창으로 내려왔다.

남한 사람들은 이북에 살고 있는 인민들이 무지할 것이라고 단정하는 경우가 종종 있다. 남한에 비해 또 다른 나라에 비해 경제적으로 매우 뒤처져 있고, 통제와 감시가 심한 사회에 살고 있기 때문에 그들이 무지할 것이라고 보는 선입관이다. 그들의 사고와 생활방식은 복잡하지 않고 단순하지만 고등교육을 받은 인민들이 각 분야에서 상당한 수준의 지적 능력을 가지고 풍부한 인적 자원을 형성하고 있다. 아브트가 깨달은 것은 "북한 사람들이 '친애하는 지도자'의 독재에 무조건 따르는 로봇이 아니라 우리와 같은 인간이라는 것이다. 그들도 전 세계 다른 국가 사람들과 마찬가지로 슬픔과 행복을 경험하며, 희망과 열정을 품고 있다." 이 책에서 하고 싶은 말이다. 서구는 물론 남한도 예외는 아니다. 자기 형상대로 빚은 세계에서 평양을 바라보고 있다. 변화하는 평양을 염두에 두면서 이 책이 현재 시제라는 것을 잊지 말자.

DPRK

1

흔들리는 인민

"언제나 위기에 처하게 되면 예술가도 또한 다른 모든 사람들과 마찬가지로 인간으로서 인류를 위해 무언가 하지 않으면 안 되며 따라서 정치의 일손도 도와야 하는 것입니다. 그러나 항상 그것은 단기간의 임무입니다. 사람은 력사의 광대한 걸음에 영향을 줄 수는 없고 다만 그의 극히 일부분을 변화시킬 뿐입니다."

윤이상-루이저 린저, 『상처입은 룡』, 윤이상음악연구소, 1992.

1
최고 지도자의 사망
애도와 상실감

1994년 7월 9일 정오경 조선중앙통신 아나운서의 목소리가 심하게 떨렸다.

우리 당과 우리 인민의 위대한 수령 김일성 동지께서 심한 과로로 인해 심장의 고동을 멈추었습니다.

최근 이북에서 가장 큰 사건이라고 한다면 김일성 주석과 김정일 국방위원장의 사망일 것이다. 김일성 주석과 김정일 위원장의 사망은 북한뿐만 아니라 남한과 국제 사회에서 주목한 세기의 사건이었다. 어느 나라에서나 최고 지도자의 죽음은 정치적인 사건이다. 그가 사회의 구성원으로부터 지지를 받은 지도자라면 슬픔과 애도가 넘쳐날 것이고, 이와 반대로 비난을 받은 지도자였다면 애도보다는 일종의 안도감이 앞설 것이다. 죽음은 정치적인 사건이긴 하지만 그 이후의 애도는 어디까지나 구성원들의 감정에 관한 것이다. 인민들이 느낀 가장 큰 충격은 '민족의 태양'도 죽음을 피할 수 없는 한 인간 존재라는 사실이다.

조선중앙통신의 방송이 있기 하루 전인 7월 8일 김일성 주석은 사망했고, 그 이후 국제 사회는 이북 전역에서 벌어지는 추모 현상을 아주 신기한 눈으로 바라보았다. 그들의 눈에 복받치는 슬픔을 주체하지 못하고 문상을 위해 길게 줄을 선 인민들의 행렬과 울음바다로 변한 통곡 장면은 '이상한 나라의 북한' 그 자체였다. 김일성의 장례식 날 화면에 비친 인민들의 모습은 어쩌면 "유일하게 허가된 감정"을 표현하기 위한 방법이었는지 모른다. 그들을 사로잡은 것은 "슬픔과 불안, 그리고 기대였다."[1]

이 현상을 방송으로 목도한 외부 세계의 언론들이 쏟아낸 비판은 북한 당국이 인민들을 슬픔의 광장으로 동원한 것이라는 기사였다. 왜냐하면 국제 사회에서 봤을 때 김일성은 인민들을 가난하고 못살게 한 독재자이기 때문이다. 전체주의와 같은 체제에서 한 나라를 통치한 독재자의 사망을 두고 인민들이 그렇게 슬퍼하는 것은 개인감정으로는 불가능할 것이라고 단정했다. 인민들이 자발적으로 표현하는 추모가 아닌 연출과 각본에 의한 애도이자 선전 선동에 의한 행사라는 추측이었다.

김일성의 죽음과 장례

1990년대 말에 북한을 벗어나 남한으로 이주한 서○○은 평양 김일성광장에서 주석의 장례식을 지켜보았다.[2] 장례가 있은 이후 녹화 방송을 집에서 다시 보게 되었는데, 텔레비전에서 보여 주는 장례식 영상은 자신이 눈으로 직접 본 것보다 훨씬 자극적으로 연출한 것이었다. 애도에 알맞은 장면을 촬영하고 인민들의 우는 얼굴과 눈물을 클로즈업해서 화면 가득히 보여 주었다. 그렇다고 슬픔에 잠긴 평양 시민들의 모습 전체가 연출된 광경은 아니었다. 그 속에는 서○○이 전하는 대로, 진정으로 슬픈 감정을 가진 인민들이 대부분이었다. 김일성의 죽음과 장례는 이북에서 조선노동당이 통치를 시작한 이래 인민들이 이전에는 한 번도 경험하지 못한 '위대한 수령'의 신변에 대한 것이었다.

전 세계에서 전례를 찾기 힘들 정도로 오랫동안 통치를 한 독재자의 죽음에 대한 인민들의 반응은 외부에서 보는 것처럼 그렇게 단순하지 않다. 남한의 언론도 예외는 아니었지만 국제 사회의 호들갑에도 불구하고 인민들의 추모는 대다수의 경우 스스로 감정을 주체하지 못한 자발적인 현상을 띠었다. 주석의 사망 소식을 접한 인민들의 오열은 깊은 슬픔에 싸인 자연스러운 모습이었다. 인민들은 그의 죽음을 진정으로 슬퍼했고, 북한 당국은 당연히 밖으로 나와서 애도할 수 있게 했다. 외부의 시각으로는 쉽게 이해할 수 없는 일들이었다. 미국의 어떤 학자는 "그들의 눈물에서 지도자의 죽음으로 인한 심리적·정신적 공허"를 느꼈다.[3] 어떤 측면에서, 온몸으로 절규하는 인민들의 영상에서 거짓은 찾아볼 수 없었다.

최고 지도자의 사망

— 김일성 주석의 장례식에서 헌화하며 통곡하는 남포 시민들

인민들의 슬픔에는 진정의 차이가 있겠지만 겉으로는 같은 눈물을 흘려야 했다. 쿠바 아바나의 국제공항에서 '수령'의 사망 소식을 들은 황장엽은 며칠 뒤 평양의 집에 도착한다. 아내는 "마치 자기 아버지가 죽은 것보다 더 슬퍼하고", "아이들은 김일성의 사망을 의사들의 잘못 탓으로 돌리면서 죽일 놈들이라고 욕을 해댔다." 황장엽은 감상주의에 빠지는 것을 경계했지만 아내와 아이들이 흘린 눈물은 진심이었다. "전국이 다 울고 있는데" 자기 "혼자 멀쩡한 눈으로 있다는 것은 위험한 노릇"이었고, "억지로라도 눈물을 흘리지 않을 수 없었다." 자식들은 장례식에 참석한 아버지의 모습을 텔레비전에서 보고는 적게 운다고 나무랐다.[4]

미국을 비롯한 서구와 남한의 일부 학자들은 김일성이 사망하자 북한 정권이 붕괴할 것이라고 예측했다. 생전에 그가 행사한 절대 권력을 감안하면 이와 같은 판단은 일면 타당해 보인다. 국제 정

세의 영향을 받은 인민들 중에는 김일성 사후 이북에서 변혁이 일어날 것으로 예상한 이도 있었다. 김정률은 1970년대 중반부터 20년 가까이 오스트리아를 비롯한 독일어권 국가에서 최고 지도자가 위탁한 물품과 당에서 필요로 하는 장비, 기계 등 거의 모든 물건을 구입해서 평양으로 보내는 일을 했다. 1994년 7월 김일성이 사망하자 그해 10월 18일 김정률은 빈에서 잠적한다. 베를린 장벽 붕괴와 동유럽 사회주의 나라들이 차례대로 몰락한 것을 자세히 알고 있었던 그는 김일성 사망 이전부터 평양을 떠나기로 작정하고 사라질 준비를 해 왔다. 김정률은 '위대한 수령'이 사망한 다음에 독재 "체제가 자체적으로 붕괴하게 될" 것으로 생각하고 과감히 도주했다.[5]

북한 사회를 잘 모르는 서구 언론은 연일 대성통곡하는 인민들의 모습을 당국의 연출로 폄하하고, 김일성 주석이 없는 체제가 얼마 가지 못할 것이라는 논평을 쏟아 냈다. 남한도 마찬가지였다. 정상 회담을 앞두고 김일성이 갑작스럽게 사망하자 김영삼 정부는 조문弔問이 어떤 정치적 득실이 있을지를 놓고 파문에 휩싸였다. 입장 표명을 요구하는 여론에 떠밀려, 7월 18일 이영덕 국무총리는 국무회의에서 "민족 분단의 고착과 동족상잔의 전쟁을 비롯한 불행한 사건들의 책임자라는 역사적 평가가 이미 내려져 있다"라고, 김일성 사망에 대한 정부의 공식 입장을 내놓는다. 그는 사회 일각에서 김일성의 장례식과 관련해 조전을 발송하거나 조문단 파견을 논의하는 움직임을 무분별한 행동이라고 치부하고, 김일성에 대한 애도 분위기를 "국민 정서에 정면으로 배치되는 용납될 수 없는 일"이라고 밝힌다.[6]

조문 파동은 남한이 김일성과 북한에 대해 공식적인 입장을 표명할 준비가 되어 있지 않았음을 보여 주었다. 역사적 평가와 별개로 정상 회담을 앞둔 최고 지도자의 사망에 대해 외교적 수사라도 전하지 못한 김영삼 정부였다. 이와 대비되게 빌 클린턴Bill Clinton 미국 대통령과 무라야마 도미이치村山富市 일본 총리는 조의를 표했다. 김영삼 정부는 상대방에 대한 조의를 표명하는 대신 비상경계령을 내려 군사적 긴장을 높였다. 혹시 모를 북한의 도발과 붕괴에 대비하는 명분이었다. 정치적 차원에서 보면 김영삼 정부가 조문을 하는 것이 남북한이 화해의 분위기를 잡는 데 더없이 좋은 기회였다.

남한에서만 조문 파동이 불거진 게 아니었다. 북미주에서도 김일성의 영결식에 참석한 사람들에 대해서 찬반이 나뉘었고, 이런 상황은 이념 문제로 확대되어 통일 운동의 분열을 초래했다. 예를 들자면 유태영 목사가 평양에 가서 참배를 하고 뉴욕으로 돌아오자 미주 한인 사회에서 그를 비난하며 조문에 대한 시비가 붙었다. 남한에서 일어난 정치적 파장이 한인 동포 사회에서 그대로 이어졌다. 이에 대해 유태영은 "방북한 사람들을 무조건 '빨갱이'나 '친북 인사'로 매도하는 것은 '냉전 체제를 오직 한국 땅에서만 유지하겠다는 큰 오산'이라고 지적"했다.[7]

1994년 7월 17일 송두율은 금수산기념궁전에서 열린 김일성의 영결식에 참석한다. '경계인'으로서 그가 "직접 본 평양은 큰 슬픔 속에서도 내일을 차분히 준비하고 있는 모습이었다." 2003년 송두율이 남한을 방문했을 때 국가정보원은 이것을 크게 문제 삼았고, 언론은 그를 심하게 공격했다. 죽은 사람의 명복을 빌고 그 죽음에 대하여 슬퍼하는 마음을 전하면서 상주喪主를 위로하는 것은 정치적 셈법을 넘어선다. 송두율은 윤리적 차원에서 자신의 조문을 정당하게 평가했다.[8] 죽은 자의 장례를 존중하는 것은 문명이 가진 인간의 도리다.

　　인민들의 반응과 별개로 김일성의 죽음에 대한 북한 정치 엘리트들의 또 다른 선택과 체제의 향방에 집중한 외부 세계의 예측은 빗나갔다. '위대한 수령'의 절대 권력만큼이나 이북 체제의 강건함은 인민들의 결속과 지지 때문이었다. 에릭 호퍼Eric Hoffer는 스탈린 체제 하의 소련에서 "사람들이 풍족한 삶을 실제로 경험하기 전까지는 민중 봉기가 일어나기 어려울 것이"라고 전망했다.[9] 이 분석은 평양의 김일성과 김정일 체제에도 그대로 적용된다. 김일성의 사망은 새로운 정권을 기대하거나 보다 나은 사회를 향한 목표와 가까워지는 열망의 순간이 아니었다.

인민들의 눈물

원초적인 모습을 드러낸 인민들의 눈물은 김일성이 살아 있을 때에도 빚어진 광경이다. 1963년 4월 첫 방북한 윤이상은 5·1절(노동자의 날) 행사에 참석한다. 이 축전 기간에 그는 동베를린의 "북조선대사관에서 영화를 볼 때에는 연출된 광경이라고 생각했던 한 광경의 현장을 보았"다. "그 광경은 완전히 현실을 그대로 재현한 것이었는데 **김일성** 주석께서 말씀하면 거대한 광장에 모인 군중들이 멀리서 그를 볼 수 있을 뿐인데도 눈물을 흘리"는 것이었다. 이 현상을 어떻게 설명할지 그는 스스로 이렇게 답한다.[10]

나에겐 리해가 됩니다. 이 민중은 전후 오래 동안 굶주리고 가난하고 잠을 잘 집도 없었지요. 그런데 **김일성** 주석께서 모든 것을 지도하여 짧은 기간에 사람들이 이제는 더 굶주리거나 추위에 떨지 않도록 했으며 집도 지어주었던 것이지요. …**김일성** 주석은 의심할 바 없이 많은 성과를 거두고 지도자의 위용을 증명했으며 개인적인 권위도 과시했습니다.

　윤이상은 위와 같은 풍경과 인민들의 모습에 대해 한마디 덧붙여 놓았다. 인민들은 "그 밖의 다른 정부를 알지 못했으며 이 새로운 생활에 완전히 만족했던 것입니다."

　김일성 사후에 벌어진 영결식에서 인민들의 울부짖음은 강렬한 정치적 퍼포먼스의 물결로 볼 수 있다. 선전 선동의 연극성은 장례 행렬에서 절정을 이루었다. 운구차가 지나가는 "행렬과 행진, 의식, 전례 등의 행사는 의심할 바 없이 대중의 가슴에 어떤 공명을 일으킨다." "아무리 냉정한 사람이라도 대중이 운집한 장관에는 넋을 잃게 마련이다."[11] 이 현상을 두고 인민들의 대중 심리를 조종하는 애도라고 할 수는 없다. 인민들의 기세와 장관은 김일성이 생전 그들로부터 받은 충성을 감안하면, 선전 선동만으로 분출할 수 없는 강렬한 태초의 슬픔에 그 원인을 두고 일어난 것임을 부인하기 어렵다.

　평양이 일부러 '눈물'을 짜내거나 선전할 필요는 없었다. 중국과 몽골을 거쳐 2001년 9월 남한으로 이주한 어느 청년의 고백처럼 "사람들의 우는 모습을 계속 보다보니 어느 순간부터는 억지로 눈물을 쥐어짜지 않아도 눈물이 절로 나왔다." 분위기가 그랬던 탓인지 "정말로 슬퍼지는 것도 같았다." "슬퍼하는 사람들의 모습이 슬퍼 눈물이 흘렀다."[12] 눈물이나 슬픔은 전염된다. 자발적이든 그렇지 않든 몰려드는 인민들 앞에서 슬픔을 과장하기 위해 어떤 속임수를 써야 할 필요는 더욱 없었다. 다만 인민들의 추모 행렬이 끊이지 않게 할 필요는 있었다. 이북에서 선전은 당의 사상을 교육하는 것이 핵심 사업이다. 국상國喪에 걸맞은 전 인민의 동참은 학교나 기업소, 마을마다 마련된 조문 장소에서 이루어져야 했다. 인민들의 슬픔은 자의 반 타의 반 마음에서 우러나오는 것이었으며, 광장 밖이 아니더라도 그들은 충분히 슬퍼할 수 있었다.

　독재자의 죽음은 남다르다. 비단 평양에서만 그렇게 유별나게 펼쳐진 것은 아니었다. 1953년 3월 5일 소련 공산당 서기장 요시프 스탈린Joseph V. Stalin이 뇌졸중을 일으킨 지 닷새 만에 죽었다. 다음 날 사망 소식이 알려지자 소련 전역에서 수많은 인파가 시신이 안치된 모스크바 붉은광장 근처 '기둥들의 전당'으로 몰려들었다. 스탈린의 시신이 사흘 동안 일반인에게 공개되었고 사람들의 애도는 끊이지 않았다. 광장은 혼잡했고, 인파들 사이에 떠밀린 수백 명이 깔려 죽었다. 그들이 느낀 것은 '정신적 동요'였다.

　스탈린을 좋아하지 않았던 사람도 그의 부고를 들었을 때 눈물을 흘렸다. 자신의 삶에서 스탈린이 차지하는 비중이 압도적이었기 때문이다. 공포 정치에 희생된 사람들의 가족마저도 스탈린의 죽음을 진정으로 슬퍼했다. 기뻐한 사람도 있었고 그의 죽음이 가져올 또 다른 숙청과 공포를 두려워하는 사람도 있었다. 기뻐한 사람들은 공개적으로 그 감정을 드러낼 수 없었지만 가장 노골적으로 그의 죽음을 "환영"한 사람들은 굴라크ГУЛаг(gulag)와 집단 거주지에 있는 인민들이었다.[13]

　1979년 10월 26일 박정희 대통령이 청와대 인근의 궁정동 안가에서 김재규 중앙정보부장이 쏜 총탄에 맞아 사망했을 때도 비슷한 풍경이 벌어졌다. 독재자였지만 그의 죽음을 슬퍼하는 사람들의 가슴속에는 공허함 같은 것이 있었다. 농촌으로 갈수록 많은 노인들이 눈물을 흘리고 참배에 동참했다. 공공 기관에서는 공무원들을, 학교에서는 학생들을 분향소로 데려가 독재자를 추모하도록 유도했다. 광주형무소에서 사망 소식을 들은 리영희는 그 순간에 눈물과 웃음이 한꺼번에 터져 나왔다.[14]

지금까지 억누르고 있던 이 세상의 압력, 시커먼 모든 것이 한순간에 거두어지는 것 같은, 죽음에서 살아난 것 같은 그런 상태인데, 눈물과 함께 마구 웃음이 나와요. …오로지 내가 저 무거운 바다 밑에서 온 바다의 압력을 느끼다 꺼지려던 것이 한순간에 바다 위로 떠오른 것 같은 정신적 무중력 상태가 됐어요. 그러니까 웃음과 울음이 동시에 마구 나와. 박정희가 어떻게 죽었는지는 모르지만 눈물이 펑펑 쏟아지면서 큰 소리로 웃기도 하고 울기도 하며 뒤범벅이 됐지.

　　리영희의 모습처럼, 오랫동안 지배자의 위치에 있었던 사람이 갑작스런 죽임을 당했을 때는 그에 대한 지지 여부를 떠나 어떤 허망함이 한순간 찾아왔을 것이다. 박정희가 사망했을 때 이북에 납치되어 있던 영화배우 최은희는 그 소식을 듣고 매우 슬펐다고 한다. 그가 생각하기에 박정희는 "나라를 위해 일했던 정치인"이었다.[15] 사람은 그가 맞닥뜨리는 인물에 대해서 자신만의 표상을 갖는다. 정치 지도자에 대한 표상은 대중적일 수도 있고 지극히 개인적인 것일 수도 있다. 누군가는 자기 나름대로 슬픔을 느끼고 또 다른 누군가는 분노를 느꼈을 것이다.

　김일성과 스탈린, 박정희의 죽음이 모두 다르다. 그렇지만 정치 지도자 개인의 성격이나 역사의 평가와는 별개로 그들의 죽음이 일반 대중에게 알려졌을 때 나타나는 개인감정은 서로 비슷했다. 슬픔과 정신적 공황이 유사하고 기쁨이 유사하고 눈물이 유사하다. 그들을 지지하든 반대하든 어느 정도씩 차이는 있겠지만 독재자로서 그들이 개인들의 생애에서 갖는 비중이 절대적이었기 때문에 비슷한 감정들이 쏟아져 나왔다. 인민들은 김일성의 죽음이라는 사건으로부터 같은 심리적 유형을 가진 것뿐이었다.

　수많은 인민들에게 국가를 세운 수령의 사망은 마음속의 큰 타격이었다. "전쟁의 폐허에서 그들을 자랑스럽게 방어할 수 있는 주권국으로 이끌어 준 사람은 김일성이었"고, 그는 "이 나라를 '제국주의 적의 손아귀'에서 보호해 주었"다.[16] 중요한 것은 김일성에 대한 인민 대중의 강렬한 애착이다. 전국을 돌아다니며 현지지도를 하고 인민과 친밀한 사이를 느끼도록 만들었던 김일성의 인격과 인간성에는 의심의 여지가 없었다.

　인민들과 친밀감을 형성하는 김일성의 재능은 평양에서 오랜 기간 망명 생활을 한 캄보디아의 전 국왕 노르돔 시아누크Norodom Sihanouk의 눈에도 경이롭게 보였다.[17] 획일적인 속성을 가지고 있기는 하지만 그렇다고 인민들이 교조적이거나 광신적인 신자는 아니다. 김일성을 추종하는 슬픔이 같은 인간의 속성에서 솟아 나온 것이라고 해서 그들이 어떤 광기에 사로잡힌 것은 아니다. '전능한 아버지'를 잃은 마음속 상실감과 공허함이 인민들에게 가장 큰 슬픔과 두려움이었다.

　　　　　　　　　　　　　　　　　　　　　　　　　　최고 지도자의 사망

애도의 시간, 추모의 경쟁

외부 세계의 사람들은 영상으로 전해지는 인민들의 모습을 프로파간다의 결정체처럼 여길 수 있을 것이다. 선전 이전에 인민-당-수령의 결속은 '사회정치적 생명체'로서 유기적으로 운명 지어져 있었다. 1986년 7월 15일 김정일은 당중앙위원회 책임일군들 앞에서 "주체사상교양에 제기되는 몇 가지 문제에 대하여"라는 담화를 발표한다. 그에 따르면 당을 중심으로 인민이 조직 사상적으로 결속하면 영생하는 생명력을 지닌 통일체를 이룰 수 있다.[18] 1988년 1월 김정일은 '조선로동당 중앙위원회 조직지도부 책임일군회의에서 한 연설'에서 "사회정치적 생명체는 하나의 생명으로 결합되어 운명을 같이하는 수령, 당, 대중의 통일체"라고 선언한다. 수령으로부터 주어진 사회정치적 생명에 따라 그에게 충성하는 것은 공산주의 도덕의 최고 표현이다.[19]

1960년대 후반부터 유일사상체계가 확립되면서 1970년대 초반 '사회정치적 생명체론'이 등장한다. 김일성은 "사회적 존재인 사람에게 있어서는 육체적 생명보다도 사회정치적 생명이 더 귀중하다"고 밝혔다.[20] 인민들이 '사회정치적 생명'을 얼마나 내면화했는지 그 정도의 차이는 있겠지만, 적어도 정치적 생명의 제공자인 수령을 잃은 인민들의 상실감은 외부의 시선을 초월하는 것임에는 틀림없다. '사회정치적 생명체'에서 가장 중요한 것은 노동계급의 수령이고, 이것은 당의 영도와 수령을 중심으로 인민 대중을 이끌어 가기 위한 통치 논리다.

'사회정치적 생명체론'을 인민들은 어떻게 받아들였을까? 1996

년 7월 이수자는 평양으로 향하는 고려항공 기내에서 한 승무원과 긴 대화를 나누는 시간을 가졌다. 한 집안의 가장처럼 "한 나라가 영도자를 중심으로 똘똘 뭉쳐 있는 제도" 속의 여성을 만났다. 김정일 "장군님의 며느리"라고 "눈 하나 까닥 않고 진지하게 말"하는 스물네 살 된 승무원으로부터 이수자는 인민군인은 전부 장군의 아들이고 그런 인민군과 결혼하는 자신은 장군의 며느리라고 확신하는 모습을 보았다. "그렇게 생각하고 믿고 말하는 그 순수한 태도"에서 그는 "또 새로운 것에 부닥"친 느낌이었다. "이 작은 나라가 목숨도 즐거이 바칠 수 있다고 생각하는 영도자 아래에서", 달라진 남과 북의 이념과 생활 방식의 차이를 서로 이해하기까지는 상당한 시간이 걸릴 것이라고 이수자는 전망했다.[21]

집단주의 생명관을 전제로 하는 '사회정치적 생명체론'은 인민들의 도덕 의무와 관련해서 수령에게 충성과 효성을 다해 끝까지 따르는 것을 근본적으로 요구한다. 인민과 수령 사이의 이와 같은 유기체론에 따르면 인민들 중에는 김일성을 아버지로 생각하는 '맹신자'도 있을 수 있다. 김일성에게 충성하고 노동당의 명령에 따르는 것이 익숙한 그들에게 국상 기간은 혼돈의 시간이었다. 그렇다고 그들 속에서 추모를 반대하는 움직임이 일어날 여지는 없었다. 김일성의 전체주의 사회가 수립된 이래 평양은 인민들이 항거하는 위험에 놓인 적이 한 번도 없었다.

김일성이 급작스럽게 사망하고 김정일은 1년이 다 되도록 공개석상에 거의 모습을 드러내지 않았다. 단 세 차례만 모습을 나타냈을 뿐이다. 아버지를 잃은 슬픔과 허탈감이 컸지만 그는 경제난과 체제 위기, 이런 것을 해결해야 하는 난제를 안고 있었다. 아들은 노

— 김일성 장례식 후 김일성 동상 앞에는 한 달 이상 인민들의 조문이 이어졌다

동당 중앙위원회 본부 청사 집무실에서 아버지의 사망 이후 전역에
서 시시각각 벌어지고 있는 애도와 외신에서 보도하는 내용을 주시
하고 있었다. 김일성에 대한 추모의 분위기는 경쟁적으로 이어지고
그 물결 속에는 죽은 사람을 그리워하며 잊지 않으려고 지나치게 경
쟁하는 부정적인 내용도 포함되어 있었다. 김정일은 전국에서 밤낮
으로 올라오는 자료를 보고 받고 대책을 지시하며 긴장된 나날을 보
냈다. 아들은 아버지의 추모 분위기를 자기 눈으로 직접 확인하기
위해 암행어사처럼 만수대 김일성 동상과 평양 곳곳을 밤에 돌아보
았다.[22] 만수대 김일성 동상 앞에는 한 달 이상 조문이 이어지면서
인민들이 갖다 놓은 꽃다발로 넘쳐 났다.

　　김일성에 대한 추모는 김정일에 대한 충성으로 이어진다. 평양
에서 이주한 이○○은 김일성의 사망 소식을 들은 날 받은 충격을
기억하고 있다.[23] 그의 진술에 따르면, 이북 전역에서 '민족의 태양'

이 서거한 갑작스러운 소식을 듣고 170여 명 이상이 심장마비로 사망했다. 심지어 그 자신이 가장 먼저 하얀 명주천에 "조국통일"이라는 혈서를 썼는데, 이것이 아버지의 애도와 추모에 대해 사소한 사건까지 챙기고 있던 아들에게 자세히 보고되었다. 그 이후 노동당원을 중심으로 절대 충성을 맹세하는 분위기는 엄숙한 장례 기간 내내 더욱 고조되었다.

김정일에 충성을 맹세하는 상황과 별개로 또 다른 현상이 나타나기 시작했다. 인민들이 경쟁적으로 추모 대열에 합류하고 정부 기관과 공장, 기업소들은 한 달이 넘도록 김일성을 애도한다면서 거의 일을 하지 않았다. 김정일은 이와 같은 세태를 이렇게 표현했다. "사람들이 매일 아침 출근해서 오전에는 단위들에 마련된 김일성 영정에 애도를 표한 뒤 김일성 동상에 증정할 꽃다발이나 꽃바구니를 준비하고, 오후에는 단위별로 해당 지역 김일성 동상에 가서" 오전에 준비한 것들을 "증정하고 묵도를 한 뒤에는 집으로 퇴근하는 게 하루 일과의 전부"라고. 그때의 분위기로는 일을 하는 사람을 찾아보기 어렵고 안일하고 나태한 습관이 급속도로 인민들 속에 퍼져 나갈 수 있었다.[24]

아들은 아버지의 국상을 치르는 동안 추모와 장례, 엄숙함 속에 갇혀 있지 않았다. 그의 시선은 다른 곳을 향해 있었다. 황장엽과 함께 망명한 김덕홍에 따르면 인민들은 초기에 "김일성이 갑자기 죽은 것에 대한 놀람과 충격 때문에 자의 반 타의 반으로 그를 애도했지만 시간이 흐를수록 점점 '누가 더 김일성의 죽음을 슬퍼하는가?' 하는 불가항력적인 애도 경쟁에 빠져들었"다. 김일성이 사망하고 한 달이 지난 8월, 김정일은 '혁명적 낙관주의'를 불러온다. 당중앙위원회 일군들에게 지시한 사항에서 그는 김일성 주석을 잃은 슬픔을 인민들이 "혁명적 낙관주의로 이겨내고" "전투적으로 일하며" 생활에서 "하루빨리 정상적인 일과로 돌아오도록 해야 한다"고 강조했다.[25] 김일성의 갑작스러운 죽음 이후 불어닥친 사회의 침울한 분위기는 김정일의 우려처럼 정확한 것이었다.

국상은 또 다른 방식으로 집단주의 사회의 이면을 드러냈다. 아버지가 사망한 후 일주일쯤 지난 1994년 7월 중순경 아들은 당중앙위원회와 국가보위부, 사회안전부에 "국상 기간에 개개인의 사상 동향과 움직임을 면밀히 감시해서, 이 기회에 적아敵我를 명백히 구분하고 대책"을 마련하도록 지시를 내린다.[26] 위기를 틈타 분열이 발생할지 모른다는 의심은 사회를 장악한 전체주의 국가에서도 우려하는 사항이었다. 정권에 도전할 만큼의 세력은 없을 것이다. 하지만 불평불만과 체제에 부정적인 여론은 언제나 안개처럼 퍼져 있을 수 있다.

김일성의 죽음은 신격화되어 있는 절대자의 죽음이라는 측면에서 인민들에게 큰 상실감을 남겼다. 인민 대중에게 "김일성에 대한 의미를 부여하지 않고 사는 것은 무언가를 잃어버린 목적 없는 삶"이라고 할 수 있다.[27] 인민들의 정서에서 보면 김일성 주석은 신神에 가까운 존재였다. 유일사상인 주체사상은 '주체종교'와도 같고 김일성을 "빼놓고는 그 어떤 것도 상상할 수 없는 곳이" 오늘날의 북한이다.[28] 인민 대중의 삶에서 김일성의 존재를 한두 세대 내에 지우는 것은 불가능하다. 수령의 부재는 폐쇄적인 사회 체제의 질서를 부분적으로 파괴하고 모순을 인식하게 만들 수 있을지 모르지만, 체제의 성격을 바꾸지는 못했다. 김정일은 '고난의 행군' 시기를 거치면서 공식적으로 권력을 승계하고 최고 지도자로서 그 역할을 대신하게 되었다.

　인민들의 입장에서 권력 교체나 승계를 볼 때 김일성의 사망은 그들이 한 번도 겪어 보지 못한 세기의 사건이었다. 최고 권력이 김정일에게 승계될 것이라는 것은 암묵적이었지만 통치의 기반을 어떻게 이루어 낼 것인지 외부 세계는 불투명하게 지켜보았다. 이런 정세는 남한이 김일성 주석의 사망으로 북한 체제에 급변 사태가 일어날 것처럼 예단한데서도 알 수 있다. 일각의 전망과는 전혀 다르게 김일성의 사망 이후 북한은 건재하고 권력을 승계한 김정일 위원장은 자연스럽게 사회질서를 회복했다. 체제의 근본적인 변화는 일어나지 않았고 평양의 중심부에서 인민 대중을 장악하는 것은 아주 빠르게 안정을 되찾았다.

2

김정일 위원장 사망과
3대 세습

2011년 12월 28일 조선중앙통신은 다음과 같이 김정일 국방위원장의 영결식 장면을 전한다.

우리 인민을 승리와 영광에로 이끌어주시던 경애하는 장군님의 위대한 심장이 너무도 절통하게 고동을 멈추었으니 하늘의 태양이 꺼졌다.

그해 12월 17일 오전 8시 30분 사망한 김정일 국방위원장의 부고 소식을 평양은 이틀 뒤인 19일에 공개한다. 조선중앙통신은 사망하기 몇 해 전부터 뇌졸중으로 쓰러진 적이 있는 그의 아픈 모습을 몇 차례 방송으로 보도했다. 하지만 그의 죽음은 급작스럽게 일어났고 평양은 이틀이 지난 뒤에야 이 사실을 공표했다. 그사이 남한을 비롯한 주변국은 한동안 자취를 감춘 김정일의 동선動線을 파

— 김정일 국방위원장의 장례를 집단적으로 애도하는 평양 시민들

악하느라 부산을 떨었다. 며칠 동안 숨바꼭질하듯이 드러나지 않은 그의 행보는 혹시 사망했을지 모른다는 추측을 가능하게 했다. 1998년 9월 5일 개정한 헌법을 '김일성헌법'으로 명명하고, 아버지를 "공화국의 영원한 주석"으로 추대하면서 수령 중심의 영도를 계승한 아들마저 자연의 섭리를 빗겨갈 수는 없었다.[1]

　　김정일의 사망을 개성공단에 근무하면서 알게 된 김○○은 여성 노동자들이 강당에 모여 한꺼번에 눈물을 흘리고 통곡하는 장면을 목격한다.[2] 남한에서 진출한 의료기업에서 파견 근무를 하고 있던 그로서는 매우 생경한 풍경을 보게 되었다. 마치 박정희가 사망했을 때 국민들이 보인 반응처럼, 노동자들이 강당에 모여 집단적으로 애도하는 광경을 보았다. 당시로서는 쉽게 이해가 되지 않았지만 개성공단에서 수년째 근무하는 동안 노동자들과 접촉하면서 그때의 반응을 조금씩 이해할 수 있었다. 이북이 노동당의 독재 체제이긴

　　　　　　　　　　　김정일 위원장 사망과 3대 세습

하지만 당의 지시로 인민들 내면의 슬픔까지 강요할 수 없음을 그는 보았다. 노동자들은 자발적으로 눈물을 흘렸다.

김정일의 사망 이후 외부에 조금씩 알려지는 인민들의 반응은 조선중앙통신에서 방영하는 장례식 장면과는 차이가 있다. 김정일 위원장의 사망에 대한 슬픔의 정도가 다를 수 있고 인민들이 직접 체감하는 공간의 분위기 역시 상당한 차이가 있을 수 있다. 지역으로는 평양 시민과 함경북도의 중국 국경 지대와 가까운 곳에 거주하는 사람의 표정 차이라고도 할 수 있다. 공화국 중심부의 평양 거리는 대규모 추모의 장으로 변했다. 군중들이 거리를 에워싸고 장엄하게 연출하는 공식적인 영결식은 평양 거리에서만 거행되는 기이한 의식은 아니다. 한 국가의 최고 지도자가 사망한 나라라면 이것은 어느 곳에서나 일반적인 현상이다.

일부가 연출된 것이라고 하더라도 장례식에서 보여 주는 눈물은 인민들의 진짜 눈물이다. 어쩌면 완벽한 통합성을 보여 주는 공동체의 이런 현상은 "집단 감정의 충만"한 상태에 해당할지 모른다.[3] 바깥 세계에서 영상으로 보는 것이 평양의 전부가 아니듯, 그들의 애도가 집단적인 광기에 휩쓸려 '최고 영도자'를 잃은 슬픔으로 조작된 것은 더욱 아니라는 의미다. 폐쇄된 사회에서 외부로 전해지는 자료들 속에서 주의할 점은 영상으로 보이지 않는 것이 더 많을 수 있는 여지에 있다. 애통함이 거리에 넘쳐 날 때, 그 여지를 감안하면 추모에 참석하지 않은 수백만 명의 인민들이 김정일의 죽음을 접한 그날 자신의 슬픈 일상을 계속 살았다는 것을 알 수 있다.[4]

애통함이 거리에 넘쳐 날 때

검은 상복을 가지런히 차려입은 리춘희 아나운서는 비장한 어투로 김정일 위원장의 사망을 발표하고 조선중앙통신은 이 소식을 반복해서 방영한다. 12월 19일 학기말을 코앞에 둔 평양과학기술대학에도 김정일 위원장의 사망 소식이 전해졌다. 조문객을 맞이하는 분향소가 대학 구내에 있는 김일성역사연구실에 차려졌다. 2011년 7월 한여름에 입북한 수키 김Suki Kim은 그해 12월까지 6개월 정도 이 대학에서 학생들에게 영어를 가르쳤다. 그는 김정일이 사망한 후 엄숙한 분위기의 분향소에서 정신이 빠져나간 듯 침통한 표정의 얼굴로 문상하는 학생들을 지켜보았다. 이런 용모는 다음 날 식당에서 밥을 먹을 때에도 자신과 눈을 마주치지 않는 학생들의 모습으로 이어졌다. 그들은 넋이 나간 표정으로 해야 할 일을 하고 있을 뿐이었다.[5]

그들의 눈은 퉁퉁 붓고 빨갰으며 얼굴에는 표정이라고는 없었다. 그들에게서 생명이 빨려나간 듯했다. …나는 그들이 숟가락을 들어 입으로 가져가는 것을 지켜보았다. 마치 위대한 지도자를 잃은 이 세계에서 내가 더 이상 존재하지 않는다는 듯이 그들이 식판을 들고 내 쪽으로 눈길을 주고도 나를 알아보지 못하는 것을 나는 지켜보았다.

함경북도의 한 협동농장에서 일한 이주민 김○○은 김정일 위원장의 사망 소식을 듣고 "우리는 모두 비통한" 심정이었다고 밝힌다.[6] 말끝을 흐리면서 그는 김일성의 사망과 김정일의 사망을 비교

김정일 위원장 사망과 3대 세습

하면 좀 다른 감정이 든다고 했다. 김일성이 사망했을 때 나이 어린 10대 소녀였는데, 그에게는 무엇인지 잘 모르지만 마음속에서 아주 슬픈 감정이 들었다. 온 동네 사람들이 "대성통곡"했지만 김정일이 사망했을 때는 그 정도는 아니었다.

김○○은 김일성 주석이 사망했을 때가 더 슬펐는데, 김정일 위원장이 사망한 직후에는 "농장대로 모여서 김정은 대장"에게 "충성 선서를 했"다. 반원들을 불러 모아 놓고 충성 맹세를 했는데 거의 강요에 가까웠다. 김일성 사후 김정일 때만큼 마음속에서 우러나오는 충성심이 아니었는지 모른다. 김일성에서 김정일로 권력이 승계될 때와 김정일에서 김정은으로 권력이 승계될 때 인민들의 마음가짐은 조금씩 차이 날 수밖에 없다. 이○○이 김일성 주석 사망 후 김정일에게 보여 준 충성 맹세의 단지혈서에 비교하면, 김정일 위원장의 사망 이후 김정은으로 권력이 승계되는 것에 대한 인민들의 반응은 달랐다. 이○○의 사례를 하나의 전형이라고 할 수 있겠지만 북한 이주민의 구술이 모든 것을 말해 주지는 않는다. 그들에게는 개인마다 사정이 다르고 내면의 동기는 또한 제각각이다.[7]

북한 정부의 대처 역시 달랐다. 김일성이 사망했을 때는 긴장하고 비상한 조치를 취했지만 김정일 위원장의 사망 때는 보다 질서정연한 절차에 따라 장례를 치렀다. 김정은이 후계자로 등장한 지 얼마 되지 않은 상황이었지만 최고 지도자의 사망과 권력 승계에 대한 한 차례 선례가 있었기 때문이다. 인민들의 눈물은 김일성의 사망 때 못지않았지만 이북 전역에서 진행된 추모 물결은 그 정도를 달리했다. 젊은 지도자의 등장과 맞물려 그들의 속마음이 같을 리 없었다.

— 질서정연한 절차에 따라 김정일의 장례를 치른 후계자 김정은

　　이북 사람들 100명과 나눈 인터뷰에 따르면 주체사상에 대해 자부심을 가진 사람은 51명이었다. 약간의 자부심을 가진 응답자를 합하면 전체의 65%가 북한의 경제난이나 생활의 어려움에 상관없이 사상적인 통합을 유지하고 있음을 알 수 있다.[8] '김정일의 정치가 인민을 위한 정치'였다는 면담 사례는 사상의 측면에서 균열의 정도는 매우 낮은 수준이라는 것을 말해 준다. 유일사상체계를 완성한 김정일 위원장에 대한 평가는 그의 사후에도 긍정적으로 이어져 오고 있다. 권력을 물려받은 셋째 아들은 2012년 4월 제11차 헌법 개정에서 아버지에 대한 찬양을 추가하며 그를 "영원한 국방위원장"으로 추대한다.[9] 아버지가 할아버지를 "영원한 주석"으로 명명했듯이.

　　독재자라고 하더라도 그에 대한 내면의 존경은 개인감정이고 이것은 제각각이다. 김정일의 지시로 1978년 홍콩에서 납북拉北된 최은희는 1986년 오스트리아에서 서방 세계로 망명하기까지 이북에서 생활한다. 2005년 언론 인터뷰에서 그는 김정일에 대한 독특한

평가를 내놓았다.[10]

납치를 명령했던 김정일 위원장도 다 용서했어요. 오랜 시간이 지났잖아요. 방법은 옳지 않았지만 신 감독과 저를 활용해 북한의 낙후된 영화를 살리려 했던 뜻만은 이해가 됩니다. 연출도, 연기도 천편일률적인 북한 영화에 변화를 주고 싶었다고 하더군요. 우리 부부의 마음을 돌려놓겠다는 목적에서 5년을 참고 기다린 것도 쉬운 일이 아니죠. 다만 오해하지 마세요. 그를 용서했다고 체제를 인정하는 건 아니니까요.

최은희의 이와 같은 심리를 스톡홀름 증후군Stockholm syndrome이라고 볼 수는 없다. 그는 특별한 목적으로 납치되어 김정일로부터 나름대로 좋은 대우를 받았기 때문에 보통 사람들이 갖는 감정과 단순히 비교할 수는 없다. 한 인간에 대해서 용서의 마음을 갖는 것은 쉽지 않다. 영화, 예술이라고 하는 공통의 이해는 최은희와 김정일, 신상옥 서로 간의 내면에서 또 다른 관계를 형성하게 했을 것이다. 사람이 가진 다양한 성격과 겉으로 보이는 정치적 측면을 한 꺼풀 벗기면 인간으로서 한 사람을 느끼게 되는 감정을 만날 수 있다. 최은희처럼 매우 가까이에서 김정일을 접해 본 경험이 있다면 더욱더 그럴 가능성이 클 것이다.

왜 권력이 세습되었을까

김일성에서부터 김정은 국무위원장에 이르는 3대 세습은 근대 정치 체제에서 자연스러운 권력 이양은 아니다. 평양에서 세습은 좋은 방안이 아니었다. 김정남이 고미 요지五味洋治《도쿄신문》 기자와 주고받은 메일에서 보듯이 김정일조차 3대 세습에 부정적이었다. 장남은 아버지가 권력을 세습하지 않겠다고 여러 차례 자신에게 말하는 것을 직접 들었다. 2011년 1월 13일 마카오에서 고미 요지는 권력 세습에 관한 내용으로 김정남을 인터뷰한다.[11]

원래 부친은 아들을 후계자로 삼을 생각이 전혀 없었습니다. 그리고 스스로도 3대 세습은 하지 않겠다고 말씀하셨습니다. 그 말씀은 제 귀로 직접 들은 기억이 있습니다. 김정철과 김정은도 그 말씀을 들었을 겁니다. '3대 세습을 하게 된다면 아버지(김일성 주석)의 업적에 누가 된다'고 설명하셨습니다.

김정일 위원장이 세습을 왜 반대했는지 장남은 그 후 좀 더 자세하게 밝히지만, 주된 이유는 사회주의 체제에 부합하지 않는 세습 권력과 대외적으로 부정적인 영향을 끼칠 것이라는 우려 때문이었다. 김정일에게 다른 선택이 있었음에도, 그의 본래 속마음과는 다르게 결과는 '백두혈통'의 김정은으로 최고 권력이 세습되었다. 2010년 9월 28일 노동당은 제3차 당대표자회의를 44년 만에 평양에서 개최한다. 조선중앙통신은 대표자회의를 시작하기에 앞서 김정은이 조선인민군 대장에 임명된 사실을 보도했다.[12] 이 회의에서 그는 중앙군사위원회 부위원장과 중앙위원으로 선출되어 지도부의 일원이 되었고 후계자로서 지위를 가진다. 20대 중반의 한 젊은이의 존재가 정치의 전면에 모습을 드러냈다.

절대 권력에 겹겹이 둘러싸여 있었던 김정일이지만, 세습에 대해 평범한 사람들과 같이 부정적인 의견을 가진 인물이었다. 그러면 왜 권력이 세습되었을까. 3대 세습에 부정적이었던 그가 이것을 강행할 수밖에 없었던 이유는 무엇일까. 김정은이 후계자로 공식 등장한 직후인 2010년 11월 3일 김정남은 고미 요지에게 보낸 메일에서 3대 세습을 북한 사회의 내부 안정 때문이라고 설명한다.[13]

'백두의 혈통'만을 믿고 따르는 데 관습이 된 북한 주민들에게 그 혈통이 아닌 후계자가 등장할 경우 혼란스러울 수도 있었을 것이라고 생각합니다. 북한이 향후 집단지도체제로 간다 하더라도 그 중심을 '백두의 혈통'으로 못 박지 않는 한 권력층이 누수를 막을 수 없다고 판단하여, 북한의 내부적 특수성을 감안해 '백두의 혈통'으로 이어지는 '3대 세습'을 단행했다고 봅니다.

한 국가를 통치하는 대표자, 최고 지도자에 대한 인민들의 인식과 감정 그리고 수용을 김정남은 말하고 있다. 이북 사회에서 지도자의 권위는 세습되지 않겠지만 추종하는 인민들의 정치 감정은 얼마든지 공모할 수 있다. 인민들이 최고 지도자를 정서적으로 받아들이는 방식은 정치 체제의 제도적 경로에 따른 것이 아니라, 지도자에 대한 정치적 감정의 사회심리적 과정으로 이루어진 것이라고 하겠다.

최고 지도자에 대한 정서로서 김일성과 김정일에 대한 애도는 우상화 정책이 가져온 결과로만 해석할 수 없다. 개인에 대한 우상화와 정치권력의 세습은 북한의 정치 문화와 표리의 관계에 있다.

사회주의 국가에서 우상화는 소련의 스탈린을 보더라도 유사한 사례를 발견할 수 있다. 정세현이 말한 대로 우상화는 "권력자에 대한 숭배 자체가 목적이 아니라, 권력자에 대한 숭배를 통해 사회를 하나로 통합하고 그 힘을 경제 발전, 혁명과 건설의 원동력으로 삼으려는" 데 있다.[14] 1967년 이후부터 우상화 정책을 실시하면서 정립한 사상이 주체사상이고 통치 체제로 절대화한 것이 유일사상체계이다.

외부 세계에서는 인민들이 김일성과 김정일에게 경의를 표하는 것이 개인을 숭배하는 신격화처럼 보일 때가 많다. 대다수 언론들이 이런 관점에서 이북의 체제와 독재자, 그리고 인민의 관계를 보도한다. 그렇지만 인민들의 행위는 나름대로 정상적이라는 이유를 갖고 있다. 어릴 때부터 그들이 받은 교육의 영향이 크지만, 그들은 "자신의 지도자들이 외세의 침략으로부터 국가의 자유를 지켜냈기 때문에 존경을 표하는 것이라고 말한다."[15] 아브트는 자부심을 가진 조선인이라는 이북의 교육에서 위와 같은 인민들의 인식 과정을 이해한다.

이북에서 인민들의 모든 의무가 일반적으로 준수되고 매우 엄격하게 지켜지는 진정한 이유는 해야 할 의무를 이행하지 않으면 불명예스러운 구성원으로 전락하기 때문이다. 말리노프스키가 자신의 의무를 이행하는 부족 생활의 지배 원리로부터 정교하게 작동하는 체계를 언급하듯이, 의무가 작동하는 원리는 "사람마다 반드시 수행해야 할 저마다의 역할이 있는 체계"에 기인한다.[16] 집단이나 개인 사이에서 의무로 간주되는 행위는 도덕규범에 따른다.

외부 세계에서 인민 대중의 행위—말하자면 폭압이나 폭력에 따른 맹목적인 충성이 아니라 힘들고 어려운 조건에서도 묵묵히 자신들에게 주어진 과업을 해내는 ― 를 이해하지 못하는 것은 어쩌면 당연하다. 이기심과 이익을 상호 교환하는 자본주의 사회와 다르게 집단 감정을 바탕으로 국가의 질서를 따르고 사회를 재생산하는 이 사회에서 인민들의 행위는 경이롭기까지 하다.

　가장 원시적인 감정에 재빠르게 반응하는 인간의 행위가 갖는 의미를 외부 세계는 부정하기 일쑤다. 사회주의 체제의 북한 사람들이 가진 사고방식을 보다 자유로운 민주주의 체제의 사람들과 단순히 비교할 수는 없다. 최고 지도자에 대한 평가 기준을 어떻게 할 것인지는 인민들의 정체성과 깊은 내적 연계성을 갖는다. 과도한 정치 사상교양과 선전 선동은 인민 대중이 정치 주체로 나아가는 것을 제약하기는 하지만, 이 안에서도 그들의 내면에는 외부로부터 강제된 사고만이 아닌 자신들만의 의사 또한 충분히 갖고 있다. 외부 세계의 시각으로 비판한다면, 인민들이 정치 공동체에서 가지는 정치적 자율성은 매우 제한되어 있고 그들의 감정적 의사는 자의 반 타의 반 형성된 측면에 있다.

3

고난의 행군을 넘다
선군정치의 등장

한 사회의 변동을 가져오는 데는 여러 가지 요인이 있다. 기후 변화에 따른 자연재해나 인구 증가와 감소, 체제 이행, 전쟁, 종교, 질병 등 변화의 진폭이 큰 경우 문화와 의식이 바뀌는 것은 필연적으로 뒤따른다. 사회 변화는 체제 이행과 국가 건설처럼 지배적인 정치 세력이나 그 구성원이 의도하는 경우가 있고 대규모 홍수나 가뭄, 경제난과 같이 의도하지 않았지만 생활의 터전을 파괴하는 경우도 있다. '자연적 현상'으로 빚어지는 사회 변동은 비록 이것이 정치적 문제가 아니라고 하더라도 국가 내부의 사회 통합과 정권의 향방에 큰 영향을 끼친다.

이북에서 인민들의 의식과 사회 변화에 큰 영향일 끼친 것 중의 하나는 김일성 사망 이듬해에 시작된 '고난의 행군'이다. 몇 년 동안 이어진 자연재해와 경제 정책의 실패는 극심한 식량난을 가져왔고 인민들의 어려움은 속출하는 아사자로 이어졌다. 공식적으로 평양은 1995년부터 1997년까지 3년을 '고난의 행군'이라고 부른다. 가장 큰 재해는 1995년에 발생한 대홍수였고, 1996년의 홍수와 1997년의 가뭄은 막대한 농경지 유실과 인명 피해를 가져왔다. 부족한 식량은 보건 의료 분야에서 어린아이들의 영양실조와 취약 계층의 질병으로 확산되었다.[1]

식량이 바닥나면서 배급제가 무너지자 평양은 유엔과 국제 사회에 구호물자와 의료 지원을 요청한다. 1995년 8월 23일 유엔주재북한대표부는 유엔인도지원조정국UNOCHA(United Nations Office for the Coordination of Humanitarian Affairs)에 부족한 식량을 해결하기 위해 긴급 구호가 이루어지도록 청했다. 유엔뿐만 아니라 세계보건기구 WHO에는 의료진 파견을 요긴하게 부탁하고 유엔아동기금UNICEF에는 5만 달러에 해당하는 콩을 요청했다. 유엔인도지원조정국은 북한이 필요로 하는 일이 이루어지도록 다른 기관과 공동으로 실태 조사를 벌여 인도적인 대북 지원을 국제 사회에 호소했다.[2] 국제기구는 이를 시작으로 매년 대북 지원에 나섰는데, 초기 긴급 구호 방식의 식량 지원에서 점차 사회 개발 방식으로 지원 정책을 전환했다.

김일성 주석이 사망하고 인민들이 심리적 공황에 빠진 상태에서 다음해부터 대홍수와 가뭄이 연이어 발생했고 자연재해에 뒤따라 산업 기반이 내려앉았다. 평양은 '고난의 행군'을 선포하면서 경제난을 극복하고 견디는 것을 항일 무장 투쟁에 비유했다. 1996년 1월 신년사에서 노동당은 "전체 당원들과 인민군 장병들과 인민들은 백두밀림에서 창조된 고난의 행군 정신으로 살며 싸워 나가야 한다"고 선언한다.[3]

'고난의 행군' 정신은 제 힘으로 혁명을 끝까지 해나가는 자력갱생, 간고분투의 혁명 정신이며 아무리 어려운 역경 속에서도 패배주의와 동요를 모르고, 난관을 맞받아 뚫고나가는 락관주의 정신이며, 그 어떤 안락도 바람이 없이 강고분투해 나가는 불굴의 혁명 정신이다.

'래일을 위한 오늘을 살자'

정세현에 따르면 그때 평양 시내에는 인민들이 겪는 어려움을 극복하기 위해 "가는 길 험난해도 웃으며 가자", "오늘을 위한 오늘을 살지 말고 래일을 위한 오늘을 살자"와 같은 구호가 나붙었다.[4] 1996년 2월 7일자 《로동신문》 1면 사설에서 노동당은 "'고난의 행군' 정신으로 살며 싸워 나가자"는 선전 구호를 내보냈다.[5] "혁명적 낙관주의"가 다시 등장하고 당은 어려움을 이겨 내기 위한 정신 무장을 대대적으로 호소했다.

만 14세부터 30세까지 청년들이 의무로 가입하는 근로단체인 김일성-김정일사회주의청년동맹 중앙위원회 기관지인 《청년전위》는 "우리는 준엄한 환경 속에서 겹쌓인 난관과 시련을 맞받아 강행군을 하고 있다. '고난의 행군'에 이어 최후 승리를 위하여 벌이는 오늘의 강행군 길에서 우리 청년들이 반드시 지녀야 할 위력적 사상 정신적 무기의 하나는 혁명적 락관주의 정신이다"라고 언급했다. 기관지는 '혁명적 낙관주의'의 근본정신을 "자기 수령의 위대성에 대한 굳은 확신에 기초하여 이루어지는 고상한 사상 감정"이라고 밝혔다. 《청년전위》는 새세대 청년들이 '혁명적 낙관주의' 정신으로 어

— 김일성-김정일사회주의청년동맹의 촛불 가두 행진 장면

려운 난관을 헤쳐 나가도록 독려하면서, 이것을 반드시 가져야 하는 투철한 시대정신으로 명명했다.[6] 김일성-김정일사회주의청년동맹은 노동당을 정치 사상적으로 보위하는 결사대 역할을 하며, 당의 위업을 대를 이어 완성하는 혁명의 계승자를 키워 내는 청년들의 대중 정치 조직이다.[7]

　'혁명적 낙관주의'에도 불구하고 먹고사는 문제를 '사상투쟁 정신'으로 해결하는 데는 한계가 있다. 1997년 5월 1일 첫 번째 탈북을 시도한 한영숙은 보안원(경찰)에 붙잡히고 만다. 이보다 몇 달 전 같은 동네에 사는 옆집 이웃 ○○○이 3월 7일 아이를 업고 두만강을 건넜다. "중국에 와 보니 딴 세상"이었다. 그곳에서 한 달 정도 지낸 ○○○은 남편과 여덟 살 난 딸아이를 데려가려고 다시 국경을 넘어 이북으로 되돌아왔다. 그는 인민보안성 산하의 보안서(경찰서)에 자수했는데 탈북자도 자수를 하면 용서해 주었다. 한영숙은 한 달 만에 중국에서 돌아온 이웃을 보고 깜짝 놀랐다. 이북과는 전혀

다른 세계에 대해서 들었기 때문이다. 이때부터 국경을 넘기로 결심한 그는 중국에 대한 사정을 알아보고 탈북에 필요한 돈을 마련하기 시작했다. 그가 두만강을 넘어 중국으로 가려고 한 이유는 먹고살기 위해서였다. 1996년 여름 집을 나서 큰 길에 이르면 "자기 모양 가진 사람이 없"을 정도로 동네 사람들의 몰골은 알아볼 수 없는 형편이었다.[8]

한영숙은 평양에서 큰 창고를 책임지고 관리하는 아버지와 넉넉하게 살다 할아버지가 기독교 신자인 것이 밝혀져 양강도로 추방당한다. 1968년 6월 1일 평양을 떠나 꼬박 하루가 걸려서 두메산골로 들어갔다. 이곳에서 '고난의 행군'을 맞은 그는 이웃의 전언으로 중국 생활을 알게 되었고 한 번의 탈북이 실패한 이후 수용소에 수감되었는데, 그곳에서 남편을 잃고 둘째 아들과 함경북도 부령으로 다시 옮겨 살았다. 1997년 10월 11일 수용소에서 풀려난 그는 그해 1월 중국에 먼저 이주해 있던 큰아들에게 갈 준비를 한다. 이듬해 1월 두만강을 두 번째 건너 탈북에 성공한 후 남한으로 왔다.

'고난의 행군' 때 굶어 죽는 사람들이 속출했는데 사망자에 대해서는 한동안 논란이 일었다. 현재도 일부 언론은 피해자 수를 과장하기도 한다. 1997년에 남한으로 망명한 황장엽은 자신의 회고록에서 그 전해 100만여 명이 굶어 죽은 것으로 서술했다.[9] 이 규모에 더해 흔히 가장 많은 아사자를 3백만 명이라고 추산하는데 이것은 정확한 근거가 없는 설説에 불과하다.[10]

2001년 북한 최수헌 외무성 부상은 유엔아동기금에 제출한 보고서에서 1995년부터 1998년까지 홍수와 가뭄, 대규모 자연재해로 인한 사망자가 22만 명이라고 밝혔다. 2010년 11월 남한 통계청

고난의 행군을 넘다

이 발표한 북한 인구 추계에 따르면 1996년부터 2000년까지 약 33만여 명이 사망했다. 통계청은 시기를 넓혀 1994년부터 2005년까지 10여 년간 식량난으로 61만 명 정도의 인구 손실이 있었던 것으로 추산했다.[11] 이 추정은 1993년의 인구 조사 기초 자료에서 나이와 사망률, 탈북 인구, 연령별 출산율을 고려한 뒤 2008년 유엔식량기구의 지원으로 실시한 인구센서스 결과와 비교해 추계한 것이다.[12]

통계청의 자료를 근거로 삼더라도 사망자 수는 엄청났다. 평양이 이 시기의 어려움을 '고난의 행군'이라고 이름 붙인 것은 경제난으로 인한 사망자 수의 급증이 그만큼 시급한 국가 의제였기 때문이다. '고난의 행군'은 김일성이 항일 독립운동을 하던 어려웠던 시절을 연계시켜 위기를 극복하기 위해 채택한 구호이다. 1938년 11월부터 1939년 3월경까지 100여 일 동안 김일성이 이끄는 항일 빨치산 부대가 만주에서 혹한과 굶주림을 겪으며 일본군의 토벌 작전을 피해 장기간 행군한다. 북한 정치사는 훗날 이 시기를 '고난의 행군'이라고 명명했다.

1996년 노동당은 위 용어를 불러내 인민들이 고단한 삶을 이겨내도록 독려했다. 북한에서 역사와 정치의 특색 중 하나는 현재를 설명하기 위해 과거를 소환하는 방식이다. 김정일은 1956년의 종파투쟁을 '제2의 고난의 행군'이라고 명명한 적이 있다. 이른바 '고난의 행군' 정신이 사회주의 건설의 원동력이라는 것이다.[13] 절망으로부터 희망을 말하지 않으면 공동체의 통합에는 어려움이 뒤따른다. 인간에게는 집단정신으로 뭉치는 공통의 목표가 있을 때 어떤 고난도 이겨 낼 수 있다.

궁핍한 생활과 정치적 책임

경제적 어려움을 바라보는 국제 사회의 시각은 인민들의 이탈과 체제 위기로까지 나아갔다. 외부 세계에서 볼 때 인민을 굶어 죽게 만든 정권을 비난하는 데 사망자 수는 매우 중요하다. 많은 연구자들이 이 대열에 합류했다. 300만 명이 목숨을 잃은 것으로 인용하는 과장된 서술이 국가의 잘못된 정책을 비판하기 위한 것인지는 모르겠으나, 어쩌면 그들은 이북 사람들의 의지보다는 정권의 붕괴를 먼저 생각한 것인지 모른다.

경제 위기 앞에서 국가의 통제는 느슨해지기도 하지만 어떤 때는 더욱 촘촘한 감시로 작용한다. 먹을 것을 구하려고 강도짓을 하다가 특별 시범 기간에 보안원에 붙잡혀 끌려가면 총살당한다. 시범 기간에 국가 기관이나 기업소에서 물건을 훔치다가 들킨 사람은 공개 재판 직후 사람들이 보는 앞에서 바로 처형되었다. 함경북도 청진시 송평 구역에서 태어난 김○○은 1998년 중국으로 국경을 넘기까지 10대 시절에 '고난의 행군'을 겪었다. 그는 사람들이 총살당하는 장면을 두어 차례 목격한다. 청진제철소 근처에 집이 있었던 그는 사람들과 함께 석탄, 동銅 등을 훔쳐서 팔아먹을 것을 구하곤 했다. 어느 날 동을 훔치다 보안원에게 붙잡힌 사람에게 "나라의 것을 탐낸다고, 법을 어겼다"고 공개 총살이 집행되었다.[14]

'고난의 행군' 당시에 벌어진 공개 재판은 다른 지역에서도 유사하게 일어났다. 노동당 통일전선부 정책과 산하의 101연락소에서 서사시 창작 과업을 맡아 일하던 장진성은 사리원에서 친구를 만나 구두를 사러 장마당에 들렀다. 사이렌 소리가 나자 사람들이 시장으로 모여들었고 공개 재판이 열렸다. 그곳에서는 쌀을 훔친 사람을 공개 재판한 후 처형하는 광경이 벌어졌는데, 재판과 처형이 끝나기까지 누구도 시장을 빠져나갈 수 없었다. 범죄를 저지른 사람이 등장하고 보안원들이 판사 앞으로 그를 끌고 가자 판사는 죄명을 낭독하고 사형 집행을 선고했다. 붙들려 온 사형수에게는 곧바로 총살이 집행된다. 장진성은 이 광경을 보고 공개 처형은 일종의 교양 수단이고 계급 투쟁을 위한 선전 선동이라고 말한다.[15]

인민들도 공개 처형이 자신들에게 무슨 의미를 전달하려고 하는지 정확히 알고 있다. 형벌에 의한 사회 통제는 근대 국가의 일반적인 모습이다. 신체를 구속하고 자유를 제한함으로써 처벌을 가하는 사회화는 매우 부정적인 방식의 국민화(인민화)라고 할 수 있다. 여기서 좀 더 나아가 인권 침해의 요소에도 불구하고, 이북은 법적 절차의 형식보다는 공개 재판과 처벌이라는 일련의 과정에서 정치적 효과를 더욱 중요시한다. 일반 범죄는 반혁명 범죄와 다르게 처벌보다는 교화와 사회적 교양을 원칙으로 하지만, 대중교양의 한 방식으로서 공개 재판은 인민 대중의 사상적 각성을 촉구하고 교훈을 남기기 위해 공개적으로 처벌하는 데 그 의미를 둔다.

이북의 사법 제도 원리에 따르면, 종종 이뤄지는 공개 재판은 "수백 수천의 군중을 교양하고 각성시키는 좋은 준법교양 형식의 하나"다. "현지공개재판을 잘하면 재판에 참가한 많은 사람들에게 심각한 교훈을 줄 수 있"다. 1982년 11월 21일 김정일은 '전국 사법검찰일군 열성자회의 참가자들에게 보낸 서한'에서 사법 기관이 공개 재판을 잘 조직하고 진행해 인민들에게 "법규범과 규정들을 자각적으로 지키며 위법 현상"을 일으키지 않도록 할 것을 독려했다.[16] 그는 법을 어긴 사람들을 아무런 법적 추궁 없이 그냥 내버려 두면 그들을 교양할 수 없으며, 위법 현상을 더욱 조장시켜 법질서를 약화시키는 결과를 초래할 것이라고 지적했다.

계획 경제가 무너지더라도 노동당의 지배는 흔들림이 없다. 경제난이 당 조직과 각종 기관의 종사자들에게 일부 기능을 마비시키는 일탈을 가져 오기는 했지만, 당 조직의 위계 구조가 흔들리거나 위협받는 일은 발생하지 않았다. 일반적으로 알 수 있듯이 사회주의 체제에서 당 조직과 중앙 계획 경제는 상부구조와 토대를 이룬다. 스티븐 솔닉Steven Solnick은 중앙 계획 경제가 마비되면 당 조직도 붕괴해 결국 국가 체제가 무너질 것이라고 주장했다.[17] 동구 사회주의나 소련이 해체되는 과정에서 발생한 붕괴 과정과 북한은 달랐다. 심각한 경제난에도 불구하고 노동당은 강력한 통제를 바탕으로 사회의 위계질서가 무너지게 내버려 두지 않았고, 이 위계에 저항할 수 있는 세력과 여론이 발생하는 것 또한 철저히 차단했다.

솔닉의 논의가 아니더라도 상당수의 학자들이 경제 분야의 중앙 집중 계획이 무너지면 통치 체제 자체가 제대로 작동하지 않는 어려움에 봉착할 것이라고 예상했다. 그러나 전망은 빗나갔다. 그 이유는 인민들 자신이 현실을 받아들이고 이해하는 수용자의 입장을 무시한 데 있다. 식량난과 생활 실태를 알기 위해서 우리민족서로돕기 불교운동본부가 수행한 뛰어난 조사에 따르면, 38.6%의 사람들이 식량난과 경제적 어려움으로 발생한 재난의 원인으로 자연재해를 가장 많이 꼽았다.[18] 그 다음 이유가 국가 정책 때문이기는 하지만, '고난의 행군' 당시 이상 기온과 홍수, 가뭄으로 인한 자연재해가 기근을 초래한 근본 원인이라고 인민 대중은 생각했다. 한동안 곳곳에

고난의 행군을 넘다

서 아사자를 볼 수 있었지만 궁핍한 생활은 정치적 책임으로 이어지지 않았고 김정일 체제는 완고하게 유지되어 왔다.

먹고살기 힘든 생활의 어려움과 이전보다 늘어난 이주민들의 동향을 두고 이북 체제가 불안하고 평양이 곧 무너질 것처럼 예상하는 학자들이 있었다. 인민들의 대중 심리를 제대로 읽지 못한 결과다. 집단을 자신과 동일시하는 인간의 심리 연구에서 호퍼가 명쾌하게 지적하듯이, "매 끼니가 하나의 성취이며 배부른 상태로 잠자리에 드는 것은 하나의 승리요 어쩌다 생기는 공돈은 기적이다." 제대로 먹고 살지 못하는 "불만 자체가 반드시 변화의 갈망을 일으키는 것은 아니다. 다른 요인이 나타나야 불만이 민심 이반으로 옮겨 갈 수 있다. 그중 하나가 권력 의식이다." "비참함이 자동적으로 불만을 일으키는 것은 아니며, 불만의 강도와 비참함의 정도가 직결되는 것도 아니다."[19]

정치권력에 대한 관심과 의식이 사회의 불안과 맞물려 있을 때 또 다른 사회 변동을 가져올 수 있다. 궁핍한 때에 먹을 것을 구하느라 애면글면한 사람들에게 체제에 반기를 드는 정치 행위와 같은 것은 끼어들 틈이 없다. 식량이 부족한 주변 환경의 비참함은 당장의 필요를 충족시키기 위한 행위로 나타나지 정권 교체를 원하는 권력 의식으로 이어지지는 않는다. 지난 역사에서 볼 때, 변화를 갈망하는 대중 운동의 경향은 의도한 결과를 따르지 않는 경우가 대부분이다. 인민들은 변화를 갈망한 것이라기보다는 여기저기 흩어져 돌아다니며 각자 살아남아야 했다. 이런 현상은 외부 세계의 전망처럼 체제 위기로까지 확산되지 않았다. 정권의 핵심지역 평양은 나름대로 질서를 유지하고 있었다.

김일성이 사망한 직후부터 이어진 식량난의 어려움은 김정일의 경제 정책이 실패한 것도 한몫했다. 경제 상황이 하루아침에 나빠진 것은 아니지만 참혹한 결과는 김일성 사망과 김정일의 등장 직전에 빚어졌다. 체제 내부에서 볼 때 '고난의 행군'은 외부로부터 오는 국가 위기와는 달랐다. 북한과 중국의 접경 지역에서 이전보다 많은 탈북자가 발생했지만 이것은 체제 위기라기보다는 먹을 것을 찾아나서는 인민들의 경제 활동으로 봐야 했다.

1990년대 후반에 접어들자 김정일은 군대를 정치의 중심에 두는 체계를 조직한다. 1997년 12월 2일 《로동신문》 '정론'은 '고난의 행군'을 극복하기 위한 내용에서 선군정치라는 용어를 처음 사용한다.[20] 정의하자면, 선군정치는 "민족의 운명 수호에서 군력이 기본이라는 관점에 기초하여 군사를 국사 중의 제일 국사로 내세우고 군력 강화에 모든 힘을 기울이는 군사 선행" 정치다.[21] 군사화된 사회를 바탕으로 등장한 것이 선군정치라고 할 수 있다. 군대를 사회 전 분야에서 전면에 내세우는 기본 정치 구조는 인민군대를 핵심으로 혁명과 인민 경제 사업을 집행하는 통치 방식이다. 평양은 민족의 자주성을 옹호하고 실현하는 측면에서 선군정치가 주체사상에 뿌리를 두고 있음을 밝혔다.[22]

'고난의 행군' 때 인민들이 견뎌야 했던 절망 가운데 최악은 빈곤의 위협뿐만이 아니라 김정일 시대에 외부로부터 오는 체제 위기였다. 19장에서 서술하고 있지만 정확히는 위험을 일으킬 소지가 미국으로부터, 미국과의 관계에서 비롯하는 것이었다. 한민족의 전통에 따라 3년간의 국상을 끝내고 김정일이 전면에 등장한 1998년 평양은 미국의 폭격 위협을 긴장된 시선으로 지켜보았다. 평양에서

중요하게 생각한 것은 김정일의 통치를 확립하는 체제 내부의 결속
과 대미 관계였다. 김정일 시대를 맞아 새롭게 정립해야 할 사상인
또 다른 주체의 문제였다. 선군정치는 이런 배경에서 등장했고 또한
이런 기조를 뒷받침하는 것이라고 할 수 있다. 혁명의 주체는 당과
인민이고 인민 대중 속에는 군대가 있다. 선군정치의 등장은 인민의
결속과 위기에 대응하는 통치 방식이었다.

4

장마당으로 간 사람들
사적 욕망의 확대

시장은 자본주의나 사회주의 이전부터 존재했다. 시장의 경제 활동은 이익을 취하는 개인의 자유와 더불어 사회의 진보를 이루는 중요한 영역이다. 페르낭 브로델Fernand Braudel에 따르면 자본주의는 시장 경제의 한 부분을 차지하는 특수한 형태에 해당한다. 근대 국가와 자본주의의 관계를 보면 국가는 자본주의에 우호적일 때도 있고 적대적일 때도 있다. 경제 체제로서 자본주의가 한 사회의 지배적인 원리가 될 수 있는 것은 이것이 국가와 한 몸을 이룰 때에만 가능하다. 다시 말해 자본주의가 국가가 될 때에 말이다.[1] 시장 경제에서 자본주의가 출연했으며 자본주의와 시장 경제는 대립을 겪으며 발전해 왔다. 현대 자본주의 체제의 시장에는 전통적인 것을 비롯해 근대적인 것과 최신 것이 뒤섞여 있다. 근대 국가는 자본주의를 만들어 낸 모태가 아니라 자본주의를 물려받았다.

전통적으로 사회주의에서 개인의 이익은 부패하고 부정한 것으로 여겨졌다. 숭고한 혁명의 대의에 사적 이득을 취하는 것은 사악한 범죄로 취급되었다. 자본주의 방식으로 사적 이익을 취하는 행위의 결과는 장성택의 숙청에서 그 일단을 엿볼 수 있다. 박한식은 상세히 말하지는 않지만, 장성택이 처형당한 이유가 "자본주의 방법으로 사유 재산"을 모아 중국계 은행에 축적하여 "사사로이 부정부패를 저지르고, '개인주의'를 추구"한 것이 문제가 되었을 것이라고 말했다.[2]

장성택이 책임지고 있었던 수산물 수출과 경제 부문의 각종 사업, 합영 기업의 해외 투자 유치는 실질적으로 국가 소유이지만 그는 이런 부문을 사적 소유 방식으로 운영하고 이익을 축적했던 셈이다. 2013년 12월 8일 조선노동당 중앙위원회 정치국 확대회의에서 채택한 결정서는 장성택이 "자본주의 생활양식"에 빠져 "부정부패 행위를 감행"한 것으로 명시했다. 이를 확대 해석하면 당이 보았을 때 그의 가장 큰 오류는 사회의 물질적 생산에 대한 가치관이 자본주의 생산 양식에 빠진 것이라고 할 수 있다. 인간의 가치관 곧 정치관·경제관·도덕관과 사회 구조, 정치 제도의 성격은 모두 사회적 생산 양식에 따라 규정된다.

'고난의 행군'을 전후해 이북에서 변화가 일어났다. 가장 큰 사회 변화는 장마당에서 시장의 기능이 증가하고 이를 기반으로 하는 경제 활동과 사적 영역의 공간이 만들어진 것이다. 먹을 것을 구하기 위한 활동이 시장의 고유한 영역에서 벌어지고 그럼으로써 경제 활동에 관한 인민의 사적 영역이 형성되는 계기가 되었다. 이 변화는 강정구가 지적하듯이, 국가의 자원 동원 능력이 약화됨으로써 개인의 방도에 의한 비공식 경제는 중앙 계획 경제의 마비에 따른 "생존 경제의 '활성화' 때문에 발생"한 결과물이었다.[3]

아래로부터의 시장화

공적인 영역에 대비되는 의미로서 사적 영역이 반드시 개인의 사생활, 개인의 영역을 의미하지는 않는다. 사적 영역과 공적 영역의 형성과 구분은 근대의 현상이며 뚜렷하게는 시민 사회의 발전과 연관되어 있다. 한나 아렌트Hannah Arendt는 누구에게나 가장 폭넓은 공공성을 가진다는 의미에서 공적이라는 용어를 "세계가 우리 모두에게 공동의 것이고, 우리의 사적인 소유지와 구별되는 세계 그 자체"라고 말한다.[4] 이와 대비해서 "사적인"이라는 의미는 원래 "박탈된"이라는 의미를 가진 용어에서 유래했다. 누군가 "사적인 생활을 한다"고 할 때, 이것은 무엇인가 "인간에게 필수적인 것이 박탈되었음을 의미한다." 타인의 부재에서 오는 객관적 관계의 박탈이나 영속적인 것을 "성취할 수 있는 가능성의 박탈"이 사적인 생활에 해당한다.[5]

사적 영역은 개인 영역과 구별되는 공간으로서 소유 문제와 관련해서 볼 필요가 있다. 소유 문제는 정치 조직체에서 언제나 매우 중요한 것으로 간주되어 온 특성이 있다. 근대 정치 체제는 소유 문제를 어떻게 규정하느냐에 따라서 국가의 성격을 달리해 왔다. 북한에서 개인 소유는 가능하지만 사적 소유는 매우 제한되어 있다. 개인 소유는 노동에 의한 사회주의 분배, 국가와 사회의 추가적인 혜

장마당으로 간 사람들

택의 부산물이다. 이북은 개인 소유에 대한 재산과 재산의 상속을 민법에서 보장한다.[6] 영웅 칭호를 받은 사람들이 훈장 수에 따라 받는 연금도 상속된다. 개인 소유는 소비적인 목적을 위한 소유다. 이에 반해 사적 소유는 생산 수단을 대상으로 하기 때문에 사회주의 체제를 지향하는 이북에서 용인할 수 없는 부분이다.

사회주의적 소유는 "방대한 규모의 생산 수단에 대한 사회적 소유에 기초하고 있으며", "사회주의적 생산 관계의 기초를 이루"고 "전 국가적, 전 인민적 소유와 협동적 소유"의 형태로 존재한다. 생산 수단과 생산물의 사회적 또는 개별 집단적 소유를 뜻한다.[7] 소유의 핵심은 생산 수단에 대한 소유를 말하는 것인데, 이는 국가와 사회 협동 단체가 생산 수단을 소유하는 것을 의미한다. 국가 소유는 전체 인민을 대표하는 국가 기관의 소유이며 나라의 경제 발전에 주도적 역할을 하는 부문을 일컫는다. 그 대상은 자연자원, 중요 공장과 기업소, 항만, 은행, 철도 운수, 체신 기관이 이 소유의 범위에 해당한다.[8] 국가 소유권은 무제한성을 갖고 있는데 이것을 노동당의 논리에 대입하면, 국가 소유는 전 인민의 소유가 된다.

인민들의 이해관계는 경제 문제에서 가장 두드러진다. 북한은 국가 계획 경제의 일부로서 경제 개혁 조치를 계속 취해 왔다. 경제 개혁 조치는 재산권을 비롯한 사유 재산의 소유 문제에도 변화를 일으켰다. 재산권(소유권) 형성 과정의 변화는 곧 시장에서 부를 획득하는 개인의 선택지를 보다 넓게 보장해 주었다. 1948년 제헌헌법에서 개인 소유와 상공업을 명시한 이후부터 재산권에 대해서 많은 변화를 주었다. 간단히 요약하면, 생산 수단에 대한 사적 소유는 제한해 왔지만 재산권 영역은 꾸준히 확대해 왔다. 앞서 언급한 상속권의 보장과 함께 최근에는 지적재산권까지 보호하는 것으로 알려져 있다. 경제 체제의 이행은 개인 소유권이 어느 정도까지 인정되며 그 범위는 또한 어떻게 발전, 확대되었는가 하는 점에 시선을 집중할 필요가 있다.

'고난의 행군' 이후 경제 부문의 특징은 아래로부터 시장화와 각 부문의 자율성 증대에 있다. 시장화에 대해 헤이즐 스미스Hazel Smith는 민간 부문의 생산과 자생적 시장화에 따른 상업 거래의 증가를 예로 든다.[9] 당 관료들이 시장 활동에 참여하는 것은 "일상적인 경제생활"이 "정치 생활과 분리"되기 시작한 것을 의미한다. 시장에서 이루어지는 "거래와 이동하고 모일 수 있는 실질적인 시민의 자유는 시장 활동의 부산물로 등장했다."[10] 정치와 생활의 분리 그리고 경제 활동으로서 거래와 이동의 증가는 비정치적인 분야에서 당 간부들의 상대적인 자율성을 높여 주고, 이것은 시장을 촉진한다. 정치적 자유를 의미하지 않는 공간에서 벌어진 이와 같은 영역의 확대는 민주주의 사회에서 말하는 실질적인 자유는 아니지만 무정부 상태나 혼돈스러운 정세를 나타내는 것도 아니다.

2001년 10월 3일 김정일은 당·경제기관 일군들과 가진 논의에서 '강성대국건설의 요구에 맞게 사회주의 경제관리를 개선 강화할데 대하여'라는 담화를 내놓는다. 변화하는 현실에 맞게 경제관리 방법을 제도적으로 개선할 것을 지시한 그는 생산과 소비 상품에 대한 상급 기관의 기준 제시와 책임, 감독을 강조하고 기업소와 공장 등 하급 기관에 대해서는 생산 판매에 대한 세부적인 자율성을 부과하도록 했다. 북한은 아직까지 이 문건을 공개하고 있지 않은데 언론이 보도한 요약문은 다음과 같다.[11]

장마당으로 간 사람들

— 남포시 강서 구역에 위치한 금성트랙터 생산 공장의 최근 모습

변화된 환경과 현실 발전의 요구에 맞게 계획 사업 체계와 방법을 개선
해야 한다. 국가계획위원회는 전략적 국가적인 중요 지표들을 계획화하
고, 소소한 지표들과 세부 규격 지표들은 해당 기관이나 기업소에서 계
획화하도록 해야 한다. …경제생활에서 공짜가 많은데 이런 것들을 정
리해야 하고 무상 공급, 국가 보상, 기타 혜택들도 검토해 없앨 것은 없
애야 한다.

10·3담화라고 이름 붙인 이 조치는 사회주의의 우월성을 보여
주는 교육과 의료, 사회보험 등을 제외한 영역은 인민들이 시장 기
능으로 경제 활동을 하게끔 했다. 김정일은 식량과 소비품 문제가
풀리면 자신의 수입으로 식량을 제값으로 사먹고 살림집(주택)도 사
서 쓰거나 사용료를 내고 쓰게끔 기준을 정하라고 말했다. 정창현에
따르면 이 담화의 의미는, 상급 기관의 "국가 지도를 국가 경제 전

략이라는 높은 차원에 국한시키고 기업의 '경영상 상대적 독자성'을 상당한 범위로 확대"할 것을 지시한 것이다.[12] 10·3담화는 인민과 기업소의 책임을 강조하는 분배와 분권화의 시장 경제 제도 이행을 핵심으로 한다. 이 담화는 이듬해 2002년 7·1경제관리개선조치(이하 7·1조치)로 이어진다.[13]

　　장마당의 형성과 거래, 시장을 찾아 이동하는 인민들의 경제 활동은 사회 통제와 감시의 수준을 약화시킨다. 공안 기관이 사회를 조직적으로 관리하고 인민들의 생활을 규율하지만 그 엄격함에도 한계가 있다. 먹고사는 문제에 있어서는 보안서에 종사하는 보안원들이 인민들의 불법 행위를 눈감아 주는 경우가 제법 있다. 자신들이 먹고살기 위해서 다른 사람들의 위법한 거래를 모른 체하고 뇌물을 건네받기도 한다. 그렇다고 통제가 작동하지 않는 것은 아니다. 인민들은 통제가 강화되면 최소한 거기에 따르기는 한다. 감시의 이면에 등장하는 틈새는 경제 활동에만 국한하지 않는다.

　　외부로부터 전해 오는 정보를 통제하고 차단하더라도 이동하는 사람들로부터 숨길 수 없는 것들이 있다. 이북 내에서 여행하고 국경을 넘나드는 것은 특별히 감시받는 것이지만 우연히 만나게 되는 사람들로부터 전해지는 이야기들은 단편적이지만 의미 있는 정보를 제공해 준다. 남한에서 제작한 영상물을 보지 말라는 지시가 내려오면 사람들은 그와 같은 영상물을 보지 않는 척은 한다. 인터뷰에 응한 어느 인민은 "좌우지간 이 사람들이 보지 말라고 그래서 안 보는 건 아닌데요. 보지 말라면 안 보는 척은 한단 말이에요."[14] 제한되어 있지만 드라마와 같은 방영물은 완벽한 통제가 이뤄지지 않는다. 하지만 체제에 위협이 되거나 당적 지배의 질서를 무너뜨리는 행위에는 가혹한 처벌 이외의 다른 여지는 없다.

이주민 이성숙은 기차를 타고 전국을 돌아다니며 장사를 한 경험을 자세히 털어놓았다.[15] 그는 어느 한 지역의 물건을 다른 지역에 가져가서 팔면 이윤이 남는 것을 알았고 양강도에서 황해도 옹진까지 물건을 사고팔기 위해 이동해 왔다. 해삼 장사를 한 그는 함경북도와 평안도에 살아 봐서 여기저기 실정을 잘 알게 되었다. '고난의 행군'을 겪으며 배급이 제대로 이뤄지지 않은 상태에서 먹고사는 문제를 개인이 해결할 수밖에 없었다. 그들의 시장 활동은 급속히 증가했고 이북 전역에서 장사를 하지 않는 성인이 없을 정도였다. 김정은 시대에 들어서서 장사를 하는 사람들은 더욱더 늘어났다. 시장은 여성들의 변화를 증폭시켰다. 1990년대 시장의 급속한 증가와 신세대 여성의 등장은 사적 욕망의 확대라는 세계관의 변화와 또 다른 계층의 등장으로 이어졌다. 여성들에게는 시장이 곧 변화의 공간이었던 셈이다.[16]

중국 현지에서 북한 사람들을 만나 본 경험에 따르면, 그들은 탈북자가 아니라 식량을 구입하거나 장사하기 위해 북한과 중국의 국경을 넘나들거나 중국에 있는 친척을 방문하려고 비자를 받고 한동안 체류하는 사람들이다. 중국과 무역을 하면서 시장은 더욱 활성화되고 도시를 벗어나 지방으로 갈수록 장마당에 나가는 사람들이 많아진다. 어느 면담자는 지방의 80~90% 사람들이 시장이나 장마당에서 장사를 할 것이라고 예상했다.[17]

평양에 문을 연 '비즈니스 스쿨'

장마당이 활발히 움직이고 있지만 이것은 국가 관리의 일부분이다. 국가의 계획 관리 경제는 인민경제의 핵심이다. 1946년 북조선임시위원회의 계획 부서에 기원을 둔 국가계획위원회는 1948년 9월 9일 정부 수립으로 조직된 행정 기관이다. 국가계획위원회는 경제 계획의 입안과 집행, 관리 감독을 책임지며 도(시) 계획부서, 군(구역) 계획부서, 공장(기업소) 계획부서를 지휘하는 일원화된 수직 체계를 갖추고 있다. 인민경제에서 '계획의 일원화와 세부화 원칙'은 중앙으로부터 말단 기업에 이르기까지 위계적인 조직 체계에 따라 구체적인 생산물의 계획화를 추진하는 방식을 말한다. 1964년에 계획의 일원화를 도입하고 1965년에 계획의 세부화를 체계화한 이 원칙은 국가 계획 경제 체제의 기본 축을 이루고 있다.

1965년 9월 23일 이북이 발표한 계획의 일원화와 세부화 원칙은 국가계획위원회를 중심으로 한 중앙 집권 경제 하에서 인민경제 계획을 단일하고 수직화한 사업 체계를 말한다. 일원화와 세분화는 중앙 기관과 하부 단위에까지 노동력과 설비, 자원 배분, 각종 생산물의 세부 사항을 규정한다. 계획의 일원화와 세부화 원칙에 대한 평양의 공식 평가는 이것이 사회주의 경제의 독창적이고 균형적 발전을 위한 주체적인 계획화 방법론이라는 데 있다.[18] 경제관리 이론에 대한 평양의 해석은 김일성의 사회주의 경제관리 운영의 지도적 지침에 따라 만들어졌다.[19]

1990년대 중반 '고난의 행군' 이후 재정이 악화되어 중앙 집권 계획의 일원화와 세부화 원리는 점차 실효성을 잃게 되었다. 중앙계

장마당으로 간 사람들

획경제의 핵심이라고 할 수 있는 원자재 공급과 배급 체계가 원활하게 작동하지 못함으로 해서 국가계획위원회는 국방 공업이나 사회 기간산업과 같은 주요 전략 산업을 이 원칙에 적용하고, 그 이외의 산업 부문은 해당 기관과 공장 기업소에서 자체 계획을 세워 운용하도록 했다. 사회주의 소유 관계와 계획 경제 원칙에는 변함이 없었다.

1999년 4월 9일 최고인민회의는 법령 제2호 조선민주주의인민공화국 인민경제계획법을 채택한다. 2015년 6월 25일 최고인민회의 상임위원회가 수정보충(정령 제553호)한 이 법 제2조는 인민경제를 계획적으로 발전시키는 국가의 역할을 규정하고, 생산 수단에 대한 사회주의적 소유와 계획 경제를 명확히 했다. "국가의 중앙집권적 통일적 지도 밑에 인민경제를 관리 운영하는 것은 조선민주주의인민공화국의 일관한 정책이다." 국가는 인민경제를 통일적으로 장악하고 인민경제 계획의 일원화와 세부화를 실현하는 주체다. 위 법 제7조는 "인민경제 계획의 일원화와 세부화가 사회주의 계획 사업 체계이며 방법"이라고 규정하고 있다.

'고난의 행군'을 이겨 낸 평양은 2002년 또 다른 경제 건설 노선을 도입한다. 7·1조치는 각 산업 분야에서 국가의 통제를 줄이고 기업소와 정부 부처의 자율성을 확대하는 방향으로 시장 기능을 도입했다. 종합시장 설치에서 보듯이 시장의 원리를 적용하고 이 원리가 작동할 수 있게끔 제도를 정비한 것이 7·1조치다. 계획된 시장 자율화에 한 걸음 더 나아간 것이다. 이북의 경제지를 분석한 박후건은 경제관리 계획의 합리화를 추구하는 7·1조치 이후의 핵심 용어를 '실리'라고 본다.[20]

— 원산시 내원산동에 위치한 원산구두공장에서 종업원들이 제품품평회를 갖고 있다

'실질적인 리익'을 내세운 경제 개혁 조치는 개인 재산에 대한 처분을 좀 더 자유롭게 해 주었다. 민법 제60조는 "자기의 소유 재산을 사회주의적 생활 규범과 소비적 목적에 맞게 자유로이 차지하거나 리용, 처분할 수 있다"고 규정했다. 민법은 소유권을 행사할 수 있는 범위를 밝히고 있는데, 개인 소유 재산에 대한 상속권을 보장하는 규정에 따르면 소유권을 가진 자는 법률이 정한 범위 내에서 처분권을 행사할 수 있다. 유언에 따라 개인이 소유한 재산을 가족이나 그 밖의 인민, 기관, 기업소, 단체에 넘겨줄 수도 있다. 이와 같은 개인 소유권과 처분권에 관한 발전은 인민경제의 근대적 성격을 보여 주는 것이라고 하겠다.

'고난의 행군' 이후 개인 소유는 꾸준히 증가해 왔다. 2000년대 말 소매상 중에서 51.3% 정도가 개인이 운영하는 상점이고 음식점은 58.5%가 개인 소유라고 한다. 소매점이 국가 소유이기는 하지만 상점의 관리자는 개인 소유자들이다. 수익의 일부는 정부의 주머니에 들어가지만 대부분은 상점을 소유한 사람이 가져간다.[21] 윤이상의 딸 윤정은 평양에서 자신의 가게를 연 적이 있다. 그는 해외에서 구입한 고급스러운 "의류, 가방, 신발, 값비싼 보석류"를 가져다 판매해서 얻은 수익을 가지고 오케스트라 단원들과 그의 가족들을 지원했다.[22]

흔히 북한의 경제가 어떤 방식을 채택할 것인지 또는 채택하고 있는지 궁금해한다. 중국식이냐 베트남식이냐 하는 경제 개혁과 개방 정책을 전망한다. 가장 유력한 방식은 계획 경제와 시장 경제의 결합이라고 해야 할 것이다. 노동당의 노선은 결국 국가계획위원회가 관리하는 중앙 계획 경제를 포기하지 않으면서 부분적으로는 시장을 결합하고 확대해 나가는 방향이다.

2006년 새해 노동당은 《로동신문》, 《조선인민군》, 《청년전위》의 공동 사설에서 기업의 전략과 경영 관리에 대한 개념이 포함된 사설을 최초로 발표한다.[23]

인민경제 모든 부문에서 계획규률, 로동행정규률, 재정규률을 강화하고 생산의 전문화와 규격화, 표준화를 적극 실현하며 …경제 부문 지도일군들은 과학적인 경영전략, 기업전략을 가지고 실리를 따져가며 경제사업에 대한 작전과 지휘를 책임적으로, 창발적으로 하여야 한다.

인용한 부분은 사실상 시장의 기업 경영과 전략적 사고에 대한 당의 방침이라고 해도 다름없다. 시장 기제에 의한 생산 양식의 변화를 평양에 최초로 문을 연 '비즈니스 스쿨'의 공동 설립자이자 관리자인 아브트는 언급한다. 당과 내각의 고위 간부들이 "완전한 사회주의 경제에 대한 신화를 포기"하고 "경제 성장과 혁신을 촉진시킬 수 있는 아이디어를 얻기 위해" 노력하는 것을 그는 보았다. 당 간부들은 '비즈니스 스쿨'의 "전략 세미나에 참가해 전략에 대해서 배웠고, 그 개념을 당 기관지를 통해 강조"했다. 한글로 번역한 '비즈니스 스쿨'의 세미나 자료들은 국가 기관과 연구소, 대학, 기업소에 보급되었고 졸업생들은 마르크스와 레닌의 초상화 아래에서 시장 마인드를 가지기 시작했다.[24]

김정은 시대에 접어들어 각 지역과 산업분야에서 경제개발지구를 확대해 운영하고 있다. 중앙급경제개발구는 원산−금강산국제관광지대를 비롯해 라선경제무역지대 등 8군데이며, 각 시도의 개발구는 19곳이 지정되어 있다.[25] 노동당의 최우선 과제는 인민들을 먹여 살리는 일이다. 정부의 배급 체계가 유명무실해진 상태에서 암거래를 억제하는 대신 장마당을 제도 속으로 끌어들여 시장 기능을 유지하도록 하는 것이 중요하다. 사회주의 정치 질서를 유지하면서 경제 체제의 안정을 꾀하는 한편, 일정한 시장 경제의 공간을 용인함으로써 인민들의 생필품과 소비재 부족을 메울 수 있다.

2012년 4월 15일 김정은 당비서는 김일성 탄생 100주년을 맞아 행한 연설에서 인민의 생활을 향상시키겠노라고 밝혔다.[26] "우리 인민이 다시는 허리띠를 조이지 않게 하며 사회주의 부귀영화를 마음껏 누리게 하자는 것이 우리 당의 확고한 결심입니다." 김정은 시대의 경제 발전은 노동당의 혁명 과업으로 자리매김하고 있다. 2019년 3월 6, 7일 양일간 평양에서 열린 제2차 전국 당초급선전일군대회에서 그는 경제 발전과 인민의 생활 향상이 가장 절박한 혁명의 임무라고 역설하고, 인민경제의 주체성을 견지할 수 있도록 자립적

장마당으로 간 사람들

인 발전 능력의 강화를 요청했다.

시장의 경제 활동에 대한 당국의 느슨한 사회 통제는 배급제가 불완전한 상태에서 불가피하게 발생한다. 먹고사는 문제에서 시작했지만 장마당에 참여함으로써 개인의 경제 활동이 증가하고, 이것은 다시 시장의 형성과 경제 영역의 확대를 가져온다. 경제 부문에서 시작하는 자율성의 증대는 경직된 통제 사회에서 체제의 긴장을 이완시켜 주기도 한다. 궁극적으로는 경제 영역에서 개인의 자유를 확대시키는 방향으로 순환한다. 전통적으로 국가의 기능이 제 구실을 하지 못할 때 개인의 역할이 확대되고 사적 영역은 부분적으로 발달해 왔다. 이 논의에서 중요한 것은 경제 개혁 조치와 재산권, 소유권의 관계에 따른 생산 양식의 변화라고 할 수 있다. 비공식 경제로 등장한 장마당과 시장이 국가 계획 경제의 틀에서 사회적 근대의 또 다른 양식으로 자리 잡을 수 있을지 지켜볼 일이다. 평양은 사회주의 생산 양식을 포기하지는 않겠지만 기업 경영과 시장에서 자본주의 방식을 도입하고 적용해 나가는 과정을 겪고 있다.

5
성분사회
출신성분과 사회성분

조선노동당 깃발에 새겨진 낫과 망치, 붓은 사회주의 혁명의 상징이면서 인민의 구성원을 설명한다. 낫은 농민, 망치는 노동자, 붓은 지식인이다. 해방 이후부터 사회주의 체제 수립을 위한 계급 투쟁을 거쳐 국가의 주요 지지 세력으로서 이들을 중심으로 인민의 계급 계층이 재편되었다. 공동체 구성원의 동일성은 계급 투쟁이 마무리되어 가는 1960년대에 이루어졌다. 이북에서 인민 대중의 지위를 결정하는 가장 중요한 제도는 출신성분과 사회성분이다. 성분成分이라고 하는 사회 신분이 경제 계급을 압도한다. 성분의 정의는 다음과 같다.[1]

사회 계급적 관계에 의하여 규정되는 사람들의 사회적 구분 곧 사람들의 사상상 구성 성분으로서 어떤 계급의 영향을 많이 받았고 어떤 계급의 사상이 그의 머릿속을 지배하고 있는가 하는 것을 알기 위하여 출신과 직업, 사회생활의 경위에 의하여 사회 성원을 사회적 부류로 나눈 것. 사람들의 성분은 고정불변한 것이 아니라 생활환경과 조건이 달라지는 데 따라 변한다.

인민의 성분은 출신성분과 사회성분으로 나누는데, "태어날 때 가정이 처한 사회 계급적 관계에 따라서 구분되는 성분"이 출신성분(가정 성분)이다.[2] 사회성분은 "본인이 직접 사회생활을 시작한 이후 직업 및 사회 계급적 관계에 의하여 규정되는 성분"이다.[3] 출신성분은 과거로부터 물려받는 경향이 큰데 노동당은 조부모나 부모의 일제 강점기 행적부터 인민들의 신상을 파악한다. 사회성분은 직업을 기초로 하는 사회 계급 관계이기 때문에 출신성분에 비해 상대적으로 개인의 성취를 반영하지만 이것 또한 출신성분에 따라 제한이 되는 부분이 있다.

흔히 어떤 체제나 사회를 평가할 때 두 가지 기준을 척도로 삼는 경향이 있다. 하나는 그곳의 가장 밑바닥 사람들을 기준으로 하는 경우이고, 다른 하나는 그곳의 가장 절대적인 위치에 있는 사람들을 기준으로 하는 경우다.[4] 그동안의 전례를 보면 이북을 평가할 때는 유독 위와 같은 경향이 심한 것을 알 수 있다. 탈북자나 꽃제비, 굶어죽는 인민들이 전자의 범주에 속하는 사람들의 기준이라면 김일성과 김정일, 김정은의 개인에 집착해 평양을 평가하는 기준으로 삼는 것은 후자에 해당한다. 어느 사회에서나 "정치, 학문, 과학, 상업, 산업, 어느 분야를 막론하고" "우월한 개인들은 국가의 형성에 큰 영향을 끼"친다. 마찬가지로 "그 반대편 극단에 속하는 사람들―낙오

자, 부적응자, 부랑자, 범죄자"도 영향을 끼친다.[5] 두 가지 부류의 기준에 따라 그 영향을 평가할 수 있지만, 기틀이 마련된 국가 체제에서 사회의 안정과 재생산에 가장 큰 영향을 끼치는 것은 중간의 다수자들이다.

64개의 성분 분류

『CIA 북한보고서』는 인민들의 삶을 지배하는 두 단어를 '성분'과 '김일성주의'로 꼽았다. 헌터는 사회의 획일성을 강조하면서 성분 체제가 학교 교육이나 생산 현장에서 인민들을 경직시키고 부정적인 영향을 끼치고 있는 것을 간파했다.[6] 북한 사회가 부동의 질서는 아니다. 출신성분이 좋지 않아 핵심계층이 아니었던 장성택과 김덕홍처럼 어느 체제에서나 예외가 항상 있기 마련이다. 하지만 노동당은 기본적으로 출신성분이 사회성분을 결정짓는 계층 구조를 채택하고, 이런 구분으로 여러 가지 사회적 차별을 두고 있다.

　다른 나라의 계급 계층에 비하면 동질성이 매우 높게 형성된 인민들이지만 그들의 이해관계는 제각각이다. 1957년 5월 30일 노동당 중앙위원회 상무위원회는 인민의 성분을 3계층으로 관리하도록 결정한다. 노동당은 인민들을 핵심(우호)세력과 반혁명(적대)세력, 기본세력으로 분류했는데 핵심세력을 강화하고 기본세력을 포섭하며 적대세력을 청산하는 숙청과 감시 대책을 수립했다. 노동당은 3계층으로 분류한 인민들의 성분을 다시 51개 부류로 나누었다.[7]

　1958년을 전후해 이북은 전후 복구 사업을 완료하고 전체 인민을 출신성분별로 조사했다. 인민의 성분을 조사하는 사업은 일제 강점기의 조부모와 부모의 행적까지 거슬러 올라간다. 식민지 시대에 독립운동을 했는지, 조선총독부에 부역을 했는지부터 해방 이후 활동과 계급적 배경, 정치적 활동, 당적 관계, 한국전쟁 때 참전과 전사 유무, 월남 유무 등을 국가보위부는 샅샅이 뒤진다. 이와 같이 성분을 조사한 목적은 사회주의 체제의 제도 개혁과 인민의 계급 투쟁을 완료하고 나름대로 사회 계층 구조를 확립하기 위해서였다. 성분을 조사하고 분류하는 것은 중앙당 집중지도 사업과 연계해서 진행되었으며 당적 지배의 완성을 의미하는 것이기도 했다.[8]

성분을 분류하기 위해서는 인민들을 명부에 등록해야 한다. 주민등록 제도는 1946년 공민증을 발급하는 데서부터 시작했다. 그해 8월 9일 김일성은 북조선임시인민위원회 국·부장회의에서 공민증 교부 사업의 필요성을 언급한다. 그는 인민들의 구성에 관한 통계를 명확히 해서 반동분자를 적발하고 숙청하기 위해 공민증을 교부해야 한다고 밝혔다.[9] 이에 따라 북조선임시인민위원회는 공민등록제를 도입하는 「공민증에 관한 결정서」를 채택했다.[10] 정치 공동체 구성원에 대한 근대 국가의 일반적인 특징은 복지와 통제에 있다. 자국 내의 시민을 보호하고 적절한 복지를 제공하기 위해 필요한 거주민에 관한 정보는 동시에 그 이면에서 관리와 통제를 손쉽게 해준다. 감시 제도와 복지의 이중적 기능은 국가의 일반적인 행정적 특성인데 이북의 경우 계급 투쟁과 동시에 진행되었다.

1958년 12월 2일 평양에서 열린 열성분자대회에서 3개 계층으로 나눈 집단을 구체적으로 공개했다. 노동당은 핵심계층을 출신성분과 사회성분 중에서 세부적으로 구분했다.[11] 핵심계층에 해당하는 우호세력은 혁명열사 유가족과 전사자 유가족 간부 및 그 가족들로서 구체적으로 보면 노동자, 머슴과 빈농 출신, 기관 근무자, 노동당원, 혁명 유가족, 민족해방 투쟁에서 희생된 자의 유가족, 혁명 지식인, 한국전쟁 때 피살된 자의 유가족, 전사한 군인의 유가족, 군인 가족, 전쟁 영웅이다.

인민의 성분을 재조사한 과정을 복기해 보자. 이 사업은 주로 조직을 재정비하거나 사회적으로 불안을 조성하는 일이 벌어졌을 때 정치적으로 필요한 국면에서 실시한다. 공민등록제 실시 이후 1964년부터 주민등록제를 도입해 인구 통계에 따른 성분을 분류하였다.[12] 1966년 4월부터 이듬해 3월까지 주민재등록사업을 실시했는데, 100만 적대위의 사상 결속을 명분으로 성분을 분류하기 위해 직계 가족은 3대까지 외가는 6촌까지 내사를 벌여 성분을 조사했다. 1972년 남북한이 대화 국면에 들어서자 노동당은 혹시 모를 인민들의 동요를 차단하기 위해 주민요해(파악)사업을 실시한다. 1974년까지 이어진 이 사업은 남북 대화와 관련해 인민들의 동태를 파악하고 '믿을 수 있는 자'와 '반신반의자', '변절자'로 인민을 구분했다.

1980년대로 접어들면서 노동당은 특별한 집단에 대한 통제와 관리를 강화하기 위해서 성분과 공민증 갱신 사업을 진행한다.[13] 김정일의 지시에 따라 외국에서 귀화한 사람들과 월북자를 대상으로 공민증을 대조하여 갱신한 후 불순자를 색출하고 통제 기능을 강화하는 검열 사업이 실시되었다. 요해 사업과 함께 진행된 공민증 갱신은 외부에서 입북한 사람들을 13계층으로 구분해 감시 자료를 체계화했다. 이듬해에는 북송 교포들에 대한 자료를 세분화해 동향 감시 자료를 체계화하는 북송 재일 교포 요해 사업이 이루어졌다. 또한 1983년 11월부터 이듬해 3월까지 공민증 갱신과 문건을 정비하는 사업을 벌인다. 남북한 사이에 이산가족이 의제가 되자, 1989년 10월부터 이듬해 연말까지 평양은 주민재등록사업을 또다시 실시해 주민등록부를 재조사하고 정리한 후 이산가족 개인 신상 카드를 작성했다.

김정일이 공식적으로 정권의 전면에 등장하고 '고난의 행군'이 끝나기 직전 최고인민회의는 공민등록법을 채택한다. 1997년 11월 26일 최고인민회의는 결정 제102호에서 공민등록법을 제정했다. 이 법은 공민의 출생, 거주, 퇴거 등록 절차와 방법을 구체적으로 규정하고 출생증과 공민증, 평양 시민증 발급을 주요 내용으로 하는 보다 세밀한 출생 성분 증명을 규정했다.[14]

2000년 7월 24일 최고인민회의 상임위원회 정령 제1676호로 수정된 공민등록법 제10조에 따르면, 공민은 17세에 이른 날부터 15일 내에 공민증이나 평양 시민증 발급신청서를 거주 지역의 인민보안 기관에 제출해야 한다. 공민증이나 평양 시민증 발급 신청서에는 이름, 성별, 난 날, 난 곳, 사는 곳과 같은 사항을 밝혀야 한다. 공민등록법(제1조)은 "공민을 장악 등록하는 데서 제도와 질서를 엄격히 세워 공민의 권리와 이익을 보호하는 데" 그 목적이 있다. 평양 시민만이 발급받을 수 있는 평양 시민증은 다른 지역 인민들에 비해 특혜를 받거나 더욱 통제된 증명을 뜻한다.

인민을 출신과 사회성분으로 구분한 것은 전 세계에서 유래가 없을 정도로 독특한 사회 신분 구조를 보여 준다. 김덕홍은 자신의 회고록에서 51개로 시작한 인민의 성분이 64개 부류로 관리되고 있음을 밝혔다.[15] 이른바 핵심계층은 8·15 이전 노동자, 빈농, 노동당원, 혁명가 유가족, 애국열사 유가족, 8·15 이후 양성 엘리트, 당-정-군 기관 근무 사무원, 6·25 전사자 가족, 후방 가족, 영예군인 등이다. 기본계층은 지난날 중소 상인과 수공업자, 노동자, 하위조직 행정간부, 사무원, 기술자, 농민, 의사, 간호사, 과거 중농, 월남자 가족 2·3부류, 중국 및 일본 귀화인, 과거 유학생 및 지방 유지, 경제 사범 등이다. 적대계층에는 8·15 이전 친일 관료, 친미 분자, 부농, 지주, 출당자, 반당반혁명분자, 정치범, 종교인, 월남자 가족 1부류가 들어간다.

성분은 제1부류에 해당하는 노동자부터 12부류 영예군인까지 핵심계층이며, 그 다음 13부류 소상인부터 51부류 자본가에 해당하는 대상과 범위를 각각 정한다. 1980년 10월 김정일은 기존 51개 부류에 '감시 대상 13부류'를 추가해 64개로 성분의 기준을 확정 지었다. 추가한 대상은 남한 정부의 반대자로서 월북한 자, 남한에서 북한으로 납북된 자, 납북 어부, 외국에서 북한으로 송환된 자, 밀입국자, 감옥에서 석방된 간첩 연고자, 6·25 시기 월북한 자, 비밀 건설공사기관에서 해고된 자, 중국에서 도망해 온 자, 소련에서 도망해 온 자, 중국인 거주자, 일본인 거주자, 자본주의 국가에서 들어온 자다.

핵심계층, 기본계층, 적대계층

성분 제도에서 가장 중요한 부류는 핵심계층의 노동당원이다. 조선노동당 규약에 따르면 당원은 1년 동안의 후보 당원 기간을 거쳐 해당 기관 당위원회와 중앙당의 입당 심사를 받는다. 사회과학원출판사에서 일하던 성혜랑은 1971년 제5차 당대회를 앞두고 구역당 입당 심사를 위해 이력서와 가족 관계 서류를 제출한다. 그해 12월 31일 밤 11시가 지나서 입당 심의실에 들어간 그는 문건을 앞에 두고 심의원의 질문에 답한 후 무사히 합격한다. 구역당 비서가 당원 통지서를 봉투에 넣어 주면서 "동무의 출신성분은 진보적 지주요. 조국 통일과 대남 혁명에 특별한 공헌을 할 것을 기대하여 우리 당은 특수한 조건으로 동무를 입당시키오"라고 말한다. 성혜랑은 성분이 적혀 있는 서류를 찬찬히 살펴본 후 13명의 심의원들에게 이렇게 소리쳤다.[16]

나에게 왜 이런 규정을 해요? 혁명을 하라면서 혁명의 대상인 지주라는 이름을 붙여 주면 어떡해요. 나는 우리 아버지의 땅을 본 일도 없고 우리 아버지는 그 땅을 다 자진해서 소작인에게 돌려주고 혁명에 참가했는데 왜 내가 지금에 와서 출신이 지주예요?

성혜랑의 당원 입당 심사에서 보듯이, 당은 인민의 성분을 매우 관료적으로 인식하고 경직된 방식으로 적용했다. 그의 아버지 성유경은 경남 창녕 출신으로 대지주의 아들이었는데 소작인들에게 논을 나눠 주고 혁명을 위해 월북한 인물이었다. 훗날 성혜랑의 동생은 김정일 위원장의 부인이 되는 성혜림이다. 입당 심사에서 성혜랑이 울분을 토한 것은 아버지의 계급적 성분인 지주를 자신의 출신성분으로 간주했기 때문이었다. 성분 제도에서 노동당원이 되는 데 가장 중요한 것은 출신과 본인의 능력이다. 경우에 따라 성분이 필요

충분조건으로 제시되는데 노동당은 개인의 능력에 따라 승진과 간부를 임명하고 이 과정에는 반드시 집단적인 평가 과정을 거친다.

64개 부류의 성분 제도는 사회통합 관점에서 보면 포용적이기보다 배제와 위계를 한층 강화한 것이라고 하겠다. 1958년 성분 제도를 도입할 즈음 김일성은 "객관적 기준에 의한 성분 평가"를 강조했다. '량강도 당, 정권 기관, 사회단체 일군들 앞에서 한 연설'에서 그는 인민의 행동과 실천을 근거로 당과 혁명의 원칙에 부합하는지에 따라서 성분의 기준을 삼아야 할 것이라고 밝힌다.[17]

북반부 사람들은 다 좋은 사람이고 나쁜 놈이 될 수 없다고 말할 수 있겠습니까? 그렇게 말할 수 없습니다. 북반부에서 사는 사람들 가운데도 자본주의 사상 잔재를 청산하지 못하고 계속 나쁜 짓을 하는 자가 있을 수 있습니다. 그렇기 때문에 우리가 적아를 구분할 때에는 어떤 선입견이나 주관에서 출발할 것이 아니라 객관적으로 나타난 행동이 당과 혁명의 리익에 부합되는가 안 되는가 하는 것을 기준으로 삼아야 합니다. 그 누가 우리 당의 사상을 가졌는가 가지지 않았는가 하는 문제는 오직 그의 실천에서만 검열될 수 있습니다.

이북의 정치 현실과 다르지만 1970년대에 이르러 김일성은 성분의 변형적 관점에서 이상적인 인민을 바라본다. 1971년 2월 '도, 시, 군, 공장, 기업소, 대학 당위원회 청년사업부장 및 사로청위원장 협의회에서 한 연설'에서 그는 출신성분을 가지고 문제 삼지 말 것을 지적한다. 공산주의 교양을 받고 자란 젊은 세대에게 할아버지 때부터 내려오는 출신으로 인해 차별을 받지 않도록 사회주의로동

자청년동맹 간부들에게 요청한다.[18]

할아버지가 부농이었다고 하더라도 오래전에 몰락하였고 아버지는 로
동계급으로 되었다면 그 아들에게는 부농성분보다도 로동계급의 성분
이 더 강할 것입니다. 우리는 우리 제도에서 공산주의 교양을 받으며 자
라난 젊은 세대들에 대하여 출신성분 문제를 가지고 쓸데없이 차별하는
일이 없도록 하여야 합니다. 할아버지나 아버지 문제를 가지고 새세대
들을 차별하면 우리 사회의 통일 단결에 큰 지장을 줄 수 있습니다.

　　김일성의 유연한 성분 제도 인식과 적용은 1980년대 중반에 들
어와서도 계속되었다. '김일성고급당학교창립 40돐에 즈음하여 집
필한 강의록'에서 그는 당과 인민 대중의 통일 단결을 강조했다. 그
는 "성분이란 사람들의 사상상 구성 성분이며 그것은 사회적 환경과
사람들의 사회 경제적 처지가 달라지는 데 따라 변"하고, "성분이 복
잡한 사람이라도 사회가 발전하고 혁명적 교양을 받으며 좋은 사람
으로 될 수 있"으니, "당은 사람들을 가정 주위 환경과 경력만 보고
평가한 것이 아니라 현재의 사상 상태를 기본으로" 평가하여 "복잡
한 군중을 대담하게 믿고 포섭하여 적극적으로 교양"할 것을 지시한
다.[19] 김일성의 이와 같은 지도적인 방향에도 불구하고 정치 변동 과
정에서 노동당은 오히려 경직된 인민관을 정립했다.

　　인민들은 주체이기보다는 대상화되는 경향 속에서 집합체로 호
명되고 있다. 집합체의 인민 성분과 관련해서 또 다른 변화도 감지
할 수 있다. 아브트는 출신성분이라고 하는 세습적인 성분 체계의
밑바탕이 빠르게 무너지고 있다고 주장한다. 시장에서 상업 활동으

로 재산을 모은 중간층이 증가하고 있는 현실을 반영한 것이다.[20] 아브트의 성급한 결론처럼 출신성분 체계가 무너지는 것은 아니다. 성분은 여전히 인민의 삶을 결정하고 있으며, 다만 그 근거가 되는 토대가 바뀜으로 해서 사회성분에서 포괄할 수 없는 부류가 생겨나고 있다.

장기적으로 볼 때, 출신성분에 구애받지 않은 사회성분이 등장하는 것은 분명하다. 이 현상은 경제적 지위의 변동에 따라 성분 제도에 균열을 일으키고, 64개 부류에 포함되지 않는 인민들 사이의 사회 이동을 촉진하고 있다. 안정화된 출신성분에 비해 사회성분은 점차 다양화하는 쪽으로 바뀌고 새로운 인민 대중의 구성원이 등장한다. 상업을 중심으로 활발하게 개인 재산을 불려 나가는 계층의 등장은 노동당이 고집하는 사회성분으로 분류할 수 없는 새로운 형태의 집단이다. 김일성의 표현대로 '사회 경제적 처지'가 달라진 사람들이다.

남북 관계에서 주목해야 할 성분이 기본계층과 적대계층에 해당하는 월남자 가족이다. 기본계층의 월남자 가족 2부류는 노동자 또는 농민 출신으로서 6·25 때 범법 행위를 하고 월남한 자의 가족이고, 3부류는 노동자 또는 농민 출신이면서 범법 행위를 하지 않고 월남한 자의 가족이다. 적대계층에 속한 월남자 가족 1부류는 부농, 지주, 민족 자본가, 친일 친미 반동 관료배 출신으로서 6·25 때 월남한 자의 가족이다. 전쟁 때 행방불명된 가족도 월남자 가족으로 분류하는데, 이들 부류가 중요한 이유는 남한에 있는 이산가족과 상봉할 때 문제가 발생하기 때문이다. 체제의 근간을 이루는 성분 제도에 대한 비판은 소설의 주제가 되기도 한다.[21]

김일성이 강조하는 반혁명과의 투쟁은 결국 사람의 문제였다. 그는 "당과 혁명에 대한 충실성은 반드시 출신성분에 의하여 규정되는 것이 아니"라고 자신의 관점을 다시 강조한다. 남한 출신자들과 귀환자, 의용군에 대해서도 적극적으로 포용할 것을 지시했다.[22]

사람의 성분은 고정불변한 것이 아니라 변합니다. 출신성분이 복잡한 사람도 공장에 들어와 로동계급이 되면 개조될 수 있습니다. 오랜 인테리를 비롯하여 출신성분이 복잡한 사람들 가운데 일을 잘하는 사람들이 얼마나 많습니까. 그러므로 리력 문건이나 보고 사람을 평가하는 것은 옳지 않습니다. 문제는 사람들의 출신성분에 있는 것이 아니라 그들이 오늘 우리 당 정책을 지지하는가 반대하는가 하는 데 있습니다.

성분은 삶을 결정한다

북한에서 월남자 가족은 적대계층에 속한 '반동분자'에 해당하는 경우가 많은데, 이 사람들의 이산가족 찾기는 인도적 문제이자 매우 정치적인 문제에 해당한다. 강명도에 따르면 월남자 가족이 가장 많이 수용된 곳은 강제 수용소와 일반 수용소로 나누어져 있는 18호 관리소다. 이곳에 있는 사람들의 70% 정도가 월남자의 가족이거나 친척이었다.[23] 체제에 반대하고 나라를 등진 사람들을 남북 대화 국면에서 새롭게 처우해야 했다. 이 문제는 비단 남북한 사이에만 해당하지 않는다. 남한으로 이주한 후 다시 해외, 주로 북미주 지역으로 이주한 이산가족들이 평양에서 가족을 만날 때에도 문제가 된다.

이런 정치적인 문제가 있기 때문에 어떤 월남민은 남한 정부 측에 이산가족찾기 상봉을 신청하지 않는다.[24] 이런 사례는 알려진 것보다 훨씬 많다.

분단사회에 종속된 개인의 삶이 알게 모르게 억압받는 상황은 이북에서도 마찬가지다. 월남자 가족들은 자신의 친인척이 남한으로 이주해 생활하고 있는 것을 굳이 밝히지 않는다. 성분 조사에서 드러나지 않는다면 이 비밀을 죽을 때까지 간직한다. 1992년 6월 러시아사범대학에서 조선어를 가르치며 교환교수로 5년 동안 재직 중이던 김현식은 서울로 향한다. 1954년부터 평양사범대학에서 38년간 노어를 가르친 그는 이북에서 누나의 존재를 숨기고 살았다. 전쟁 중에 함흥에서 헤어진 이후 42년 동안 "북한에서 살아남기 위하여 누님을 기억 속에 묻었다." 친인척 관계 서류에 누나를 밝히지 않은 것은 그가 월남한 기독교인이기 때문이었다.[25]

월남자 가족은 전쟁 때만 발생하는 것이 아니다. 분단되어 있는 현실은 남한의 월북자 가족이 겪어야 했던 정치적 탄압과 유사하게 이북에서도 작용한다. 어떤 어부의 아들이 대학교의 학급장으로 임명된 적이 있는데, 2학년 말에 그 학생이 학급장을 그만두게 되었다. 그 이유는 학생의 아버지가 배를 타고 나가 행방불명되었고, 당국은 실종된 그를 월남한 것으로 간주했기 때문이었다. 하루아침에 월남자 가족이 된 학생은 핵심 학생 대열에서 빠지고 국가의 주요 행사에도 참여할 수 없게 되었다. 두어 달쯤 지나 그 학생에게 뜻밖의 일이 벌어졌다. 월남한 줄 알았던 아버지가 중국 해안가에서 시체로 발견되었는데, "앙상한 가슴팍에는 비닐박막으로 꽁꽁 싸맨 수령님의 초상화가 농끈으로 꼭꼭 묶인 채 모셔져 있었"다. 이 일로 학생은 공화국 영웅 칭호와 함께 메달과 훈장을 받았다. 월남자의 아들이 되어 "인생의 나락으로 떨어졌던 학생은 아버지 덕택"으로 영웅 대접을 받고 노동당원이 되었다.[26] 이북에서 성분을 어떻게 결정하고 적용하는지, 또 어떻게 변하는지 알 수 있는 이례적인 사례다.

2004년 9월 9일 북한은 정부 수립일을 기준으로 평양에 거주하는 인민의 시민증을 재발급한다. 신상 자료를 보도한 언론에 따르면, 그해 4월 평안북도 용천군 용천역에서 발생한 폭파 사건의 여파로 시민의 성분을 다시 파악하고 재분류한 것이다.[27] 위키리크스 Wikileaks가 공개한 미국무부 외교 전문에 따르면, 김정일은 용천역 폭발 사건을 "자신에 대한 암살 기도"라고 언급했다.[28] 2009년 2월 23일 캐슬린 스티븐스Kathleen Stephens 주한미국대사는 현정은 현대그룹 회장을 만나 대화를 나눈 후 국무부에 비밀 전문을 보낸다. 2005년 7월과 2007년 11월 평양을 방문한 현정은은 김정일을 두 차례 만나 면담을 가진다. 이 비밀 전문은 17개 항목으로 그 내용을 다루었는데 "김정일과 북한군" 사항에는 김정일이 현정은을 만나 용천역 폭발 사건을 자신에 대한 암살 실패 사건으로 믿고 있음을 전한 내용이 포함되어 있다. 성분을 기초로 시민증을 재발급하는 조치는 적대세력을 솎아 내는 인적 청산과 사상을 점검하는 효과적인 방법이다.

인민의 성분은 삶의 방향을 대부분 결정짓는다. 이주민 이성숙은 평양에서 학교를 다니고 유년 시절을 지내다 고모부가 종파 문제로 쫓겨나면서 양강도로 옮겨 가 살았다.[29] 구체적인 이유는 모르지만 부모 없이 고모부와 살았던 그는 전쟁 때부터 당국의 지시에 따라 거주지를 옮겼다. 이성숙의 진술은 북한에서 적대계층의 거주지를 제한하는 조치를 말한다. 이북은 체제에 적대 행위를 한 반동분자의 가족을 정권의 핵심 지역 평양에서 이주시키는 정책을 일삼았다. 대상이 된 인민들의 마음으로는 추방당한 것이다. 성분에 따른 사회적 대우의 차별은 일반적이다.

성분이 결혼에 미치는 영향 또한 크다. 남성과 여성의 가정, 출신성분에 따라 계층 이동이 달라질 수 있기 때문이다. 룡성연합기업소에서 기술자로 일하던 김정률이 오스트리아로 떠나기 전 결혼 대상으로 눈여겨보아 둔 사람은 같이 근무하는 어느 과장의 사촌으로 의학 공부를 하고 있는 "붉은" 가정 출신의 현길남이었다. 현길남은 "친척 모두가 '흠잡을 데가 없는, 혁명적인' 혈통이고" 가족들은 모두 정권 "초창기부터 공산주의자들"이었다. 김정률에게 "아내의 역할은 계획된 그의 승진을 지지하고 함께 짊어지는 사람이어야" 했다. 북한의 "상황에서 훌륭하게 성장한 늘씬한 길남은 그 어떤 의심도 받지 않을 열성적인 가정 출신이다." 현길남의 출신성분이 나쁘거나 집안이 핵심계층이 아니었다면 김정률은 결코 그와 결혼하지 않았을 것이다. "의심스러운 배경을 지닌 아내는 인민공화국"에서 남편의 "모든 직업에 대한 희망을 없애는 존재"이기 때문이다.[30] 1960년대 중반 성분의 위계 질서를 보여 주는 이와 같은 장면은 현재에도 비슷한 사회상이다.

당 간부로 출세한 경우라도 정치 변동이 발생하면 그들의 성분은 검열 대상이 된다.[31] 1997년 2월 황장엽이 베이징 주중한국대사관을 거쳐 서울로 망명하자 평양은 대대적인 숙청을 벌였다. 그중에서 황해남도 당책임비서 피창린과 개성시 당책임비서 김기선이 정부 수립 전후에 반공 활동을 한 서북청년단의 잔당으로 밝혀져 처형

성분사회

당한다.[32] 한반도 정세 변화에도 영향을 끼친다. 1976년 판문점에서 무장충돌사건(도끼만행사건)이 발생했을 때 한반도에서 전쟁이 발발할 위험이 매우 높아졌다. 그때 노동당은 평양 시내에 살고 있는 사람들 중 성분이 좋지 않은 사람과 지방 출신 대학생을 다른 지역으로 분산, 이주시켰다.[33]

조부모와 부모의 출신성분은 자녀의 대학 진학에 큰 영향을 끼친다. 김현식은 본인이 전쟁 때 부상당한 영예군인이고 평양사범대학교 교수이자 노동당원이지만 자녀의 대학 진학은 어떻게 할 수 없었다. 그의 둘째 딸은 수학에 뛰어난 재능을 가지고 있었는데, 지하 군수 공장들이 밀집해 있는 자강도 강계시의 국방대학 입학시험에 합격한다. 이 대학은 이북 전역에서 수학, 화학, 물리학 분야의 수재들이 모이는 곳인데 김일성종합대학이나 평양외국어대학을 비롯한 다른 대학들보다 앞서 가장 먼저 신입생을 선발하는 권한이 있었다.

군사 무기와 핵 관련 기술, 원자력 기초 연구를 하는 이 대학 학생들은 군대를 면제받고 5년 동안 무상 교육을 받으며 최고의 시설에서 연구한다. 이북에서 가장 똑똑한 인재들이 모이는 대학의 입학 시험에 합격한 것도 잠시, 며칠 뒤 김현식의 딸은 외할아버지가 국방군(남한의 국군) 장교였다는 이유로 입학이 취소된다. 평양사범대학 수학과에 원서를 다시 넣었지만 이번에도 둘째 딸은 가정 환경이 좋지 않은 이유로 또 떨어졌다.[34]

이북에서도 대학 교육은 부모의 최대 관심사다. 자녀에 대한 고등 교육은 인민들 사이에서 남한 못지않고, 훌륭한 상급 학교에 아들딸을 보내려고 하는 인민들의 열의는 대단하다. 대학은 전국에서 시행하는 필답 고사를 치른 고급중학교(고등학교) 졸업생의 10% 정도가 진학하는데, 이 시험의 교과목은 수령의 혁명 역사와 국어, 외국어, 수학, 물리, 화학 여섯 과목이다. 시험 성적이 좋아도 학생들의 대학 진학을 결정하는 것은 그들의 출신 배경이다. 사립 대학인 평양과학기술대학이 그런 곳 중의 한 곳인데 부모들은 자녀를 이곳에 보내기 위해 갖은 방법을 동원한다.

평양과학기술대학의 영어 선생 수키 김은 "부모의 배경 또는 '성분'이 그들이 어느 대학에 배정될지를 결정하는" 데 가장 중요한 요소임을 알았다. 당 간부들은 자신의 자녀가 이 대학에 입학하기를 원했고, 학부 학생으로 들어오기를 원하는 긴 대기자 명단이 있었다. 평양이 아닌 함흥, 사리원, 남포 지역에서 온 학생들은 성적이 좋은 경우였다. 그들에게도 성분은 중요했다. 부모는 의사나 과학자들이고 형제는 군대에 복무 중이었다.[35] 출신 배경이 뒤처지는 부유한 집안의 학생들은 우회 경로, 부정부패를 통해 입학하고 대기자 명단을 앞으로 당기는 데 청탁이 필요했다.

인민들의 이해관계가 모두 같은 것은 아니다. 그들은 성분별로 구조화되어 있고 그 내부에서 보면 매우 이질적이다. 형식적인 정치 주체로서 또 집단 주체로서 인민의 단일성은 부인할 수 없지만, 64개 부류의 성분을 보면 결코 그들이 동일한 사회 경제적 이해관계를 가졌다고 할 수 없다. 부모의 출신 배경과 사회성분을 기초로 하는 사회이지만 모든 것이 제도의 규칙대로 움직이지는 않는다. 아무리 강고한 사회라도 틈새는 벌어져 있으며, 예외 없는 원칙이 없듯이 부정청탁과 부패는 북한 사회에서도 나타나기 마련이다.

북한 체제에서 자녀를 현재 자신의 지위보다 나은 성분으로 옮기려는 인민 대중의 노력은 일반적인 현상이다. 해방 이전부터 현재까지의 출신성분이 분주소에서 관리하는 자료에 모두 나타나 있어 인민들은 생활총화를 비롯해 결혼, 진급, 진학, 취업, 당원 입당 등 거의 모든 일에 성분의 규범적인 적용을 받는다. 인민 개인에게는 조부모와 부모가 가진 배경이 출신성분이 되고 자신이 가진 직업이 사회성분으로 결정된다. 새세대에게는 부모의 사회성분이 출신성분으로 대물림된다. 출신에 따른 성분은 쉽게 바뀌지 않지만 사회성분은 자신의 노력이나 우회 경로를 통해서 조금씩 변경할 수 있다. 오늘날 이북은 동질화된 계급 계층을 바탕으로 출신과 사회성분으로 이루어진 '성분사회'라고 할 수 있다.

6

상호 감시와 간접 화법
속마음을 들키지 마라

외부에서 북한을 볼 때 흔히 체제에 저항하는 세력이 있는지, 정책에 반대하는 사람들이 있는지 궁금해한다. 어느 나라에서나 모든 구성원의 이해를 정치 체제가 만족시킬 수는 없다. 이북 사회도 마찬가지다. 당의 정책과 지시에 지지를 보내거나 적극적으로 협조할 수 있고 그렇지 않고 불만을 품거나 반대할 수도 있다. 이해관계에 따라 다양하게 대응한다. 속마음이야 모두 다를 수 있지만 겉으로 드러나는 것은 매우 제한되어 있다. 내심 반대하더라도 대놓고 저항할 수는 없다. 고작 불평불만만 가까운 사람에게 속삭일 뿐이다. 정부가 눈치채지 못한 상태에서 조직적으로 세력을 모으는 것은 거의 불가능에 가깝다.

앞서 보았던 성분 제도는 인민들에게 정치사상교양을 실시하는 데 유용하게 작용한다. 노동당이 사람들의 성분을 따지는 목적부터 보자. 1968년 4월 16일 김일성은 '상 및 당중앙위원회 지도원 이상 일군들 앞에서 한 연설'에서 당의 지지 세력을 확대하고 당적 지배를 원활하게 하기 위한 대중 사업의 일환으로 인민의 성분을 어떻게 참고해야 하는지 제시한다.[1]

우리가 늘 말하는 것이지만 사람들의 성분을 보는 목적은 지난날 어떤 환경에서 어떤 영향을 얼마나 받았는가 하는 것을 알고 교양하자는 데 있습니다. 사람들의 문제를 평가하는 데서 당의 방침이 똑똑히 서 있음에도 불구하고 일부 일군들은 가정주위환경에서 누가 걸린다, 무엇이 어떻다 하면서 일을 잘하는 사람들까지 멀리하고 있습니다.

김일성은 사람들을 교양해서 사상을 개조하고 당의 지배에 묶어 두는 것을 행정 처리로 보지 않았다. 이력서 문건이나 보고 인민들의 문제를 처리하는 행정적인 방법은 당이 해서는 안 되는 사업 방식이라고 그는 강조했다. 인민들에 대한 교양은 단순히 가정주위환경에 따라 그들을 구분하는 수준을 말하는 것이 아니다. 그들이 누구로부터 어떤 영향을 받았는지 인민들의 내면을 헤집어 교양하는 것이 성분을 조사하는 목적이다.

사회성분에 따른 분류는 감시를 체계적으로 조직한다. 상호 감시 체제는 이북 사회가 인민을 통제하는 오래된 방식이다. 감시를 철저히 하기 위해 가구 5호당 1명씩 책임자를 두어 공동 책임으로 반동분자를 찾도록 했는데, 인민들에는 이것이 '영예롭고 신성한 임무'가 되었다. 5호감시체계는 한국전쟁 때부터 실용적으로 조직되어 남쪽으로 내려간 사람들의 가족이나 반동분자, 간첩을 찾는 데 매우 유용하게 쓰였다. 연대 책임은 옆집을 서로 감시하면서 살기 때문에 낯선 사람이나 월남한 사람들이 가족들을 만날 수 없게 만들었다. 이 감시망은 아주 효과적으로 인민들 사이를 통제하는 역할을 현재도 수행하고 있다.

상호 감시에는 인민반의 기능도 중요하다. 인민반의 반장은 유급직 여성으로서 반원들의 동태를 파악하고 상부에 보고한다. 이주민 이성숙은 인민반장의 활동이 사람들을 꼼짝 "못하게 만들어 봤다"고 털어놓았다.[2] 이북 사회가 아니더라도 주도면밀한 감시 체제의 지배는 일반 대중이 비행을 저지르거나 비정상인이 되지 않기 위해 스스로 도덕적 감시를 내면화하는 데에도 효과를 가져온다.[3] 인민반장은 매월 1회 이상 정기 반회의를 조직한다. 반회의에서 상부의 지시를 실행하기 위한 대책과 거주 지역에서 제기되는 문제들을 토의해서 결정한다. 인민반장은 반원들의 생활을 총화하고 감시 내용을 보안원에게 보고한다. 인민반의 총화는 일일, 주간, 월간으로 진행된다.[4]

'말조심해라, 말조심해라'

이북에서 국내 이동은 엄격한 제한을 받지 않지만 주소지를 옮기는 것은 철저한 행정 단속이 뒤따른다. 많은 이주민이 증언하고 있듯이 이사를 마음대로 할 수 없는 조건은 사람들 사이의 사회적 관계가 특정한 지역과 공간에 고정되어 있음을 의미한다. 이는 이해관계가 비슷한 인민들끼리 교류할 가능성이 높은 것을 반영하고 그들은

상호 감시와 간접 화법

옆집에서 무슨 일이 벌어지는지, 누가 다녀가는지 서로서로 알게 된다. 인민반장은 자신이 관리하고 있는 반원들의 성향을 자세히 파악하고 있는데, 누구도 공개적이고 공식적인 자리에서 불만을 쉽게 터뜨리지 못한다. 상호 감시 체제가 작동하는 한 자유로운 의사표시를 할 수 있는 공간은 제한되어 있으며 그런 개인 또한 드물다.

평양에 거주한 외국인의 눈에도 "'불순분자가 발을 붙이지 못하도록' 모든 방문객을 감시하는" 인민반원은 눈에 띄었나 보다.[5] 아브트는 아파트 입구에 앉아 경비 역할을 하는 나이든 노인을 지나칠 때마다 인민반원의 감시 임무를 떠올린다. 평양에서 근무 중이던 어느 유엔 고위 관리로부터 직접 들은 일화는 훨씬 노골적이다. 가장 흔하게 이루어지는 감시는 통신 도청이다. 아파트 숙소를 개선하는 공사를 할 때 유엔 관리는 작업하는 일군들에게 도청기를 어디에 설치할 것인지 물었다. 일군들은 사무적으로 여러 곳을 손가락으로 가리켰다. 아브트는 자신이 전화 통화를 하면서 누군가 엿듣고 있다는 사실을 알았다.[6]

인민반은 해방 직후부터 말단 행정 조직으로 만들어졌다. 이북의 모든 사람들은 거주지를 중심으로 누구나 할 것 없이 각자가 속하는 인민반이 있다. 통상 20~40가구로 이루어지는 인민반은 조직 생활의 기본이다. 인민반장은 자신이 관리하는 사람들이 어떻게 사는지 꿰뚫어 본다. 사람들이 어디를 다니는지, 누가 그 집을 방문하는지, 집 안에 숟가락이 몇 개 있는지 알고 있을 정도로 그들 사이의 일상은 노출되어 있다. 반장은 자기가 관할하는 가구의 소득과 재산, 소비 정도를 파악하고 있어야 한다.[7] 인민위원회는 인민들의 추천 형식으로 소개받은 사람들 중에서 당에 대한 충성과 성분이 좋은 사람을 지명한다. 인민반의 구성원은 세대주 반장, 위생반장, 선동원으로 이루어진다.

사람들 사이의 상호 감시는 날마다 반복되는 생활이다. 사람들이 바깥에 나갈 때는 식구들에게 이런 말을 자주 한다. 한영숙은 무서운 말이라고 한다.[8] "말조심해라, 말조심해라." '남한이 살기 좋다'거나 '우리나라 정치는 왜 이러니', 이와 같은 말을 하면 그날로 사단이 난다. 내부 사회에서 정부를 상대로 "'싸운다는 건, 진짜 내가 머리로 바위 박는 식이다.'" 한영숙은 인민반에서 이루어지는 감시와 통제 생활이 어떻게 적용되고 있는지 말한다. 그가 구술한 내용 중에 눈길을 끄는 것은 의견을 나눌 수 없는 현실을 지적한 대목이다. "의견 교류가 안 되지." 체제에 비판적인 생각을 하는 사람들이 모일 수 없을 뿐만 아니라 쉽게 의견을 드러내지도 못한다. 말조심하지 않으면 또 고발당하는 것은 시간문제다. 고발은 인민 대중의 의무이기도 하기 때문이다.

의견을 주고받는 공간, 인민들 사이의 네트워크. 이런 요소들이 결합되어 담론이 만들어지지만 그들이 모여서 생각을 터놓고 여론을 형성할 가능성은 매우 적다. 이우영은 이주민과 가진 인터뷰에서 '고난의 행군' 이후 음식점과 가족 단위의 영농이 가능한 경작지, 도시에서 볼 수 있는 매대(간이 판매점), 여가 시설을 사적 담론의 형성 공간으로 파악한다.[9] 사적 담론의 공간이 생활을 재생산하는 일상의 영역이기는 하지만 정치의 강력한 통제로부터 분리될 수는 없다. 오랫동안 전 사회를 조밀하게 관리한 사회 체계에서 국가가 들여다보는 일상의 공간은 학교와 직장, 가정, 도시에서 구축하는 "지배의 장소"에서 벗어나지 않는다.[10]

상호 감시와 간접 화법

사적 담론은 공론장public sphere과 연계될 때 정치적 의미를 가진다. 인간의 행위 주체와 정치 행위에 대한 공론장의 역할은 민주주의 사회에서 필연적이다. 위르겐 하버마스Jürgen Habermas가 다룬 핵심 주제 중의 하나인 '공론'은 18세기 서유럽에서 새로운 개념으로 부상했다. 공론장은 "사회 구성원들이 다양한 미디어―인쇄 미디어, 전자 미디어, 면대면 접촉―를 통해 서로 만나고 공통의 이해관계가 걸린 문제들을 토론하며 그에 관해 공통의 의견을 형성할 수 있는 공간으로 여겨지는 하나의 공통 공간a common space"이다.[11]

근대 사회에서 주권자의 수행성이 발현하는 곳은 정치 사회와 시장으로부터 자율성을 획득하며 역사적으로 등장한 시민 사회의 공론장이다. 이 공간에서 집단적 행위의 주체성으로서 인민의 발명inventing the people이야말로 자유민주주의의 도덕 질서를 이해하는 사회적 상상의 새로운 형식이다.[12] 인간의 정치 행위와 공론장의 논의를 발전시키면 주권자로서 인민의 의미는 수행적 구성이라는 측면에서 찾을 수 있다. 공론장에서 이뤄지는 정치 행위와 인민의 관계를 볼 때, 북한에서 설사 사적 담론이 있더라도 이것은 인민의 정치적 행위로서 여론으로 형성되지는 못한다.

공론장이 하는 일은 권력 외부에 있으면서 정치 영역의 매개 없이 권력에 규범적인 역할을 하는 이성의 담론 속에서 사회가 공통의 의견에 도달하게끔 만든다. 공론장에서 이루어지는 것은 사회의 중요한 문제들에 관한 비판적 논쟁으로부터 이끌어 낸 성찰적 관점의 공통 의견common mind이다.[13] 공론장의 특징은 "권력에 의한 것이기보다 권력에 관한, 그리고 권력에 대한 이성의 담론으로서 정치 외적인 성격"을 가진다.[14] 정치권력을 외부에서 견제해야 한다는 인식은 근대 공론장과 함께 등장했는데, 관심을 가질 부분은 외부의 견제라고 하는 사실보다는 그 심급의 성격에 있다. 이것은 신의 의지나 자연의 법칙이 아니며 또한 권력이나 전통적 권위가 아닌 이성으로부터 나오는 담론으로 규정되었다.

공론장은 분산되어 있지만 토론에 참가한 사람들은 거대한 논쟁 속에 서로 연결되어 있고 거기서 도달한 결론이 공론으로서 의미를 지니는 한에서 이 공간은 존재할 수 있다. 18세기에 공론장이 새로웠던 것은 이전에는 한 번도 만난 적이 없는 사람들이 공통의 공간에서 토론하고 공통의 의견에 이를 수 있다고 스스로 인식한 데 있다. 사람들이 어떤 목적에 초점을 둔 공통의 행동common act of focus에 참여하고 있을 때 이것을 공통 공간이라고 한다.[15] 이 행동은 공통의 대상이나 목적의 일부이기 때문에 공통의 행동에 참가하는 사람들이 주의를 기울이는 것이다. 공론은 일련의 공동 행위로부터 발생한다.[16]

'공론장 안에서 무엇이 이루어지고 그리고 그것은 무엇인가?'라는 질문을 던져 볼 필요가 있다. 왜냐하면 정치 행위의 주체가 실재하는 곳이 이 공간이고, 이곳에서 이루어지는 그 무엇이 인민의 주체화, 인민 주권과 불가분의 관계에 있기 때문이다. 공론장은 장소를 초월하는 공통의 공간이자 순수하게 공동의 행위에 근거한 주체성을 특징으로 한다. 이와 같은 근거에 의하면, 북한 사회에서 사적 담론의 제한과 공론장의 부재는 시민 사회가 존재할 수 없는 전체주의 사회와 그 성격이 유사함을 알 수 있다.

이중사고, 두 가지 상반된 마음

이북 사회의 또 다른 특징은 한정된 사적 교류 속에서 오고가는 체제에 대한 비판을 가로막는 고발에 있다. 이주민 한영숙의 말처럼 "솔직히 말해서 다 마음"을 합쳐도 일러바치는 인민이 있기 때문에 함부로 속내를 드러내지 못한다. 그가 볼 때, 인민들은 "반항"을 못하고 "단합"할 수도 없으며 사상 "교육"을 받았기 때문에 조직이 되지 않는다.[17] 그들 세계에서 체제에 저항할 수 있는 개인과 조직의 등장은 요원하다. 생활하는 공간 또한 제한되어 있다. 특정한 장소에서 한정된 사람들과 교류할 수밖에 없는 실태는 일상의 동결 현상을 가져온다.

어떤 형태의 고발은 체제에 불만을 가진 이웃에게만 해당하지 않는다. 인민반장이나 노동당원의 비위, 기업소 간부의 착취, 보안원의 뒷돈 수령과 같은 일을 고발하는 것은 인민의 '도덕적 의무'로 여겨진다. 권력을 남용한 관리를 상대로 하는 감시와 고발은 공정한 차르Tsar를 강화하는 러시아의 오랜 통치 방식이었지만, 소비에트 체제에서 고발 문화는 구성원들의 "도덕적 기준을 강제하는 것이"었다.[18]

스탈린 시대의 밀고는 인민들의 의무였다. 정보원들은 공장과 학교, 사무실, 공공장소, 아파트 등 사람이 모이는 곳에는 어디에나 있었다. 추산하건대 수백만 명의 사람들이 동료와 친구, 이웃들의 행적을 경찰에 보고했다. 경찰관 중에서도 국가보안위원회KGB의 전신인 엔카베데NKVD 정보원은 따로 있었고, 사회 구석구석에 그들의 눈과 귀 역할을 하는 충성스러운 소비에트 인민들이 존재했다.[19] 사회가 불안하고 혼란스러우면 국가는 통제를 강화하고, 정치 세력들 사이의 다툼이 숙청으로 치달으면 상호 감시는 밀고로 이어진다. 정파들 간의 싸움과 대립은 인민들에게도 큰 영향을 끼친다. 숙청이 시작되고 정치 사회가 경직되면 인민들 사이의 눈초리는 매서워지기 마련이다.

이북 사회의 감시와 통제는 스탈린 체제 못지않다. 어떤 말이 보안서 요원의 귀에 들어갈지 모른다. 김일성과 김정일을 비판하거나 노동당을 욕하면 누가 신고할지 모른다. 이주민 이○○는 체제에 대한 불만이 있을 경우 친하게 믿고 지내는 사람 두서너 명에게 불만을 털어놓았을 뿐이다.[20] 협동농장이나 기업소, 기관, 단체 생활에서 그들이 서로의 의견을 주고받는 방식은 휴식 시간이나 밥을 먹는 시간 정도뿐이다. 인민들이 자기만의 의식, 비판적인 자의식을 갖는 것은 상상하기 어렵다. 상부의 지시에 길들여진 상태에서 스스로 비판적 인식을 갖기란 결코 쉽지 않고, 어느 곳에서나 국가의 시선을 피하는 것은 불가능하다.

인민들은 날마다 변화하는 소식을 가끔 텔레비전을 통해서 들을 뿐이지만, 통제되고 감시받는 사회에서도 정보는 조금씩 유동한다. 단파 라디오를 가지고 있다면 좀 더 수월하게 남한과 중국의 외부 소식을 접할 수 있을 것이다. 앞서 잠깐 언급한 대로 중국을 오가며 무역을 하는 사람들과 라디오로부터 새로운 소식은 계속 전해진다. 북한 당국은 인민들의 라디오 청취를 알면서도 묵인하는 경우가 상당하다. 공식적으로 규제하는 것과 별개로 일상에서 용인하는 생활은 의외로 개인 영역에 있다. 라디오를 듣거나 DVD와 USB 메모리 카드에 영상을 담아 시청하는 것이 대표적이다.[21]

1960년대부터 판매하는 라디오는 채널이 고정되어 있어 인민들은 당국이 몇 개의 공식 채널에서 내보내는 방송만 청취할 수 있다. 해외, 그중에서도 중국에서 구입한 라디오는 인민보안성에 신고해서 채널을 고정시켜야 한다. 하지만 상점에서 구입한 라디오의 고정된 채널은 기술을 조금만 가진 사람이라면 쉽게 해제할 수 있다.[22] 인민들은 여러 가지 뇌물을 주고 좀 더 자유롭게 채널을 돌려가며 방송을 듣는다.

매체가 인민들에게 끼치는 영향은 다양한 이해관계의 본보기가 될 수 있다. 라디오를 청취할 수 있는 가정에서는 밤 10시부터 새벽 1시 사이에 주로 남한 방송을 듣는다. 한영숙의 시누이 가족들은 라디오를 갖고 밤에 남한 방송을 청취하고 있었다. 시누이 집의 여덟 살짜리 아이가 응얼거리는 노래 소리를 듣게 되었는데, 그는 이것이 남한 방송으로부터 흘러나온 것임을 알았다.[23] 1998년에 양강도 두메산골에서도 소형 라디오를 사용하는 가구를 볼 수 있었는데, 그곳에서 그는 한국전쟁 발발이 북침이 아니라 남침이라는 사실을 처음으로 들었다. 인터뷰에서 그는 남한 방송을 청취하는 인민들의 비슷한 경험을 전했다. 인민들의 호기심을 일깨우고 자극을 주는 외부 요인으로서 라디오 방송은 중요한 역할을 한다.

자본주의 사회에서 광고는 사람들의 욕망을 창조하고 소비를 부추기지만 이북에서 라디오는 오래된 정치 선전 도구다. 최근의 라디오는 정치 선전에만 국한된 것이 아니다. 북한과 스위스 기업이 공동 투자한 평스제약합영회사Pyongsu Pharma J-V(이하 평스제약)를 운영하는 아브트는 2005년에 '평스 스피린'이라는 진통제 광고를 처음으로 라디오 방송에 내보냈다. 2009년에는 비록 잠시 동안이었지만 다른 기업체에서 맥주와 인삼, 머리 클립, 한식 레스토랑 광고를 텔레비전에서 한 적도 있었다. 이 광고를 본 인민들은 매우 놀랐다.[24]

북한 당국이 모범적인 제약회사로 선정한 평스제약과 마찬가지로 일부 기업들도 광고 전단지와 카탈로그를 나누어 줄 수 있으며, 내부망인 인트라넷에 상품과 서비스를 올릴 수 있었다. 인트라넷은 당과 정부 기관, 국영 회사, 인민학습당, 대학뿐만 아니라 설비가 갖춰진 곳에서는 접근이 가능하다. 이와 같은 정보가 북한 당국이 내보내는 방대한 양의 정치 선전에 비하면 얼마 되지 않지만, 아브트는 광고를 허용한 현상을 "일부 시장 이념을 북한 당국이 용인"한 것이라고 그 의미를 짚었다.[25]

체제의 강한 결속 밑에서 겉돌고 있는 인민들의 의식에는 흔들림이 존재한다. 방송의 영향을 받아 탈북을 결심하는 인민들의 선택도 무시할 수 없다. 외부에서 유입되는 정보의 영향은 체제에 대한 개인의 인식과 생활을 미세하게 변화시킨다. 이북의 체제를 지지하더라도 내면의 심리는 동요할 수 있고, 이와 반대로 지지하지 않더라도 탈북을 감행하는 것보다 그냥 사는 것이 더 나은 경우도 있다. 그가 북한이라는 정치 공동체에서 정상적인 삶을 살 수 없을 정도의 범죄자가 아니라면 탈북은 매우 긴박한 마지막 순간에 선택하는 행위라고 할 수 있다.

그러나 이 기준으로 이해할 수 없는 인민의 불확실한 내면 상태는 도식적인 이분법으로 설명할 수 없다. 조지 오웰George Owell이 정치 소설 『1984』에서 이중사고double think라고 불렀듯이, 인민들은 두 가지 상반된 마음을 동시에 가지고 또 그 두 가지 마음을 모두

상호 감시와 간접 화법

받아들일 수 있는 능력을 갖고 있다.[26] 이중사고는 인민들이 남한을 대할 때 두드러진다. 적대하면서 동시에 동경하는 모순을 그들은 가지고 있다. 의식적으로 거부하면서 무의식적으로 받아들이는 사고라고 할 수 있다. 정치적인 접근과 경제적인 접근의 서로 다른 인식이라고 해도 좋을 것이다.

최근에 남한으로 이주한 사람들의 경우 3대 세습에 비판적인 입장을 갖고 있는 경우가 종종 있다. 이○○은 자신이 북한을 벗어난 이유를 "3대 세습 정권에 대한 불만"이라고 밝힌다. 그는 평양에 근무할 때 자신과 가까운 친구나 동료들과 이와 유사한 얘기들을 주고받았다.[27] 이런 종류의 대화는 매우 제한적이다. 공개 석상에서는 절대 발언할 수 없을 뿐만 아니라 다른 사람에게는 간접 화법으로밖에 전할 수 없는 내용이다. 2016년 인터뷰에서 볼 때, 북한 체제와 김정은 제1비서에 대한 속마음은 김일성과 김정일에 비하면 또 다르다는 것을 알 수 있다.

경제적 어려움이 김정일에 대한 부정적인 인식과 비판을 만들었다. 이는 상대적으로 김일성이 집권한 기간과 비교해서 인민들이 느끼는 박탈감이 더욱 큰데 따른 것이기도 했다. 2011년 12월 김정일이 사망하고 김정은이 후계자로 들어서자 인민들의 인식은 또다시 바뀌기 시작했다. 물론 이런 경우도 성분에 따라서 달라진다. 진술한 이○○은 소련 군사아카데미에 유학까지 다녀온 엘리트였기 때문에 여러 정세를 보고 스스로 판단할 수 있었다.

북한과 같은 사회에서 속살은 잘 드러나지 않는다. 제한된 공간 내에서 인민들의 이해관계가 다르게 형성될 뿐이다. 집단주의 사회 구성 원리를 뒷받침으로 하는 현실을 보면, 삶의 영역에서 체제의 지향과 다른 인민들의 마음은 쉽게 알 수 없다. 그런 마음이 있다 하더라도 속마음을 들키지 않도록 스스로 철저히 단속해야 한다. 또한 구체적인 사례를 놓고 보더라도 인민 대중의 내면은 제각각 다를 수밖에 없다. '이중사고'에는 다른 사회를 동경하고 받아들이는 인식 못지않게 현재 몸담고 있는 정치 체제의 가치관 또한 존중한다. 기존 사회의 병폐를 알면서 모른 척할 수도 있다. 인민들이 남한 사회의 실상을 안다고 해서 그것이 곧 북한 사회에 대한 불만으로 확대되지는 않는다. 물론 남한이나 다른 사회에 대한 희망으로 옮겨 가려는 시도는 할 수 있을 것이다.

상호 감시와 간접 화법

DPRK

인민의 일상생활

"남과 북이 똑같다면 이미 통일이 이룩된 상태일 것이고, 남과 북이 완전히 다르다면 통일 이야기를 꺼낼 필요조차 없는 상황일 것이기 때문에, '같으면서도 다르고 다르면서도 같은' 남북은 긴장 속에서도 계속 줄기찬 여유를 지니지 않으면 안 됩니다."

송두율, 『불타는 얼음』, 후마니타스, 2017.

7

사회주의 인간형
노동당과 모범 인민

이북의 정치 구조는 기본적으로 근대 사회주의 체제다. 정부 수립 초기 북한의 지도자들이 본받으려고 했던 소련 사회주의 사회의 근대적 성격에 대해서 살펴보자. 1954년 소련을 여행하고 돌아온 장폴 사르트르Jean Paul Sartre는 《리베라시옹》지에 여행기를 실었다. 이 글에서 그는 소련 사회의 특징을 "개인의 이해관계와 집단의 이해관계가 같았다"라고 간명하게 언급한다.[1] 사르트르의 이 표현은 소련이 민주 국가라거나 소련을 모델로 삼으라는 뜻이 아니었다. 그보다는 소련의 기획, "인간들의 희망"이라는 미래의 의도를 강조하려고 했다. 소련에 강제 수용소가 존재하는 것과 정치권력에 문제가 있음을 그는 의심하지 않았다.[2] 사르트르의 요점은 사회주의의 이해관계라고 하는 시각에서 소비에트를 볼 필요가 있다는, 또 다른 근대에 관한 인식이었다.

사회주의 인간형

사르트르보다 훨씬 앞서 소설가 이태준은 모스크바 여행에서 돌아와 기행문을 남긴다. 1946년 8월 10일 평양을 떠난 그는 소련 지역 여러 곳을 돌아보고 10월 17일에 귀국한다. 조소朝蘇문화협회에서 주관한 이 여행에는 작가 이기영과 시인 이찬이 동행하고 소련군 징성과 농민 대표를 위시해 각계각층의 인물 27명이 포함되어 있었다. 1947년 5월 이태준의『소련기행』이 처음 간행되었는데 일기체로 된 기행문에서 그는 크렘린궁과 지하철, 프라우다 사옥, 트랙터 공장, 레닌 묘소, 아동 극장, 오페라 극장, 시립 병원, 학교, 막심 고리키 박물관, 소비에트작가동맹 사무실에서 본 것을 기록했다. 9월 19일자 일기에서 그는 트랙터를 생산하는 노동 현장에서 느낀 감명을 전한다. 다음은 그의 기록 일부다.[3]

공장이란, 구차한 사람들이 할 수 없이 끌려가 고통스러운 노력을 자본주의에 팔고 있는, 그런 어둡고 슬픈 장소가 아니라 자유스러운 사람들의 창조적 기능이 오직 협조되는, 일대 공동 '아트리에'임을 느끼였기 때문이다.

이태준은 자신이 여행 중에 만난 공산당원과 농촌 청년들, 고위층, 말단 관리의 관료적이지 않은 태도를 자본주의 사회의 생존 경쟁과 비교한다. '이해利害관계'의 필요가 없어진 "쏘비에트는 비단, 경제나 문화뿐이 아니라 인류 자체에 거대한 변혁을 일으킨 것이다." 그가 관찰하기에 소비에트는 자본의 노예근성에서 벗어난 사회 구성원을 "새 타입 인간"으로 창조했다. 궁극적으로 그는 개인 간에 '계급이 없고 민족 간에 차별이 없고 국가 간에 무력이나 경제로나 침략이 없는 제도'를 고민한다.[4] 이태준의 눈에는 식민지에서 이제 갓 해방된 조선인이 갈구하는 국가와 근대의 모습이 모스크바에 고스란히 있었다. 그가 예찬한 것은 소비에트 사회주의의 근대성이라고 할 수 있다.

이태준보다 서너 해 늦은 1949년 2월 백남운은 북한 정부 대표단의 일원으로 소련을 방문한다. 그는 사회주의 발전상을 돌아보고 "인류 역사상 처음으로 계급적 대립이 근절된 세계 유일의 사회주의 국가로서 착취와 압박도 없고 실업도 기아도 공황도 있을 수 없는 인민의 나라"로 소비에트를 규정한다.[5] 방기중은 백남운의 이와 같은 소련 사회 인식이 자본주의 경제 체제에 대한 사회주의 경제 체제의 우월성을 확인하고, 사회주의 발전 방향의 정당성을 재인식한 것이라고 부연한다. 백남운은 북한 인민민주주의가 가야 할 국가 건설의 발전 방향이 사회주의임을 명확히 하려고 했다.[6]

노동당, 인민들의 생활을 조직하다

사회주의 이행에서 계급 투쟁이 일어나는 사회 내부의 변혁은 개인 차원에서 보자면 일상의 커다란 전환이라고 할 수 있다. 일상이 갖는 의미는 1970년대 독일 역사학에서 중요한 연구 방법으로 등장한다.[7] 알프 뤼트케Alf Lüdtke와 한스 메딕Hans Medick은 노동, 가정, 유희 영역에서 일상생활Alltag의 물질적 환경을 조사하고 작업장, 가족과 가사, 이웃, 학교에서 일반적인 경험의 내적 세계에 들어감으로써 보통 사람에 대한 질적인 이해를 향상시키는 데 주력했다. 이들

사회주의 인간형

의 연구는 공적 영역(직장과 학교)과 사적 영역(가정과 이웃)을 넘나들며 주거, 복장, 식사와 같은 물질적 측면과 기억, 욕망, 두려움, 장래 희망과 같은 내면세계를 탐구한다.

생활세계에 대한 관심은 삶의 현장에 중심을 둔다. 생활세계는 정치 사회에 조점을 둔 근대의 기획에 밀려 소외되거나 억압당한 영역이다. 이 세계는 날마다 반복하는 생활의 재구성 그 이상으로서, 일상사는 정치사·사회사·문화사의 통합을 지향하는 공통점을 가지고 있다. 따라서 일상사는 비정치적인 것이 아니다. 뤼트케가 답하듯이 일상생활은 "정치를 단지 특정 지위와 제도" 속에 들어 있는 "소집단의 행위로만 보지 않는 새로운 정치 개념을 발전"시킨다. 상부 구조로서 정치 영역이 아니라 일상 속으로 '정치적인 것'을 확산시키는 데 그 의의가 있다. 예를 들면 휴식 시간의 시간 규칙은 "정치를 단지 특정 부분으로 환원, 즉 사회적인 것이나 경제적인 것, 문화적인 것에 대비되는 어떤 것으로 이해하거나, 아니면 특정 엘리트나 활동가들의 행위로 환원할 수 없음을 보여 주는" 사례다. 그는 "단순히 사적인 것만이 아니라 일상적인 것도 정치적이고, 모든 것이 정치적"이라고 말한다.[8]

일상을 관통하는 양식 속에서 생활의 구체적인 맥락과 사회적으로 산출되는 문화는 "상호성, 종속, 그리고 저항—그리고 이들 간의 뒤섞임—은 '구조적으로 결정되어 있는' 것이 아니라" 개인과 집단, 계급, 문화라고 하는 "역사적 주체들 안에서, 혹은 그들 사이에서 일어나는" "의미들을 둘러싼 투쟁"을 가리킨다.[9] 생활의 근본적인 변화를 메딕이 말하는 '뒤섞임'과 '투쟁'의 관점으로 보면, 반복하는 생활은 이전의 '연속'된 지점으로부터 '단절'하면서 또 근대의 일상이 뒤섞이면서 재구성되는 데 있다. 과거의 행위는 일상에서 지속됨과 동시에 멈추고 현재의 생활은 변화와 수용을 요구받는다. 지속되는 지난날의 생활과 새로운 생활의 수용은 투쟁 과정이라고 할 수 있다. 이전과는 다른 일상의 생성을 요청하는 생활세계는 이미 있던 것이 사라지거나 변형되고 없었던 것이 새로 출현하는 것이다.

이중생활로서 또는 사회주의 국가의 비공식 담론으로서 일상은 주목받아 왔다. 스탈린 체제 하의 일상 연구와 경험, 중국 문화대혁명 시기의 자전적 기록은 국가의 공식 담론 이면에서 인민들이 어떤 생각을 하는지 보여 준다.[10] 평범한 사람들이 가진 내면 의식의 복원은 현실 정치와 뗄 수는 없지만 현실 정치와는 다른 생활의 영역을 드러낸다. 이와 같은 생활의 연구 방법은 사회 변화에 대한 구조와 행위의 연계, 관찰 단위에 있어서 거시와 미시, 지배 질서의 일상적 실천 관점에서 지배와 저항과 같은 연구 방향을 설정할 수 있다.[11] 북한 사람들의 일상생활에 대한 학계의 관심은 사회 변화의 변곡점이었던 '고난의 행군' 이후에 초점을 둔 경우가 많았다.[12]

앙리 르페브르Henri Lefebvre는 일상생활을 노동과 가정생활 또는 사생활, 그리고 여가 시간의 세 요소로 이루어진 하나의 통일체로 보았다. 그는 "동일한 인간의 본질이면서 동시에 구체적인 개인을 규정하는 것이" 세 영역을 관통하는 일상생활이라고 했다. 하나의 통일체로서 일상생활의 본질에 대해서 르페브르는 전체 사회에 대한 인식과 실천적인 관심을 세 요소에서 강조했다.[13]

노동당이 인민들의 생활을 조직하는 것은 르페브르가 제시한 사생활과 개인의 규정이라는 부분과는 다르지만 노동과 가정, 여가 시간 등 사회의 총체성에 대한 탐구라는 의미에서 되새겨 볼 만하다.

한 국가의 사회를 구성하는 것은 구체적인 정책과 제도의 몫이자 그 구성원의 가치와 의식 체계, 생활을 재조직하는 데 있다. 사회주의 체제를 추구하는 이북 사회의 성격은 노동당의 결정과 이를 뒷받침하는 중앙과 지방 행정의 정책적·실천적 측면에서 인민 대중의 반복하는 생활을 어떻게 설계하느냐에 달려 있다.

공동체 구성원으로서 인민은 북한식 사회주의 근대의 산물이다. 또한 인민의 생활을 새로운 질서로 재편하는 것이 근대성의 본질이다. 이북에서 일상을 근본적으로 바꾸는 데는 거주지와 직장 단위에서 조직된 인민반의 역할이 중요하다. 인민반은 국가 기관과 직장 직원, 그 가족들을 반원으로 조직하여 대중 정치 사업을 벌인다. 인민반의 지도 활동은 당과 내각의 결정과 지시를 인민들에게 직접 전달하고 이를 실천하게끔 지도하는 행정 사업이 주요 과제였다. 개성시의 경우 만월동사무소 직원들은 10~12개 인민반을 맡아 지도했다.[14] 각급 단위의 인민반 역할은 꾸준히 강화되어 왔다. 1970년 2월 17일 김일성은 '과학교육 및 문화예술부문 일군협의회에서 한 연설'에서 혁명과 노동계급화의 기초 단위로서 인민반의 활동을 강조한다. 그는 출신성분이 좋은 사람들만 혁명화할 수 없으니, 출신성분이 복잡한 사람들을 혁명화하는 데 인민반의 강연 조직과 학습 활동을 중시했다.[15]

어느 사회에서나 정치 구조의 도입 못지않게 생활의 변화를 거쳐 공동체의 구성원이 되는 것은 보편적인 경로다. 일상의 변화에서 핵심은 노동당의 결정과 지시를 생활 속에서 반영하는 데 있다. 민주청년동맹과 농업협동조합, 인민반에서 농민들의 의식을 바꾸고 일상생활의 변화를 촉진했다. 각종 단체와 조직을 통해서 사회주의 체제의 인민을 형성하려는 당국의 노력은 개성 지구에서 활발하게 진행되었다. 조직 생활은 가치를 집단적으로 학습하고 일상을 규율하는 데 필요한 체계를 구축하는 첫 단계에 해당한다.

모든 인민의 모범, 노동당원

당 조직의 활동은 한국전쟁 이전 38도선 이남 지역에서 전시 중에 북한 통치 지역으로 바뀐 개성과 개풍, 판문군을 보면 뚜렷이 알 수 있다. 북한은 남한이 통치한 지역을 점령하면 '그곳에 살고 있는 사람들을 해방시켰다'라는 의미에서 신해방지구라고 명명했다. 2018년 4월 27일 남북 정상 회담이 열린 평화의집이 있는 판문점을 비롯해 개성, 개풍, 남연백, 옹진 지역이 여기에 해당한다. 신해방지구를 기준으로 하면 이곳은 이승만 정부의 정책이 시행된 곳이기 때문에 인민들의 의식이나 생활, 문화는 38도선 이북하고는 또 달랐다.

1953년 8월 5일 정전 협정을 맺은 직후, 김일성은 '조선로동당 중앙위원회 제6차 전원회의에서 한 보고'에서 신해방지구에 특별 대책을 마련하라고 지시한다. 월남한 사람들의 가족들에게 헌법상 공민의 권리를 보장해 주고, 학교와 문화 기관을 광범위하게 설치해 학생들과 인민들에 대한 정치사상교양을 강력히 진행할 것을 요청한다. 그의 표현대로라면 신해방지구 인민들은 오랫동안 "일제 통치 하에서 신음했으며 8·15 해방 후에는 미국 침략자들과" 이승만 정부의 통치 하에서 압박받고 착취당한 채 반공산주의 반동 선전에 적지 않게 속아 왔다.[16]

일상의 변화는 생산 양식을 바꾸는 협동조합 생활에서 크게 두드러졌다. 개성 공예품생산협동조합원들은 "보람찬 새 생활"을 하고 있었다. 1956년도 3, 4분기 생산 실적의 157%를 달성한 이 조합은 "초기부터 조합원들이 모두 집단을 사랑하며 로동을 즐긴 것이 아니었다." 당과 정부의 시책, 조합원들의 모범적 역할로 집단생활에 익숙해진 이 협동조합은 조합원 수를 여덟 배 늘리고 생산 품목을 10여 개까지 증가시켰다. 조합원들이 관습적으로 반복해 온 생활 역시 바뀌기 시작하는데 그들은 휴식 시간에 독서를 하고 문학, 음악, 체육 써클에서 즐거운 때를 보내며 일요일에는 야유회를 조직해 영화와 연극을 관람했다.[17]

1956년 4월 28일부터 29일까지 제3차 당대회가 열린 이후 발표된 결정 사항에 대한 문헌 연구가 하부 조직에서 진행되었다. 주의 깊게 살펴볼 점은 '실생활과 결부된 당대회' 안건에 대한 토의와 실천 방안을 인민들의 생활과 관련해서 마련한 데 있다. 예를 들면, 국가양곡창고 초급당단체는 우기에 대비해 양곡을 어떻게 보관할 것인지 토의한 후 배수로 증설과 도장 작업을 미리 하는 방식으로 당대회 결정 사항을 구체화했다.[18] 초급당단체 차원에서 3차 당대회의 당적 사업을 어떻게 실천할 것인지 연구하는 방식으로서, 말단 일군들의 집단생활을 당의 과업과 연계해 조직적으로 변모시키는 것이라고 할 수 있다.

신해방지구는 남한이 통치한 전력과 전시 투쟁으로 인해 인민의 성분이 복잡해졌다. 다른 지역보다 사회주의 체제에 모범이 되는 인간형이 더욱더 필요했다. 전쟁이 휴전을 맺은 한참 뒤, 1960년 9월 김일성은 '개성시 당, 정권기관, 근로단체 및 경제기관 일군들 앞에

서 한 연설'에서 사회주의 건설의 중요성을 개성시에서 찾았다.[19]

개성시에는 성분이 복잡한 사람들이 많은데 그들에게 우리 당의 조국통
일방안을 똑똑히 알려주어 모두가 다 사회주의건설에 더 잘 참가하도록
하여야 합니다. 사회주의건설을 잘하여야 조국통일을 앞당길 수 있으며
헤여진 가족, 친척들도 빨리 만날 수 있습니다. 개성시를 잘 꾸리는 것이
중요합니다.

생활을 조직하고 모범 인민으로 등장하는 사람들은 노동당원과
제대 군인, 민주청년동맹원, 교원, 인민반장, 협동조합 작업반장이
다. "로동당 단체들은 보람찬 생활의 조직자"로서 인민의 집단생활
을 책임진다.[20] '생활의 조직자'라는 것은 노동당과 그 외곽 단체들
이 작업장과 일상, 여가 시간까지 모두 간여하는 것을 말한다. 조선
노동당 규약에 따르면 "당원은 군중과 늘 사업하며 실천적 모범으로
군중을 이끌어 나가야" 할 의무가 있다. 판문군 전재리 법당농업협
동조합 분세포는 조합원들에게 집단 작업의 우월성을 실생활과 결
부시켜 설명하고 시간을 지키도록 독려하면서, 이들의 자각을 바탕
으로 조합 사업에 주인으로서 참여하게 했다. 인민들은 분세포 조직
이 자신들의 생활을 향상시킨 것을 알고 당과 정부의 시책을 적극적
으로 수행하려고 애썼다.

인민의 생활이 당과 당단체를 중심으로 조직되는 일상을 '생활
의 규칙성'이라고 이름 붙이자. 이 규칙성은 거의 변하지 않는다. 인
민들의 생활은 일, 주, 월, 연간 단위에서 비슷한 일정으로 짜여 있
다. 연령이나 집단, 직업에 따라 다르지만 보통 사람들의 하루 일

　　　　　　　　　　　　　　　　사회주의 인간형

과는 정형화되어 있다.[21] 이북 전역에서 인민들은 아침 일찍 운동을 하고 아침을 먹은 다음 거의 비슷한 시간대인 7시에 모두 출근한다. 자신이 속한 기업소나 협동농장, 단체에서 당의 지시 사항과 강연회, 정치 사업 등 독보회를 30분 정도 진행하고 업무를 시작한다. 8시부터 오전 작업을 시작해 12시가 되면 점심을 하고 오후 1시부터 2시까지 휴식과 오침 시간을 갖는다. 오후 작업은 2시부터 시작해 6시경에 마치는데 일주일에 한 번씩 생활총화를 실시하고 7시에서 8시 즈음에 집으로 돌아간다. 어린아이가 있는 엄마들은 좀 더 일찍 일을 끝내고 탁아소에 들러 아이들을 데려간다.[22]

노동당원은 모든 인민의 모범이다. 신문에서 가장 훌륭한 사례로 보도하는 것이 노동당원의 헌신적인 생활에 관한 기사다. 건설 현장에서 선봉 역할을 하는 이는 미장공으로 처음 일하는 리홍상과 노동당원의 사례에서 엿볼 수 있다. 리홍상을 비롯한 노동당원들의 노력으로 작업 능률이 150% 가까이 오르자 《개성신문》은 당원의 모범적 역할에 고무되어 '로동당원들의 뒤를 따르라'는 구호가 직장의 군중들 속에서 자연스럽게 흘러나오게 된 것을 기사화한다.[23] 판문군 월정리 농업협동조합 관리부 정능업 위원장은 장마로 인해 조합 창고가 물에 잠기게 되었는데도 180여 명의 조합원이 물끄러미 보고만 있자 농기구와 비료, 각종 자재를 앞장서서 구해 냈다. 그는 조합원들에게 집단주의 사상을 전파하고 작업반 선전원들과 긴밀한 관계를 맺으면서 생산력을 끌어올렸다.[24]

"농민들의 선두에 선 제대 군인" 마일수는 개풍군 발산농업협동조합 제2작업반장인데, 그가 군대에서 복무를 마치고 마을에 왔을 때는 협동조합이 없었다. "새 일터에 나선 제대 군인들"처럼 그는 당의 지시에 부응해 척박한 토지를 가꾸고 농민들을 설득하면서 조합을 만들었고 생산력을 높이는 데 큰 공을 세웠다. "제대 군인 리성우 동무"도 마찬가지다.[25] 신문은 "고향에 돌아온 제대 군인", "사회주의 건설의 길에서 헌신하는 제대 군인"들 속에서 모범이 되는 작업반장의 사례를 연속 보도하면서 협동화경리(농촌경리)와 기업소 현장에서 인민의 모범이 되는 상像을 만들어 갔다.[26]

신문에 여러 차례 연재물로 등장한 영예군인의 수기 또한 인민의 상을 잘 나타낸다. 개성여자중학교 진동일 교사는 전쟁에 참전했는데 전투 도중에 한쪽 팔을 잃었다. 학생들이 자신을 존경하는 마음을 드러낼 때마다 그는 동해안 전선을 상기하며, "전투에서 용감히 싸우던 것처럼 오늘 직장에서도 헌신적으로 복무하자"고 결심한다. 「교단에 선 나의 기쁨」이라는 글에서 진동일은 자신이 가르치는 학생들이 사회의 '주인공'이 될 것이라는 말로 수기를 끝맺는다.[27] 모범을 제시하는 것은 국가의 정책에 대한 호소력을 높이고 인민들에게 마음으로부터 '따라 배우기'를 수용하게 만드는 방식이다.

군복무를 마친 제대 군인은 사회 곳곳에 배치되었고 그들은 군중 문화 사업을 선도한다. 황해남도 배천군 금성농업협동조합은 일제 강점기 때 지역 사람들의 90% 이상이 동양척식주식회사의 소작농이었고, 이승만 정부 때에는 신한공사 소작인으로 일했다. 전쟁 직후 160세대 조합원들은 토굴 생활을 했는데 그들의 문화 사업은 군대 문화를 중심으로 이루어졌고 또 전파되었다.[28] 군 문화의 대중적 전파는 1년 동안의 농사를 형상화한 '풍년맞이' 군무와 같은 집체 안무로 등장하기도 했다. 이런 과정은 군민 일치 사회의 배경이 되는데, CIA 보고서가 언급하듯이 "사회학적 관점에서 군대와 민간

사회주의 인간형

과의 집중적인 상호 작용의 중요성은 군인과 민간인 사이의 삶의 동질성을 강화시킨다." 군대가 가지고 있는 이질적이거나 독특한 경험을 조선인민군은 인민들에게 제공하지 않았고, 농업과 산업 건설의 현장으로부터 벗어나지도 않았다.[29]

국가 안보는 어느 나라에서나 중요한 과제이고 장기간의 군복무는 이북 체제의 특징 중 하나다. 인민들이 군복무를 자랑스럽게 여기는 것은 사회적 대우 못지않게 성분을 바꿀 수 있는 기회이기 때문이다. 만 14세 이상의 모든 남성이 병역 의무 대상인데, 그들은 초모招募 대상자로 등록하고 입대를 위한 두 차례의 신체검사를 받은 다음 고급중학교 졸업 후 입대한다. 복무 기간은 남성이 10년이고 지원으로 입대한 여성은 7년이다. 군복무에도 성분이 작동한다. 신체검사에 불합격하거나 적대계층의 자녀로서 성분이 좋지 않은 반동이나 월남자 가족, 월북자 가족, 정치범 가족, 수형 복무자는 입대할 수 없다. 북한은 헌법 제86조에 군복무를 공민의 의무로 규정하고, 2003년 3월 최고인민회의 제10기 제6차 회의에서 군사복무법을 개정해 시행하고 있다.

민주청년동맹원은 일선에서 당적 사업을 추진하는 중요한 사람들이다. 노동당의 지시에 따라 그들은 협동조합에서 매우 중요한 위치를 차지하고 있다. 판문군 광명농업협동조합은 농촌 경리의 사회주의적 집단화에 대한 토론을 실시한다. 제3분초급단체 동맹원들은 협동화 과정에서 애쓴 노력을 발표하고 아직까지 개인 영농에 머물러 있는 제1, 제2, 제4분초급단체도 협동조합에 함께할 것을 호소한다.[30] 이들은 또한 써클 사업에 적극적으로 나섰는데, 송곡농업협동조합 민주청년동맹 제1분초급단체는 운영하던 사업을 다른 분초급

단체로 확대하고 이를 대중화하는 데 앞장섰다.[31]

'숨은 영웅들의 모범을 따라 배우는 운동'

교원 역시 빠질 수 없는 인민의 모범이다. 개성 손하인민학교 교원
으로 근무하는 리수진은 교수 요강을 준비하면서 인민학교 3,4학
년 교재와 초급중학교 1, 2, 3학년 교재를 연결 지어 개발해 학생들
이 계통적 지식을 습득하도록 했다.[32] 그는 기본 교과서 외에《교원
신문》과《아동문학》,《새세대》,《소년단》등 신문과 잡지에서 발췌
한 부분을 교수 내용과 결부시켜 가르쳤다. 이러한 교육 방식은 교
과서 내용뿐만 아니라 당과 정부의 결정과 지시 사항, 지구 내의 새
소식을 포함하는 것이었다. 모범 교원들로 선정된 이들의 교수 방법
은 사상성과 과학성을 교원 집단 속에서 강화하고 교구의 사용 비율
을 높이며 지구 내의 공장을 견학하고 민주청년동맹과 협조해 학업
이 낙후한 학생을 돌보는 것이 특징이었다.[33]

　　교육은 헌법에 명시한 공민의 권리이고 사회주의 교육의 기본
단위는 학교다. 사례를 든 리수진의 교육은 1977년 9월 5일 '조선로
동당 중앙위원회 제5기 제14차 전원회의에서 발표'한 김일성의 "사
회주의 교육에 관한 테제"의 "깨우쳐주는 교수교양" 방식과 유사하
다. 김일성은 학교 교육의 기본 형태는 교수敎授에 있음을 강조하면
서 "깨우쳐주는 교수"를 "사회주의 교육의 본성과 인식 과정의 합법
칙성에 맞는 가장 우월한" 방법이라고 말한다. 인식의 주체는 사람
들 자신이므로 능동적인 사고 활동을 통하여 학생들의 자립성과 창

　　　　　　　　　　　　　　　　　　　　사회주의 인간형

발성을 키워 주는 교수 방법을 그는 주장했다. 깨우쳐 주는 교수법에서 중요한 것은 이야기나 담화의 형식을 직관화해서 실물을 갖고 설명하는 데 있다.[34]

사람은 자체의 능동적인 사고 활동을 통하여서만 사물현상의 본질을 인식할 수 있다. 깨우쳐주는 교수방법은 학생들의 사유 활동을 추동하여 그들이 사물현상의 본질을 쉽게 파악하고 깨닫도록 한다. …직관교육, 실물교육은 학생들에게 사물현상과 과학적 원리에 대한 생동한 표상을 주고 그들의 능동적 사고를 계발시키는 데서 중요한 작용을 한다. 학교들에서는 학과목의 특성에 맞게 교수내용을 직관화하며 여러 가지 형태의 현대적인 직관수단들을 널리 리용하여 직관교육, 실물교육을 강화하여야 한다.

사회주의 교육의 핵심은 주체형의 인간을 만드는 것을 목표로 한다. 학교 교육을 기본 교육으로 하는 청소년 교육의 지향점은 주체형의 공산주의 혁명가를 육성하는 것이며 이것은 곧 수령에 대한 충성을 강화하는 데 있다.[35] 교육의 가장 중요한 원리는 인민들을 혁명화와 노동계급화, 공산주의화하는 것을 뒷받침하는 것이다.

협동경리의 말단에서 모범이 되는 인민은 작업반장이다. 개풍군 해평농협동조합의 리종용은 작업반을 관리하면서 반원들에게 계획된 작업을 지시하고 노동력 배치에 혼란이 없도록 했다. 다음날 작업 계획을 조합원들에게 미리 전달해 현장 상황과 조건에 맞게 일을 추진해 나갔다. 노동력을 평가하는 데도 반원들의 의견을 듣는 동시에 작업이 끝나는 대로 실시했다. 이런 노력으로 "존경받는 작업반

— 비단 생산을 진작하여 김정일훈장을 수훈한 녕변견직공장의 노력영웅 김금실

장"이 된 그는 생산 과제 수행에서 우수 작업반을 이끌었다.[36] 모범 작업반과 작업반장을 소개하는 것은 농업협동조합 사례에서 지속적이고 가장 흔한 사업 방식이었다.[37]

인민의 모범을 창출하는 것은 궁극적으로 새로운 인간형을 만드는 것이다. 대부분의 정치 공동체는 어느 정도씩은 구성원들이 따라야 할 가치를 규범으로 정하고 생활 속에서 이를 관철시킨다. 이북에서 모범은 1970년대 중반의 '인간개조사업'으로 발전한다. 보다 명확한 인민상, 사회주의 가치와 주체사상을 내면화하는 이 사업은 혁명적 동지애와 의리, 집단주의, 영웅주의를 강조한다. 이것은 집단과 조직에 헌신하는 인민으로서 사회주의 혁명을 꾸준히 이끌어가는 주체형의 인간 개조론을 의미한다.[38] '주체형의 공산주의자'를 만들기 위한 노력은 '숨은 영웅들의 모범을 따라 배우는 운동'으로 확산된다.

사회주의 인간형

1970년대 말에 이르면 모범 인민에서 한걸음 더 나아가 '숨은 영웅 따라 배우기 운동'이 벌어진다. 가장 일반적인 방식은 생산 현장에서 자신의 일을 묵묵히 수행하는 노동자를 인민들이 따라 배울 수 있도록 영웅을 제시하는 것이다. 자기 자리에서 열심히 맡은 일을 하는 "사회적 분위기를 조성하는 것은 숨은 영웅들의 모범을 따라 배우는 운동의 특성과 관련"해 중요한 요구였다.[39] 모범이나 영웅적인 개인을 강조하는 것이 사회학에서 말하는 행위론적인 설명은 아니며, 이보다는 구조적인 접근 방식의 설명을 말한다.

숨은 영웅들의 모범을 따라 배우는 운동은 인민의 지향과 혁명의 또 다른 요구를 정확히 반영하는 것으로서 생활을 견인하는 데 그 중요성이 있다. 1980년 12월 3일 김정일은 '조선로동당 중앙위원회 조직지도부, 선전선동부, 평양시당위원회 책임일군협의회에서 한 연설'에서 숨은 영웅들의 모범을 일반화하는 것이 필요하고 당에서 이것을 전 인민적 운동으로 펼치도록 지시한다. 영웅을 따라 배우는 행위는 궁극적으로 '공산주의 인간형'을 만드는 데 있다.[40]

숨은 영웅들의 모범을 따라 배우는 운동에서 중요한 것은 그들의 사상 정신적 풍모를 따라 배우는 것입니다. 숨은 영웅들은 우리시대 공산주의적 인간의 전형입니다. 숨은 영웅들의 사상정신적 풍모에서 기본은 당과 수령에 대한 끝없는 충실성입니다.

한 사회에서 모범과 영웅을 제시해 정치 공동체 구성원의 전형을 창조하는 기획은 근대 국가에서 보편적인 행태다.[41] 학습과 운동, 예술, 선전, 보도를 통해 이루어지는 영웅 만들기는 실체를 보고 따라 배우도록 하는 데 그 효과가 매우 크다. 1992년 1월 김정일은 '주체문학론'의 큰 틀을 제시하면서, "1980년대부터 우리 문학작품이 많이 형상하고 있는 숨은 영웅과 숨은 공로자들은 개인의 명예나 리익보다 당과 수령, 조국과 인민을 위하여 모든 것을 묵묵히 바쳐 나가는 참다운 공산주의자인 전형이다"라고 밝힌다.[42]

위의 '주체문학론'처럼 이 시대 인민들의 "영웅주의는 개인 영웅주의가 아니라 대중적 영웅주의이다." 숨은 영웅이라는 것은 평범한 인민에서 출발하고 이 영웅들은 "주체형의 인간 전형을" 가리킨다. 김정일은 문학 작품 속에서 영웅을 형상화하는 방식을 언급했는데, "그들이 처음부터 영웅의 기질을 타고난 기상천외한 인물이 아니라 평범한 출신의 근로자이며 직장과 가정에서 날마다 사람들과 함께 일하며 살고 있는 보통 인간이라는 것을 잘 보여 주어야 한다"고 강조했다.

1981년 여름 평양을 방북한 윤이상과 이수자는 원산 송단에서 2주일을 보낸다. 그곳에서 선원들을 만나 가까워진 부부는 모두 헌신적이고 진실한 모습의 노력영웅들로부터 큰 감명을 받았다.[43] 이북에서 큰 행사가 있을 때면 가슴에 훈장을 달고 있는 인민들이 영웅 칭호를 받은 사람들이다. 훈장 하나하나가 노력의 상징이다. 각 분야에서 당으로부터 영웅 칭호를 받으면 그들이 갖는 영예와 대우는 모든 면에서 달라지고 다른 사람들의 모방으로 확대된다.

노동당이 인민들에게 숨어 있는 모범을 영웅으로 만들어 선보이는 것은 곧 그들을 모방하라는 의미다. 호퍼가 꿰뚫어 보았듯이 "모방은 단결의 필수 매개다." "응집력 높은 집단"을 만들기 위해서는 "획일성이 널리 퍼지지 않고서는" 불가능하다. "하나 된 정신과 통제는 복종에 의해 이루어지지만 모방도 그만한 역할을 수행한다." 복종에는 "계율을 따르는 복종이 있고 모범을 따라하는 복종이 있다." 일반적으로 "사람은 스스로에게서 느끼는 만족감이 적을수록 다른 사람처럼 되고 싶은 욕망이 커진다." 심리적으로 볼 때 대부분의 사람들은 "자신과 거의 같은 사람보다는 자신과 다른 사람, 경멸하는 사람보다는 존경하는 사람을 모방하려 든다."[44]

　　모범은 좋은 본보기를 뒤따르는 모방을 가져온다. 우월성을 강조함으로써 사람들의 흥미를 사로잡고 가치를 널리 알리는 작업은 모범을 따라하려는 사람들에게 효율적으로 주입된다. 뛰어나게 나은 특성을 지속적으로 전파하면 알게 모르게 인민들에게 좋은 영향을 끼친다. 자신도 주체형의 인간으로서 모범 인민이 되고자 하는 모방 능력은 설득이나 강제, 자발적인 행위로 이루어지며 집단의 단결은 이 모방 능력을 증대시킨다. 인민들이 당이 요구하는 모방 과정의 맹목적인 피조물은 아니지만, 수용하는 자세에서 볼 때 계율과 모범으로 창출한 이북 사회의 전형인 것만은 틀림없다. 노동당은 인민들에게 다양한 성분을 가진 '모범'을 제시하고 그들을 따르는 '복종'과 '소속감', '자발성'을 고안해 냈다. 조직과 일체가 되어 가는 인민은 응집력이 높은 정치 체제의 인간형으로서 재탄생한다.

8

집단주의 사회생활
협동농장과 집단 관습

사회주의 인민을 만드는 과정에서 가장 중요한 역할은 당기관, 당단
체의 활동에 있다. 조선노동당은 당의 바탕을 이루는 조직으로서 초
급당, 분초급당, 부문당, 당세포를 두고 있다. 당세포는 당의 말단
기층 조직으로서, 당원이 5명부터 30명까지 있는 단위에서 조직한
다. 당세포는 당원들에게 "당생활의 거점이며 당과 대중을 이어주고
군중을 당의 두리에 묶어세우는 기본단위이며 당원들과 근로자들을
조직동원하여 당의 로선과 정책을 관철하는 직접적 전투단위이다."
오늘날까지 변함없는 당세포 조직과 역할, 당원의 활동은 당의 정책
을 집행하고 사회를 이끄는 데 가장 핵심이 된다. 현재 노동당원 수
는 3백만 명이 넘는 것으로 알려져 있다.

　사회적 근대의 이행과 일상의 변화는 인민 생활의 원형을 찾는
데 그 의미가 있다. 앞서 보았듯이, 신해방지구가 이와 같은 변화 과

　　　　　　　　　　　　　　　　　　　　집단주의 사회생활

정을 잘 보여 준다. 노동당은 남한이 통치했던 지역에서 사회주의 정책을 중점적으로 실시했다. 1951년 12월 24일 당중앙정치위원회 제108차 회의는 「개성·개풍 등 해방지구에서 당단체들과 정권기관들의 사업강화에 대하여」에서 "인민들의 생활을 안정시키"고 "그들의 사상 의식을 개변시키며" "물질 문화생활을 향상시킬 목적"으로 여러 조치를 취한다.[1] 이 회의에서 당은 개성·개풍 지구를 직접 지도하기 위해 이 지역을 중앙에 복속시킬 것을 결정했다.

구체적으로 노동당은 중앙과 내각, 사회단체 대표로 구성한 특파원을 개성시에 파견하고 군중 정치 사업을 강화하기 위해 진반수와 허정숙, 김병률에게 업무를 위임한다. 개성시당부와 개풍군당부에 선전원을 10명씩 증원하고 유급 민주실장을 선발해 지방의 실정에 맞게 특별제강을 강습했다. 당은 구호물자 배분이 제대로 되지 않고 군중을 위해 법령을 해설하는 사람 또한 부족한 실정이어서 교양과 선전을 위한 영화관, 극장, 이동 영사대를 설치하고 신문과 잡지 등 출판물 보급 사업을 조직해 지방의 간부와 선동원을 현지에서 양성할 것을 주문했다.

노동당은 개성·개풍 지역의 행정 체제를 수립해 당기관을 설치하고자 했는데, 이런 조치는 옹진과 남연백군 등 다른 해방지구에도 비슷하게 이루어졌다. 인민 자위 조직을 강화하는 내용과 노동당에 적대적인 사람들을 포섭하기 위해 자수자(귀순자)에게 펴는 관대한 정책을 널리 선전했다. 이곳은 전투 지역과 가깝고 이승만 정부가 통치한 전례 때문에 '무장비적'이 남아 있었으며, 자수자 중에도 계속 범죄를 저지르는 이들이 나타났다. 당은 사회 통합을 위해 남한으로 이주한 사람들의 가족이나 범죄자의 가족들이 폭행이나 위협,

멸시를 당하지 않도록 단속하고 '조국'과 '인민'에 충성하도록 재교양을 실시했다.

　당단체를 조직하는 것은 집중지도 사업의 중요한 과제 중 하나였다. 기초 조직인 초급당단체를 강화하는 것은 협동조합 당원들의 역할을 선봉적으로 이끌고 관료주의 사업의 습관을 없애는 데 그 목적이 있었다.[2] 집중지도 사업은 당의 정책이 일선에서 실행되는 과정을 검열하는 것인데, 해당 지역 당위원회와 인민위원회에서 중요한 것은 생산 수단 곧 토지를 집단 영농으로 탈바꿈시키는 것이었다.

집단 영농의 생활화와 농업 협동화

당중앙정치위원회가 결정한 행정 조직과 당조직 신설, 활동은 분세포 조직에까지 집행되었다. 기초적인 당세포 총회회의록 자료에서 이 과정을 볼 수 있다. 황해도 옹진군 옹진면 은파분주소 분세포는 매달 한두 차례 총회를 개최해 사업을 평가하고 앞으로의 계획을 수립한다.[3] 참석한 세포원들은 자신들의 지역이 해방지구임을 인식하고 3차 세포총회에서 분주소의 행정 규율 강화에 대한 보고와 토론을 진행한다. 그들은 지켜지지 않는 출근 시간과 사복 차림의 근무를 비판하고, 명령 체계가 확립되지 않은 무질서한 규율을 스스로 바로잡을 것을 결정해 갔다.

　당과 내각은 신해방지구에 대해 교육, 문화, 보건, 위생 사업을 지원하고 화학 비료와 건축 자재, 소비 상점 등 다방면에서 정책적인 뒷받침을 했다.[4] 개성시 당위원회의 보고는 신해방지구에 대한 자신들의 정치적 입지를 가늠하게 해준다. 유철목 당위원장은 개성 지구가 북반부에서 사회주의 기초 전선을 이룩하는 투쟁을 성공적으로 한 것으로 평가했다.[5] 중앙당의 기대 못지않게 지방에서 사회주의 체제의 기반을 마련하는 데 개성 지역이 선도 역할을 한 것이다.

인민의 일상이 집단주의 사회생활로 변하는 일차 공간이 협동농장이다. 개성 지역 농장의 협동화 과정으로 돌아가 보면 개성시 당위원회와 인민위원회는 집단 영농을 조직적으로 실시해 나갔다. 1953년 7월 농민들은 처음으로 부업협동조합을 조직한다. 여섯 가구의 빈농과 세 가구의 중농이 함께 모여 협동화를 시작했다.[6] 이렇게 만들어진 집단 영농의 생활화와 농업 협동화는 사회주의 계획 경제의 밑바탕이 되었다.

협동농장의 가장 큰 변화는 포전담당제다. 현재 북한은 집단 농장의 생산물에 대해서 농민들에게 물질적 동기를 부여하는 조치를 취하고 있다. 2004년 일부 지역에서 분조分組가 영농 방식과 초과 생산분에 대해 일정한 자율을 갖는 포전담당제를 시범으로 실시했다. 분조관리제는 협동농장의 말단 조직인 분조를 단위로 농장을 운영하는 형태를 말한다. 분조는 공동의 노동과 집단생활의 세포이며 분조관리제는 공동 경리에 대한 생산 조직이자 관리 방법이다.

협동농장은 여러 개의 작업반으로 구성되고 이 작업반은 다시 여러 개의 분조로 이루어진다. 분조관리제는 1965년 5월 김일성이 강원도 회양군 포천협동농장 현지지도에서 처음 제시한 것으로 알려졌고, 1966년부터 각 협동농장에서 실시했다.[7] 2012년 분조관리제 개선에 중점을 둔 6·28지침에서 10~25명의 분조를 3~5명 단위로 축소해 소규모 가족 영농이 가능하게 했다. 이 방침은 2002년

7·1조치의 영향으로 도입한 포전담당제 7~8명의 분조 규모를 더욱 줄인 것이다.[8]

2014년 5·30담화 이후 포전圃田에서 수확한 농산물의 분배는 국가에 납부하는 몫을 제외한 초과 생산물에 대해 농민과 국가가 4:6 비율로 나누는 것으로 알려져 있다. 포전담당제는 3~5명으로 이루어진 분조 단위에서 하나의 포전을 맡아 생산을 책임지는데, 이것은 자본주의 영농을 뜻하는 것은 아니지만 생산물의 분배에 개인의 노동력을 인정하는 결과를 가져온다. 박후건이 평가하듯이, 포전담당제는 협동농장체제를 유지하는 틀에서 계획의 합리화를 통해 생산을 극대화하는 정책이라고 하겠다.[9]

초기의 집단 영농은 수월하게 진행되지 않았다. 예컨대, 조합원들은 공동의 노동에 참여하는 것을 꺼리고 농기계를 제대로 관리하지 않았다. 시기마다 차이는 있지만 개성 지역 사람들의 불만은 만만치 않았다. 사회주의 이행에 따른 저항이 불거졌는데 정권에 대한 불신과 소극적인 정책 집행, 농협 탈퇴 형태로 나타났다.[10] 인민위원회와 초급당위원회는 전체 조합원들을 개별적으로 지도하고 정치사상교양을 강화했으며, 중앙당에서는 지도 그룹을 수차례 보내 집중지도 사업을 매우 강도 높게 집행했다.[11] 이는 결과적으로 협동조합을 지원하는 것뿐만이 아니라, 인민들의 성분을 낱낱이 조사해 정부수립 이전부터 이어져 온 계급 투쟁을 일단락 짓는 수순이었다.

집중지도 사업으로 당의 농업 협동화 정책을 방해하는 이들이 지속적으로 밝혀지고 조합 내부에 있던 반혁명분자들이 검거되었다. 1956년경까지 생산 현장에 대한 당단체의 통제가 미진한 상태에서 협동화가 진행 중이었고, 황해남도 184개 협동조합에서 적발

집단주의 사회생활

된 불순분자들의 횡령은 804건에 이르렀다.[12] 당의 경제 정책이 기업소와 현장에 제때 전달되지 않았고, 당단체와 당지도 일군들이 생산에 대한 지도와 통제를 제대로 못했기 때문이었다. 관리자들이 기업소를 지도하는 데 필요한 자료와 보고를 청취하고 애로점을 개선하기 위해서 대책을 수립할 권한을 가지고 있었지만 현실은 그렇지 못했다. 그들은 경제 일군들의 사상을 강화하고 당의 정치 사업과 경제 사업을 밀접히 결합시켜 지도하는 역량이 부족했다.

농업 협동화 과정은 계급 투쟁의 성격을 갖고 있다. 황해남도 배천군 방현리 이방개농업협동조합이 결성될 때 과거 지주였거나 중농 출신이었던 마을 사람들의 자녀 22명은 조합 탈퇴를 요구한다. 이 상황에서 집중지도 사업은 머슴살이를 한 사람과 빈농민, 애국열사 가족을 먼저 장악하고 지주들에 대해서는 개별적이면서 동시에 집체 교양을 실시했다. 예를 들면 이 지역의 지주였던 차두성이 조합에 가입해 협동조합을 파괴하려고 하자 그의 지난 행적에 대한 폭로가 이어졌다.[13] 1953년 가을 조직된 배천군 금성농업협동조합의 경우 조합원의 90% 이상이 남한이 통치할 당시 소작인이었다. 계급 투쟁과 농업 협동화에 북한식 정의正義를 대입하면 '그들은 고통받는 집단에서 해방된 인민이었다.'

1955년부터 1957년까지 노동당 황해남도당위원회는 각 시군에서 농업협동조합에 대한 집중지도 사업을 연 12회에 걸쳐 실시한다. 이 사업에는 당과 정권 기관, 사회단체, 경제 기관에서 총 17,566명이 동원되어 개별 조합에 연평균 78일간 지도 사업을 진행했다.[14] 집중지도 사업의 가장 큰 성과 중 하나는 농촌에서 반혁명분자나 불순분자들의 암해 활동과 반당종파분자들의 사상을 폭로해

바로잡은 데 있다. 황해남도 지역은 군사분계선을 두고 남쪽과 대치해 있는 지역이고, 농민들의 계급 의식이 비교적 낮은 사실이 중앙당에서 집중지도 사업을 더욱 강화하도록 만들었다.

중앙당 집중지도 사업은 노동당원의 당증 교환 사업과 연계해 집행되었다.[15] 제3차 당대회 이후 집행한 당증 교환 사업 역시 노동당원을 중심으로 당적 지배를 강화하고 사상을 검열하는 데 그 목적이 있었다. 당증은 단순히 당원을 증명하는 종이 문서가 아니다. 인민들의 성분에서 보았던 것처럼 노동당원은 핵심세력 중에서도 가장 중요한 위치를 차지하고 있으며, 당증을 소중하게 보관하고 지키는 것은 그들의 정체성을 반영한다. 한국전쟁 때처럼 당증을 훼손하거나 분실하는 당원은 매우 심한 철직을 당한다.[16] 어렵고 혼란스러운 시기에 당증을 버리는 경우는 당을 배신한 행위로 간주되고, 이와 반대로 당증을 가슴에 품은 당원은 영웅으로 대접받는다.

김정일과 당증의 일화는 암시하는 바가 크다. 어린 시절에 그는 친구들과 어울려 조국해방전쟁승리기념관을 참관한다. 전시품을 관람하던 중 한 노동당원의 피가 묻은 당증을 본 중학생 '유라'는 '당원은 노동계급의 혁명을 위한 자각적인 투사'라고 말한다.[17] 김정일의 10대 시절 행적을 곧이곧대로 받아들일 수는 없지만, 조국해방전쟁승리기념관에 총알이 관통한 당증을 전시한 평양의 의도는 노동당원의 충성과 사상성을 강조하기 위함이었다.[18]

노동당원이 되는 것 자체가 이북에서 인간답게 살기 위한 최고의 선택이다. 그만큼 인민들에게는 어려운 것이 당원으로 성분이 바뀌는 것이다. 노동당원이 되면 당증을 늘 지니고 있어야 한다. 당증을 가지고 있지 않거나 잃어버리기라도 하면 호된 비판을 받고 심한 경

집단주의 사회생활

우 자리에서 쫓겨난다. 각급 당위원회는 한 달에 한 번씩 당증의 보관 상태와 당비를 제때 냈는지 검열한다. 이 과정은 노동당원의 당적 생활에 대한 마음가짐과 충성심, 사상적 준비를 확인하는 것이다.

집합체 사회의 조직과 질서

당원과 당단체 활동은 인민들을 집단화하는 데 유용한 조직 생활 방식이다. 다수가 농민이었던 당시 사회를 반영해 보면 농업 협동화 과정에서 인민들은 점차 사회주의 조직 생활을 받아들이면서 생활세계의 변화를 체감했다. 평양의 입장은 농업 협동화 과정에서 사회적 근대의 생활을 조직하고 인민의 일상을 체계적으로 바꾸는 것이었다.

공동생활은 사람들의 집단화 조직과 운영에 필수적이다. 농업 분야에서 진행되는 집단주의 형태를 관습과 민속지학 관점에서 검토해 보자. 일상생활에서 습관이 몸에 배는 환경을 조성하는 작업은 공동생활에서 중요하다. "집단화를 통해 대중 속에 있는 사람들을 다룰 경우" 사회적 조정은 훨씬 쉬워진다.[19] 단체 생활이나 조직 활동이 대중을 다루는 방식은 사람들 사이에 '집단 관습group custom'을 형성하고 사회주의 체제의 근간이 되는 공통의 생활을 조성할 수 있게 한다. 이북 사회에서 공통의 규범으로 굳어지는 행동 양식이나 습관은 집단생활에 기초해 있다. 협동농장의 기본적인 단체 생활 방식은 이와 같은 환경을 만드는 데서부터 시작한다. 구성원들이 인정하는 질서나 풍습으로서 '집단 관습'은 사람들의 생활이 축적된 형태로 전해져 내려오는 민속과 공동체의 규범으로 바꿔서 말해도 좋다.

다양한 문화와 생활양식에 관한 이해는 민속학 연구의 오랜 탐구 주제다.[20] 이에 대해서 독일 민속학은 사회인문학 연구를 수행해 왔다. 도시사회문화 연구라고 할 수 있는 이 분야는 뮌헨학파München school의 '지역 문화에 대한 정확한 역사 기술'과 튀빙겐학파Tübingen school의 '집단의 일상생활과 정체성' 연구로 대별할 수 있다.[21] 뮌헨학파는 민속자료에 대한 역사적 접근법에 따라 시민 생활의 기본 구조로서 공동체 생활과 가족, 친척, 그 외 공동체 여러 조직의 생활을 결정하는 원칙으로서 생활양식의 차이를 연구했다. 튀빙겐학파는 다양한 집단의 문화 연구를 대상으로 했는데, 이는 집단의 정체성과 그 형성 배경에 관심을 두었기 때문이다. 그들은 도시에 형성된 빈민(저소득층)과 노동자, 여성, 청소년, 외국인, 동호회를 연구 대상으로 삼았다. 두 학파는 미시적 접근 방법으로서 도시 속에 형성된 개별 집단에서 나타나는 문화의 변화 양상을 밝히려고 했다.

인간의 기본 생활양식은 통과의례가 대표적이다.[22] 북한 인민들의 일상에서 중요한 점은 여러 가지 형식화되거나 종교적인 미신, 유교적인 풍습과 도덕적 의례를 폐기하거나 새롭게 해석해 사회주의 체제의 형식과 정신을 담고자 한 데 있다. 이 책에서 다루는 민속지학 문헌은 북한 사회과학원 민속학연구소에서 조사한 지역 자료다.[23] 1955년부터 1969년까지 사회과학원 민속학연구소는 전국 범위에서 해방 이후부터 변화한 인민들의 생활양식에 대한 무속 자료와 의식주, 일상생활의 변화를 면담 형식으로 꾸준히 조사한다.[24]

민속에 관한 지역 조사는 '의식주와 일상생활', '관혼상제와 민간극', '어로·수렵', '천 생산', '광업' 분야로 나누어 볼 수 있다. 지역 조사는 민속학의 기초를 놓은 고고학 및 민속학연구소의 전장석과 김일출, 황철산이 주도했다.[25] 해방 직후 민족 정체성 확립과 계승이 민속학의 주요 과제였고, 1950년대 들어서 잡지《문화유산》이 민속과 역사, 문화에 관한 글을 출판하면서 민속학의 학문적 완결성을 더했다. 민속 분야를 포함한 문화유산 정책은 해방 직후 일제 강점기의 잔재 청산과 민족 문화 복원이 주된 목표였다.

정창현의 분석에 따르면, 전쟁 이후부터 1967년까지 사회주의 문화 이론이 전면에 등장하기 시작하면서 문화와 계급 교양이 합쳐졌다. 이 시기 문화 정책은 '민족 허무주의'와 '복고주의' 경향으로 나타났다. 전자는 우리 민족이 사회주의 혁명 이전에 가진 모든 것을 봉건적이거나 자본주의적이라는 이유로 폐기한 잘못을 일컫고, 후자는 지난날의 것을 무조건 되살려 찬미하는 것을 지적한 것이었다.[26]

다른 분야도 그렇지만 민속학 역시 초기에는 소련의 영향을 받았고, 이로부터 학문의 정립 과정에서 다방면의 기반을 마련했다. 민속학연구소는《문화유산》에 현지 조사 방법론이나 공산주의 건설과 민속학·민속학자의 임무, 과학으로서 민속학에 관한 논문을 번역하거나 실으면서 높은 수준의 학문적 방법론과 연구 업적의 토대를 마련해 갔다. 1950년대 말까지는 민속학의 이론을 세우는 시기로 볼 수 있고, 그 이후부터 1967년까지는 민속학의 사회과학적 연구의 초기단계로 설정할 수 있다.[27] 1950년대 민속학 발전에서 주목할 점은 '역사과학으로서 민속학' 정립이었다. 황철산은 소련의 '과학으로서 민속학 방법론'을《문화유산》에 소개하고 이론의 발판을 마련했다.[28] 이후부터는 '계급 교양'과 '정치'의 결합이라는 측면에서 민속학 역시 당의 유일사상체계 도입과 정책에 병행하는 노선을 걸었다.

1950년대 중반 이후 북한이 민속 분야에 관심을 가지게 된 것은 민족주의에 대한 인식의 변화와 맞물려 있다. 노동당의 민족주의관은 김일성이 '주체'를 언급하는 시점에 바뀌기 시작했다. 1955년 12월 28일 김일성은 '당 선전 선동 일군들 앞에서 한 연설'에서 '주체'를 말하는데, 여기서 그는 한 국가의 보편적인 민족적 특질을 끄집어낸다.[29] 그는 '조선의 역사'와 '지리', 풍속'의 중요성을 언급하면서 일제 강점기 3·1운동과 광주학생운동, 6·10만세를 민족주의 운동으로 크게 부각시켰다. 역사와 지리, 풍속의 중요성은 사회주의 혁명 초기에는 전혀 주의를 기울이지 않았던 낡은 유습이었다. 민족주의에 관한 인식이 변화한 것은 사상에서 주체 선언과 관련되어 있음을 짐작할 수 있다. 김일성은 주체의 근원이랄까 그 뒷받침을 본원적 민족주의에서 찾았다.

해방 직후 소비에트 사회를 돌아본 이태준은 문화 건설의 근본 정신을 「사회주의적 내용을 민족적 형식으로」 구현한 것이라고 진단한다. 한걸음 더 나아가 그는 "사회주의적 내용의 민족적 형식"을 이북의 실정에서 어떻게 할 것인지 고민하면서 「민주주의적 내용을 민족적 형식으로」 담고자 했다.[30] 1960년대 중반, 조선노동당 창건 20주년에 이르러 북한은 민속학에서 마르크스-레닌주의 방법론을 이론적 근거로 삼아 일제 강점기의 왜곡된 민속을 바로잡고 허무주의와 복고주의의 편견을 극복한 것으로 선언했다.[31] 북한은 민족 문화유산 가운데 진보적이고 인민적인 것을 비판적으로 계승·발전시키는 것으로 원칙을 정하고 사회주의 현실에 맞게 적용해 가려고 노력했지만, 문화 건설의 근본 정신은 이태준의 전망처럼 민주주의 내용을 담보하지는 못했다.

인민들의 생활로 들어가 보자. 노동과 관련한 공동의 모습은 집단적인 형태에서 볼 수 있다. 공동의 노동 조직으로서 규율을 가진 황두(항두)는 집단 노동의 사례라고 하겠다.[32] 농민들이 공동으로 노동하는 형태의 일종인 황두는 평안도 일대에서 유래했는데, 건답乾畓(마른 논) 지역에서 20~30명의 농민들이 한 작업 단위가 되어 김매기를 공동으로 하는 방식이었다. 보다 작은 규모의 품앗이와 소겨리가 임의적인 노동 조직인 것에 비해 황두는 강력한 조직을 구성하여 공동 노동을 했다.[33] 공동의 노동 조직이라는 측면에서 보면 황두는 한반도 전래의 상부상조 풍습 중 하나다. 황두가 근대적 노동 형태와 관련되는 것은 엄격한 시간 관리와 노동 장소, 노동량을 계획하고 사후에 점검받은 데 있다. 노동 행위의 과정은 특정한 신호에 따라 작업을 개시하고 쉬는 시간과 일을 마치는 시간, 생산량까지 단체로 규율했다.

공동의 노동력을 조직하는 것은 사회주의 체제에서 토대가 되는 생활양식의 첫 변화다. 노동관계의 변화와 노동력의 규율은 작업장에서 나타나는데, 노동당은 초급당단체에서 규율을 강화하고 작업장 질서를 확립하기 위한 시도를 계속한다. 개성식료품종합공장의 사례를 보면, 간부들은 노동자들에 대한 교양을 강화하기 위해 인민경제 3개년 계획을 설명하고, 현장에서 이를 뒷받침하기 위한 조치를 취해 나간다.[34] 이 공장은 노동자들의 출근도표와 생산도표를 작성해 결근과 지각, 조퇴를 기록해 시간 관리를 했다. 이와 같은 방침을 실시한 결과, 지각이나 조퇴가 근절되고 출근율도 10% 이상 높아졌다. 노동자에 대한 작업장의 규율 준수는 노동의 형태가 개인의 독자적인 노동으로부터 집단적인 노동으로 변하는 것을 뜻한다.

조직과 단체 생활에서 "개념을 확산하는 데 가장 효과적인 방법 가운데 하나는" "집단 형성group formation을 활용하는 것이다." 학교나 각종 대회가 대표적이다. 어떤 동기가 주어지면 '집단 관습'이 "집단을 이끄는 지도력과 권위라는 단순한 정치를 통해 표출"된다. 다양한 형태로 표출하는 '집단 관습'은 "'집단 활동group activity'이라는 구체적인 틀 속에서" 확산된다.[35] 개념의 인식과 실천이 개인보다는 집단과 이 집단의 관습으로 표출되게 만드는 과정에 당 외곽 조직과 노동당원의 활동, 각종 대회, 선전이 개입한다. 이북에서 만들고자 한 사회는 한반도에서 사회주의 체제가 처음이었듯이 전례를 찾기 어려운 유형이었다.

'조합을 떠나선 자신을 생각할 수 없다'

1946년부터 토지 개혁이 이뤄지면서 마을의 공동생활에 변화가 일어났다. 자강도 전천군 무평리에는 공동생활 조직으로서 문계와 소겨리, 품앗이가 있었는데 가족 공동체의 공동 노력이 조금씩 바뀌어 갔다. 시조묘 관리와 제사를 주관하는 문계는 한반도에서 오랫동안 존속해 왔다. 토지 개혁을 실시하면서 문중의 경제적 뒷받침이 없어지자 문계도 자연적으로 사라졌다.[36] 문계는 토지 개혁 이후 종중의 산과 전답이 농민들에게 분배되자 그 실질적 토대가 없어졌다. 제례

　　　　　　　　　　　　　　집단주의 사회생활

는 가족이나 씨족 공동체의 존속과 밀접한 관련이 있고 경제적 뒷받침은 토지에 있었다. 소겨리, 품앗이와 같이 공동으로 생활하는 관습은 남아 있었지만 사당과 시조묘는 좀 더 빨리 사라졌다. 이북은 씨족이나 혈통을 찾는 것을 봉건 사회의 잔재로 여기고 금지하고 있다.

눈에 보이는 변화에도 불구하고 생활을 구성해 온 옛것은 쉽게 바뀌지 않는다. 의례는 일상 속에서 재현되고 이것은 문화와 풍습으로 오랫동안 삶을 점유해 온 것이다. 문맹 퇴치 사업과 함께 처음으로 행한 미신 타파는 정부 수립 전후부터 실시했는데 평안북도 선천군 효자리 마을을 보면 무당, 복술, 기우제를 지내는 행위가 1961년 초에 이르러 점차 근절되어 갔다.[37] 조사 자료에 나타난 시기를 보면 강원도 룡림군 남흥리의 경우 1947~48년경에 본격 진행된 미신 타파는 거의 20년이 되어서야 자취를 감추었다. 마을돌이와 성주, 대감을 없애거나 불살랐고 아이를 낳지 못하는 사람들이 가서 빌고 했던 국사당도 서서히 없어졌다.[38]

마을 사람들이 함께하는 활동으로 성황당 제사, 부락제, 기우제가 있었는데 미신 타파 운동과 전쟁을 겪으면서 꾸준히 감소하기 시작해 1960년대에 거의 사라졌다. 집집마다 성주라고 하는 '귀신 단지'와 무당과 복술이 있었고 마을에는 도당이란 것이 있었다. 마을 노인들은 이런 것을 없애면 "벌을 받는다고 하였"지만, 민주청년동맹원들이 앞장서서 도당나무를 찍어 없애는 식으로 풍습을 바꾸었다.[39] 죽은 사람을 모시는 매장 풍습도 바뀌기 시작했다. 함경남도 회령군의 조사 자료에 따르면, 화장터는 특별히 없었지만 관이 들어갈 만큼 나무귀틀을 쌓아 놓고 그 안에 관을 넣어 양쪽 모서리만 빼고 그 위에 다시 나무를 쌓아 화장하는 방식이었다.[40] 사람이 죽으면 시신을 화장하는 것을 장례로서 점차 인식하기에 이르렀다.

근대의 이행기에 가장 먼저 정립하는 것이 봉건 유습에 대한 합리적 이성의 창출이다. 이전의 유습을 바꾸는 데 중요한 역할을 하는 것은 다양한 방식으로 이루어지는 교육이다. 부락 단위로 세워진 성인 학교는 문맹을 퇴치하는 데 큰 역할을 했고 협동화 이후에는 근로자학교로 운영되었다.[41] 1968년 강원도 룡림군 신창리 1반의 조사를 보면, 지역이나 마을마다 민주청년동맹원과 민주여성동맹원들이 활동하면서 '미신이 허황하다'는 것을 전파했다.[42] 교육은 봉건 의식을 타파하는 근대적 정신 운동이었다. 인민들은 지난날의 낡은 의식을 청산하고 사회주의 체제에서 필요로 하는 계급 의식과 집단 의식을 요구받았다.

미신이라고 여겨졌던 풍속은 평양의 뜻대로 쉽게 없어지지 않았다. 비사회주의 행위를 하다 걸리면 추방당하는 것이 예사였다. 1988년 9월 김형직사범대학에 입학한 최진이는 졸업을 앞둔 3학년 봄학기에 '미신 행위'를 한 이유로 출학당할 위기를 겪는다. 문학 작품 발표 경력이 있는 작가 지망생들이 모인 작가 양성반에서 그는 여기저기서 얻은 사주팔자 정보를 따로 모아 노트 한 권 분량에 적어 두었다. 어느 날 월향여자합숙소에서 생활하는 수지건재공장의 당세포 비서가 그의 독서 일지에 적힌 사주팔자를 본 후 이것이 직장에 소문이 퍼지면서 초급당, 부문당, 학교와 기업소 당위원회에 알려졌다. 오랜 기간 동안 평양에서 사주팔자를 보는 문화가 암암리에 이뤄지고 있었다. 1991년 국제의회동맹 제85차 총회를 앞두고 노동당은 비사회주의 경향을 숙청하기 위해 미신 행위를 철저히 단

집단주의 사회생활

속해야만 했다.[43]

농촌에서 협동화 이후의 공동생활이나 가족 형태, 성원들 간의 상호 관계, 문화 수준, 결혼, 아동 교양은 사회주의 체제 이행을 위한 기초였다. 협동조합에서 중요한 과업은 "조선 인민의 생활에 맞게 내용이 사회주의로 개변된 생활과 풍습을 옳게 발전시키며", "우리의 전진을 가로막는 낡은 생활과 풍습들을 사회주의적으로 개조하는 데" 있었다.[44] 이런 정책 방향은 관습과 풍속이 가진 역사적 제한성에도 불구하고 사회적 근대로 이행하기 위한 인민적이고 민주주의적이며, 진보적인 것을 가려내어 혁명에 유익하게 적용한 것이라고 볼 수 있다. 북한이 궁극적으로 개별 주체, 개인성을 가진 인민을 만들려고 한 것은 아니지만 사람들에게 사회주의 사회에 대한 원리로서 공동 노력과 집단주의 인식을 가지게끔 하기 전에 과거의 지식이나 관념, 유습과 단절하는 해체 과정은 필연이었다.

이와 같은 과정을 거쳐 인민들은 점차 집단 관습에 익숙해져 갔다. 어떤 조합원은 "조합을 떠나선 자신을 생각할 수 없"는 상태에까지 이르렀다.[45] 신문 보도는 어느 정도 과장되기는 하지만 사실상 조합과 생활을 같이하는 집단주의 원리가 일상 속으로 파고들어 조합원들이 노동 현장에 출근한 때부터 일과 이후까지 단체로 조직되어 간 것을 보여 준다. 집단주의 사회에서 공동생활은 이북에 살았던 사람들에게 오랫동안 영향을 끼친다. 체제가 다른 사회에서 생활을 바꾸는 적응은 생각처럼 쉽지 않다. 자기 삶을 스스로 판단해서 결정해야 하는 개인주의 원리는 집합체의 개체로서 존재했을 때와는 전혀 다른 사고 방식을 원한다.

'나'보다는 '우리'를 우선하는 이북의 집단주의 공동생활과 개인이 모든 것을 선택하고 결정해야 하는 남한의 삶은 전혀 다르다. 북한 이주민이 초기에 남한 사회에 적응하는 데 어려움을 겪는 부분이다. 자녀 양육과 주거 방식의 변화도 빼놓을 수 없다. 공동 육아가 기본이고 가정의 생활이 거의 공개된 이북과 사적 영역을 보호해야 할 대상으로 여기는 남한 사회의 차이는 크다. 이북에서 인민들의 기본 생활은 마치 공동 아파트에서 집단적 가치와 습관을 몸에 익히는 소비에트 사회와 마찬가지라고 할 수 있다.[46]

사회주의 체제로 이행하는 것은 마르크스-레닌주의를 바탕으로 하는 사회 변동을 의미한다. 이 체제의 이행 정도는 당적 지배의 완성과 농업 협동화를 비롯한 생산 관계의 변화, 집단주의 사회 원리의 적용 등으로 가늠해 볼 수 있다. 이행은 첫째, 경제적 관점에서 생산 양식의 변화를 뜻한다. 생산 관계의 사회주의적 개조는 생산 수단의 사적 소유를 철폐하고 국유화, 협동화 또는 사회화하는 것이다. 둘째, 정치적으로는 프롤레타리아 독재를 위한 일당의 지배를 확립한다. 당위원회가 초급단체에서부터 상위에 이르기까지 모든 기관에 전면적으로 설치되고 이를 통한 당적 지배가 사회 전 분야에서 이루어진다. 셋째, 사회적으로는 정치공동체의 구성 원리인 집단주의에 따른 공동의 활동을 조직하는 것이다. 끝으로 체제 이행을 삶의 양식이라는 차원에서 보면 통치의 대상이 되는 구성원들의 의식과 생활의 변화가 필요하다. 노동당은 사회주의 체제의 제도적 이행을 1961년에 완성된 것으로 공식 선포했다.[47]

사회주의 체제에서 그 구성원은 집단의 단위로서 집합체에 해당한다. 자본주의 사회는 개인을 사회 조직의 기초 구성 단위로 하지만 북한의 사회 조직과 구성 원리는 집단에 있다. 개인주의와 집단주의는 양 체제에서 가장 첨예하게 대립하는 사회생활의 차이점이다. 집단주의 사회조직은 인민들을 순응주의conformism에 길들인다. 순응주의는 이제 관습이 되어 버린 지배 규칙에 대한 복종으로 이어진다. 평양은 집단적 주체로서 인민을 사회주의 체제를 수립하는 계급의 집합체로 설정했고, 사회의 책임 있는 구성원으로서 자리 잡는 것은 이렇게 설정된 인민 대중이 국가와 맺는 관계의 성격에 근거한다.

9

'10대 원칙'과 생활총화

당 생활의 기본 형식

개별 국가나 정치 체제의 기획과 방향에 따라 근대의 모습은 달라질 수 있고 밑바탕이 되는 역사적 맥락과 정치 규범, 사회 환경에 따라서 다양한 형태로 전개되기도 한다. 근대성은 이것을 추진하는 정치 세력의 주체와 이를 실천하는 구성원 사이의 역학 관계 때문에 여러 가지 실천 방안으로 구체화될 수 있다. 서구 이외의 근대성이라는 관점으로 시야를 넓혀 보면, 공통성이 있기는 하지만 근대는 모든 사람들에게 동일한 삶과 사유 양식은 아니다.[1] 자본주의가 전 세계에서 동일한 양상으로 발전하는 것이 아니라는 점을 고려하면 이와 같은 분석은 많은 시사점을 던져 준다.[2]

　문명적 차원에서 근대성을 바라볼 때, '다중의 근대성multiple modernities'이라는 관점에서 중요한 함의는 근대성과 서구화를 동일하게 보지 않는 데 있다. 서구 유형의 근대성은 역사적인 전례를 가지고 있으므로 다른 국가에 기본적인 참고가 되기는 하지만 유일하게 '진정한authentic' 근대성은 아니다.[3] 현대 세계를 이해하는 하나의 관념으로서 '다중의 근대성'은 근대성의 역사를 해석하는 방법으로서 문화적 내용의 다중성을 연속적으로 구성하거나 또는 재구성하는 방식으로 이해할 수 있다.

다중의 제도와 이념 유형의 지속적 재구성은 사회적·정치적 측면, 또는 지식인과 같은 특정한 사회 행위자에 따라 서로 다른 내용의 근대성을 추구하는 운동으로 나타난다. 근대성에 대한 이와 같은 독특한 이해는 상이한 국민 국가와 민족, 문화 집단에서 진전되었을 뿐만 아니라 공산주의와 파시즘, 근본주의 운동 등 근대 국가의 주요 사회 운동으로 펼쳐졌다. 이 운동은 서로 다르기는 하지만 특정한 사회나 국가에 국한된 것이 아니라 여러 면에서 국제적으로 발생했다.

북한의 사회주의 인간형 또한 근대나 근대성 논의와 떼려야 뗄 수 없다. 북한에서 사회주의 근대의 자율성이 쇠퇴하면서부터 주체 이념이 인민의 정신과 생활 속에 깊이 파고들었다. 1958년부터 김일성을 중심으로 하는 항일 무장 투쟁 세력이 국가의 주요 부문을 장악하면서 정치적 다원성이 사라지고 체제의 경직성이 나타나기 시작했다. 인민 대중의 정신과 일상을 획일적으로 조직한 것은 유일사상체계를 확립하는 1967년을 기점으로 볼 수 있다. 이전까지 사상 검열은 정치적 문제였지만 이때부터 인민의 정신은 근본적인 마음가짐의 문제이자 생활양식의 문제였다.

사상 투쟁과 맹목적인 비판

1956년 8월 종파 사건을 앞두고 대대적으로 실시된 중앙당의 검열 과정에서 김원주는 평안남도 양덕군에 설치된 검열위원회 특별강습소에서 6개월을 지낸다. '남반부' 출신이었던 그는 자신의 남쪽 생활에 대한 정치적 분석부터 비판적 자백서를 쓰기 시작해 "시간의 경과에 따른 행동뿐 아니라 사상 의식의 흐름, 정신 상태에 대해 참회하"는 시간을 가진다. 당은 "대중토론에서 서로 따지고 감투를 씌우고 인간관계를 색출해 내게 했다." 훗날 김원주는 당시를 이렇게 회상했다.[4]

그때 내가 이기주의고 허영덩이고 그래서 맨주먹으로 공부하려고 허우적댔다고 온갖 인간적 약점을 다 뒤집어썼다. 더 나쁜 말이 없을까 그 생각만 했다. 살인 도적질 내놓고 이 세상에 나쁜 죄명이라고는 다 나열한 것 같다.

김원주는 스스로를 얼마나 학대해야 했을까. 그 이후 딸(성혜랑)에게 비친 어머니는 "그때 거기 비판 무대에서 통과된 자신의 결함을 인정하려"고 "늘 뒤척이"며 "자학적인 채찍을 쓰곤" 하는 모습이었다. 사회의 경직성은 단순히 통제와 관리 감시, 유일사상의 지배에만 머물지 않는다. 그들에게 가장 심각한 사태는 인민의 사상적 주체를 전혀 인정하지 않는 생활 방식에 있는지도 모른다. 극적으로 이해하자면, 사람들의 정신을 죽여 놓은 다음에야 체제 유지가 가능한 상황에서 인민은 노동당이 주장하는 것처럼 최고 지도자의 지도

'10대 원칙'과 생활총화

를 받는다 하더라도 사회 발전의 주체가 될 수 없는 존재다.

평양사범대학 교원 출신의 김현식이 비판하는 것도 위와 유사하다. 교원들은 강의안을 김일성의 역사적 활동을 일자별로 정리한 『365일 교양안』이라는 교원용 사상교양 지도서에 맞추어서 만들고, 강의할 때는 이 안에 따라 수령의 행적을 그날그날의 수업에서 가르친다. 수업 시간마다 반복하는 이와 같은 사상교양에 대해 김현식은 학생들의 "머릿속이 어떻게 되었을까"라며 탄식하듯이 말했다.[5] 사상교양은 내면의 세계를 집단정신으로 만드는 강한 동기가 되는 동시에 '정신의 죽음'을 가져온다.

사상 투쟁과 맹목적인 비판이 갖는 문제점은 심각하다. 각종 검열과 생활총화에서 반드시 진행되는 비판은 체제 유지와 인민들의 결속을 강화하는 중요한 방법임에 틀림없다. 동시에 머릿속을 들여다보는 사상 검열과 상대에 대한 비판, 최종적으로 자신을 비판하는 행위에는 사회적 관계의 단절과 인간성을 부인하고 말살하는 정신의 피폐함이 뒤따른다. 사상 검열로 인해 스스로 생각하는 능력을 묻어버린 인민 대중의 인지적 주권은 시간이 지나도 되찾기 어려워진다.

북한 사회에서 정치와 관계를 맺어 규범화하는 인민의 일상 세계가 가장 극적으로 변화한 것은 유일사상체계 확립과 생활총화라고 할 수 있다. 체제의 사회주의 이행 이후 자율성의 상실은 인민들의 정신과 일상, 마음가짐까지 통제하는 노동당의 방침으로 명확해진다. 생활총화는 문자 그대로 인민의 단위 생활을 평가하고 수령의 지도와 노동당의 지배를 뿌리 깊게 내리는 데 그 목표가 있다. 생활 세계에서 당적 지도의 확립은 각 기관 내의 당 조직 활동에서 인민들을 교양하고 당원들의 사상을 점검하는 데 매우 중요하다.

1967년 6월 28일 당중앙위원회는 제4기 16차 전원회의에서 '당의 유일사상체계를 확립할데 대하여'를 의제로 채택했다. 이 의제는 후일 '당의 유일사상체계 확립을 위한 10대 원칙'(이하 10대 원칙)으로 체계화되었다. 1967년이 중요한 이유는 그동안 만들어 온 모범인민을 근간으로 북한식 사회주의 인민의 전형을 그 성격과 생활에서 제시하고 내면과 정신을 창조한 데 있다.

　　날마다 반복하는 생활을 규율하는 최고의 지침이라고 할 수 있는 10대 원칙은 인민의 마음까지 지배하는 행동 강령으로서, 헌법과 노동당 규약에서 밝히고 있는 최상위 규범을 인민들에게 적용하고 사회를 움직이는 지도원칙이다. 10대 원칙을 일상에서 구현하는 것이 생활총화다. 1973년 8월 21일 김정일은 '조선로동당 중앙위원회 조직지도부 책임일군협의회에서 한 연설'에서 당 생활의 기본 형식으로서 생활총화를 강조한다.[6]

당생활총화는 당생활의 기본형식의 하나이며 당원들을 혁명적으로 교양하고 조직사상적으로 단련하여 당원으로서의 본분을 다하게 하는 힘있는 수단입니다. 당원들은 당생활총화를 통하여 정상적으로 자기비판도 하고 호상비판도 하며 직접 비판을 받기도 하고 다른 사람이 비판받는 것을 곁에서 보고 자극을 받기도 하면서 자신을 끊임없이 수양하게 됩니다. …당생활총화제도를 바로세우는 것은 단순히 당 안에 정연한 당생활체계를 세우고 당원들의 당생활을 정규화, 규범화하기 위한 문제가 아니라 당건설, 당사업발전과 관련되여 있는 중요한 문제의 하나입니다.

'10대 원칙'과 생활총화

노동당은 유일사상체계 확립을 1967년 5월 25일 김일성이 '당면한 당선전사업 방향에 대하여'를 발표한 날에 맞추어 되풀이해서 강조한다. 발표일 50주년을 맞은 2017년 노동당은 '당과 혁명대오의 사상적 일색화를 실현하는 것은 제국주의와의 전면 대결전에서 최후승리를 이룩하기 위한 필수적 요구'라고 했으며, '제국주의자들의 반反사회주의적 책동을 짓부시며, 사회주의 우월성을 최대로 발양시켜 나갈 것'을 촉구했다.[7] 노동당의 주장에 따르면, 당과 혁명대오의 사상적 일색화는 조선 혁명 백승의 푯대이다. 당의 사상적 일색화는 첫째, 당의 노선과 정책 교양을 강화하고 둘째, 혁명 전통의 교양을 심화하며 셋째, 사회주의적 애국주의 교양을 강화하고 넷째, 당 간부의 혁명화를 뜻한다.

이보다 3년 앞서 2014년 노동당은 김일성이 발표한 유일사상체계에 대한 글을 "당과 혁명대오의 사상적 일색─色화는 모든 승리의 결정적 담보"라고 꼭 집어 가리켰다. 이 발표의 기본 정신은 "당의 유일사상체계를 철저히 확립해 당을 사회주의 위업을 향도하는 정치적 참모부로 강화발전시키자는 것"이고, "수령의 당으로서의 노동당의 혁명적 성격을 뚜렷이" 한데 있다. 노동당은 "사회주의 사회에서 사상사업의 기본임무는 전당과 온 사회를 수령의 사상으로 일색화하는 것"이라고 치켜세웠다. 노동당은 김일성으로부터 전해져 온 사상의 계승을 김정은 국방위원회 제1위원장의 유일적 영도체계를 확립하는 것으로 강조하고 나섰다.[8] 당시는 유일사상체계 확립을 끝낸 노동당이 김정은 시대에 접어들어 유일영도체계를 확립하는 중이었다.

생활총화는 당과 각종 근로 단체, 조직에 소속된 모든 인민들이 일정한 기간 자신의 업무와 생활을 반성하고 상호 비판하는 모임이다. 유일사상체계 확립을 위해서 김정일은 세포 단위에서 이루어지는 당생활총화를 한 주에 한 번씩 개최해서 당원들의 사상과 사업의 특성에 맞게 혁명 과업을 수행해 가도록 독려했다. 시간이 지나면서 생활총화를 실시하는 주기는 분야마다 차이가 있었는데, 인텔리로 구성된 문학예술 부문 담당자들은 이틀에 한 번씩 당생활총화를 하게 되었다.

1967년 2월 김정일은 '작가들과 한 담화'에서 몇몇 문학 작품에서 전형적인 인간의 성격을 그리지 않고 혁명가나 노동자, 농민, 중산층의 성격을 왜곡해 묘사한 것을 지적한다. 그는 문학예술 작품에서 인민의 "전형적인 성격을 창조하려면 인물 형상에 사회계급적 본질이 뚜렷이 드러나도록" 해야 함을 강조했다.[9] 그가 제시하는 인물의 형상화는 어느 한 계급의 성원으로서 생활하며 활동하는 '개성'과 그가 속한 계급의 일반적이며 공통적인 특징을 포함하는 '전형'을 말한다.

1967년 노동당 중앙위원회 제4기 15차 전원회의 이후 '당사상사업부문 일군들 앞에서 한 연설'에서 김일성은 교조주의와 사대주의 사상을 비판하고 사회주의 사회에서 노동자와 농민, 인텔리의 통일적 계급투쟁을 제시한다.[10] 5·25교시로 알려진 김일성의 연설 이후 6월 15일 '조선로동당 중앙위원회 선전 선동부 일군들과 한 담화'에서 김정일은 반혁명 세력과 사상 투쟁에 나설 것을 독려한다. 상호 비판의 사상투쟁회의를 진행하는 목적은 반당반혁명분자들의 사상 여독을 뿌리 뽑고 당의 유일사상체계를 튼튼히 세우는 데 있었다.[11] 일련의 과정을 거쳐 노동당은 10대 원칙의 기조를 만들고 생

'10대 원칙'과 생활총화

활총화를 실시하면서 인민들의 생활과 정신을 개조했다.

유일사상체계 확립은 부르주아 사상과 수정주의, 봉건 유교 사상, 교조주의, 종파주의, 가족주의와 같은 반당반혁명 요소를 없애는 것이다. 노동당은 유일사상체계 확립을 반대하는 갑산파의 박금철, 이효순, 김도만 등을 숙청한 이후 각종 사업을 집행했다.[12] 정치 세력의 단일화에 뒤이은 사회의 경직성은 개인의 마음과 생활을 통제하려는 극단적인 정책의 산물이다. 단 한 가지 방법과 방향으로 인민 대중의 정신을 몰아가는 유일사상체계 확립의 폐해는 도서정리사업에서 알 수 있다. 이미 출간한 책, 도서관이나 집에서 보관 중인 책을 검열한 후 잘못된 부분이라고 밝혀진 내용은 찢겨 나갔다. 전국에서 수백만 권의 도서가 도서관과 기관, 가정에서 사라졌다.

성혜랑이 가장 큰 의문을 품은 것이 "책의 말살이었다." 5·25교시의 후속 조치 중에서 도서정리사업을 언급하며 노동당의 행태를 비판했다. 그는 당시를 "반수정주의 투쟁이라는 대선풍 아래 대대적인 인텔리 제거, 그들의 창조물인 문화에 대한 총공격, 좌경극단주의에 의한 반문화혁명으로 기억한다." 5·25교시 이후 전국적으로 실시된 도서정리사업은 1970년대 중반까지 계속되었다.[13] 이 사업은 모든 책의 낱장이 검열 대상이었고 당에서 문제라고 제기하는 내용은 찢어 없애야 했다. 개인숭배 사상의 유포, 수령에 대한 우상화의 심화와 지적 인력에 대한 수모, 수입 기술의 봉쇄가 뒤따랐다.

도서 검열은 중앙당 집중지도 사업의 주요 사안이다. 검열의 나라답게 이북은 반동 서적이나 사진을 제대로 삭제했는지 수시로 확인한다. 김현식이 근무한 평양사범대학에서는 검열조를 만들어 평소 노리고 있던 집을 불시에 들이닥쳐 도서를 검열했다. 집 안의 모든 책을 샅샅이 뒤지고 책 속에 있는 수령의 사진까지 그 상태를 점검한다. 가정집에서 갖고 있는 책은 원칙적으로 출판 검열국의 검열 승인 도장을 받아야 했다. 지금은 달라졌지만 외국 책은 절대로 소지할 수 없었다.[14]

각 분야에서 빚어지는 전문 지식의 단절은 사회의 전반적인 수준을 끌어내린다. 지식의 축적이 없이 교육과 인간의 정신 활동이 발전할 수 없다. 김형직사범대학에서 '사주'에 대한 기록 때문에 출학될 뻔한 최진이는 종잇조각 정보에 의지할 수밖에 없도록 자신의 '의식 수준'을 만든 사회의 폐쇄성에 대해서 비판했다.[15] 대학당위원회에 불려가 반성문을 쓴 그는 "사회의 무분별한 광기로부터" 자신을 "지키려 지푸라기라도 잡으려는 본능"과 "몸부림"에서 일부러 "'의식 수준이 낮은'" 동무들이라는 문구를 써넣었다.

도서정리사업은 생활의 통제와 함께 불어닥친 정신의 통제로서 지식의 말살과 마음까지 빼앗으려는 시도였다. 이 조치에 가장 당황한 사람들은 지식인들이었다. 노동당 규약이 말하듯이 노동당 깃발에 새겨진 붓은 인텔리를 상징하는데, 지식(인)의 검열은 이 계층에 대한 '사회적 죽음'을 뜻한다. 이런 지경에서 지식인의 역할은 유일사상을 맹목적으로 떠받치는 데 국한될 뿐이다. 주체사상을 내세울수록, 김일성-김정일주의를 내세울수록 이 주의 주장을 몸에 배고 따라야 하는 인민의 입장에서 그들의 생각과 감정은 정신의 포로가 되어 갔다.

'10대 원칙'과 생활총화

생활을 규율하는 최고의 지침

현재에도 이뤄지고 있는 중앙당의 집중지도는 인민의 모든 것을 점검하는 사회 통제, 사상 검열 방식이다. 몇 개월씩 진행되는 집중지도 사업은 "말만 들어도 오금이 저릴 정도로 무서운 검열이다." 숙박과 도서, 김일성 초상화 등 생활의 모든 부분을 점검해 의심스러운 행적을 뒤지고 각 행정 기관과 기업소, 대학, 연구소 등에서 부서별로 비판회의를 열어 사업의 결함을 찾아낸다. 검열의 총화는 사상비판으로 끝맺는다.[16] 10대 원칙을 되풀이하는 생활세계에서 관철시키는 것이 인민들의 생활총화이고, 이것은 근본적인 생활양식으로 자리 잡았다.

시나리오 창작사에 근무할 때 성혜랑은 아침 일찍 출근하면 선서 모임 이후에 그 전날 하루 생활을 비판하는 일일당생활총화에 참석한다. 매일 반복하는 일일생활총화는 어느 순간 더 이상 비판할 만한 건더기가 없어졌다. 그는 "10대 원칙 중에 전날 것과 중복되지 않을 조항을 하나 총화수첩에 적어 놓고 거기에 맞추어 비판거리를 만들어" 갔다. 1~2년 후 총화는 단순하고 더 이상 확산시킬 수 없는 지경에 이르자 일일총화는 주간총화로 넘어갔다. 총화가 유일적지도 체계를 강화하는 강력한 방법이 된 것은 지도자(김정일)가 그 많은 보고서를 임의로 선택해 검열함으로써 사람들이 어떻게 살고 있는지 윤곽을 잡은 데 있었다.[17]

1974년 4월 14일 김정일은 '당의 유일사상체계 확립을 위한 10대 원칙'을 발표했다.[18] 이 발표에서 조직 생활총화에 참가하는 것을 명시한 이후 노동당은 인민들의 생활을 통제하는 정책을 강화했다.

김일성의 생일 하루 전날 공포한 이 원칙은 당에서 김정일을 공식 후계자로 지명한 시점과 맞물려 있었다. 인민들의 생활총화는 10조 60항으로 된 10대 원칙을 근거로 했다. "김정일의 십계명"이라고 불리는 이것은 헌법이나 노동당 규약보다 상위에 있는 '**인민 생활의 기본법**'이라고 할 수 있다. 인민의 생활세계와 관련되고 정신 활동과 심지어 마음가짐에까지 막대한 영향을 끼치는 자기 비판과 상호 비판을 10대 원칙의 기준으로 해야 하기 때문이다.[19]

생활총화는 일종의 '비판 회의'라고 할 수 있다. '사상 단련의 용광로'라고도 불리는 생활총화는 "화끈한 비판을 통해 수령님에 대한 충성심이 가득한 새사람으로 변화"되는 조직 활동이다. 주, 월, 분기, 연간 단위로 실시되는 생활총화는 각급 단위에서 진행한다. 평양사범대학 김현식 교수의 경우 주, 월 총화는 노어를 가르치는 교수들이 하고 분기별 총화는 노어와 영어를 담당하는 교수들이 모여서 하고, 연간 총화는 대학의 전 교수가 함께했다. 참가자들은 생활총화에 앞서 대학 당위원회 세포비서에게 총화 내용을 검열받고 김정일의 교시에 따른 10대 원칙에 맞추어서 비판 내용을 인용했다.[20]

중고등학교 학생들에게 조직 생활과 생활총화는 일과에서 빠뜨릴 수 없는 시간이다. 김혁은 함경북도 청진의 인민학교에서 방랑생으로 '꽃제비' 생활을 했다. 학교에 다닐 때에는 아침 7시 40분부터 8시까지 《로동신문》 등을 보고 김일성의 교시와 현지지도를 살펴보는 독보회를 가지고 오후에는 서로가 서로를 비판하는 생활총화에 참석한다. 그에게 학교의 조직 생활 중에서 "몸서리를 칠 만큼 싫었던 것이 생활총화였다." 한번 시작하면 두 시간 정도 진행하는 생활총화에서 학생들끼리 서로 비판하는 상호 비판도 문제였지만 두려운 것은 자아비판이었다. '비사회주의적인 행동'의 자아비판에 걸리면 소년단 지도원 앞에서 지난날의 잘못까지 끄집어내 비판서를 써야 했다.[21]

10대 원칙이 어느 정도 중요한 규범인지 장성택 사건에서 확인해 보자. 당의 '유일사상체계 확립'은 김정은 시대에 접어들어 '유일적 영도체계확립'으로 진전되고, 이 체계를 확립하는 원칙에 어긋나는 행위는 그만큼 중대한 문제로 받아들여졌다. 2013년 12월 12일 장성택 노동당 행정부장 겸 국방위원회 부위원장이 국가안전보위부 특별군사재판에서 국가 전복 음모 행위로 사형을 선고받은 후 즉시 처형되었다.

조선중앙통신이 보도한 특별군사재판의 판결문에서 시선을 끄는 것은 장성택이 "당의 유일적령도를 거부하는 중대사건을" 일으켜 쫓겨났던 측근을 주위에 두고 10대 원칙을 위반한 사항이다. 정창현은 판결문에서 10대 원칙 제3조를 위반한 '유일적 영도를 거부하는 사건'의 구체적인 내용을 찾아낸다.[22]

대동강타일공장에 위대한 대원수님들의 모자이크 영상작품과 현지지도 사적비를 모시는 사업을 가로막았을 뿐 아니라 경애하는 원수님께서 조선인민내무군 군부대에 보내주신 친필서한을 천연화강석에 새겨 부대 지휘부청사 앞에 정중히 모시자는 장병들의 일치한 견해를 묵살하던 끝에 마지못해 그늘진 한쪽 구석에 건립하게 내리 먹이는 망동을 부렸다.

2013년 6월 10대 원칙은 39년 만에 '당의 유일적 영도체계확립의 10대 원칙'으로 바뀌었고 김정은 제1비서의 권력 세습을 정당화한다. 조선로동당출판사에서 붉은색 표지의 작은 소책자로 인쇄한 10대 원칙의 변경 내용 중에서 가장 눈여겨볼 것은 '프롤레타리아 독재정권'과 '공산주의'라는 표현을 삭제한 것이다. 이러한 조치는 2009년의 헌법 개정과 2010년의 노동당 규약을 개정하면서 '공산주의' 용어를 삭제한 후속 조치라고 하겠다. 1974년의 10대 원칙이 당 중앙(김정일)의 지도 체제 확립을 위한 것이었다면, 2013년의 유일적 영도체계확립의 10대 원칙은 김정은으로 세습되는 권력의 정통성과 지도 체제 확립을 정당화하고 노동당의 위상과 역할을 제고한 데 의미가 있다.

인민들의 일상에서 10대 원칙은 반드시 지켜야 하는 불변의 최고 원칙이다.[23] 체제가 작동하는 방식은 곧 인민들의 몸과 마음을 통제하는 원리와 같다. 전체주의 성격의 사회에서 인민은 중앙 권력이 관통하는 통제와 감시, 관리 체제에 따른다. 사회 그 자체의 형성이 정치에 종속된 채 자율성을 갖지 못하는 체계에서 인민은 개체가 아니라 집합체이다. 종종 인민 대중이라고 강조해서 표현하듯이 사회는 수령-당-인민의 관계로 이루어진다. 노동당은 수령의 영도를 인민들에게 관철시키고 또 수령에 대한 인민들의 충성을 이끌어 내는 지도 역할을 한다.

계급 계층, 출신과 사회성분으로 따지면 인민 대중은 당의 적극적인 포섭과 배제 정책에 따라 사회 구성원으로 변모했다. 협동화와 당단체의 조직과 활동에서 보듯이 인민은 공동의 노력과 집단정신을 우선시한다. 이북에서 체제 이행에 따른 사회주의 인간형은 노동의 집단화와 생활의 재조직, 주체사상의 교양으로 탄생했다. 이 과정을 인민들이 국가와 맺는 관계로 바꿔 말하면, 그들은 공동생활에 참여함으로써 재조직되는 생활과 정신세계의 변화에서 사회적 근대를 경험했다.

생활과 정신세계의 재조직은 1967년 생활총화와 1974년 10대 원칙이라고 하는 미시적 권력의 끊임없는 작용으로 구축된 질서이고, 북한식 사회주의 인간형을 설계한 사람은 바로 김정일 위원장이라고 할 수 있다. 인민의 형식을 만드는 것이 1950년대부터 1960년대 중반까지였다면, 인민의 내면까지 장악하게 된 것은 1967년 이후부터 1970년대 초반까지였다. 주체사상에서 인간의 정신과 마음, 생활을 장악하는 것보다 더 중요한 것은 없다.

이북이 근대 사회의 기획은 멈추지 않았지만 체제의 성격은 사회주의 근대성에서 점점 멀어지는 수령 중심의 유일체제이고 인민주권은 유명무실해져 가고 있다. 유일사상체계에서 유일성을 강조하면 할수록 집합체의 단일성은 밀도가 높아진다. 그렇지만 집합체의 구성원으로서 인민의 정신은 오히려 자주성을 잃게 된다. '혁명적 수령관'이나 '사회정치적 생명체론'은 인민 대중의 자주적 입장보다는 수령의 의사를 명명하는 논리다. 노동당은 수령의 영도를 뒷받침하고 수령과 인민의 관계를 매개하는 최고기관으로 자리매김해 왔다. 국가의 구성원을 규정하는 노동당의 인민관은 북한 체제가 존속해 온 강력한 원동력이기는 하지만, 인민들의 자발적 지지 못지않게 순종적 자세를 형성해 온 것 또한 사실이다.

10

선전 선동과 일상생활
구호와 슬로건의 메아리

사람에게 있어서 인식의 전환을 꾀하는 것은 교육이나 학습의 효과다. 대중 운동에서 사람의 행동 양태를 변화시키기 위해 흔히 사용하는 방법이 선전이다. 20세기 최고의 선전 전략가 에드워드 버네이스Edward L. Bernays에 따르면 선전은 "선의의 목적과 정직한 실천 전략을 특징"으로 한다. 흔히 생각하는 것과 다르게 선전은 그 자체로서 "나쁜 냄새"를 가진 것은 아니다. 그는 "선전을 변호하고 선전이 대중 사회에 미치는 건전한 영향력을 강조"했으며, 스스로를 "고결한 관리자 집단의 본보기로 여"기고 "'진실을 추구하는 자이자 선전을 선전하는 자'"로 자리매김했다.[1]

형식으로는 인민들이 개별 사안에 대해서 스스로 결정을 내릴 수 있다. 하지만 어떤 면에서는 노동당이 정책을 통해 모든 것을 결정해 주는 편이 더 나을지도 모른다. 당 중앙의 정책이 마을 단위에서 실현되기 위해서는 다양한 방식의 사업이 필요하다. 이전에 존재하지 않았던 질서를 창조하거나 사회를 구조화하는 국가의 의도는 여러 가지 제도로 뒷받침된다. 그중 대표적인 학교 교육은 좀 더 다른 양태로 이해할 필요가 있다. 교육은 때때로 "새로운 환경 조성을 통해, 중요한 행사와 사안의 의미"를 부각시켜서 "이루어지는 계몽된 형태의 선전"과 유사한 성격을 가지기 때문이다.[2]

북한은 정부 수립 초기부터 선전을 중요시했다. 별다른 매체가 없었던 당시 출판 보도 분야에서 노동당 기관지 《로동신문》의 비중은 사상 부문의 첫 자리를 차지했다. 1920년대 민족주의 잡지 《개벽》의 여기자였던 성혜랑의 어머니 김원주는 강동정치학원을 마치고 강사로 일하던 중 로동신문사에 발탁되었다. 1949년 가을 중앙당 기관지의 편집원으로 발령받은 그에게 "기쁨과 긍지"는 매우 컸다. "생활비도 남자 편집원들과 꼭 같은 금액을 받았고" 중앙당에서 제공하는 "대우를 남자들과 같이 받았다." 그는 "당보의 글자 하나하나는 당의 목소리, 당의 의도"라고 그 중요성을 간파했다. 성혜랑은 당보의 정치적 성격을 두고 "공산주의는 선전 선동이 존재 방식"이라고까지 썼다.[3] 로동신문사에 여성이 일하게 된 것은 김원주가 처음이었고 그는 신문 4면의 국제면을 담당하는 책임편집원이었다.

선전의 효과는 선전을 담당하는 사람의 의지와 신념에 달려 있다. 노동당의 선전 선동 부문 조직이 확립되기 이전부터 당의 선전 정책은 정치적 사업을 우선으로 했다. 훗날 1987년 12월 김정일은 '조선로동당 중앙위원회 선전부 책임일군회의에서 한 연설'에서 선전 담당자의 신념을 강조한다. 그는 선전일군들이 당 정책을 "환히 꿰들고 신념화하여" 확고한 주관 위에서 사업할 것을 지적했다.[4] 김정일이 언급한 기준에서 볼 때 김원주는 일찍부터 노동당에 대한 강한 신념과 주관을 가진 가장 적합한 인물이었다.

선전 선동, '공산주의'의 존재 방식

선전이 어떤 경로를 거쳐 인민들의 의식적인 방향으로 흘러가는지, 대중의 감성에 호소하는 방식과 개별 현안이 어떤 영향을 미치는지 살펴보자. 인민들을 교양하는 선전 선동 수단은 라디오와 텔레비전, 신문, 영화 상영, 가두선전이 있다. 선전 매체 중에서도 신문이 매우 중요한 역할을 담당했는데 《개성신문》이 이와 같은 사례를 자세히 보여 준다. 신문에서 선전 사업의 하나로 소개하는 문학 작품을 읽고 이를 독해하거나 주인공을 따르겠다는 독자들이 자신의 감상을 고백하면서 사상의 변화를 꾀하는 방식은 일선에서 효과적으로 전개되었다.

소설 「당비」는 인민을 교양하는 데 신문에 자주 등장하는 작품이다. 개성농기구종합공장 제관공 리용학은 소설 속 주인공 '황신'을 모범으로 삼았는데, 그는 '황신'으로부터 당원의 강한 생활력과 군중의 모범 교양자로서 역할을 새롭게 인식한다. 공장 내부의 민주청년동맹 초급단체 위원이자 제관직장의 선동원으로서 그는 당의 위임을 받은 역할을 다시 생각하게 되었다. 다음 기사도 나란히 등장한다. 당원 류화옥은 이 소설로부터 자신의 형식적인 당 생활을 스스로 비판한다. 1952년 5월 노동당에 입당한 그는 당원이라는 영예감에 그동안 사로잡혀 있었다. 가정에 깊이 파묻혀 안일한 생활을 한 그는 한 달에 한 번씩 당비를 내는 것으로 당원의 의무를 다한 것처럼 여겼던 자신을 반성했다.[5] 조선노동당 규약에 따르면 당비는 월수입의 2%이다.

노동당의 신념과 정책을 인민들에게 전파하는 것 중에서 자본주의와 가족주의, 개인주의에 대한 비판을 빼놓을 수 없다. 자본주의 사상을 배격하는 것은 사회주의 이행 단계에서 기본적인 방침인데, 자본가와 자유시장 논리는 인민들에게 적지 않은 영향을 끼치고 있었다. 자본주의 논리에서 가장 비판받을 만한 사례는 고리대금이었다. 개풍군 신서리에 사는 유근봉은 「남을 착취하여 놀고먹는 자」라는 글을 《개성신문》에 기고한다. 기고문에서 그는 어느 마을 인민이 월 10% 이자를 벼로 환산해서 받은 행위를 지적하며, 다른 사람의 생산물을 착취하고 노동을 천시하는 현상에 대해 군중 투쟁이 전개되어야 할 것을 주장했다.[6] '이자놀이'는 자본주의 사회의 산물이었는데, 1950년대에 금지된 '이자놀이'가 인민들 사이에서 공개적으로 행해진 것은 지역마다 차이는 있지만 대략 1990년경이었다.[7]

부르주아 사상에 대한 투쟁은 개인과 집단의 소유 문제에서 두드러졌다. 국가가 소유한 재산에 대한 시각은 하루아침에 교정되지 않는다. 집단화 초기에 시행한 국유화는 개인의 소유 의식을 박탈하게 되면서 공공 재산에 대한 낭비로 이어졌다. 《개성신문》은 '독자의 편지'란을 운영하면서 인민들이 잘못된 사회상에 대해 보낸 편지를 정기적으로 소개한다. 개성시 손하리에 거주하는 리수길은 1953년부터 마을에 건설 중인 두 채의 건물이 내버려져 있고, 이중 한 건물이 무너져 있는 것을 편지에 써서 신문사에 보냈다. 그는 이 상황을 비판하면서 인민들에게 국가 소유 재산에 대한 인식을 제고할 것

을 촉구한다. 리동화는 유통소비조합 상점 책임자가 국가에서 제공
하는 상품을 제대로 관리하지 못해 변질된 불량 담배를 인수하도록
한 내용을 제보했다.[8]

직장에서 인민들이 가족주의처럼 조직되는 것은 또 다른 문제였
다. 당원들이 한 가족처럼 관계를 맺어 당의 조직보다 그들 자신을
보호하는 행태를 보여 주었기 때문이다. 그들은 잘못한 일을 덮어버
리고 몇몇 사람의 이익을 당 전체의 이익보다 앞서 내세웠다. 가족
주의자들은 당 조직을 따르지 않고 친분 관계에 있는 간부에게 의존
하면서 원칙에 벗어나 사사로운 행동을 일삼았다. 당국은 당의 지도
에 합당한 동지적 우애를 내세우고 이를 바탕으로 당원들의 역량을
모아 협력하는 것이 가족주의를 극복하는 길이라고 설명한다.[9]

신해방지구 인민들의 개인주의 풍조는 남한이 통치하는 동안 실
시한 교육에 원인이 있었다. 노동당은 남한의 교육 정책 때문에 학
생들이 개인주의를 표현하고 허영심에 사로잡히게 되었음을 결론지
었다. 이를 바로잡기 위해서 민주청년동맹과 소년단을 적극적으로
조직하고 학생들을 가르치는 수업에서 사상성을 높여 나갔다.[10] 단체
활동과 학교 교육은 자기 일신의 안전과 이익만을 추구하려는 개인
이기주의와 보신주의를 강하게 비판했다.[11] 이와 같은 차이는 남북한
정치 공동체에 귀속된 사람들에게 서로 다른 체제가 지향하는 불가
피한 현상이었다. 서울과 평양의 입장이 아닌 수용자의 입장에서 보
면 그들은 어떤 때는 국민이었다가 어떤 때는 인민이었던 셈이다.

신문과 같은 인쇄 매체가 아닌 영상을 보여 주는 것도 인민들의
의식을 바꾸는 중요한 과정이다. 노동당은 정책을 설명하는 선전 사
업의 일환으로서 소련이 보내 준 영사차를 이용했다. 이동 영사대

는 개풍군과 해안 지대를 돌아다니며 영화를 상영했는데, 조선예술 영화 〈항미원조 제2부〉와 〈아름다운 노래〉를 인민들에게 보여 주었다.[12] 이동 영사대는 개성시립극장 예술인으로 구성된 예술대와 함께 농촌을 순회하면서 협동경리를 북돋우고 농민들의 사기를 진작시켰다.[13] 수천, 수만 명의 사람들 머릿속에 이미지를 창조하고 이것을 자기 것으로 행동하게 만드는 것은 선전의 매우 흔한 관행이다. 선전이 놀라운 성공을 거두는 것은 전쟁과 같이 특별한 상황을 전하거나 인간의 감성을 자극할 때다.

새로운 사회 체계를 만들려고 하는 이북의 통치는 대중 선전을 요긴하게 써먹었다. "선전은 사회 구조 전체를 염두에 두면서" 인민의 "욕망에 초점을 맞추고 그 실현에 종종 이바지한다." 구체적인 개혁을 널리 확산시키고 행동으로 옮겨지게 하려면 해당 기관이 압력을 행사해야 한다. "본연의 의미에서" 선전이라는 용어의 탄생이 "명예로운 역사를 지닌, 그야말로 건전한 단어"라고 하더라도 그 속에서 정치 활동에 목적을 두는 특정한 신념을 떨쳐 낼 수는 없다.[14]

선전 선동만으로는 내키지 않는 마음

선전 선동은 노동당 사상사업의 기본 형식이고 당의 사상과 이론, 노선을 인민들에게 체득시키는 데 그 목적이 있다. 1986년 5월 김일성은 '김일성고급당학교창립 40돐에 즈음하여 집필한 강의록'에서 선전 사업의 방향을 요약한다.[15]

당 사상사업의 기본 형식은 선전과 선동입니다. 선전사업은 대중에게 당의 사상과 리론, 로선과 정책을 체득시키는 사업이며 선동사업은 대중을 혁명과업 수행을 위한 투쟁에로 불러일으키는 사업입니다. 당사상사업에서는 선전사업과 선동사업을 옳게 결합하여 다 같이 힘 있게 벌려야 합니다. 선전사업은 론리정연하고 진실하게, 알기 쉽고 설득력 있게 하여야 하며 선동사업은 감동적으로 기백 있게 그리고 구체적인 정황과 계기에 맞게 기동적으로 하여야 합니다. 론리성 있고 진실하고 통속적인 선전과 호소성과 전투성, 기동성 있는 선동만이 원만한 성과를 거둘 수 있으며 자기의 목적을 달성할 수 있습니다.

정치 체제의 규범을 받아들이도록 하는 데 선전 선동은 위력적인 도구다. 그렇지만 실상은 "선전 선동만으로는 내키지 않는 마음을 억지로 움직이지는 못하며 완전히 새로운 무언가를 주입시키지도 못하고 이미 믿지 않기로 작정한 사람들을 설득하지도 못한다." 선전 선동은 "이미 열린 마음을 가진 이들에게" "생각을 주입한다기보다는 이미 받아들인 사람들의" "생각을 한 번 더 표명하고 옹호할 뿐이다." 굳이 "생각을 강요하지 않더라도 사람들에게 이미 '알고 있는' 것만 믿게 만들 수 있다."[16]

어떤 면에서 선전 선동의 효과는 제한적이다. 앞서 살펴본 것처럼 중앙당 집중지도 사업과 같은 조치는 선전 선동으로 바꿀 수 없는 인민들의 정신을 강제로 바꾼다. "아무리 수완이 좋다 해도 이미" 체제의 정책에 따르지 "않겠다고 작정한 사람들의 마음"을 돌리지는 못한다. "선전 선동은 자체의 효과에만 의존할 때보다는 강압과 병행할 때 더 광적이고 집요한 힘을 발휘한다."[17] 어떤 체제든지 강제로라도 정부의 지침을 따르게끔 질서를 구축한다. 이북이 인민의 성분을 따져서 통제와 감시를 실시하고 각급 단체가 일상생활을 장악하는 이유는 여기에 있다. "'날카롭게 벼린 검이 실제로 효과적으로 사용되기 위해서는 선전 선동 뒤에 세워 두어야만 한다'"는 파울 요제프 괴벨스Paul Joseph Goebbels의 예견은 권력이 뒷받침하는 선전 선동의 성격과 정치의 폭력성을 명확히 한 것이다.[18]

아브트는 평양에서 자신이 겪어 본 인민들이 당국의 선전과 정치 메시지에 익숙해져 있는 것을 알았다. 정치교양과 군중집회, 대중 매체, 옥외 스피커에서 내뿜는 각종 구호와 건물 외벽에 걸린 슬로건은 생활의 일부분이다. 젊은이들 중에는 공식적인 정치 선전을 곧이곧대로 받아들이지도 않는다. 국가에 대한 존경과 억압에 대한 공포도 덜하다. 하지만 그가 인터미디어의 보고서를 인용하듯이 인민들의 무성의해 보이는 태도가 곧바로 개방을 의미하지는 않는다.

2012년 5월 미국 국무부의 지원을 받아 인터미디어가 조사한 『조용한 개방: 변화하는 미디어 환경 속의 북한인들』이라는 제목의 보고서는 1990년대 말 이후 비공식적인 개방이 북한 사회에서 진행되고 있지만, 이 나라는 여전히 세계에서 가장 폐쇄적인 미디어 환경을 유지하고 있음을 말해 준다.[19] 인터미디어는 2010년부터 2011년까지 북한 이주민과 난민 650여 명을 면담한 결과를 근거로 보고서를 작성했는데, 20~30% 정도의 인민은 외국 라디오 방송을 청취한 경험이 있고 50% 정도는 외국 DVD를 시청한 것으로 응답했다. 인민들은 감시원들을 여전히 두려워하고 있으나 그들 상호간의 고발은 줄어들었고, 외부 세계에 대한 인식이 바뀌기는 하지만 그들의 변화하는 관념이 억압적인 정권에 대해 의미 있는 압력으로 작용하기 어려울 것이라고 보고서는 밝혔다. 인터미디어는 변화된 견해를 표현하는 인민들의 능력은 극히 제한적이며 이를 근거로 행동하는 능력 또한 거의 없다는 결론을 제시했다.[20]

선전의 효과는 의심을 근원에서부터 차단하면서 시작한다. 인민들이 선전을 반신반의하거나 부정적인 소문으로 분열하지 않게끔 막고 그런 소문이 통하지 못하게 끊어야 한다. 가장 좋은 선전은 인민들이 미처 선전을 인식하지 못하는 사이에 그들의 생각을 만들어 가면서 관철시켜 나가는 것이다. 노동당원들의 사례가 보여 주듯이 이렇게 되면 인민의 마음속에는 당의 지도사업이 각인해 놓은 자국이 깊이 자리 잡게 된다. 인민의 호감을 사게 되면 의심의 구름은 걷히고 대중의 신뢰는 높아진다. 그 다음은 확신을 심어 주는 것으로 충분하다. 마지막 남은 실천을 행동하게끔 내면에 메아리를 울리는 것이 선전 선동의 정치적 효과다. 노동당은 인민들의 몸과 마음에서 어떤 변화가 일어나는지 맥을 계속 짚고 있어야 했다.

선전 선동과 일상생활

11

다시 남성 중심으로

가족과 남녀 권리 관계의 변화

생활세계는 정치 체제 구성원의 지위가 변화하는 과정을 포착하는 데 유용한 분석 단위다. 인간이 자기 삶을 어떻게 사는지, 어떤 방식으로 사는지에 관한 정치 체제의 규범이 작동하는 곳이 일상세계이고, 개인의 사회적 관계가 직접 드러나는 곳이 날마다 반복되는 생활의 영역이기 때문이다.

사회주의 체제 이행에서 북한 사회의 특징을 찾는 것은 소련식 사회주의 근대와는 또 다른 측면의 이해이기도 했다. 이북의 체제 수립 과정에서 근대와 전통에 대한 해석은 1955년부터 이념적으로 가장 풍부했던 1958년경까지 가능했다. 북한의 근대성은 조선의 "전통을 소련의 질곡에서 해방시킨다는 점"에서 중요했다. 전통을 해석하는 데 있어 '역사'와 '정치'의 긴장 관계는 1950년대 후반이후부터 무너지기 시작한다.[1] 서동만은 사회주의 개조가 완료되는

1960년대 이후 북한의 근대는 "시장 철폐"와 "사회적 자율성"을 상실한 것이라고 결론지었다. 그에 따르면 1958년 이전 인민민주주의 단계의 경험이 '근대성'에 가장 가까웠던 시기였다.[2]

역사 발전에 대한 전망과 정치 체제의 상이한 차이는 근대의 이행에 대한 내적 구성을 질적으로 다르게 변모시킨다. 근대화란 사회 이행의 한 방식이고 근대성은 이 기획과 이행의 성격, 가치, 체계의 총합이다. 이를 주권의 성립이라는 관점에서 표현하면 정치 공동체와 그 성원 사이에 맺는 권리 관계의 양식이라고 할 수 있다. 궁극적으로 근대성에 대한 탐구는 권리의 주체와 민주주의의 재발견이라고 할 수 있다. 삶의 규칙을 정립하려는 평양의 기획은 구성원들을 자신들이 명명하는 역사 발전의 주체인 인민으로 탈바꿈시키는 것이었다. 이 과정은 가족관계의 변화에서 그 일면을 엿볼 수 있는데, 가정 내에서 여성이 주체로 등장하고 결혼과 이혼, 재산 관리 등 전반적인 일상에서 남녀의 차별이 사라지게 된다.

개인이나 집단의 생활 속에는 일상의 근대성이 포함되어 있다. 근대와 일상의 문제는 계몽주의의 등장 이후 시민 사회의 성립과 내적 연계성을 가진다. 인간의 이성과 시민의 등장은 인간이 행복을 성취하는 최고의 영역으로서 일상생활을 선포하기에 이르렀다.[3] 일상의 연구는 생활의 단순한 배열이 아니라 혁명의 매개와 변화를 파악하는 것이다. 이 변화는 '연속과 단절', '수용과 저항' 과정이라고 표현할 수 있다. 일상의 변화를 시간의 흐름으로 표현하면 과거의 생활은 '연속'하면서 '단절'이 되고, 새로운 생활은 '수용'하거나 '저항'하는 가운데 발생한다. 혁명적 변화가 시작하면 한편의 일상은 이전부터 지속되고 또 다른 한편의 일상은 단절하는 이행이 같은 시

다시 남성 중심으로

공간에서 동시에 일어난다.

일상의 사회사를 이해하는 메딕의 관점은 "계층과 계급에 따라 특수하게 각인되고 지역적으로 다르게 결정되는 문화적인 생활양식들 안에서 구조, 역사, 행위, 경험의 매개가 이루어지는 긴장의 장"에 있다. 이 경우 일상은 "자체 내에서 멈추기보다는 언제나 외부로도 향하고 외부에 의해 영향을 받으며, 또한 자주 외부에 의해서도 지배받는 생활양식"이고, 이 연관 속에서 "'자아 규정과 타자 규정'"의 "'지속적인 대립'"이 발생한다.[4]

일상의 관심은 정치나 경제보다 생활의 문화라는 관점에서 사회사의 특징을 갖는다. 사람들의 구체적 경험과 욕망, 가치관을 분석하는 것은 그들이 사회 변화의 주체이면서 동시에 대상이기 때문이다. 어떤 집단이나 개인의 삶이 일상에서 나타나는 현실은 민속과 문화적 관계망 속에서 적절히 그려 볼 수 있다. 그 대상은 사회의 구성 요소인 개인, 가족, 마을 등 작은 단위일 때가 많다. 그들의 감정과 가치관, 사고방식, 그리고 집단이 공유한 문화에서 정체성을 찾는 것은 되풀이하는 생활 속의 권리 관계에 있다.

"여성이 북한을 먹여 살린다"?

한반도에서 여성의 존재는 보호하는 대상 혹은 의무를 강조하는 측면에서 다루어져 왔다. 다르게 표현하면 국가나 남성의 지배를 받는 객체로서의 여성을 의미한다. 북한 사회에서 여성은 근대의 주체로서 등장했는데 그들에게는 일상의 변화가 필요했다. 사회적 근대는 권리의 주체 개념과 그 실체로서 여성이 모습을 갖추는 과정이기 때문이다. 명확한 것은 사회주의 체제 이행 과정에서 여성의 정치 주체화는 일시에 이루어지지 않았다는 점이다. 제도적 이행은 법률의 제정이나 규범의 산물로서 달성할 수 있지만, 인간의 행위와 인식의 결과로서 하나의 주체가 생명력을 지닐 수 있게 되는 것은 사회적 과정을 필요로 한다. 이북에서 여성이 주체로 전환되면서 사회에 전면적으로 등장한 것은 대개 동의하는 바이지만, 실존자로서 그 실체에 있어서는 조금씩 차이가 있다.

과거의 유습은 쉽게 사라지지 않는다. 사적인 영역에서 이뤄지는 생활과 가족 구성원 사이의 관계는 어쩌면 일상의 변화에서 가장 늦게 이뤄지는 것인지도 모른다. 해방 직후 여성에게 봉건 유습은 어디서나 별 차이 없었다. 1945년 8월 15일 11시 정각 성혜랑은 서울 명륜동에서 일본 천황의 중얼거리는 항복 소리를 라디오를 통해 듣는다. 그는 독립의 해방과 환희로 울음을 터뜨리며 집으로 돌아와서 자신의 길을 생각해 보았다. 자신과 어머니를 이토록 불행과 고통에서 헤어 나오지 못하게 만든 것이 무엇인지 생각할 때 그것은 봉건 유습이었다. 봉건적 억압과 천대에서 여성들을 해방시켜야 한다고 다짐한 후, 이틀 뒤부터 긴 치마를 짧게 잘라 입고 당주동에 있는 한글강습회에 2주일 동안 하루도 빠짐없이 나가 한글 강습을 마친다.[5] 성혜랑의 매우 적극적이고 자주적인 행동은 일반적이지는 않지만 일찍이 근대 교육을 받고 혁명을 위해 투신한 부모(성유경과 김원주)의 영향을 크게 받았음에 틀림없다.

오늘날 북한 노동력의 절반 이상을 여성들이 담당하고 있다. 가사노동은 많은 부분이 여성의 몫이지만 노동당은 여성들의 사회 참

다시 남성 중심으로

여를 중요한 과제로 내세운다. "여성이 북한을 먹여 살린다"라고 할 정도로 이북에서 여성의 역할은 중요하다.[6] 이 문장은 역설인데, 노동당의 혁명 노선에 따른 여성의 노동계급화와 가사노동에서 차지하는 여성의 손길이 절대적이라는 뜻이다. 여성은 다양한 노동 분야에 진출하는데 이런 모습은 아주 오랫동안 재생산되어 온 결과다. 법적으로는 '정치적·경제적·문화적 삶의 모든 측면에서' 남성과 동일한 평등을 보장받는다.

권리 관계의 장기적 변화에 관한 제도 이행에 주목해 보자. 1946년 7월 30일 북조선임시인민위원회는 「북조선 남녀평등권에 대한 법령」을 공포한다. 이 법령은 여성이 국가의 경제·문화·사회·정치생활에서 남자와 평등한 권리를 가지도록 규정한다. 여성은 남성과 동등한 선거권과 피선거권을 가지며 재산·토지 상속 역시 같은 권리를 누리고 자유로운 이혼이 가능하게 되었다. 법령은 일부다처제와 여성 매매, 공창, 사창, 기생 제도를 금지한다.[7] 그해 9월 14일 북조선임시인민위원회는 「북조선의 남녀평등권에 대한 법령 세칙」을 제정해 남자와 여자의 평등권을 구체적으로 시행하기에 이른다. 주요 내용은 여성의 민주주의 권리와 자유에 대한 침해인 축첩, 결혼 강요, 창기 영업과 같은 제도를 금지하는 것이었다.[8]

이에 앞서 1945년 10월 10일 김일성은 '북조선공산당 중앙조직위원회 창립대회에서 한 보고'에서 남녀평등권 실현을 언급한다. 그는 "사회의 민주화를 실현하려면 인구의 절반을 차지하는 녀성들을 사회적으로 해방"해야 한다고 주장했다.[9] 여성의 사회적 해방과 남녀평등에 관한 조치는 토지 개혁에도 그대로 반영되었다. 1946년 3월 5일 발표한 「북조선 토지 개혁에 대한 법령」은 그동안 경제적 권리를 갖지 못한 여성에게 남성과 같은 토지 분배를 받을 수 있도록 규정했다.[10] 1946년 6월 공포한「북조선 노동자 및 사무원에 대한 노동법령」은 동일 노동 동일 임금 원칙을 채택한다. 근로 여성이 남성과 동일한 보수를 받도록 한 법령 제7조는 "동일한 로동을 하며 동일한 기술을 가진 노력자에게는 년령과 성별을 불문하고 동일한 임금을 지불한다"라고 명시했다.

1948년 3월 김일성은 '북조선로동당 제2차대회 중앙위원회 사업총화보고에서' 남녀평등권 법령에 대해 여성들이 봉건적인 압박과 굴욕에서 해방되어 남자들과 동등한 권리를 가지고 정치·경제·문화생활에 참여할 수 있는 조건을 가지게 되었음을 밝힌다.[11] 이것은 가정과 사회에서 여성의 지위를 향상시키기 위해 남녀 모두의 사상을 제고하는 규범을 강조한 것이었다. 사회주의 체제 구성원의 내적 기반을 마련하기 위해 노동당은 여성을 정치적·신체적 억압으로부터 보호하고 재산, 이혼, 토지 상속에 있어서 그들의 권리를 신장해 나갔다.

가족 구성원 사이의 상호관계에서 여성의 지위는 남성과 동등해지기 시작한다. 남녀 사이의 관계는 앞에서 밝힌 관련법 시행으로 구조적인 귀속성이 마련되었다. 해방 직후에는 가정에서 남자의 가장권이 절대적이었다. 한 가정의 "호주는 권한이 컸으므로 여자들이 가정 일을 마음대로 처리하지 못했다." 심지어 "자식과 부모는 절대적인 복종 관계에 있었다." 민주 개혁 조치 이후 1960년대에 접어들어서 부부간의 관계에서 가정의 권한은 남성 중심에서 남녀가 동등하거나, 어떤 의미에서는 여성이 중심이 되어 담당했다.[12] 농업협동화 이후 가정생활에서 여성의 발언권과 영향력이 상당히 높아지면

다시 남성 중심으로

서 가장권은 부부간의 대등한 관계로 발전했다. 각종 법령 시행으로 일상에서도 점차 변화가 일어났고, 민속자료 조사가 이뤄진 1960년 대 말에 이르면 여성들의 권한은 상당히 확대되어 있었다.[13]

부자간의 관계에서 그 전에는 "개인 소유의 울타리 안에서 부권이 지배"했으나 이 종속 관계가 옅어졌다.[14] 예를 들면 결혼 문제에 대해서 자녀들은 부모의 동의를 얻기도 하지만 기본적으로 당사자들의 합의를 우선했다. 평안북도 박천군 대련리 3반의 리화근과 리찬일에 따르면, 협동화 이후에는 "아들들이 독자적인 경제 활동을 진행함으로 아버지에 대한 종속적인 관계가 없어졌다."[15] "가부장의 절대권이 없어지고 아들의 자유가 증대되었으며 약혼도 부모의 강요가 허용되지 않고 본인의 의사가 존중"되었다.[16] 사적 생활에서 이뤄지기는 하지만 자기 의사 결정권의 확대는 근대 사회의 보편 현상이다. 재산 상속에서는 맏아들에게 주는 가부장 상속이 없어지고 자녀들에게 골고루 나누어 주는 식으로 바뀌었다.

가정의 권한은 전통적으로 세대주라는 이름으로 전해져 왔다. 개별 사례를 보면 이 전통에도 변화는 불가피했다. 해방 직후 조부가 있는 집안은 그가 일을 하지 못해도 세대주였다. 사회개혁이 이뤄지면서 조부가 노동력이 없이 피부양자가 되면 세대주는 아들에게 넘어갔다. 남편이 사망할 경우 아들이 농장원이면 세대주가 되고 그렇지 않을 경우 부인이 세대주가 되었다.[17] 1967년 강원도 시중군 풍룡리 마을에서 조사한 바에 따르면, 부부 사이의 경제생활에서 실권은 여성에게 있었다. 여성들이 남성에게 얽매어 살던 유습은 체제 이행 이후 20여 년이 흐르면서 점차 사라져 갔다.[18] 남성 중심의 가부장권에 균열이 일어난 것인데, 여기에는 여성이 노동 활동을 할 수 있는지 없는지 여부가 중요한 요인으로 작용했다.

여성의 권리에 대한 비공식 담론

재혼과 연애에 관한 생각 역시 크게 변했다. 사람들 사이에서 예사로 생각하게 된 것이다.[19] 혼자된 남성은 자녀가 없을 경우 처녀와 결혼하거나 자녀가 있을 경우는 아들딸이 있는 여성과 결혼했다. 1968년의 조사를 보면, 자강도 전천군 무평리 부락에는 문맹 퇴치 운동으로 글을 배운 여성들이 연애편지를 처음으로 썼다. 노인들은 연애편지를 쓰는 여성들을 못마땅히 여기고 이들이 성인 학교에 나가는 것을 반대했다.[20] 감정의 표현은 사회 구성원, 특별히 남녀 사이의 평등한 인식이 퍼지고 문자를 알게 되면서 나타난 현상으로 볼 수 있다.

1968년 생활세계를 조사한 자료에서 위와 같은 변화가 진행된 것을 감안하면, 이북에서 나름대로 자아 정체성이 형성되고 있음을 알 수 있다. 감정의 자기 소유와 주체적 표현은 근대 현상이다. 연애편지는 그 자체가 낭만적 사랑의 양식이고 동시에 사랑이라는 감정의 주체로서 개인성의 표현이기도 하다. 남녀 사이의 평등한 인식과 사회적 관계의 수평적 제도화는 근대 정치 공동체 구성원으로서 여성의 지위를 잘 보여 준다.

표현하는 방식이 제한되어 있기는 하지만 자기 감정의 발산은 사회주의 체제에서도 가능하다. 비록 정치적인 것으로서 공적인 형태로 표출할 수는 없지만 은밀한 내면세계에 잠재해 있는 개인감정

다시 남성 중심으로

까지 부인할 수는 없다. 사회적 속성을 가진 인민들의 감정을 밝히려면 개인을 바탕으로 하는 사적 담론이 이뤄지고 시민 사회가 형성되며, 그들의 감정에 영향을 미치는 동인을 설명할 수 있어야 한다. 김일성과 김정일의 사망에 관한 분석에서 보듯이, 아직까지 인민들에 대한 감정 분석은 매우 제한적이 될 수밖에 없다.

가정과 사회에서 여성이 남성과 동등한 권리를 갖는 것은 국가 건설에 그들을 참여시키기 위한 노동당의 정책이었다. 여성이 정치 공동체를 구성하는 한 범주로서 확대되는 과정은 근대 국가의 일반적인 특징이다. 여성들이 생산 관계의 노동자로서 계급의식과 그 지위를 부여받은 것은 여성 노동력에 대한 꾸준한 필요성 때문이다. 이를 위해 북한은 여성의 사상 의식을 높이는 교양을 계속해 왔다. 자주적인 의식과 창조적 능력을 키우고 사상과 문화 수준을 향상시키는 데 가장 시급한 것이 교육을 통해 낡은 유습을 없애는 것이었다.[21]

여성들의 권리는 법적으로뿐만 아니라 일상생활에서 점차 확대되어 갔으며, 결혼·재혼·이혼을 비롯한 각종 사회적 관계에서 남자와 수평적인 권리를 행사할 수 있게 되었다. 제례에 있어서 이전의 유습은 쉽게 사라지지 않았지만 상속이나 토지 개혁과 같은 경제 관계의 정착으로 완만하게 변해 왔다. 교육으로 미신을 타파하고 합리적 이성으로 풍습을 이해하게 된 것 또한 사회적 근대의 중요한 부분이다. 과학적인 이성의 교육은 정신 혁명 과정 중의 하나로서 사회주의에서 정치사상교양의 출발점이었다. 하지만 노동당의 이런 공식 담론은 1990년대에 이르면 현실에서 그대로 유지될 수 없었다.

여성이 가정에서 겪는 상대적인 불평등과 억압은 정부 수립 초기부터 1960년대를 거쳐 나아졌지만, 궁극적으로 그 한계는 제도의 규칙보다 뚜렷했다. 부모와 형제자매 사이의 관계, 진로, 결혼, 이혼, 재혼, 부부 사이의 갈등, 자식 문제에 대한 애정과 생활을 꾸려 나가는 사람들의 모습은 전통의 올가미에서 좀처럼 바뀌지 않는다. 냉정히 말해서 여성의 권리에 대한 비공식 담론은 평양의 정책에 훨씬 못 미치고 비참했다.

두만강을 세 번 건너 1999년 11월 남한으로 이주한 최진이의 자전 수기는 타산적이고 위선적인 가부장의 아버지에 대한 성격 묘사와 대들보에 끈을 늘여 매고 자살한 어머니의 고단한 일상에 대한 심리, 자신의 불안한 성장을 뛰어나게 묘사하고 있다.[22] 가족이란 미명美名 아래 어떤 권리도 없이 지렁이같이 하찮은 후처後妻의 존재로 살았던 시집살이에서 그는 이북의 남녀평등 정책이 다다른 한계에 환멸을 느낀다.

남녀평등과 여성의 권리는 시기마다 부침을 겪으면서 인민들의 생활로 이어진다. 북한의 공식 담론을 연구한 김석향에 따르면, 초기의 여성 해방 관점은 한국전쟁 이전까지 남녀가 동등한 상태로 발전해 왔다. 1979년 이후부터 10년간 여성들은 김일성과 김정일, 김정숙의 지도에 따라 주인이 되는 삶을 살았으나, 1990년대는 권리보다는 책임과 의무가 강조되었다. 2000년부터 2005년에 이르러서는 주인의 지위를 내세우면서도 일하는 여성으로서 의무를 다하는 존재로 여성을 부각시켰다.[23]

시기마다 각 영역에서 달라지는 여성의 지위와 역할은 관련 법령을 보면 자세히 알 수 있다. 여성들의 정치적·경제적 지위와 사회적 지위를 구분해 그 역할을 분석한 최선영은 생산 활동을 장려하는

다시 남성 중심으로

노동 과정에서 변화하는 여성상을 규명한다. 각종 법령으로 보장된 경제 활동 참여는 여성의 지위를 향상시켰지만, 가족 내의 가사노동과 자녀 양육은 사회주의적 인간 개조와는 다르게 여성의 역할에 대한 고정 관념에서 벗어나지 못했다. 여성의 평등권을 법과 제도로서 보장해도 정치·경제 영역과 다르게 가정의 지위 변화에는 한계가 있었기 때문이다.[24]

  1995년에 서울로 망명한 강명도가 북한에서 생활할 때 남한보다 좋았던 점으로 남성 상위의 사회를 꼽았다. 그는 이혼, 가부장과 같은 규범이 이북 사회에서 남성 중심으로 다시 되돌아 간 현실을 밝혀 놓았다.[25] 1960년대 말까지 형성된 남녀평등 관계는 1980년대 이후로 접어들면 점차 보수적으로 변한다. 대외 관계의 영향과 내부 사회의 통합 그리고 이에 뒤따른 사회의 경직성이 남녀 사이의 권리 관계와 여성의 가정 내 지위를 약화시켰다. 아브트가 평스제약 사무실에서 근무하는 Mrs. 한과 Mrs. 강의 일상에서 보았던 모습 역시 별다르지 않다. 남성에 비해 상대적으로 지위가 낮은 그들은 여성으로서 가정과 기업소, 협동농장에서 겪고 있는 좌절을 그에게 털어놓았다.[26]

  여성들의 생활 속에서 구현되는 근대는 가정생활이 일차적이지만 그 다음으로 기업소와 각종 조직 활동으로 이루어지는 행위들에서도 관철된다. 정치적 역할과 사회적 지위에 비해 여성들이 받는 차별은 다분히 가부장제와 연관되어 있다. 사회주의의 근대적 제도 도입에도 불구하고 가부장제 관습은 여성들의 지위를 남성에 비해 상대적으로 차별받게 해 놓았다. 각종 권리 관계의 대등한 조건에도 불구하고 문화적으로 남성이 여성보다 상위에 위치한 것은 생활의 변화 못지않게 이북 정치 사회의 보수성과 외부 세계와 교류가 적은 폐쇄성 때문이다. 비판적으로 보자면 이럴 경우 여성들의 행위는 실천적 타성에 불과하고 사회 문화적으로 한정된 존재에 지나지 않게 된다.

12

함께 살고 함께 죽는 운명 공동체
전장의 편지들

개인과 사회의 관계를 규정하는 것이 정치 공동체가 가진 성격이다. 인민들이 전장에서 숨 가쁘게 쓴 편지는 이 관계에 대한 공식, 비공식 담론을 잘 보여 준다. 편지는 개인의 생애에서 전시 상황의 체험을 서술한 하나의 형식이다. 이 특수한 상황이 부여하는 규범과 질서 속에서 자신들의 경험이 형상화되어 나타나는 것이 편지 텍스트이다. 개인의 체험과 주체적 행위에 대한 지향으로서 편지가 인민들의 생애에서 갖는 특징은 제한된 환경에 있다. 바꿔 말하면 편지는 제한된 생애사의 일부라는 것을 전제로 한다. 제한된 담화는 텍스트에서 발화 주체가 갖는 특징이다. 글쓰기에 의해 기록되는 것은 말할 수 있는 담화에 해당한다.

이 책에 실린 편지들은 한국전쟁 때 인민들이 가족이나 친구, 동료, 애인에게 쓴 것이다.[1] 개인의 느낌뿐만 아니라 조국과 전투의 경험을 상세히 서술하고 때로 고향과 가족, 피란, 명령, 훈련, 일상생활, 공중 폭격에 대한 자기감정을 솔직하게 쓰기도 한다. 수신인에게 닿지 못한 이 편지들은 미군이 평양에 진격했을 때 노획한 것과, 미루어 생각하건대 개별로 수집한 것이다.[2]

노획 문서 중 개인 편지는 세 개의 박스 묶음에서 입수한 것인데 1,500통이 넘을 만큼 분량이 많다.[3] 편지는 형식에 따라 크게 세 종류로 나누어 볼 수 있다. 첫째, 전선에 나간 조선인민군 병사들이 가족이나 동료에게 보낸 것이다. 둘째, 이북 지역 후방에 있는 가족들이 군에 복무하는 병사들에게 보낸 편지다. 셋째, 공장과 산업 현장, 학교, 소속 기관에 근무 중인 사람들이 동료나 가족에게 쓴 편지다. 두 번째의 가족 편지는 대부분 군인들이 보낸 편지에 대한 답장 형식이 많은데, 어떤 사람들은 여러 통의 편지를 한꺼번에 쓰기도 했다.[4]

인민군 병사들의 편지는 전쟁이 발발하기 직전이었던 1950년 6월 중순과 북한이 남한을 점령한 8~9월, 그리고 전세가 뒤바뀐 10월로 구분할 수 있다. 이 시기에 해당하지 않는 편지도 있으며 편지를 쓴 사람들은 이북의 인민뿐만 아니라 남한에서 의용군에 모집된 사람들도 더러 있다. 소년단 학생들이 부상을 입은 군인에게 보낸 위문편지와 중국 동북 지역에서 참전한 조선인이 가족에게 보낸 것도 제법 있다.

병사와 인민들이 작성한 편지 내용은 한정적인데, 그들이 문자로 글을 읽거나 쓰는 것이 제한되어 있기 때문이다. 해방 이후 글을 읽고 쓰는 것은 가장 기초적인 민주개혁 조치 중의 하나였지만, 많은 사람들에게 한글은 익숙하지 않은 언어요 문자였다. 교육의 목적

함께 살고 함께 죽는 운명 공동체

은 일제 강점기의 잔재를 극복하고 인민 대중을 교양해서 체제를 수립하는 데 필요한 정치사상교양을 하기 위한 것이었다.[5] 교육 결과 문맹자 약 230만여 명을 퇴치했다.[6] 그럼에도 불구하고 편지에서 발화자는 자신의 내면세계를 객관적인 문자로 표기하지 못하는 한계를 보여 주며, 이는 삶에서 자신의 가치 지향성을 떨어뜨리는 요인이 되었다.

편지의 내용과 형식을 간단히 설명해 보자. 문맹 퇴치 운동으로 한글 보급이 크게 늘어났으나 편지에는 국한문이 혼용되어 있는 경우와 소리 나는 대로 표기한 경우도 흔하다. 내용은 작성자의 지식과 교육 정도에 따라 서술과 묘사의 차이가 있다. 편지에는 전시 정책이 실행되는 과정이 조금씩 드러나 있고, 이에 대한 인민들의 인식과 의견이 서사 형식으로 기술되어 있다. 편지는 대략 다음과 같이 구성되어 있다. ①수신인과 가족에 대한 안부 ②발신인의 신변과 그가 무사한 내용 ③수신인과 그 주변 일에 대한 염려(가을추수, 공중 폭격, 피란, 식량, 가족 등) ④발신인이 무엇을 하고 있는 근황(보초 근무, 보안대 업무, 훈련, 학습, 치료, 피란 등) ⑤맺음말로서 당부와 인사, 이렇게 5단계의 짧은 글이라고 할 수 있다. ②, ③, ④는 텍스트에서 순서가 서로 바뀌기도 한다. 의미 구조상 ③과 ④는 연관되어 있는데 발신인이 수행 중인 과업은 수신인의 일이나 안전과 관련해 서술되며, 발신인이 강조하려는 ②와 ④는 중복되기도 한다. ⑤ 맺는 글에는 한 치 앞을 내다볼 수 없는 전장에서 느끼는 절박한 감정이 묻어나 있다.

편지는 한두 장으로 이루어진 장편掌篇이 대부분인데, 이것은 전쟁이라고 하는 특별한 상황에 인민들이 쓴 집단적 양식으로서 의미를 가진다. 이 양식은 텍스트의 형식과 내용이 매우 유사함을 암시한다. 텍스트 자체의 문장 구조를 밝히기보다는 인민의 개인 서사를 해석하는 것이 중요하다. 개인이 작성한 편지라는 것을 염두에 둔다면 그들의 생각, 느낌, 감상과 같은 내면세계를 중요하게 볼 수 있다. 사회주의 체제로 이행하는 초기 사회와 전시에 집행한 정책이 병사들 개인의 생각 속에 어떻게 자리 잡고 있는지 알 수 있을 것이다.

조국이 필요로 하고 조국이 원하는 인민

서사의 관점에서 보면 편지 글은 과거를 해석하는 현재의 의미를 그 속에 담고 있다. 직접 경험하지 않은 허구라 하더라도 편지를 쓰는 시점에서 가지는 심성과 감정적 요소 또한 포함한다. 허구는 앞으로 닥칠지 모르는 전장의 체험으로서 원래 의도한 결과나 의도하지 않은 비극을 말한다. 텍스트에서 보겠지만 조국 해방과 공중 폭격에 관한 묘사는 서사적 의미에서 이전의 경험과 현재의 해석 그리고 앞으로 지향하는 미래까지 포괄하는 통합적 관점에서 서술되는 경우가 많다. 체험의 공유는 국가와 인민이 운명 공동체라는 것을 아래로부터 형성하게 했다. 폭격에 대한 걱정과 분노, 공포와 불안으로 서술된 편지는 발화자와 수신자만의 맥락이 아니라 국가가 처한 위기에 대한 텍스트 전체의 지향성으로서 반미 감정을 여과 없이 드러낸다.

인민의 증오는 미국을 향한다. 상대방에 대한 증오는 내부의 차이를 해소하고 통합을 이룰 수 있는 원동력이다. "단결의 동인 중에

함께 살고 함께 죽는 운명 공동체

서 가장 흔하고 포괄적인 요소"는 적에 대한 증오다.[7] 병사들과 기관 종사자들의 편지는 전쟁을 악에 대한 선의 투쟁, 다시 말해 미국과 이승만 정부에 대한 해방 투쟁이자 조국 통일 전쟁으로서 표현한다. 1950년 10월 7일 서울에서 평양으로 후퇴한 신종숙은 문화부 중대 장에게 보낸 편지에서 미국에 대한 투쟁과 증오, 인민을 위한 노력과 결심, 조국의 미래에 대한 희망을 후퇴하는 전장 속에서 다짐한다.[8] 자신은 후방에서, 부장 동지는 전선에서 최후의 승리를 위해 끝까지 투쟁할 것을 권하면서 스스로 맹세한다. "정의는 반드시 이기고야 말 것이다"라는 이 한 줄에 신종숙의 의지가 녹아 있다.

조국과 인민에 대한 인식에서 발화자가 국가와 조응하는 관계를 알 수 있다. 김영문은 "조국이 불렀기 때문에 제 몸을 조국에 복무"하고 이 부름에 따라 자신은 떠나왔는데, 남은 가족은 조국이 "통일될 때까지 많은 고생"을 해야 할 것이라고 말한다.[9] 1950년 9월 20일 입대한 백기백은 15일 동안 훈련을 받은 후 10월 6일 행선지를 모른 채 약 삼백 리를 이동한다. 도착한 곳에서 처음으로 집에 편지를 쓰면서 그는 "이제 조국과 인민을 위하여 동원된 몸이니만치 자신감을 가지고 피 한 방울도 아끼지 않고 싸"울 것을 각오한다.[10] 이러한 은유는 자기 몸을 개인과 가족으로부터 분리해 국가의 것으로 인식한 것을 가리킨다. 전장의 병사들에게 조국이나 국가에 대한 관념이 구체적으로 형성되는 것을 엿볼 수 있다.

군인이 되었을 때 개인이 국가 공동체의 일원임을 인식하는 관점은 가족들이 인민군 병사에게 보낸 편지에서도 확인할 수 있다. 평남 강서군에 거주하는 박순후는 전선에 나간 형에게 보낸 편지에서 국제 정세의 복잡한 환경 속에서 "우리 조국을 자기의 식민지화

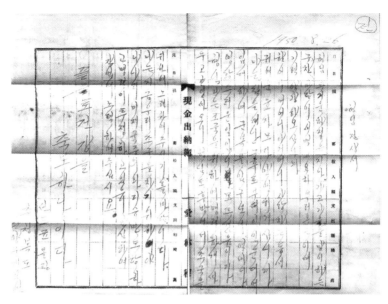

— 조선인민군 선도균이 1950년 8월 26일 형 선옥균에게 쓴 편지

하려는 미제국주의자들과 리승만 매국 역도를 소탕하기 위하여 있
는 노력을 다해 달라"고 당부한다.[11] 그는 "조국과 인민을 위하여 형
님은 있는 노력을 다하여 매일과 같이 전투를 계속해 달라"고 전했
다. 편지에서 동생은 형의 전투 행위를 '조국과 인민'의 가치로 승화
시킨다.

　조선인민군이 경기도 김포를 점령하자 선도균은 집을 떠나 의용
군에 입대한다. 인민 군복을 입고 충북 단양까지 진격한 그는 "조국
을 찾기 위하여 미제국주의와 이승만 도당"과 싸우는 것을 영광으로
여기는 편지를 집으로 보낸다.[12] 서울에 살던 김중진 역시 의용군으
로 입대해 인민군대 해군에 편입된 후 집으로 편지를 썼다. 형제가
의용군에 함께 나섰는데 그는 "인민이 총궐기한 이때"에 "조국을 위

　　　　　　　　　　　함께 살고 함께 죽는 운명 공동체

한 의무를 이행"하고자 한다며, 자신은 북반부에서 일을 보고 있으며 서울보다 더 안전한 곳에 있는 소식을 알린다.[13]

　병사들이 편지에서 표현한 것처럼 그들은 배치를 받은 곳이나 남한 점령지에서 주어진 임무에 충실했다. 인민군이 이남을 점령한 때에 인천시 내무서 보안부대에 근무한 최봉현은 1950년 9월 10일자 편지에서 자신은 후방에서 '패잔병과 반동분자 처리'에 열중하고 있음을 뿌듯하게 여겼다.[14] 조국해방전쟁의 종국적 승리와 "나의 조국과 인민을 위해 마지막 순간까지 조국을 위해 싸"울 것을 그는 아버지에게 다짐한다. 병사들의 편지에는 국가와 한 몸인 자신들의 존재를 스스로 확인하면서 가족들에게 맹세하는 글들이 제법 있다.

　이와 같은 발화자의 표현을 해석해 보면, 전쟁은 개인의 비극을 넘어서 공동체의 통합과 정화精華 기능을 수행하고 있음을 알 수 있다. 집단적 형제애가 그런 경우인데 병사들은 전쟁을 수행하는 과정에서 서로에게 깊은 일체감을 느낀다. 카를 본 클라우제비츠Carl von Clausewitz는 전쟁이 가지고 있는 '정신적 측면'을 강조했다. 전쟁은 군인과 지휘관, 관료에게 동일한 감정을 불어넣어 전쟁을 치르는 구성원들에게 정신적 효과를 발휘한다.[15] 전투에 직접 참여하지 않는 사람들에게도 전쟁은 군인들이 느끼는 전우애와 비슷한 감정으로 맺어 주고, 이를 바탕으로 개인은 군대가 가질 수 있는 연대감 이상의 공통 의식을 갖는다.

　제2차 세계 대전을 회상한 어느 소련 과학자는 전쟁 시기에 국가를 가까이 느꼈다고 말한다. 그때를 자신의 생애에서 가장 좋은 시기로 생각하는 그는 "누가 무엇을 하라고 해서 하지 않고 스스로가 원해서 행동했"다. 작은 행위지만 무엇인가 자신이 수행하는 일은 전쟁을 자신들의 전쟁으로 만들어 주었다.[16] 국가의 입장에서 볼 때 인민은 동원의 대상이지만, '국가에 중요한 역할을 한다'는 참여 인식은 전쟁의 정당성과 자신들의 행위를 합리적으로 설명해 주었다.

텍스트를 해석의 관점에서 보자면, 폴 리쾨르Paul Ricoeur가 정의하듯이 편지는 글쓰기에 의해 고정된 담화라고 할 수 있다. 글쓰기에 의해 고정되는 것은 텍스트 자체의 한 구성 요소이다. 제도로서 글쓰기는 말하기 이후에 생긴 것이며 말하기를 개별 화자가 개별 발화를 생산하는 것으로 본다면, 텍스트는 언어에 대해 말하기와 동등한 위치에 놓인다.[17] 이런 의미에서 글쓰기는 고정된 말하기이며 담화가 의미하는 것은 문자 속에서 기록하고 보존하는 데 있다. 글쓰기에 의해 고정되는 것은 말할 수 있는 담화다. 이것은 말로 하지 않는 바로 그 이유 때문에 글로 쓴 담화라 하겠다.

글쓰기의 일종인 편지는 텍스트로서 자기 고백과 같은 서사의 성격을 갖는다. 자신에 대한 일종의 증언은 작성자의 의식을 재구조화하는 측면에서 중요한 함의를 그 속에 지니고 있다. 이 함의는 쓰기가 '상황으로부터 자유로운context-free' 언어로서 가능하기 때문이다.[18] 쓰기에 따라 확립되는 자율적인 담론은 구술의 말하기와 달라서 직접 묻거나 논쟁의 대상으로 삼을 수 없다. 왜냐하면 '쓰어진 담론written discourse'은 결국 이것을 쓴 사람으로부터 분리되어 있기 때문이다.[19] 텍스트는 말하기를 기록하는 것으로 제한되는 것이 아니라, 담화의 의미를 문자로 직접 기록할 때 실제 텍스트가 되는 것을 의미한다.

이로써 문자화된 텍스트는 해방을 맞이한다. 텍스트가 글쓴이로

　　　　　　　　함께 살고 함께 죽는 운명 공동체

부터 독립적이 됨으로써 독자는 텍스트에 대한 또 다른 해석이 가능해진다. 리쾨르는 독립적이고 새로운 해석이 가능해지는 것을 "텍스트의 의미론적 자율성l'autonomie sémantique du texte"이라고 불렀다.[20] 이 자율성은 텍스트가 글쓴이의 주관적 의도나 의미 부여로부터 분리되어 읽는 사람에게 다른 의미를 가지게 되는 것을 뜻한다. 이 경우 편지는 실제 발신인과 수신인의 대상에 구애받지 않는 직접적인 경험 세계를 초월해 이것을 읽는 사람과 관계를 맺는다.

텍스트 해석에서 의미론적 자율성은 글쓴이의 표기와 지시 대상이 합쳐져 있는 정치 사회적 조건에 주목할 필요가 있음을 말한다. 텍스트에서 표현하는 표기(개념)와 표현 매체(편지) 그리고 이 서사가 가리키는 현실은 상호 관계를 형성한다. 이 관계는 편지 내용에서 담화의 형태를 띠는데, 리쾨르가 언급하듯이 담화는 사건에 해당한다. 어떤 사람이 말을 할 때 어떤 사건이 일어난다. 이 사건은 개인에게서 발화될 때, 곧 편지에 쓸 때 의미를 지니는데 이때 작성자는 '발화 행위의 주체'가 된다.

전시에 공동체에 대한 소속감을 강하게 느끼는 것은 보편 현상이다. 국가가 전쟁을 치르는 데 인민들이 참가하고 책임감을 느끼는 과정에서 그들은 '국가의 몸'으로 변해 가고, 정치 공동체의 구성원이라는 존재 의식을 갖는다. 그들은 편지에서 자신이 전장에 참가한 이유를 설명하고 또 그 전쟁을 자기 방식대로 해석하려고 한다. 안부도 전하지 못하고 떠난 가족에게 보내는 편지는 전쟁에 참가할 수밖에 없었던 병사들의 행동을 이치에 맞게 꾸며 낸다. 중요한 것은 편지가 작성자의 자기 서사뿐만 아니라 여기에 대응하는 국가와 화자의 '관계적 속성relational property' 가운데 놓여 있는 점이다.

병사들을 정치 공동체 일원으로 만드는 전장은 조국이 필요로 하고 또 조국이 원하는 인민이 되어 가는 과정이다. 군인들은 자신이 왜 싸우고 있는지 누구와 싸우고 있는지 알고 있을 때 가장 잘 싸울 수 있다. 전투의 목적과 자신의 운명을 하나로 여김으로써 국가와 일체하는 존재감을 가진다. 국가와 개인의 관계에 있어서 전쟁은 전투에 나선 병사들뿐만 아니라 전시에 노출된 모든 사람들에게 자기 자신이 누구인지 정체성을 형성하는 구체적인 사건이 된다.

편지는 인민들이 체험한 진술로서 일종의 자전적 서사이다. 발신인과 수신인이 텍스트 상에 명확히 나타나는 편지의 형식적 특징은 내용의 조밀함보다는 수신인과 그 주변인들에 대한 관계의 지속성을 중시하는 데 있다. 관계의 지속성은 텍스트에서 서사가 이어지는 진술 방향을 넌지시 알려준다. 이것은 편지를 쓴 작성자의 지식 정도나 전시 체험, 구조적인 전시 투쟁과 결부되어 있다. 편지는 시간과 공간의 구성에 따라 당시 상황을 반영하고 그 의미와 감정을 부여하는 텍스트다.

1950년 9월 중순 이후의 상황을 보자. 당국은 급작스런 평양 철수와 퇴각을 인민들에게 제대로 알리지 않았고, 노동당 역시 후퇴를 조직적으로 준비하지 못했다. 사법성 사법간부양성소에 있던 박춘순은 조국보위후원회 선전지도원인 남편 장익수에게 '절대 비밀'이라며 긴급한 소식을 전한다. 그는 정세가 복잡한 것을 얘기하면서 "당신 혼자만 알고 깊이 생각하여 몸을 주의"하라고 꼼꼼히 이른다. 10월 5일부터 12일까지 그는 네 통의 편지를 남편에게 급히 썼다.[21]

당신만 알고 가족에 부모와 식구들에 간단한 준비를 하여 두십시오. 오

함께 살고 함께 죽는 운명 공동체

천 집에다가 편지할 때도 편지 볼 사람도 없고 사실이 폭로될까봐 못합니다. 10월 8일날 밤에 중앙당에 있는 사람이 새벽에 학교 온 여자동무를 찾아와서 밤새워 말한 것을 …미군이 북반부까지 침공하고 중앙간부들은 신의주 방면으로 이동하여 앞으로 안동(단동)으로 가게끔 준비되어 있다고 …여기도 통제가 있을 터니까 …준비하고 있다가 신의주 방향으로 오야지 산다고 하며 주의하라고 부탁하는 말을 제가 듣고 당신에게 시간이 없는 것을 말합니다.

　　그들이 편지 속의 수신인과 맺고 있는 관계는 국가와 맺고 있는 관계와 한편으로 중첩되면서 다른 한편으로 분리된 경우가 대부분이다. 텍스트에 나타난 서사는 매우 사적인 내용과 감정을 담고 있기도 하고 전시 상황에 따라 갈등이 표출되기도 한다. 전시 상황이 좋을 때 발화자는 의인화하면, 국가의 의지와 일치하지만 그렇지 않을 때 이 관계는 분열하는 경우가 상당하다.

　　텍스트의 공간은 전선과 후방 지역, 인민군이 남한을 점령한 지역으로 나눌 수 있는데, 신해방지구는 인민들에게 특별한 의미를 가진다. 전쟁을 수행하는 목표로서 영토를 점령하고 그곳의 사람들을 통치하는 측면에서 이 공간이 갖는 의미는 개인 편지에서도 두드러지게 묘사된다. 텍스트에서 이 공간이 갖는 특징은 첫째, 남한 점령지역은 병사들 자신의 전시 행위에 대한 동기를 설명할 때 확연해진다. '조국 통일'이 곧 눈앞에 펼쳐지는 현실에 대해서 큰 의미를 부여하는 셈이다. 둘째, 병사들은 편지를 매개로 후방 지역의 가족과 동료, 친구들과 자신의 존재를 재구성하려 한다. 그들은 평상시 일상적인 공간으로부터 분리되어 전선이나 점령 지역에 있었다. 전쟁터를 일종의 폐쇄된 공간이라고 한다면, 그들이 달라진 자신들의 일상 속에서 수신인과 관계를 지속하는 데 편지가 유일한 방법이었다.

글쓴이의 삶과 생활을 중심으로 어떤 경험에 주관적인 견해를 덧붙여 서술한 텍스트를 에고 도큐먼트ego-documents라고 한다. 자크 프레셔Jacques Presser는 개인의 느낌과 감정 그리고 관점이 들어 있는 일기나 수기, 자서전, 회고록과 같은 텍스트를 에고 도큐먼트라고 이름 붙였다. 그는 이것을 텍스트에 반복해서 나타나는 어떤 주제나 사건을 서술하는 "나" 또는 "그"가 직면한 역사적인 자료라고 정의했다.[22] 이 정의에 덧붙여 개념을 확장하면, 자기 자신의 자아를 고의나 또는 우연히 드러내거나 숨기는 자료들로 정식화할 수 있다.[23] 여행기와 종교에 대한 주관적인 견해 역시 이런 자료들의 조건에 들어맞는다. 이와 같은 형식과 내용을 자기 서사self-narratives 또는 자신에 대한 증언testimonies to the self이라고 부를 수 있다.[24]

텍스트로서 편지에는 작성자들이 가지고 있는 공통의 속성과 사적인 것이 동시에 포함되어 있다. 이 의미는 전시 상황에 대한 노동당의 제도적 조치와 관련되어 있고, 이에 대한 인민들의 인식과 행위를 말한다. 개인의 내면 심성이 그대로 드러난 '에고 도큐먼트'는 아주 깊은 진정성을 띤다. 더구나 편지를 받을 대상인 수신자가 발신자에게 사적으로 친밀한 상대일 때는 더욱 그 의미가 남다를 수밖에 없다. 이런 조건은 전쟁 수행이라고 하는 국가 차원의 행위가 개인 차원에서 어떻게 변형되고 또 받아들여지는지 설명해 준다. 의심할 바 없이 편지에는 전시에서 벌어지는 생활세계에 대한 자신의 서사가 고스란히 드러나 있다.

편지 내용의 또 다른 특징은 담화의 제한에 있다. 텍스트에는

함께 살고 함께 죽는 운명 공동체

'할 말은 태산 같으나', '할 말은 있지만'이라고 표현하는 사례가 부지기수다.[25] 마음과 실제의 차이는 자기 세계에 대한 묘사 능력이 부족하거나 전장이라고 하는 물리적 공간의 제약 때문이다. 편지를 쓰거나 뭔가 기록할 때 사람들은 자신의 인식에서 가장 중요한 사실이나 의미부터 담는다. 하지만 인민들은 대체로 구어를 완벽하게 문자화할 수 있는 정도는 아니었다. 개인마다 차이는 있지만 말이 우선이고 글이 나중이라면, 편지는 문법은 내버려 두더라도 어휘는 상당히 제한되어 있다. 서술은 명확하지 않고 글은 쉬운 단어를 사용했으며 상황은 단순히 묘사된 경우가 대부분이다. 텍스트의 전체 상황은 인민들이 자신들의 내면세계나 욕망을 마음껏 표현하지 못했을 가능성을 암시한다.

집과 가족, 농사와 식량 걱정

어느 전쟁에서나 마찬가지이지만 군수 물자를 지원하는 것은 전선에서 벌어지는 전투만큼이나 중요한 과제다. 가족들이 병사들에게 보낸 답신에는 후방 상황을 묘사하는 내용이 자세히 서술되어 있다. 전시 체제로 전환한 이북에서 인민들은 각종 동원에 나서서 노동력을 제공한다. 농촌을 돌며 물자를 모으는 과업은 후방에서 인민군에 입대한 사람들에게 중요한 임무였다. 인민군 제534대대 운수분대장을 맡은 박창해는 촌으로 화물을 운반하는 도중에 장모에게 편지를 쓴다.[26] 가족의 안부를 물으며 자신이 담당하고 있는 일의 자부심을 적었다. 그에게는 군수 물자를 확보하고 나르는 사업이 전투에 참전한 병사들 못지않게 전시 투쟁에 중요한 과업이었다.

전선에 나간 군인들은 자신들이 집을 떠난 후 노동력이 부족해 농사일을 어떻게 하는지 걱정하는 편지를 보낸다. 1950년 6월 25일 여름에 시작한 전면전은 가을에도 계속 진행 중이었다. 인천에서 보안부대 일을 보는 장정현은 함경남도 북청군 속후면 간도리에 있는 부모에게 집안일이 어떻게 되었는지 묻는다.[27] 남성들이 전선에 동원된 후방에서 여성들을 중심으로 노인과 소년들이 노력 동원에 조직되었다. "동리 청년들은 다 군대에 나가"서 "청년이라고는 꿈에 볼 수"밖에 없을 정도였다. 이제는 늙은이만 남아서 각종 사업을 하느라 사람을 쓰려고 해도 일할 사람이 없는 형편이라고 동생은 오빠에게 편지를 썼다.[28]

개전 이후 북한 정부는 노동력을 동원하고 군수품을 생산하기 위한 총동원 체제에 돌입한다. 노동력과 군사 동원은 이북 지역 인민들에게 국한된 것이 아니었다. 인민군이 남한을 점령했을 때 많은 사람들이 자의 반 타의 반 의용군 초모招募 사업에 나서 군대에 입대했다. 북한 당국은 또한 서울과 경기 지역 사람들 중에서 일부를 이북으로 보내 부족한 노동력을 메우도록 조치한다. 이 정책은 "해방된 서울 시민(로동자)들로서 공장·광산·기업소에 취직을 알선하기 위하여 공화국 북반부에 전출하는 사업"을 각 관계 부문에서 집행했다. 노동자를 확보하기 위한 이 조치는 세대별로 진행되어 가족 중에 노동력을 제공할 수 있는 사람이 없는 경우에는 이북으로 전출이 금지되었다.[29]

아래로부터 인민과 당, 인민과 군의 결합이 일상생활에서 처음으로 이루어진 것이 전시였다. 인민들은 군대에 동원이 될 뿐만 아

함께 살고 함께 죽는 운명 공동체

니라 물자를 제공하는 데 나섰다. 전방에 나간 병사들은 자신들 못
지않게 후방의 가족들에게도 조국과 인민을 위해 동원에 적극 나서
줄 것을 재차 호소한다. 1950년 9월 10일 인천에 진주해 있던 박찬
근은 평안북도 태천군에 있는 형에게 후방사업의 중요성을 강조했
다.[30]

총동원에 대해 노동당 중앙위원회 조직부장 박금철은 후방의 중
요성을 각종 물자뿐만 아니라 사람, 군인과 사상까지 보급한다고 표
현했다.[31] 전선 원호와 후방을 책임진 여성들은 농업 생산과 공장,
기업소에 전면적으로 진출하면서 전 산업 분야에 참가한다. 여성의
사회 진출은 정치 사회적 권리를 확대할 뿐만 아니라 사회주의 조국
을 강조하는 계급적 관점으로 발전해 갔다.

여성들이 후방에만 종사한 것은 아니다. 그들은 전선 원호에 참
가했는데 이 중에는 인민군에 입대한 경우도 있었다. 최순옥은 "약
한 여자의 몸이지만 남자와 같이 싸워 남자답게 죽음을 어머님께 맹
세"하는 글을 남겼다.[32] 인민군 여자 용사의 다짐과 후방에 대한 염
려가 가득한 이 편지에서 그는 가족들의 이름을 일일이 나열하고
"몸만 건강하면 문제는 해결"된다고 끝맺는다. 죽음이 앞으로 일어
나지 않는 미래의 상상이라 하더라도 텍스트에서 죽음은 편지를 쓸
당시의 발화자를 최고로 가치 있는 존재자로서 인식하게 만든다. 편
지를 작성한 개인이 텍스트에서 재현하고 있는 하나의 상황은 현실
과 과거, 미래까지 포함한다. 죽음까지 각오하는 표현은 국가에 대
한 개인의 행위에 구체적인 의미를 부여하기 때문이다.

문자화되는 개인의 인식은 텍스트에서 사건이나 감정을 어떻게
묘사하는가에 따라 해석을 달리한다. 텍스트는 그 자체로서 발화 행

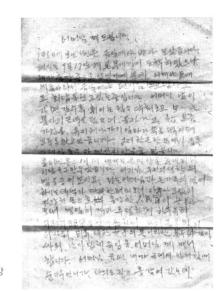

— 인민군에 참전한 최순옥이 어머니 강
이덕에게 1950년 10월 13일 쓴 편지 일부

위자의 감각적인 성격에 의해 의미가 무한히 생산될 수 있는 공간이
자 언술 행위, 상징화, 상상의 영역이다. 롤랑 바르트Roland Barthes
는 텍스트가 복합적인 글쓰기로 이루어진 것이며 많은 문화에서 인
용되는 대화, 패러디, 논쟁 속에 있음을 주목한다.[33] 텍스트가 이와
같은 복합성을 갖고 있지만 그가 초점을 두는 것은 저자가 아니라
텍스트와 관계를 이루는 읽는 사람에게 있다.

　편지에서 관심을 기울일 것은 상징이 의미하는 바다. 리쾨르에
따르면 상징은 생각을 불러일으킨다. 상징은 의미를 가질 때 텍스트
로서 해석이 가능하고 해석의 목적은 의미를 찾는 데 있다. 이 의미
는 "삶의 의미" 또는 "최소한 삶 속의 의미"를 뜻한다.[34] 궁극적으로
해석은 텍스트의 매개를 통해서 개인과 연관된 세계를 보는 것인데,
이는 세계를 직접적으로 이해하지 않고 텍스트를 통해서 이루어진

　　　　　　　　　　함께 살고 함께 죽는 운명 공동체

다. 리쾨르가 재구성하려는 해석학의 과제는 지향성에 바탕을 둔 텍스트의 내적 역동성과 외적 기획이다.[35] 여기서 지향성은 첫째, 무언가에 관해 말하기만 하는 것이 아니라 있는 것을 믿게 만드는 힘을 함께 전달한다(내적 역동성). 둘째, 지향성은 누군가에게 다시 말해 독자에게 영향을 끼치려는 의도로 말한다는 사실이다(외적 기획).

　텍스트를 해석하는 것은 "개별 문장의 축어적 의미가 무엇인지" 찾는 것뿐만 아니라, "부분들의 합─문장들의 합─을 넘어서는 텍스트 전체의 의미"를 풀이하는 것이다. 이 과정에서 밝혀지는 의미는 곧 그 텍스트가 지향하는 의미가 된다.[36] 텍스트가 갖고 있는 상징과 은유에는 발화자가 무엇인가 말하려고 하는 의도가 있고, 이것은 텍스트의 작성자이자 발화 행위의 주체를 살아 있는 존재로 확인시켜 준다.

　편지 텍스트는 서사의 행위 주체가 특정한 상대방에게 이야기하는 것이다. 일반적으로 행위의 주체는 텍스트에 등장하는 화자로서 '나'를 말한다. 텍스트는 '나' 자체를 말함으로써 자신을 표현하지만 때때로 '나'는 인물이나 행위자가 아닐 수 있는 사실을 고려해야 한다. 이와 같은 경우를 '지각적perceptible' 또는 '비지각적nonperceptible' 의미로 표현할 수 있다.[37] 이런 표현은 사건과 이야기의 주체로서 화자와 동일하게 행동하는 '나'로서는 지각적이면서, 사건과 떨어져서 사건을 바라보고 관점을 진술하는 입장에서는 비지각적이라는 뜻이다. 후자의 경우 이런 유형은 '증인'의 성격을 보다 강하게 드러낸다.

　발화자의 의도를 해석할 때 주목할 점은 작성자 개인과 세계에 관한 이해다. 편지가 놓여 있는 조건은 '말하는 담론spoken discourse'

과는 전혀 다른 상황에 있는데, 그 이유는 텍스트를 작성할 때 '씌어진 발화written utterance'에 의미를 두기 때문이다.[38] 쓰기는 일종의 말하기의 모방이다. 말하기의 모방은 일기가 대표적인데, 이 속에서 화자는 자신에게 말을 거는 시늉을 하는 셈이다. 개인 편지는 역사적 현실 속에서 발생한 작성자들의 체험을 바탕으로 한다. 이를 경험적으로 증명할 수는 없지만 편지 속에 기록된 은유와 상징을 현상으로 보고 이해할 수 있다. 따라서 해석으로서 이해는 텍스트에서 무언가가 의미 있는 지향성을 갖는지 분석하려는 시도에 해당한다.

후방의 소식을 전하는 텍스트에서 공통으로 드러나는 내용은 가을걷이와 식량에 관한 걱정이다. 1950년 10월 10일 남영신은 평양을 철수하기 며칠 전에 쓴 편지에서 쌀값이 1,000원까지 오를지 모른다고 걱정하면서 배급받은 쌀을 팔지 말라고 아버지에게 권한다. 평양시 대동군에서 보낸 이 편지에서 백미는 950원, 좁쌀은 850원이라고 전하고 있다.[39] 곽근억이 전장에 나간 매형에게 쓴 편지에는 식량이 부족한 상황이 드러나 있다. 그는 가뭄이 심해 "한 달째 비가 오지 못하여 전반적으로 풍년이 되지 못"한 상태를 적었다.[40]

평안북도 령원군에는 풍년이 들기도 했다. 9월 중순경 백락여는 서울에서 내각 특산국 업무부에 근무하는 김대식에게 편지를 쓴다. 그는 "지금 여기는 풍년이 들어 넓고 넓은 들은 황금빛이 옷을 갈아입고 있"으며, 금년에 만여 평의 논이 잘되어 쌀 100여 가마니를 생산할 수 있겠다고 전한다.[41] 9~10월 추수기를 맞아 농사일이 어찌되었는지, 어떻게 추수를 하는지와 같은 내용이 병사들의 편지에서 전해진다. 농경 사회임을 감안하면 가을 추수는 인민들의 생존과 직결된 가장 시급한 과제였다. 그들은 모두 농민의 아들딸이었다. 집

함께 살고 함께 죽는 운명 공동체

과 가족, 농촌의 현실은 자신들이 지키고 보호해야 하는 애국심의 또 다른 원천으로 작용했다.

전시에도 사람들이 먹고사는 생활은 어떤 방식으로든 계속된다. 집을 떠난 가장들은 자신이 번 돈을 우편환으로 송금한다.[42] 시시각각 전선이 가까워지고 있는 때에 가족들이 배급을 타는지 못 타는지, 물가는 올라서 먹고살기는 어떤지, 자식은 부모에게 안부를 묻는다.[43] 발화자 입장에서 이 염려는 자신의 공간에서 재현하고 있는 현실이 아니기 때문에 이전의 기억을 전제로 한다. 발화자의 존재는 현재에만 국한된 것이 아니라 과거의 양태를 포함하고 이것은 다시 미래와 연결된다.

국가는 전쟁을 수행하면서 개인을 보다 직접적으로 통치하게 된다. 찰스 틸리Charles Tilly가 밝혔듯이 공통의 경험을 기반으로 하는 정치 공동체 구성원은 단일적인 국가의 지배와 동일한 의식을 형성해 나간다. 역사적으로 언어와 동일한 교육 체계, 징병과 같은 수단은 국가 성원을 형성하는 주요 수단이었다.[44] 전쟁에 참여하는 것은 인민들 스스로에게 정치적 정당성을 대주는 동시에 합리적인 논리를 제공한다. 1960년대 중반에 이르러 노동당은 당원을 교육하는 『조선로동당 력사교재』에서 이때를 인민들의 무력에 대한 당 지도 강화와 인민들을 사회주의적 애국주의 사상으로 고취시킨 시기로 평가했다.[45]

인민들은 편지에서 전쟁을 수행하는 자신의 행위에 대한 각오와 다짐을 표현하고, 후방 지역 동원과 추수, 식량에 관한 내용처럼 이 편지를 쓸 때 당면한 현실을 숨김없이 보여 주고 있다. 개인과 국가에게 가장 시급한 문제로서 그 묘사는 직설적이었다. 인력과 물자,

각종 자원을 총동원하는 전쟁 수행 과정은 인민들에게 군인과 같은 동일한 소속감을 갖게끔 한다. 전시에 개인이 공동체에 대해서 갖는 귀속감은 국가의 존망과 자신의 생존이 일체화되는 운명의 시공간에서 이루어진다.

함께 살고 함께 죽는 운명 공동체

13

폭격의 공포
전장의 내면세계

편지와 일기, 수기는 개인의 은밀한 내면세계를 알 수 있는 자기 서사에 해당한다. 이런 종류들은 공식 자료는 아니지만 기록할 당시 그가 직면한 세계와 사회를 담고 있는 점에서 꼭 개인의 것이라고 볼 수 없는 의미를 가진다. 텍스트는 현실 속에 존재하는 자기 자신의 의미와 지향하는 가치를 동시에 서술하고 있다. 글 속에서 드러난 현실은 내면의 세계와 일치할 수도 있고 그렇지 않을 수도 있는데, 텍스트에는 개인의 감정과 사건이 결합되어 나타난다.[1]

전선에 있는 병사나 후방에 있는 가족이나 죽음의 위험에 노출된 것은 매한가지다. 그 이유는 미국의 무차별 공중 폭격 때문이다. 전쟁 체험 중 가장 광범위하고 극단적인 것이 폭격을 언제 당할지 모르는 두려움인데, 죽음에 맞닥뜨린 현실보다 더한 비극은 없다. 공중 폭격은 인민들이 눈앞에 맞닥뜨린 운명을 국가의 위기와 동일하게 만들었다. 체제 위기는 인민들 자신이 언제든지 죽음을 맞을 수 있는 존재라는 불안과 동일시되는 것이다.

편지에 자주 등장하는 내용 중 하나는 미군의 공중 폭격에 대한 공포와 불안이다. 군인이나 가족들의 회신에는 "밤낮없이 공중으로" 매일같이 날아오는 전폭기의 폭격을 염려하고 있다.[2] 남영신이 평양시 도시경영성 식당경리부에 근무하는 아버지에게 보낸 편지를 보자면 폭격이 얼마나 심한지, 평양시 대동군지역 방공호에 안전한 곳이 없을 지경이었다.[3] 어떤 병사는 학교에 갈 때 비행기가 날아오면 공습에 주의하라고 동생에게 당부했다.[4] 형 석진섭이 병사인 동생 석도선에게 보낸 편지는 피란길에 보았던 무사하지 못한 들판을 생생하게 묘사한다. 인민들은 폭격이 심한 곳을 떠나 피란길에 올랐으며 논에서 공격을 받아 희생되기도 했다.[5] 공습은 작은 도시까지 이어져 많은 피란민이 발생했고 학교는 문을 닫았다.[6] 민간인이 거주하는 지역과 시설에 대한 공습으로 사람들이 죽는 것은 부지기수였다.

밤낮없이 상공에 떠돌고 있는 비행기와 그로부터 쏟아지는 폭격은 심한 두려움 그 자체였다. 노동자인 안금주는 여러 차례 폭격을 겪고 죽을 뻔하다 살아났다.[7] 그는 공장에서 일을 하다가도 폭격이 있으면 방공호에 피신한 후 공습이 해제되면 돌아오곤 했다. 어느 날 폭격으로 불덩이에 휩싸여 뛰어나와 보니 목숨은 살아 있으나 옷은 재가 된 자신을 발견한다. 방공호에 들어갈 때에는 호미나 삽을 갖고 들어갔다가 나올 때에는 폭격으로 뒤덮인 입구의 흙을 파내고 돌아오기를 반복했다.

밤낮없는 비행기와 쏟아지는 폭격

가족과 자식에 대한 걱정에도 폭격의 두려움은 태산을 이룬다. 함경북도 지역에 공중 폭격이 한창일 때 청진시는 90% 이상 파괴되었고 봉강고급중학교는 큰 피해를 입는다. 신문을 보고 이 소식을 알게 된 정청송은 아내에게 쓴 편지에서 두 아들이 죽었을까 봐 극도의 불안감을 드러낸다. 그는 언제 당할지 모르는 폭격을 조심하고, "이 시기에 잘못하면 세상을 버리고 죽을 수가 있으니" 농촌이라고 방심하지 말라고 일렀다. 폭격으로 많은 사람들이 살상되고 있으니 도시로 나가지 말라고 아내에게 신신당부했다. 꿈속에까지 나타난 아이들의 모습은 아버지의 근심 걱정을 옆에서 보는 듯하다.[8]

춘길과 춘덕을 죽이지 말고 길러주시오. 만약 먹을 것이 없으면 빌려서라도 잘 길러주시오. 이 몸은 언제나 그리운 춘길과 춘덕이를 볼까. 금일 밤에도 춘길과 춘덕이를 보았는데 눈을 뜨니 꿈이었습니다.

정청송의 편지는 아내에게 전달되지 않았고 두 아이가 어떻게 되었는지 알 수도 없다. 그의 경고대로 이북 지역 농촌은 도시 못지않게 미군의 공중 폭격으로 황폐해졌다. 미군은 공중 폭격뿐만 아니라 심리전의 일환으로 대량의 삐라를 살포한다. 편지에는 여기에 대한 인민들의 생각이 나타나 있는데, 1950년 10월 초순경 신종숙은 평양에서 미군이 뿌린 삐라와 그 내용을 소상히 적은 후 군부대 문화부 중대장에게 보낸다.[9] 삐라는 '미군이 서울을 점령하고 일주일 내로 평양으로 진주하는데, 인민들에게 이북의 화폐를 없애 버리라

거나, 하루속히 손들고 항복하라, 그렇지 않으면 조선을 없애 버린다'고 하는 선동 내용이었다.[10]

공중 폭격을 겪은 인민들이 미국을 증오하는 감정을 갖는 것은 자연스럽다. 군에 자원 입대한 황수연은 후방에서 근무 중이었는데, 이남 지역에 내려간 형에게 보낸 편지에는 전방에서 "미제국주의자"와 "이승만 도당"과 싸우지 못하고 있는 자신을 불만족스럽게 여겼다.[11]

도시 농촌을 무차별 폭격하는 미제국주의자 놈들을 그리고 나라를 팔아먹으려는 이승만 도당을 생각만 하여도 치가 떨려 …전체 인민이 요구하고 조국이 요구하는 매국노 소탕함을 나의 피 한 방울까지 사우겠다고 하늘에 몇 백번 결심을 거듭합니다.

심해지는 폭격은 북한으로 하여금 정치교양사업을 더욱 추진하게끔 했다. 김일성의 지시에 따라 내무성 후방복구연대(연대장 이윤식)는 이 사업을 집행한다.[12] 이 조치는 "전시 하에 미제가 감행하는 후방의 무차별 파괴로 말미암아" "전체 일군들을 사상적으로 결속 동원시키기" 위해서였다.[13] 문화부는 이 사업의 결과를 일정한 양식에 따라 상부에 보고했는데 매주 군사훈련을 제외하고 8시간 30분씩 사상 교육을 실시했다.

언제 당할지 모르는 폭격의 두려움에 인민들은 지쳐 갔고 초토화되어 버린 영토는 굶주림과 공포를 남겨 놓았다.[14] 미군이 한반도 북부 지역에 무차별로 퍼부은 폭격은 물자를 파괴하고 인명을 살상한 것뿐만 아니라 인민들을 심리적 공황 상태로 내몰았다.[15] 그것은 전쟁을 체험한 사람들에게 가장 큰 충격이었다. 지역과 밤낮을 가리지 않고 단행된 폭력은 정치적 수단으로 활용되었을 뿐만 아니라, 민간인을 학살하고 생존 수단을 파괴한 점에서 전쟁 범죄였다.

공포는 개인이 받아들이는 심리적인 현상이자 어느 사회에서나 사람이 느끼는 가장 원초적인 감정이다. 이 감정은 자신의 안전이나 이해利害가 위협을 당할 때 나타나는 원시적이며 본원적인 성질의 것이다. 피해를 입을지 모른다는 불안은 자기 존재에 대한 의미와 관련해 자신에게 잠재적으로 위협이 되는 대상을 의식함으로써 느낀다. 공포는 "'가까운 미래에 (곧) 일어날 것만 같은' 어떤 일을 '공포스러운 일'로서" 예상하기 때문에 생겨나고, 공포의 성격에는 미래의 시간에 대한 양태를 포함한다.[16] 공포의 근원은 죽음에 대한 것이고 이것으로부터 발생하는 불안은 실존적인 감정이다. 노동당이 죽음의 공포를 전승하는 이유는 이 때문이며, 인민들의 삶과 죽음의 문제는 결국 체제 위기와 대응해 국가와 구성원 사이에 일체감을 형성하도록 만들었다.

권력은 공포 속에서 체제를 강화하고 더욱 쉽게 유지할 수 있게 되며, 공포는 또 다른 신념을 낳는다. 불투명한 대외 관계와 불안한 정세는 평양의 지도부가 인민들에게 정치적 신념을 강조하는 이유다. 왜냐하면 신념은 "미래에 대한 확신"으로서 인민들이 이것을 가질 때 "현재가 아무리 어렵고 힘들다 하더라도" 보다 나은 미래, 더 좋은 앞날을 창조하기 위해 투쟁하기 때문이다. 김일성종합대학에서 얘기하듯이, 이것은 인민들에게 "오늘을 위한 오늘에 살지 말고 내일을 위한 오늘에 살자"라고 하는 인생관을 강조한 데서 뚜렷이 알 수 있다.[17] '고난의 행군' 당시에 평양 시내에 나붙은 구호와 마찬가지로 내일에 대한 희망을 전파하는 것은 현재가 고통스러울수록 더욱 커진다. 공포가 갖는 힘은 막강하고 이것은 인간의 정신을 지배하는 무기가 될 수 있다.

금세 한반도를 통일할 줄 알았던 예상은 빗나가고 전세가 역전되자 인민들이 직면하게 된 것은 통일, 귀향, 만남에 대한 '기대'가 아니라 생존 그 자체에 대한 '위협'이었다. 1950년 가을 김일성과 동지들의 후퇴는 치욕스러운 과정이었고 죽음의 위협은 겉으로 드러나기 시작했다. 막다른 전선에서 후퇴는 절박했다. 당과 내각의 간부들은 자신의 가족을 학교나 직장에서 빼내 먼저 데려갔고 남은 사람들은 안절부절못했다. 그중의 어떤 사람들은 가족들과 떨어져 피란길에 올랐고 자기가 머문 곳으로 찾아오라며 약도를 그려 편지를 보냈다.

인민군 통신간부학교 체신기술원양성소에 있던 정해두는 평양을 떠나 북쪽으로 향하던 중 순천군 자산면에 이르렀다. 평양통신기제작소에 근무하는 아내에게 쓴 편지에서 그는 어떤 일이 있더라도 이곳으로 찾아오라며, 평양에서부터 그곳까지 오는 길을 상세히 그려 넣었다.[18] 정해두는 피란길의 중간 지점마다 이르는 거리를 알려주면서 길을 안내했고 작은 트렁크에 당사와 학습 노트, 양식으로 쌀을 가져오라고 부탁한다. '하던 일을 중지하고 와야 한다'며 120리 길을 걷자면 곤란하겠지만, 중대한 일이 있으니 빨리 와야지 그렇지 않고 이번에 이동하면 "일생을 만나기 곤란할 것"이라고 절박한 심정으로 편지를 썼다. 초조함이 묻은 편지의 겉봉투에는 10월 15일 전에 찾아오라고 적혀 있다. 10월 18일 미군과 국군이 평양 부근에 진격해 전투가 벌어졌으니 그들은 뿔뿔이 헤어질 가능성이 큰

폭격의 공포

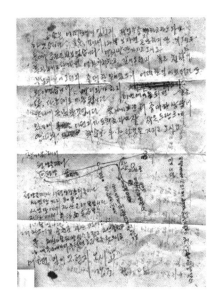

상황이었다.

군부대에서 부분대장을 맡아 선전 사업을 하는 방기용은 평양
에서 후퇴하기 직전인 10월 10일 어머니께 편지를 보낸다.[19] 자신이
입대한 지 1개월, 그는 병원에 잠깐 들르러 나왔다가 편지를 쓴다
면서 "불효자는 집 떠나서" 인민군에 복무하고 "아무쪼록 생명만 잃
지 말" 것을 신신당부한다. 그리고 "어머니 어머니, 근심 마시오"라
고 끝맺는다. 전장에 스며들어 있는 이별의 불안 속에서 집을 나선
아들이 이 마음으로 글을 쓰는 것만이 어머니에게 할 수 있는 최선
이었다. 전북 부안군 보안면 출신의 허영철은 남로당 면당 책임자와
군당 조직부 책임지도원으로 일했는데, 전쟁이 일어난 후 부안군 인
민위원장을 맡았다. 이북으로 후퇴하게 되었을 때 그는 북쪽으로 올
라가는 인민들의 모습이 그야말로 질서 없이 떠나는 대혼란이었다

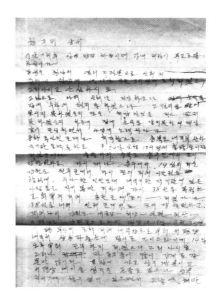
─ 반현수가 1950년 10월 15일 반학수
에게 쓴 편지 일부

고 전한다.[20]

철도 공장에 근무한 조근홍은 어머니에게 쓴 편지에서 "다시 만
날 때까지 안녕히"라며 자신이 평양에서부터 만포까지 피란 온 여
정을 자세히 기록한다.[21] 피란길은 서포에서 안주를 거쳐 희천-청천
강-묘향산-강계-만포로 이어졌는데, 이 경로는 한마디로 미군의
공중 폭격을 피해 다닌 길이었다. 이 편지를 보면 조근홍은 9월 14
일 오후 10시경 만포에 도착해 보름 동안 머물렀다. 이미 9월 초순
부터 중요한 공장을 중국 쪽 국경선으로 옮기고 전황을 대비한 것이
었다.

1950년 9월 24일 충청북도 내무기관이 퇴각할 때 후퇴한 내무
서원 반현수는 충주와 원주에서 포위되었다가 개인별로 흩어져서
38도선을 넘었다. 그는 홍천에서 인제-내금강-회양-안변-원산-평

폭격의 공포

남도-양덕군을 거쳐 10월 13일 새벽 3시경 평양에 도착한다. 이곳에서 내무성으로부터 서평양내무서 상흥분주소에 임시로 근무할 것을 지시받고 배치되었다. 20여 일에 걸친 후퇴 뒤에 그는 오직 집에 무사히 돌아갈 마음뿐이었다. 다른 동무들은 강계로 곧바로 가버렸는데 함께 가지 못한 것을 후회스럽게 생각하며, 가족이 있는 자강도 만포의 집으로 편지를 보낸다.[22]

서평양에 있을 생각은 조금도 없으나 상부지시에 할 수 없이 있으면서 그날 해만 보내고 고향 생각만 하고 있습니다. 일생 한번 죽기로 강계로 하여 부모형제를 만나고 죽어도 한이 없을 것입니다. 저도 역시 내무성에 들리지 않고 강계로 직발 가면 될 것을 내무성에 들리었다가 이 모양이 되었습니다.

반현수의 편지에는 혼란한 시기에 빚어진 한 내무서원의 흔들리는 마음이 가감 없이 드러나 있다. 서평양에 머물게 된 처지를 비관하는 태도에는 국가와 분리된 자신의 내면세계가 고스란히 자리 잡고 있다. 불리한 전황 속에서 계속되는 후퇴는 인민들이 전쟁에서 패배할지도 모른다는 불안감과 사회주의 건설에 대한 회의, 결국에는 정권으로부터 이탈을 가져오는 '반혁명 상황'을 초래했다. 반현수는 강계로 간 동무들이 앞으로 "도피자" 취급을 당하면 "법적 처단"을 받을 것이라고 예상한다. 뒤바뀐 전황은 전장에 나간 사람들에게 죽음이 목전에 다가온 때였고 개인의 선택은 운명을 결정지었다. 평양의 입장에서 비록 '일시적 후퇴'였지만 일부 인민군인과 노동당원, 인민위원회 간부, 기관원들은 조직의 방침을 따르지 않고 독자적으로 중국 국경까지 도망갔다. 반현수가 예상한 대로 체제 붕괴 위기를 넘긴 후 1951년 초순부터 북한은 도피자들을 반동분자로 처리했다.[23]

　이북에서 폭격의 공포는 전쟁 때만 해당하는 것이 아니다. 남한이 미국과 매년 정기적으로 실시하는 각종 연합 훈련이 있는 날이면 평양은 일시적이고 우발적으로 도피성을 보이는 집합적인 대응 상태, 곧 공황 상태에 빠진다. 전투를 뒷받침하는 전략 자산이 한반도에 전개되면 인민들 사이에서 가장 먼저 벌어지는 일이 폭격에 대한 두려움이다. 각종 군사 훈련 기간 중에는 제대로 된 생활을 할 수 없는 상태에 놓인다. 1990년대 중반부터 이북에 머물 때면 평양 근교에서 거주했던 이수자는 휴전 상태에서 인민들이 처해 있는 형편을 그들의 삶 속에서 보았다.[24]

한미군사훈련을 시작하면 초긴장 상태가 된다. 사이렌이 울리면 길을 가든 집에 있든 관계없이 사람들은 일시에 지상에서 없어진다. 그 시간이 10분이 걸리지 않을 것이다. 거리에 사이렌 소리가 나면 시민들은 한미군사훈련이 있다는 것을 안다.

　생존의 위협을 항상 느끼고 사는 인민들의 일상을 외부 세계에서는 거의 이해하지 못한다. 남한과 미국은 군사 훈련을 북한의 공격에 대비한 방어 훈련이 대부분이라고 하지만, 평양은 전혀 그렇게 생각하지 않는다. 전투를 수행할 수 있는 대규모 병력과 군수 물자가 배치되는 훈련은 언제든지 공격으로 전환되고 실전이 될 수 있기 때문이다.

국가에 대한 충성과 죽음의 두려움

인민들의 불안한 서사는 피란길에 쓴 편지에서 매우 자세히 드러난다. 이런 텍스트의 특징은 지시적이라는 데 있다. 이는 발신인과 수신인의 특성을 나타내는 경우가 많은데 주로 대상의 기능이나 행동을 지시하는 '기능적'인 내용을 말한다. 지시적 묘사는 상대방을 설득하는 데 그 목적이 있다.[25] 지시와 설득에는 공중 폭격과 피란길에 나선 이들의 존재가 국가로부터 분리되고 개인의 존재 의식과 욕망을 투영하게 된다. 감정을 묘사한 텍스트는 인민들이 체제로부터 따로 떨어져 때로 정권에 반하는 자기 존재에 대한 인식을 자연스럽게 선보인다.

텍스트 편지는 개인의 생애에서 볼 때 더할 나위 없이 적은 일부분으로서, 전장의 일상이 매우 짧은 시공간에서 나타나는 것이 특징이다. 반면에 감정의 진폭은 매우 큰데, 이것은 종이 위에 쓴 발화자 '나'의 세계일 뿐만 아니라 수신인과 관계 속에서 교환하는 상호 텍스트이기 때문이다. 편지는 의미를 만들고 의미는 주체를 만든다. 편지 작성자를 텍스트의 행위 주체로 본다면 이들의 지위는 이중적이다. 그들은 '인민'이라고 하는 이북의 정치 공동체 구성원을 지향하는 발화자인 동시에 한 가족의 일원이거나 친구, 동료로서 개인 관계를 가지고 있다. 국가 구성원으로서 '인민'과 '개인'으로서 발화자의 위치는 텍스트에서 중첩되거나 분리되어 나타난다.

이중 지위를 가진 인민은 자신의 의지와 현실의 존재 사이에서 부조화를 겪는다. 그들이 존재하는 전시 상황은 자신들의 의지와는 무관한데 텍스트는 근본적으로 여기서부터 제한성을 갖는다. 시간과 공간적 묘사의 한계나 특정한 장면에 치우친 서사에서 이 같은 내용을 볼 수 있다. 바꿔 말하면 편지 내용은 이것을 쓸 때의 특정한 시점에 가장 충실한 이야기이자 상징이라는 점이다. 말은 어떤 전체적인 상황 속에서 조절을 받는 데 비해 텍스트는 작성하는 시점에 '씌어진 발화'에 고정된 의미를 가진다. 이러한 현상은 편지 내용이 어떤 종합적인 맥락 속에 놓여 있지 않고 텍스트 속에서 고립되어 있는 것을 의미한다.

전장에 나선 군인에게 자기 행위에 대해 의미를 부여하는 것은 곧 자신의 존재와 관계된다. "조국보위 초소에 나온" 이정하는 경기도 김포에 거주하는 아버지에게 편지를 썼다. 그는 "조국과 전체 인민이 갈망"하고 원하는 조국통일을 위해 계속 "남진"했다.[26] 이정하는 자신의 전투 수행 행위를 "미제국주의와 이승만 괴뢰정권하에서 수다한 착취와 학살, 투옥에서 벗어난 우리 삼천만 인민"의 전체 이익에 부합하는 영광이라고 여긴다. 신병 어윤탁은 누이에게 쓴 편지에서, 자신에게 맡겨진 임무 수행에 역량과 생명을 아끼지 않고 충실히 임하며 군사 정치훈련을 배우고 있는 반복되는 생활을 알렸다.[27] 병사들의 편지는 대부분 이런 묘사를 통해서 지금 전선에서 싸우고 있는 자신을 '조국', '인민', '미국'과 결부시켜 서술한다.

존재와 의지 사이의 부조화는 편지가 발화된 이후 발생하는 텍스트의 상실성과 관련 있다. 편지를 쓰는 발화의 순간은 오직 발화자만이 갖는 시공간에서 이루어진다. 달리 말하면 글로 쓰는 텍스트는 발신자와 수신자 사이의 관계에서 맥락화한다. 그러나 전장에서 쓴 편지를 수신자가 받아 보았을 때 발화자는 편지를 쓸 때와는 다른 상태에 놓여 있을 가능성이 크며 수신자 역시 마찬가지 위치에

　　　　　　　　　　　　　　　　　　　폭격의 공포

있다. 언제 무슨 일이 생길지 모르는, 예측이 불가능한 전시 상황은 편지가 수신인과 발신인에게 텍스트로서 갖는 의미를 상실할 수 있다는 것을 상정한다. 편지는 결국 수신자에게 전달되지 않았고 발신자들의 이후 생애는 전혀 알 수 없다.

앞서 보았던 공포와 더불어 편지 텍스트에는 희망적인 논조 또한 담겨 있다. 전쟁에서 승리할 것이라는 전망은 국가의 정치적 목표와 인민들의 생존이 일치하는 경우다. 긍정적인 전망은 '대구를 함락한 인민군이 곧 부산까지 점령해서 해방을 이룰 것'이라거나, '미제를 물리치고 조국통일을 완수할 것'이라는 표현으로 등장한다. 작성자의 담화는 '조금만 참으면 가족들을 볼 수 있'고 '그때까지 무사하'면 '가족을 곧 만날 수 있다'는 개인의 욕망으로 발전한다.

사랑하는 정이나 마음은 누구에게나 공통된 감정이다. 전쟁은 가족이나 친구, 동료, 사랑하는 사람들 사이를 떼어 놓는다. 서울에 살고 있던 성혜랑과 동생 성혜림은 로동신문사 책임편집원으로 일하다 전쟁 초기에 정치공작대원으로 남하한 어머니 김원주를 따라 서울에서 춘천, 춘천에서 평양, 평양에서 강계, 만포로 후퇴한다. 북쪽으로 갈수록 압록강에서 불어오는 찬바람은 몰아치고 공중 폭격은 걸음마다 따라다닌다. 1948년 남북 협상의 조선부녀총동맹 남쪽 대표로 참가한 김원주는 이북에 남아 서울에 있는 아이들과 헤어진 적이 있었다. 이런 경험 때문에 그는 피란 도중에 다시는 아이들을 잃지 않기 위해 필사의 노력을 했다.[28]

병사들이 희망을 가질 수 있었던 것은 의심할 바가 아니다. 그렇지만 지난 사실은 그들이 바라는 대로 전쟁이 끝나거나 통일이 이루어지지 않았다. 1950년 가을에 작성한 군인과 인민들의 편지에서 볼 수 있듯이, 객관적 전황은 9월 중순경부터 북한에게 아주 불리한 형국이었다. 전황이 나빠진 이후에도 전쟁에서 승리할 것이라고 여긴 긍정적인 텍스트는 수신자에게 현실을 숨기거나 애써 감추려고 한 것일 수 있다. 이런 역설적인 인식은 전세가 악화되고 38도선을 넘어 북쪽으로 후퇴하면서 결국 현실이 되고 말았다. 수신인에게 전달되지 못한 이 편지 자체가 전장 가운데 사람들이 느꼈던 절망의 순간을 재현하고 있다.

편지에 나타난 인민들의 일반적 심성은 식구들 안부를 묻고 자신의 근황을 전하는 것이다. 가장 원초적인 욕망이다. 부모와 형제, 자녀에 대한 안부는 텍스트에서 빠질 수 없다. 자강도 만포의 철도 공장에서 일하는 조근홍은 "정든 고향과 산촌을 떠나 천리 타향에 오니 산 설고 물 설은" 마음을 평안남도 대동군에 있는 어머니에게 전한다.[29] 돌이켜 보면 1950년, 이 시대는 고향을 떠나는 것 자체가 개인에게는 아주 큰 경험이고 사건이었던 시절이다. 가족 공동체와 마을을 벗어나는 것은 또 다른 세상을 만나는 것이다. 병사들은 가족과 고향 소식을 모르는 것이 얼마나 안타까운 일인지 편지에서 글의 마디마디마다 표현했다.

인민들은 두고 온 아이들에 대한 걱정을 자주 묘사한다. 박창해는 장모에게 보낸 편지에서 아내가 "아이가 운다고 또 속상하다고 아이를 때리지" 못하게 할 것을 당부하며, 자신이 집에 돌아갈 때까지 그리해 달라고 간곡히 썼다.[30] "매일 아침에 또 저녁에 전 세계를 비추어 주던 달을 보면 그리운 고향 생각, 처자의 생각이 절로 나며" 눈물이 흐른다. 자기가 매일 하고 있는 걱정은 "아내가 아이를 데리고 고생하며 집 가사를 해칠까 하는 근심이"었다. 어떻게 할 수 없는

— 박춘순이 1950년 10월 11일 장익수
에게 쓴 편지 일부

현실을 박창해는 안타까운 마음으로 표출한다.

사적 내용을 담은 텍스트에는 발화자의 은밀한 내면세계가 그려
져 있다. 발신인은 수신인에게 또는 그를 통해서 다른 상대방에게
여러 가지 욕망을 드러낸다. 앞서 언급한 박춘순은 사법성 사법간부
양성소에서 교육을 받고 있었다. 그는 전쟁으로 당분간 보기 어려울
것이라며, 남편에게 사진을 보내 애틋한 감정을 달랜다. 1950년 10
월 11일 오후 상부의 지시로 학업을 중단하고 동료들과 함께 군에
입대한 그는 심사를 받은 후 직장이나 부대에 배치될 것이라면서,
자기가 가진 돈을 모두 남편에게 부친다. 급히 소식을 전한 그는 편
지를 보내는 이곳으로 답장을 하지 말 것과 만나기가 어려우니 "내
가 없어도 사진을 보시오"라며 사진 한 장을 동봉한다.[31] 노획 문서
에는 박춘순이 다른 여성 한 명과 찍은 흑백 사진이 편지와 함께 고

스란히 남아 있다.

10월 8일자 편지에서 박춘순은 공중 폭격으로 폭탄이 터지는 소리에 놀라면서 "당신하고 같이 (사진) 한 번 찍지 못한 것이 유감"이라며, "안타까운 것은 말할 수 없음에도 그러나 당신의 사진은 나의 가슴에서 죽을 때까지 있다는 것을 알고 당신에게 나의 사진을 보내드리면서 살아 있을 동안에 잊지 말 것을" 청한다. 피란길 숙천에서 "할 말은 많으나 불도 없고 시간도 없"는 상태에서 그는 편지를 마무리하고, "당신과의 사랑은 영원히 잊지 못할 것입니다"라고 말미에 덧붙인다. 이 편지에서 우리는 사진에다 자신의 감정을 가득 실은 한 여인의 마음을 본다. 위급한 때일수록 자기의 감정을 솔직히 드러내고 사랑을 가감 없이 약속하는 낭만이다.

자기 고백이 진술된 텍스트는 개인의 비극 서사를 포함한다. 병사나 가족, 동료, 그들이 전시에 어디로 가든지 소식을 전해 달라는 내용은 편지에서 발화자의 공통된 소망이다. 반현수는 충청북도에서 후퇴해 오면서부터 아내의 사진을 매일 본다고 했다.[32] 전시는 한 치 앞을 볼 수 없는 무질서하고 혼란한 때였는데, 사진을 보내거나 보내 달라는 편지를 어렵지 않게 발견할 수 있다.[33] 전선에 상관없이 언제 죽을지 모르는 불안은 사진을 매개로 해서 보고 싶고 그리운 감정을 상대방에게 여과 없이 드러낸다.

생사를 가르는 전장이라고 하지만 원초적인 욕망은 숨길 수 없다. 사랑과 행복은 전시라고 하는 매우 특별한 체험 속에서 오히려 더욱더 한순간의 감정으로 나타난다. 전쟁터에 나간 이들은 죽지 않고 다시 살아 돌아와야 하는 자신만의 서사를 간직하게 된다. 황해도 재령군에 있는 조선비는 점령지 서울에서 교통지휘대에 근무하

폭격의 공포

— 조선비가 남편 김형조에게 1950년 9월 21일에 쓴 답장

는 남편 김형조의 편지를 받고 "사랑하는 당신"이 "몸만 건강하여" "집에 돌아와" "다시 만나 살면" "원이" 없을 것이라고 답장했다.[34] 친구나 동료 간의 우애 역시 전시에 도드라진다. 안정란은 친구 안임옥에게, 쓸쓸한 가을 죽지 않고 살면은 다시 만날 수 있을 거라고 스스로 위로하는 마음을 편지에 담았다.[35]

나는 혼자 앉아서 단풍이 낙엽 드는 것을 쓸쓸한 바람소리를 들으면 슬픔에 눈물이 앞을 가리운다. 임옥이 너는 아무쪼록 몸 건강하여 공습에 주의하여라. 사람이 죽지 않고 살면은 아무 때라도 만나볼 때가 있겠지. 사랑하고 친애하는 나의 동무 언제나 만나볼까? 통일되면 만나보겠지. 임옥이 너와 나와는 언제나 잊지 말고 종종 편지하여 소식을 알자.

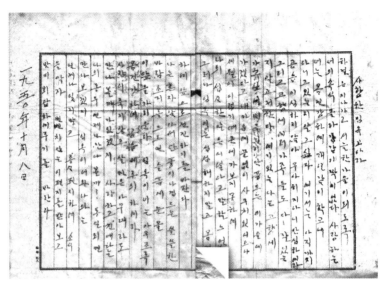

— 안정란이 1950년 10월 8일 친구 안임옥에게 쓴 편지

　　죽지 않으면 다시 만날 수 있을 것이란 바람은 희망 이상의 근본적인 인간 정념이다. 아무리 간절한 소망이라도 전쟁이 끝나거나 통일이 된다고 해서 반드시 이루어지는 것은 아니다. 전투는 계속되고 공습으로 사람들은 나날이 죽어 가는 가운데 그들이 다시 만날 가능성에 희망을 부여하기란 매우 어렵다. 친구에게 전달되지 않은 이 편지를 '삶 속의 의미'라고 하는 해석의 목적으로 본다면 텍스트는 발화자와 독자, 연구자 사이에서 고립되어 있음을 알 수 있다. 전세가 불리해져 떠나는 피란은 아내에게 마지막 편지가 될 것임을 예고한다.[36]

전번 편지에도 간단히 언급하였습니다만은 오늘 나는 이 글이 동무에게

　　　　　　　　　　　　　　　　　　　　폭격의 공포

는 마지막인가 봅니다. 오늘 정세는 불리한 형편에서 진행되고 있는 만큼 이러한 형편이 계속되어 평양을 사수하기 곤란케 된다면 우리의 민주 기지인 평양을 뒤로하고 떠날 각오를 갖고 이미 온갖 준비를 하고 있습니다. 실은 떠나기 전에 동무를 뵈옵고 자기가 지금까지 …5년이라는 세월은 그리 짧은 시간이 아니었습니다. 절실히 느끼어집니다. 이 5년간 동무는 한길같이도 저같이 보잘것없는 인간을 자기의 동무로 또는 자기의 사람으로 인정하고 …산으로 들로 헤매면서도 동무가 계신 그곳을 향하여 감사의 뜻을 표하겠습니다.

김수남은 사랑의 감정을 산과 들로 헤매는 전선의 행위 속에서 묘사한다. 그는 세 어린아이들을 부탁하면서 전황이 나빠져 계속 북쪽으로 후퇴하면 정처 없이 국경을 넘을지도 모르니 부인에게도 주저하지 말고 피란을 떠나라고 권한다. 시시각각 다가오는 위협 앞에서 5년 동안의 행복을 회상하는 것은 자신이 간직한 소중한 추억이다. 그들이 원하는 삶에 대한 의지와 상관없이 일상은 파괴되었고 자신들은 어쩔 수 없는 부조화 속에 놓여 있었다.

비극이 커질수록 개인이 추구하는 행복 또한 필사적이다. 편지는 전쟁에서 승리를 갈망하는 희망만큼이나 그 이면에는 가족에 대한 사랑과 염려를 구체적으로 표현한다. 전쟁이 가져다주는 궁핍과 상실은 이 전쟁의 역설을 의미한다. 인민의 해방을 부르짖었지만 김일성과 그의 동지들이 가진 의도와 다르게 결국은 인민들을 죽음과 희생, 비극으로 내몰았다. 예상과는 전혀 다른 역사적 현실이 지금까지 영향을 끼치고 있다.

전쟁터의 경험은 개인의 텍스트에서 의지적 소망과 함께 특별한 시점에 대한 사건이 동시에 교차해서 묘사되었다는 데 의미가 있다. 편지에 나타난 인민들의 세계는 의미론적으로 보면 전쟁의 시간적·공간적 상황으로부터 자유롭지 못하다. 정치 체제에 대한 운명, 붕괴 위기에 처해 있는 형편에서 최강국 미국에 대한 인식과 생존에 대한 불안은 국가에 대한 충성 못지않게 중요한 정치적 감정과 욕망을 생산했다.

전투를 겪고 있는 도중에 작성한 편지에서 인민들은 자기 존재에 대한 의미와 전쟁에 참가하는 정당성을 부여한다. 그들은 국가에 대한 충성과 죽음에 대한 두려움을 '조국'과 '통일'로 극복하고자 했다. 텍스트에서 병사들의 의지는 문자로 표현되었으나 결국은 자신의 욕망을 함께 수행하는 행동의 언어가 되었고, '조국'이라는 상징은 전투와 훈련이라는 행위를 의미하는 것으로 구체화되었다.

죽음과 공포는 눈앞에 있는 현실이다. 텍스트에는 내일을 기약할 수 없는 전시의 욕망이 투영되어 있다. 지금은 살아 있지만 이 편지를 다 쓰고 난 뒤나 수신인이 이 편지를 받을 때면 그들은 죽었을지 모른다. 전세가 역전된 시기의 편지들은 이런 불안이 깊숙이 잠재해 있다. 병사들은 의지적인 현실과 비의지적인 현실을 동시에 담지하고 있으며, 텍스트는 살아서 다시 만나자는 현실을 얘기하지만 미래는 이들에게 비의지적인 것이었다. 불행하게도 편지는 수신인에게 전달되지 못하고 연구자에게 남게 되었다.

집단주의 사회구성 원리에서 경직된 사회로 나아가는 데 결정적 역할을 한 전쟁 경험은 인민들을 조국과 한 몸이 되게 했다. 이런 측면 외에 국가의 의도와는 다른 개인의 사랑과 행복에 대한 욕망 또한 전시 체험은 보여 주었다. 치를 떨게 만들었던 공중 폭격은 운명

폭격의 공포

공동체를 거부하는 개인의 일상적 저항과 심리적 변화를 나타내곤 했다. 인민들은 국가와 공동체로 묶여 있었지만 이와 반대로 분열된 개인의 사랑과 행복을 추구하는 이중의 인식을 나타냈다.

　이런 관점을 취한다면 텍스트에 출연하는 발화자로서 인민은 '쓰기 행위의 주체'에서 '인식의 주체'로 발전한다. 편지는 주관의 영역과 객관의 영역이 동시에 존재하는 곳인데, 내면의 주관적 경험이 객관화된 문자로 표기가 가능해야 텍스트는 그 의미를 지닐 수 있다. 편지는 승리나 패배와 같은 전시의 객관적 세계 속에서 인민들의 주관적 욕망이 솔직히 기술되었다. 그들은 조국의 명예를 지향하면서도 개인의 행복을 추구하고, 국가와 한 몸으로 통합하면서도 분리되어 있는 속마음의 소유자들이다.

14

전쟁사회

군인과 인민이 일치된 사회

이북의 정치 체제를 여러 가지 성격으로 부른다. 항일 무장 투쟁 세력이 정권의 중심이 된 유격대 국가를 비롯해 최고 정치권력의 세습이라는 측면에서 왕조 국가 또는 절대 군주제, 사회에 대한 통제와 전일적인 지배를 말하는 전체주의 국가론까지 이름 붙여진 개념은 다양하다. 김일성의 주체사상을 절대화한 박한식의 '주체 종교'와 같은 설명 틀로는 신정神政 국가라고 할 수 있고, 사회주의 체제의 보편성과 수령제의 후계 체제를 특색으로 볼 수도 있다.[1] 주체를 구성하는 정치권력의 형태는 국가의 통치성governmentality 관점에서 또한 분단 체제 하의 국가 이성Raison d'État이라는 측면에서도 분석이 가능하다.[2] 국가와 정치 체제, 정부는 개념적으로 다르며 이 세 부문의 관계를 어떻게 규정하느냐에 따라서 정치 공동체의 성격은 달라진다.

이 책은 체제의 특색을 강조하여 국가 성격을 논하려고 하는 것이 아니다. 체제의 성격보다는 사회주의 체제를 준거로 하면서 변형된 정치권력과 사회를 이해하는 데 초점이 있다. 변형된 정치권력이라는 것은 이종석이 논증한 유일 체제라 할 수 있다.[3] 앞서 보았던 1967년 이후 유일사상체계에 따라 사회 통제와 억압적 성격을 강조하는 의미에서 이종석이 인용하고 있는 개번 맥코맥Gavan McCormack의 신전체주의 성격 또한 효용성을 갖는다. 하지만 붕괴가 필연이라는 맥코맥의 주장과 다르게 이종석이 제시하듯이, 이 책은 인민들로부터 동의를 구하는 자원 동원의 내적 기제와 사회 체제를 더욱 의미 있게 다루고자 한다.[4]

사회의 성격에 대한 이해를 덧붙여 보자. 강정구는 북한 체제의 사회주의 성격과 형성 과정에 대한 내적 동력, 그리고 역사적 경험에 대한 이해를 강조한다. 북한 사회를 연구하는 중요한 기준은 사회주의의 보편성과 이북 체제의 지향점, 한국전쟁이 사회주의 건설에 미친 영향, 주체사상이다. 그는 남한이 가졌던 반공주의 '무의식'에 질문을 던지고 '민족 중심적 이해'라고 하는 의식적이면서 이성적인 인식론으로서 '역사추상형 비교방법'론을 제시한다.[5] 서재진은 시민 사회의 전조이자 맹아 단계인 사회주의권의 제2사회 개념을 바탕으로 북한을 시민 사회가 발달하지 않은 신민 사회로 규정한다. 국가와 사회와의 관계를 규정하는 수령과 당의 독재, 사회 통제, 경제관리 방식, 주체사상, 혁명 이데올로기를 신민 사회 형성의 구조적 요인으로 제시한다.[6]

평시와 전시의 구분이 없는 사회

북한에서 사회의 형성과 내적 경험은 인민과 당, 국가의 관계에 따라 규정되어 있다. 이 책이 사회의 성격에서 주목한 것은 인민과 군인, 사회와 군대 그리고 전쟁과 미국의 관계다. 이것은 인민의 생활과 감정, 정신세계를 결정짓고 미국을 대척점으로 하는 국가의 존립 문제 그 자체이기도 하다. 사회와 군대의 관계에서 한 발짝 더 들어가면 인민과 군인이 굉장히 가까운 사이임을 알 수 있다. 앞서 서술하듯이 군민일치의 생활은 노동당의 방침에 해당한다.

1992년 3월 최고인민회의 중앙인민위원회는 군민일치 모범군(시, 구역) 칭호를 정령으로 채택했다. 그해 4월 최고인민회의는 제9기 제3차 회의에서 1972년의 사회주의헌법을 개정했는데, 제61조에서 "군민일치의 고상한 전통적 미풍을 높이 발양하도록" 규정했다. 2016년 개정 헌법에도 그대로 삽입된 이 조항은 군민일치를 사회 운영의 방향으로 격상한 조치였다. 최고인민회의 상임위원회는 모범군 호칭을 군, 시, 구역 단위에서 군부대 지원과 인민이 결속한 군민일치 운동의 모범 사례에 수여했다. 군대가 사회와 밀접한 관련을 가지려면 대중 사업에 적극적으로 나서야 하고 군대를 중심으로 사회가 조직되어야 한다.

1948년 정부를 수립한 이후부터 오늘날까지 조선민주주의인민공화국은 군대를 중시하는 특징을 갖고 있다. 무장력을 갖춘 집단과 근대 국가의 형성은 대내외적으로 주권의 실현과 필연적인 관계에 있다. 이 관계란 내적으로는 물리력을 통합해 폭력을 독점하고 외적으로는 주권의 안정적인 확보를 뜻한다. 이 경우 사회는 전쟁 준비

전쟁사회

태세를 항상 갖추고 인민들은 언제나 싸움에 나설 정신이 충만한 상태에 있어야 한다.[7]

　물리력을 행사하는 집단이 가장 강력한 정치 세력을 형성한 체제는 경제와 사회 영역을 전투 세력(군대)의 힘에 종속시키는 형식을 띤다. 전쟁을 예상하고 국가 안보 가치를 중요하게 여기는 점에서 이런 국가를 '병영 국가garrison state'라고 할 수 있다.[8] 병영 국가에서 사회는 전쟁을 수행하는 하나의 유기체로서 조직되는 전쟁사회의 성격을 가진다. 전쟁사회는 전쟁이 사회 제도의 일부로 편입되고 인민과 사회와 국가는 이것을 수행하기 위한 조직으로 변화하며 또한 경제와 사회가 무력에 종속되는 것이 특징이다. 사회의 전 부문을 전투 준비를 위한 기구로 재편하고 국토는 요새화하며 인민의 무장을 일상화하는 강력한 군사 공동체를 이룬다.

　이런 체제라고 해서 무장력을 갖춘 군대의 규모가 엄청나게 큰 것은 아니다. 북한의 병력 규모에 대해서는 논란이 계속되고 있지만 인구 통계를 근거로 치밀하게 계산한 정영철에 따르면, 정규군은 최소 약 50만 명에서 최대 70만 명 수준이다.[9] 2008년 유엔인구기금의 지원을 받아 실시한 인구 총조사에서 성별·연령별 총인구와 지역별 총인구의 차이는 약 70만 명에 이르렀다.[10]

　이북이 전쟁사회가 된 것은 "한국전쟁 동안 대학살을 경험"했고 아직 이 전쟁이 끝나지 않았기 때문이라고 볼 수 있다.[11] 이런 상태에서 사회를 유지하는 데 가장 중요하게 고려하는 것은 전쟁이 일어날 가능성과 그 위험에 대비하는 것이다. 임마누엘 칸트Immanuel Kant가 '준비된 군대miles perpetuus'에 관해 논의한 것처럼, 지속적인 전쟁 위협은 상대방이 언제나 전쟁을 할 수 있게 준비된 상태라는

그 사실 때문에 발생한다.[12]

이삼성이 언급하듯이, 이와 같은 사회 현상은 결국 전쟁을 사회 제도로서 받아들이고 인식하게 만든다.[13] 전쟁을 사회 제도의 일부로 여기고 사회 자체가 전쟁을 수행하기 위해 조직되는 전쟁사회는 북한 지도부가 한국전쟁 때 이미 구축한 바 있는 군사위원회 체제와 유사하다. 전쟁 상태 또는 준전시 상태의 일상화는 전투 수행을 사회 행위의 일부로서 간주하고, 군대는 사회 조직의 핵심으로서 그 역할을 수행하게 한다.

평시와 전시의 구분이 별 의미가 없는 사회에서 정치는 군사화하고 정치권력은 군사화를 정당화하는 형태로 변형된다. 다가올 전쟁을 대비하는 사회는 군사력을 최우선으로 하는 정치 체제로 재편된다. 군대를 중시하는 정책은 위기가 심화되는 비상시에 두드러지지만, 북한에서는 이 상태가 일상적인 체계 속에 있다. 앞서 보았듯이 인민군대를 중시하고 군인을 인민의 모범으로 삼아 온 것은 이미 사회주의 체제 건설과 한국전쟁의 경험, 그리고 전후 경제 복구 과정에서 광범위하게 진행된 정책이다.

군대를 중심으로 한 국가 공동체에서 군인들의 국가 보위는 마치 가정과 인민을 위하는 윤리적, 도덕적 의무와 같다. 가정은 국가와 동일한 것으로 간주되고, 이를 수호하다 전사한 사람들은 영웅과 모범으로 형상화한다. 노동당의 주장으로 보면 조선인민군은 인민들과 일심동체를 이루는 조직으로서, "인민과 군대는 공통의 이익을 목적"으로 관계를 맺은 "하나의 가정을 형성"해 왔다.[14] 군대는 국가와 가족의 사회적 연결 고리로서 인민 대중을 이 관계에 귀속시키고 인민에 대한 군인의 의무와 책임을 효과적으로 매개한다.

전쟁사회

'군대가 망하면 국가도 망한다'

조선인민군은 한 국가의 안보를 지키는 무력의 군대로서 뿐만 아니라 계급적 성격을 띠는 정치적 조직으로서, 인민과 사회 속에서 함께 발전해 온 집단이다. 인민군대 내의 당위원회 제도는 1958년 3월 8일 당중앙위원회 전원회의 이후 전면적으로 실시되었다.[15] 이보다 한 달 앞선 2월 8일 김일성은 '조선로동당 중앙위원회 전원회의에서 한 결론'에서 당의 군대로서 조선인민군의 성격을 명확히 한다. 인민군대는 정권 수립 초기 통일전선의 성격을 가진 민족군대에서 계급적 성격을 확고히 하는 노동당의 군대로 변모했다.[16] 강정구의 결론에 따르면, 인민군은 무력을 가진 군대이자 계급 지위를 갖는 사회주의 국가의 군대 외에도 실질적인 지역 거점으로 자리 잡았다.[17]

군대가 가진 무력의 성격은 1960년대에 정치적 의미를 확대하게 된다. 당시는 미국이 베트남전쟁에 개입하고 쿠바에서 미사일 위기가 발생했으며, 사회주의권이 분열하는 등 국제 정치에서 긴장이 고조된 시기였다. 북한은 존 에프 케네디John F. Kennedy의 세계 공동체 수립 구상을 사회주의 진영을 봉쇄하고 세계를 제패하려는 계획이라고 비판했다.[18] 남한에서는 5·16군사쿠데타와 한일회담이 진행되는 등 정세가 급속히 변화하고 있었다. 1961년 제4차 당대회 이후 당과 군이 일체화하면서 군은 당과 인민의 군대라는 위상을 넘어 정치적 위상을 갖기 시작한다. 1962년 12월 노동당 제5차 전원회의는 4대군사노선을 채택해 국방력을 강화했다. 한반도와 국제질서의 변화는 평양이 국방력을 강화하는 계기가 되었다.

노동당은 전쟁을 대비하기 위해 오랫동안 사회를 재조직해 왔다. 군인을 중심으로 하는 공동체로서 군대를 거점으로 정치 경제가 움직이는 체제를 유지해 온 것이다. 군인을 우대하는 정책은 모범 군인 창출과 함께 제대 군인들의 협동농장 주도, 당단체와 사회단체 진출 등 사회 전 분야에서 군인을 중심으로 사회를 편성하는 조치였다. 이렇게 군을 중심으로 체계화된 사회는 김정일 시대의 선군정치가 등장하는 매우 손쉬운 배경이 되었다.

군사와 군인을 중시하는 기풍은 사회주의권 붕괴와 외부의 위협 속에서 선군정치를 내세우는 통치 방식으로 전면 등장했다.[19] 1993년 신년사에서 김일성은 적들의 무력 도발에 대처하기 위한 전인적 방위 체계 강화를 지시하면서 "전군 간부화, 전군 현대화, 전민 무장화, 전국 요새화 방침"을 밝힌다.[20] 군사 대비와 함께 사상의 준비를 강조한 김일성의 신년사는 주변국의 위협에 대한 대응 방식이었다. 김용현이 말하듯이 군사 제일주의는 갑자기 등장한 것이 아니라 사회주의 체제 건설 과정에서 군대의 역할이 국내외의 상황과 맞물려 강화되어 온 측면, 다시 말해 위기관리라고 하는 역사적 맥락 속에 있다.[21]

한반도 핵 문제가 위기로 치닫는 시점에서 군이 사회의 중심에 모습을 드러냈다. '북미제네바 기본합의'가 체결되는 1994년 신년사에서 김일성은 "우리는 어떠한 불의의 사태에도 주동적으로 대처할 수 있는 정치 사상적 준비와 군사적 준비, 물질적 준비를 튼튼히 갖추며 온 사회에 군사를 중시하고 인민군대를 적극 원호하는 기풍을 철저히" 할 것을 천명했다.[22] 공식적으로 평양은 1995년 1월 1일 김정일이 다박솔초소를 찾은 날을 "선군정치의 첫 포성이 울린 역사

의 날"이라고 선언했다.[23]

김정일의 선군 시대와 같이 군대를 최우선으로 국가를 운영하는 방식은 체제의 생존을 위한 치열한 내부 투쟁의 결과라고 할 수 있다. 동유럽 사회주의권이 붕괴한 1990년대 초반 노동당은 경제와 국가 안보 사이에서 어떤 것을 우선시할 것인지를 두고 심한 논란을 벌인 것으로 알려졌다. 군대를 강화하지 않고 점증하는 대외 위기를 넘길 수 없다는 결론 아래, 사회주의 당-국가 체제에서 "'당은 있다가도 없을 수 있고 없다가도 다시 만들 수 있다. 그러나 군대가 망하면 국가도 망하기 때문에 우리는 군대에 우리의 모든 역량을 집중하기로 결정했다'"고 한다.[24]

2003년 3월 평양에서 열린 '제6차 남북 해외학자 통일회의'에 참석한 박명림은 북한 고위 관료와 학자들로부터 동유럽 사회주의 체제가 무너진 이후 평양의 내부 논쟁과 그 결과를 전해 들었다. 군사를 경제 문제보다 앞세우는 이유는 군대가 영도하는 사회주의를 건설하려는 의도다. 이전의 사회주의가 노동계급을 핵심으로 당이 지도하는 체제였다면, 제국주의에 포위된 상태에서는 군대가 없이 사회주의를 건설하고 유지하는 것이 불가능하기 때문이라는 판단이었다. 이 논쟁에 대한 노동당의 공식 문건은 아직 공개되지 않았다.[25]

평양의 설명대로라면 선군정치는 군대를 중심으로 하는 정치로서 군대가 당과 국가의 중요 과업을 제시하고 당과 군대, 인민을 결합시켜 사회주의 혁명을 지속해 나가는 방식이다.[26] 김진환의 주장대로 이 체제는 점증하는 외부의 위협에 대한 내부의 통치 방식으로서 김정일 국방위원장의 권한을 강화하게끔 했다.[27] 김정일 시대까지 정치 체제의 주축인 조선인민군은 당의 군대라는 정치적 역할과 인민과 군의 일체감을 형성하는 사회적 역할, 그리고 조국을 보위하는 무력 군대로서의 군사적 역할이 확대되어 왔다.

전쟁을 제도와 사회 체계의 일부로 구조화하는 사회와 군대가 정치의 중심에서 권력을 행사하는 국가는 선군정치의 등장과 매우 강한 친화성을 이룬다. 선군정치는 전쟁사회가 안고 있는 체제의 내적 조건을 바탕으로 조성된 통치 방식이다. 정치의 군사화는 군인을 중심으로 인민들이 결속하고 지역의 거점인 군대를 중심으로 사회를 유지하며, 군대가 국가를 통치하는 주체로 등장한다. 이와 같은 사회에서 인민의 일상은 전쟁 또는 전투 과정 속에 있는 병영 생활로 이해할 수 있으며 전투 구호는 곧 생활 속의 구호가 된다.

DPRK

3

인민의 내면세계

"우리나라에서 긴장 상태를 완화하고 전쟁의 위험을 제거하는 문제는 무엇보다도 미국이 우리 공화국에 대한 적대시정책을 버리고 조미 사이에 평화협정을 체결하여야 해결될 수 있다. …전쟁위험을 제거하고 평화를 담보하기 위하여서는 우리와 미국 사이에 평화협정을 체결하여 새로운 평화보장체계를 세워야 한다. 이와 함께 이미 세상에 공포된 북남불가침에 관한 합의를 재확인하고 철저히 리행하여야 한다. …우리는 미국을 백년숙적으로 보려 하지 않으며 조미관계가 정상화되기를 바라고 있다. 미국이 랭전시대의 낡은 관념에서 벗어나 힘의 립장에서 조선 문제를 대하지 않고 조선반도의 평화와 통일에 도움이 되는 일을 한다면 조미관계도 두 나라 인민들의 리익에 맞게 좋게 발전할 것이다."

김정일, 「위대한 수령 김일성동지의 조국통일유훈을 철저히 관철하자」, 1997. 8. 4,
『김정일선집 14』, 조선로동당출판사, 2000.

15

전쟁의 정치적 감정

신천학살의 기억

전쟁이 제도화되었다면 이 전쟁의 정치적 감정은 어떻게 생산되는
지 사례를 보자.

　전쟁의 상흔은 크다. 1950년 6월부터 3년 동안 한반도에서 벌어
진 전투는 남한과 북한에 많은 피해를 남겼다. 죽은 사람들에 대한
여파는 현재에도 진행 중이다. 전면전을 일으킨 북한에게도 이 전쟁
은 자신들이 의도한 '조국 해방'과 다르게 수많은 인명 손실과 국가
의 존립을 위태롭게 하는 결과를 초래했다. 민간인에 대한 피해는
여러 가지 형태로 나타났는데, 대량 학살이라고 할 수 있는 일들이
한반도 전역에서 벌어졌다.[1] 1958년 3월 26일 신천군 현지지도에
나선 김일성은 노동당 신천군당 청사를 박물관으로 건립하기 위한
사업 정형을 제시한다. 김일성의 지시에 따라 노동당은 황해도 신천
지역에서 일어난 학살을 배경으로 박물관을 건립했다.

2014년 11월 25일 김정은 조선노동당 제1비서가 권력을 승계한 이후 처음으로 황해남도 신천박물관을 현지지도한다. 관영 매체인 조선중앙통신은 김정은이 신천박물관을 방문해 미국을 비난한 내용을 상세히 보도했다. 그는 한국전쟁 당시 미군이 신천군 일대에서 대규모 학살을 저질렀다며, 미국을 "살인마"라고 규정하고 적(미국)에 대한 **"환상"**은 죽음이라고 언급한다.[2] 조선중앙통신은 대외 정세에 맞게 반제·반미교양과 계급교양을 강화하고, 이를 인민들에게 불러일으키고자 김정은 비서가 이곳을 방문한 것이라고 밝힌다. 신천박물관이 어떤 곳이고 신천학살이 무엇이기에 최고 지도자가 그곳에서 미국을 맹비난하는 현지지도를 했을까. 미국을 향한 적대 감정이 깊을수록 그 이면에는 또 다른 사연이 있기 마련이다.

이보다 앞서 2008년 3월 26일 조선노동당 중앙위원회는 신천박물관 창립 50주년 기념보고회를 맞아 축하문을 발표한다. 당중앙위원회는 신천박물관이 당과 수령의 영도 아래 '혁명 임무'를 수행하였으며, "미제와 계급적 원쑤"들의 야만성을 폭로하고 "애국적 인민들의 영웅적 투쟁을" 잘 꾸려놓고 또한 전국 각지의 공장과 기업소, 협동농장들에 대한 이동 강의를 활발히 진행한 것을 축하했다.[3] 읍내에 위치한 이 박물관은 1866년 8월 조선에 침입한 미국 군함 제너럴 셔먼General Sherman호부터 한국전쟁 당시 신천 지역 학살과 이북 지역에서 일어났던 사건 자료 3,000여 점을 전시하고 있다.[4]

피의 교훈, '환상을 가지지 말라'

신천박물관을 알기 위해서는 이 지역에서 일어난 학살을 알아야 하고, 신천학살을 알기 위해서는 이 지역이 어떤 지리적·역사적 배경이 있는지부터 알아야 한다. 이곳은 한반도 중부 지역의 서쪽에 위치한 구월산 자락 인근인데 은율, 재령, 안악과 함께 쌀이 많이 생산되는 곡창 지대에 속한다. 구월산은 홍명희의 『임꺽정』과 황석영의 『장길산』 두 대하소설에서 의적들이 근거지를 삼은 곳이다. 이 일대에는 김일성의 아버지 김형직이 항일 운동을 할 당시 거처한 집과 훈련 장소가 사적지로 보존되어 있다. 1998년 7월 노동당은 김형직 출생(1894년 7월 10일) 104주년을 맞아 그의 혁명 사상이 집대성되어 있는 글발 지원(志遠)을 오봉바위에 새겨 제막식을 가졌다. 이 글발은 김형직과 김일성의 불멸의 업적과 김정일의 현지지도가 새겨진 국보의 기념비로서 만경대 일가의 유산이다.[5]

이와 같은 역사적·정치적 배경 못지않게 중요한 것은 이곳이 경제적 계급 관계와 천주교·기독교가 비교적 일찍 전래한 곳이라는 데 있다. 경제 구조로 보면 이 지역은 지주와 중농이 많고 종교로는 기독교와 천주교가 강한 교세를 펼친 곳이었다. 일본이 한반도를 점령한 때에는 독립 운동가들이 이곳을 중심으로 활동했다. 김구를 비롯해 안중근이 만주로 떠나기 전 청년 시절에 몸담은 곳이기도 했다. 안중근은 천주교에 입교해 세례를 받은 뒤 황해도 신천성당의 총대(사무국장)로 재직했다.

일제 강점기가 끝난 후 조선민주주의인민공화국이 수립되면서 안악과 재령, 신천 출신 청년들이 토지 개혁과 기독교 탄압에 저항

전쟁의 정치적 감정

한다. 그들이 선택할 수 있는 것은 남쪽으로 가거나 그곳에 남아 지하에서 반공 투쟁을 계속하는 것이었다. 반공 투쟁을 위해 결성된 우익 청년 단체들, 애국결사대와 반공구국대와 같은 조직들이 노동당을 상대로 산발적인 투쟁을 전개했다.

1948년 9월 9일 이북에서 정부가 수립될 즈음 청년들은 구월산으로 이동해 반공유격대 조직을 갖추었다.[6] 기독교 우익 청년들이 중심이 된 반공유격대는 전쟁 발발 전까지 주로 지하에서 북한 체제에 반대하는 투쟁을 벌였다. 구월산 반공유격대는 전쟁 때 미8군 작전참모부(정보참모부)가 지휘하는 구월산 유격 부대로 정식 편입되었다가 유엔군유격부대UNPFK로 편제된다.[7]

1950년 10월 중순 북한이 이들 지역에서 후퇴할 즈음에는 구월산을 근거지로 인민유격대가 조직되었다.[8] 인민유격대는 은율, 신천, 안악, 송화, 장연 등 황해도 지역 여러 곳에서 북쪽으로 후퇴하지 못한 노동당원과 인민위원회 관련자, 각종 사회단체 소속 청년들이 무장 조직을 만들어 남한과 유엔군에 저항했다. 구월산으로 숨어든 유격대는 우익 청년들이 결성한 반공유격대와 북한 편의 인민유격대가 시기의 차이를 두고 활동한 셈이다. 북한이 주장하는 신천학살은 미군과 한국군이 이 지역을 점령하는 전후에 우익치안대와 관련해서 발생한다.[9]

신천박물관 자료에 따르면 1950년 10월 18일 미군은 노동당 신천군당 방공호에서 900여 명의 인민을 학살한다. 희생자 중에는 신천군당 조직부부장 김창료와 신천면 교탑리 인민위원장 강정규가 포함되어 있었다. 20일에는 내무서 방공호에서 집단학살이 있었고 50여 명의 여성과 어린이가 포함된 520여 명이 그곳에서 사망한다.

신천박물관은 10월 17일부터 12월 7일까지 유엔군이 신천군을 점령한 52일 동안 35,383명이 사망한 것으로 기록하고 있다. 이 중에는 군내 청소년과 학생 8,000여 명이 포함된 것으로 노동당은 주장한다.

학살 현장으로 들어가 보면 신천 지역 일대에서 여러 차례 유해 발굴이 이루어졌다. 1951년 사건을 공개한 이래 1958년 박물관을 건립할 즈음과 1964년 11월 내무서 주변, 1988년 신천군당 방공호 주변과 군 내무서, 1994년 7월과 2001년 신천읍 범바위산에서 각각 유물과 유해를 수습했다.[10] 2004년 신천읍 북쪽 야산에서 유해 4구를 새로 발굴하기도 했다.[11] 인민들과 당·군 지도부는 정기적으로 신천박물관과 그 주변을 방문하고 있으며, 매년 6월 25일부터 7월 27일 사이에 반미 공동 투쟁 행사가 이곳에서 열린다.

젊은 시절의 김정일 행적을 기록한 자료에 따르면, 1962년 김일성종합대학 재학 시절 신천박물관을 찾은 그는 전시물을 돌아보고 "격분"한 채 "오직 타협할 수도 용서할 수도 없는 인민의 원쑤에 대해서" 분노를 품었다. 김정일의 긍정적인 인간상을 강조하기 위한 서술이기는 하지만, 이 자리에서 그는 미국에 대해서 **그 어떤 환상도 절대로 가져서는 안 된다**"라고 하면서 인민들이 "신청 땅의 피의 교훈을 절대로 잊지 말아야" 할 것을 강조했다.[12] 각색되었을 가능성이 있지만 김정일의 진술은 북미 관계가 정상화되기까지 노동당의 관점으로 지속되고 있다.

공식적으로 1962년에 김정일이 미국에 대해서 **'환상'**이라고 언급했듯이 2014년 신천박물관을 찾은 김정은 역시 **'환상'**에 대한 경계를 늦추지 않았다. 이와 같은 논조는 일정한 국면마다 되풀이되어

전쟁의 정치적 감정

왔다. 현재에도 미국을 제국주의라고 언급할 때는 '환상'이라고 비판하는 것에는 변함이 없다. 2018년 6월 북미 정상 회담 이후 비핵화 협상이 진행 중인 가운데 그해 10월 노동당은 당 기관지를 통해서 **"제국주의자들에 대해 티끌만 한 환상이라도 가진다면 사회주의를 고수할 수 없게 된다"**고 밝혔다. 군사적 위협과 경제 봉쇄로 자신들을 굴복시켜 보려는 미국의 태도는 상상을 초월한다고 지적하고, 경제생활이 나아짐에 따라 사상 투쟁이 변질되지 않도록 경고했다.[13]

기념물과 공동체의 정치적 감정

앞서 전쟁의 사회적 양식과 정치 체제의 변화를 군인과 인민의 일치, 선군정치 등장, 군대를 중심으로 한 당과 인민의 결속에서 찾아보았다. 공동체의 정체성을 형성하는 사회의 문화적 요소들은 상징물이나 선전, 교육으로 이루어진다. 전쟁을 겪은 나라들은 저마다 어떤 형태의 기념물이나 추념 공간을 가진다. 일반적으로 기념물은 공동체의 역사 인식을 만들고 또 반영한다. 그중에서 전쟁 기념물은 근대 국가 또는 민족주의와 깊은 관련이 있는데 국가의 공식 기억은 기념물이라는 형태를 가지고 구성원들에게 전달된다. 집합적인 형식을 띠는 기념 과정은 사회 구성원의 정서와 인식의 틀을 만들고 궁극적으로는 정체성을 형성한다. 국가와 민족이라는 공동체는 구성원의 공통적인 경험과 지난날의 기억을 주요 기반으로 삼는다.[14]

역사적으로 전쟁 기념물은 예술적 조형으로서 전투에 참가한 사람들을 이상화하는 상징으로 만들어진다. 근래에 이르러 형상화되는 상징물은 국가의 권위와 전쟁의 정당성 그리고 희생자에 대한 애도를 포함하는 경우가 대부분이다. 기념물에서 재현하거나 내용을 구성하는 요소들은 전장의 참상뿐만 아니라 전투를 숭고한 것으로 만든다. 죽은 병사들은 국가와 민족을 위해 목숨을 바친 영웅으로 불린다.[15] 전쟁에 참가한 병사들의 이미지는 신화나 종교적인 내용과 관련되고 이들이 수행한 전투는 고귀하고 신성한 것으로 탈바꿈한다. 죽음으로써 국가와 민족을 지키고 전쟁에서 승리를 가져 왔다는 논리는 공동체 구성원들에게 집합 의식을 갖게끔 한다.[16]

기념물이나 박물관은 전시 내용과 그 구성에서 국가의 의도를 명확히 드러낸다. 기념물이 들어서는 장소는 이곳에서 벌어진 사건에 대한 의미를 정치의 해석대로 일반화한다. 공간이 재연하는 것은 사건뿐만 아니라 여기에 연루된 사람들, 특별히 희생자의 죽음을 국가 차원에서 애도함으로써 구성원들의 감정을 고양하는 데 그 목적이 있다. 공동체 구성원의 인식을 형성하는 데 주목할 것은 희생자에 대한 서사다. 이 서사는 개별 행위자의 것에서 공동체가 기억하고 본받아야 할 공식 역사로 변한다.

한반도에서 전면 전쟁을 일으킨 북한이 신천 지역에 박물관을 세운 것 역시 예술적 조형과 별개로 위의 전례에 따르면 예외일 수 없다. 신천박물관은 신천 지역에서 일어난 학살을 배경으로 한다. 노동당이 신천학살을 설명하고 박물관을 중요하게 간주하는 것은 한국전쟁의 성격과 희생자의 의미, 미국에 대한 비판, 인민들의 반미 감정에 있다. 바꿔 말하면 인민들의 관점에서 이 박물관이 기념물로서 갖는 의미는 전쟁과 미국에 대한 내면의 규범과 정서, 감정을 만드는 곳이라는 데 있다.

인간의 감정은 저절로 생겨나지 않는다. 보는 이들의 감각을 형성하는 이러한 전시는 홀로코스트나 다른 사건이 발생한 현장의 기념물에서도 비슷하다. 폴란드의 아우슈비츠-비르케나우 국립박물관에 비하면 그 규모나 수집한 물품의 양과 종류에서 엄청난 차이를 보이지만 신천박물관에서도 희생자의 신발과 안경, 허리띠와 같은 유품이 관람객의 시선을 끈다. 이안 부루마Ian Buruma는 아우슈비츠를 "사라지려고 하지 않는 과거, 민족정신에 찍힌 어두운 점이자 독일의 문제일 뿐 아니라 독일의 일부"라고 그 의의를 평했다.[17] 신천학살 역시 한 민족에게 사라지지 않는 과거이자 북한의 일부라고 해도 지나치지 않다.

북한 인구의 절반 이상이 신천박물관에서 미래의 전쟁, 앞으로 일어날지 모르는 미국의 공격에 대한 구체적인 결과를 보아 왔다. 통계를 보면 1962년 1월 22일 김정일이 신천박물관을 방문한 이후 2002년까지 40년 동안 1천 3백여 만 명이 참관했고, 외국인과 해외 동포는 9만 6천여 명이 다녀갔다.[18] 1998년 11월 김정일이 박물관을 현지지도한 이후부터 10년 동안에만 유해 65구와 유물 380여 점을 새로 발굴하고 전시했다. 이 기간 동안 인민군인과 근로자, 청년 학생, 해외 동포, 외국인 등 총 397만 5천여 명이 박물관을 참관했다.[19]

인민들에게 전투 행위에 대한 준비는 전쟁에 대한 기념과 전사자들에 대한 영웅화, 추모와 관련이 있다. 정치사상교양의 특징이라고 할 수 있는 '역사'와 '정치'의 결합은 정치적 목적에 따라 지난날의 역사적 사실을 일정하게 활용하는 형식이다. 노동당의 역사 인식은 현실의 필요에 따라 지난 일을 새롭게 해석하는 정치적 방식에 있다. 사실로서의 역사를 부인하지는 않지만 지금의 필요에 따라 그 사실을 과장하거나 조금씩 다르게 해석함으로써 정당성의 근거를 새롭게 마련하는 것이다. 이 교양 방식은 학살이라는 사실을 현실의 정치 문제와 접목시킴으로써 인민들에게 비극에 대한 애도로부터 미국에 대한 분노의 감정을 불러일으키고 결국은 그들이 당과 사회의 선두에 나서게끔 한다.

특정한 기념물에 담긴 형상화는 보는 이의 감각을 강화함으로써 개인의 흐트러진 의식을 끌어모으고 집단의 감정을 단일적으로 조성한다. 피해나 가해의 입장에 따라, 국가나 개인의 관점에 따라, 전쟁의 이해관계에 따라 각 주체들은 기념물을 구성한다. 국가가 주도하는 전쟁 기념물(박물관)은 개별 국가가 그 전쟁을 어떻게 규정하고 있는지 또 어떤 공적 담론을 제시하는지에 따라 달라진다. 특정한 공간에 형태를 갖춘 기념물은 역사적 논란이 되기도 하지만, 해당 정치 공동체 구성원의 정체성을 형성하는 것 또한 명백하다. 기념물은 국가의 정치적 목적과 구성원의 감정을 의식적인 상호 작용으로 증대시킨다.

정치 공동체 구성원에 대한 의식과 정체성 형성이라는 측면에서 신천박물관 역시 국가 기념물의 보편성을 갖고 있다. 박물관에 대한 이해는 전시 공간과 다양한 형태로 구성된 소장품으로 알 수 있다. 신천박물관은 '조국해방전쟁'에 대한 평양의 관점과 미국에 대한 시각 그리고 이를 근간으로 실시하는 인민들의 정치사상교양을 구체적으로 말해 준다. 인민들은 신천박물관을 중심으로 미국에 대한 호전적 감정을 학습한다. 이것을 계승하는 과정과 계급교양, 그리고 그 내용은 미국을 상대하는 북한의 적대적인 존재 방식이라고 할 수

전쟁의 정치적 감정

있다.

　인간의 감정은 사회성을 갖는다. 감정의 형성과 결정은 사회적 속성을 갖고 있는데, 본능적으로 발생하는 생물학적 감정(일차적 감정)은 문화를 초월한 보편적 감정이며, 사회화된 행위자가 일차적 감정에 반응하면서 이것을 해석하고 받아들이는 감정(이차적 감정)은 사회 문화적, 역사적 조건에 따라 다르게 구성된다. 이성을 촉진하는 감정의 필요성을 강조하며 사회 속에서 감정이 발현되는 방식을 중요하게 문제 삼는 것이 거시적 관점의 감정사회학이다.[20] 이차적 감정으로서 반미 정서는 거시적 관점의 정치적 감정이자 증오 감정에 해당한다.

　증오가 정치적 감정이라는 것은 이것이 증오하는 사람들의 사적이며 비밀스러운 성격의 감정이 아니라는 의미다. 어떤 상대에게서 증오의 감정을 느끼도록 하는 것은 "이야기를 통해 타인을 평가함으로써 자아 존중감을 찾으려"고 하기 때문이다. '이야기를 바탕으로 한 증오 이론'을 생각해 볼 수 있다. 증오 이야기에는 플롯이 있으며 증오심의 형성에 밑거름이 되는 이야기와 이것을 유발하는 다양한 요소들이 있다. 플롯에는 증오 대상자의 역할과 증오를 자극할 만한 요소들이 적절히 배치된다. 증오 대상은 불순하거나 오염된 타인, 세상의 지배자, 정체불명의 적, 신의 적, 도덕적 파탄자, 죽음의 대리인, 야만인, 탐욕스러운 적, 범죄자, 고문자, 살인자, 교활한 침입자, 유혹자와 강간범, 운명의 파괴자, 희극적 인물 이야기로 구성된다.[21]

　인민들에게 미 제국주의는 증오의 대상이자 운명 파괴자다. 이북의 적대적인 존재 방식은 계급교양의 내적 논리와 한국전쟁 이후

지속되고 있는 체제 위협에 대한 그들의 인식, 그리고 혁명후속세대
에까지 전승되고 있는 정치적 감정에 뿌리 내리고 있다. 앞으로 다
루는 신천학살의 증언과 박물관의 전시 내용은 잡지에 실린 것을 인
용한 것인데, 이 증언에는 평양의 공식적인 발표에서 벗어나는 기록
이나 사실은 있을 수 없다. 이런 것이 북한 체제의 경직성을 불가피
하게 드러내는 것이라고 볼 수 있으나, 그렇다고 해서 잘못된 사실
을 증언한 것은 아니다. 증언자들 중에서 최근까지 활동한 생존자는
김명금과 정근성, 주상원이 있다. 관람객을 상대로 당시 상황을 설
명하는 이미지 자료에서 그들을 볼 수 있는데 증언은 언론과 책자에
인터뷰 형식으로 실려 있다.

16

인민에게 미국은 어떤 나라인가
가해자와 사건의 본질

2001년 황석영은 신천학살을 배경으로 한 소설 『손님』을 발표한다.[1] 학살이 일어나게 된 원인을 '손님'이라는 용어로 형상화하는데, 이는 다름 아닌 '기독교'와 '마르크스주의'를 일컫는다. 그는 한반도에 전래한 '기독교'와 '마르크스주의' 이념이 신천 지역에서 대규모 학살이 일어나게 된 숨겨진 사정이라고 밝히고 있다. 작가의 말에 따르면, '기독교'와 '마르크스주의'는 한반도에서 식민지와 분단을 거쳐 오는 동안 자생적인 근대화를 이루지 못하고 타의에 의해 지니게 된 모더니티modernity라 할 수 있다.

국제사법단체인 국제민주법률가협회는 1951년과 1952년 두 차례 조사단을 북한에 파견한다. 1952년 3월 3일부터 19일까지 조사단은 황해도에서 신천과 안악, 사리원의 현장을 방문했다. 그들은 평양이 제공한 보고를 근거로 100여 명이 넘는 증언자들을 만나 진술을 청취한다. 국제민주법률가협회는 조사 결과를 근거로 「한국에서 미국의 범죄에 대한 보고서」를 작성한다. 보고서는 미군이 여성과 아동을 포함한 "한국 민간인들Korean civilians"에게 저지른 대량 살상과 개별 살해 행위에 대한 증거는 압도적인 범죄를 가리킨다고 지적했다. 국제민주법률가협회는 학살의 궁극적인 책임이 미국에 있음을 결론지었다.[2]

　　국제민주법률가협회의 조사 보고서는 대량 학살과 같은 잔혹 행위뿐만 아니라 화학 무기 사용과 세균전에 관한 내용까지 기술했다.[3] 세균전을 보충하면, 언론 보도에서 밝혀진 미군 합동참모본부 기밀문서는 미군이 한국전쟁에서 세균전을 감행했음을 강력히 시사하고 있다. 이 문서에 따르면 1951년 9월 미군 합동참모본부는 작전 상황에서 특정한 병원체가 세균전bacteriological warfare에 얼마나 효과적인지 대규모 실전 테스트field tests를 하라고 명령을 내렸다.[4]

신천에서 무슨 일이 벌어졌는가

1951년 5월 국제민주여성연맹 조사단 역시 이북 지역에서 발생한 잔혹 행위를 조사한다. 17개국 여성들이 조사단을 꾸렸는데 여기에 참가한 여성들은 미국, 유럽, 아시아, 태평양, 아프리카에서 유엔군에 참가한 나라를 포함해 다양한 정치적 입장을 가진 사람들이었다. 조사단은 네 개의 일행으로 나누어 황해도, 평안남도, 강원도, 자강도 지방을 방문한다. 5월 16일부터 27일까지 조사를 수행한 그들은 그 결과를 보고서로 남긴다.[5]

국제민주여성연맹이 조사한 신천 지역 내용을 보면 동굴과 창고에서 대량 학살이 일어났다. 조사단은 동굴의 벽에 붙은 혈흔과 굴의 안쪽이 불에 탄 흔적, 그리고 남아 있는 뼈의 잔해에서 현장을 확인하고 생존자의 증언을 청취했다. 각 지역의 조사를 종합한 조사단은 다음과 같은 보고로 끝을 맺었다. 미군과 한국군은 일시적으로 점령한 기간 동안 시민, 노인·아동에 이르기까지 수천 수만 명을 고문하거나 살해했다. 그들은 어떤 범죄로 인한 조사나 판결을 받지 않은 채 살해되었으며, 이들에게 자행한 고문과 학살은 아돌프 히틀러Adolf Hitler와 국가사회주의독일노동자당이 유럽에서 자행한 것 못지않게 잔혹한 것이었다.

평양이 주장하는 학살이 일어나기 이전에 신천에서 무슨 일이 벌어졌는지 1950년 가을로 돌아가 보자. 그해 9월 중순부터 전세가 바뀌기 시작해 북한에게 매우 불리해졌고, 10월부터 38도선 이북에서 인민군이 후퇴하는 전선이 형성되자 국군과 유엔군이 이곳을 점령하기 전인 10월 13일 신천 지역을 비롯한 재령과 안악에서 반공 청년들이 무장 봉기를 일으켰다. 이 봉기를 전후해 우익 청년들과 기독교인, 반공 인사들이 북한 측에 의해 살해당했는데 우익 청년단원으로 활동한 조동환에 따르면, 반공유격대가 신천 내무서를 점령하기 전인 10월 12일경 북한 측 내무서원과 인민군이 죽인 사망자는 700여 명에 달했다.[6]

유엔군과 국군이 점령하지 않은 재령과 신천에서 우익 청년들을 중심으로 위에서 언급한 '10·13반공의거'가 일어났다. 이 시점부터 우익 무장단체와 북한 측 간의 산발적인 전투가 벌어진다. 10월 17일 미군이 신천을 점령하자 형식적인 통치는 미8군 민사처 관할이었지만 미군이 북쪽으로 진격한 이후 이들 지역은 치안이 부재한 곳이 되었다. 미군은 이 지역에서 행정을 장악할 수 없었고 남한 정부 역시 관할권을 확보하지 못한 상태였다.

사건이 전개되는 동안 그곳에 있었던 이경남은 신천 지역이 우익 단체에 의한 "과도적인 치안 유지와 자치 행정이라는 '특수한 지대'로 변모"했다고 밝힌다. 그는 구월산 반공유격대에 참가해 1950년 12월 남쪽으로 후퇴한 이후부터 1953년 휴전 때까지 동키Donkey 첩보 부대 요원으로 활동한 반공 빨치산이다.[7] 반공 청년들이 공권력의 빈 공간을 좌지우지했고, 그들은 이 지역 사람들 중에서 '공산주의자'라고 의심되는 인민들을 살해했다.[8] 이와 같은 사건은 일시적인 현상이 아니었다. 해방과 북한 정부 수립 그리고 이후 수년간 지속된 좌우익 갈등이 전쟁을 기화로 폭발했던 것이다.

일시적 후퇴에서 강점 지역을 되찾은 북한은 1951년 5월 25일부터 29일까지 신천학살에 관련된 사람들을 인민재판했다. 5일간 진행한 공판에서 북한 측은 신천학살을 주도한 인물로 윌리엄 켈리 해리슨William Kelly Harrison 장교를 거론하며 미국의 책임을 들춘다. 재판에 따르면 해리슨 중위는 1950년 10월 17일 경찰과 무장대, 치안대를 조직하고 18일부터 대량 학살에 돌입한다. 10월 18일 900명, 19일 320명, 20일 520명이 사망한 것으로 평양은 기록하고 있다.[9]

가해자로 지목한 해리슨에 대해서는 평양의 공식 주장을 다르게 해석할 필요가 있다. MBC 〈이제는 말할 수 있다〉 제작진은 취재 중에 24사단 19연대 1대대장 모리스 너츠Morris Naudts 대령과 가진 인터뷰와 국립문서기록관리청NARA에서 발굴한 문서, 그리고 3대대

인민에게 미국은 어떤 나라인가

병사들의 명단에서 해리슨이라는 군인을 찾을 수 없었다.[10] 미군 문서는 '10·13반공의거'를 '만세 사건Manseh Incident'이라고 표기했고 10월 16일 19연대 3대대가 신천을 점령한 것으로 기록했다. 이 문서에 보고되어 있듯이 "Lt. Harrison"은 미8군 민사처 소속으로 CIC 부대와 함께 있었을 가능성이 크다. 평양은 미국과 미군 장교가 이 지역 책임자라는 사실을 부각시키기 위해서 현장에는 없었지만 해리슨을 가리킨 것이라고 볼 수 있다. 미국의 책임을 계속 언급하는 노동당의 의도는 반미정치의 성격을 말해 준다.

짧은 기간이었지만 신천 지역은 미군이나 남한, 북한 당국의 통제가 이뤄지지 않는 진공 상태에 있었다. 사람들을 통치하는 치안과 행정이 공백으로 남게 된 것이다. 통치를 담당하는 정부 기관이 없는 상태에서 무장 투쟁을 일으킨 반공 청년들이 고향을 떠나지 못한 인민들을 장악했다. 이 지역에서 인민군과 노동당원 간부들은 북쪽으로 물러났고 우익치안대는 후퇴하지 못한 인민위원회 관계자와 일부 노동당원, 인민들을 살해했다. "피의 복수는 일시적인 감정"이라고 볼 수 없었다.[11] 일본 제국주의로부터 맞이한 해방 이후 조선민주주의인민공화국 수립 과정에서 계속된 좌우익간의 정치, 경제, 이념 갈등이 그곳에서 벌어졌다.

평양의 지도부는 이 사건이 우익치안대가 실행한 것임을 정확히 알고 있다. 1998년 11월 22일 김정일은 신천박물관을 현지지도한다. 이 자리에서 그는 "신천 땅에서 무고한 인민들을 미제국주의자들이 직접 죽였다"라고 언급한다. 계속된 진술에서 김정일은 "신천 땅에 기여들었던 미제 침략군과 '치안대' 놈들"을 지칭하면서 "청산된 착취계급 잔여분자들과 반동분자들이 '치안대'를 조직하고 복수적으로 많은 사람들을 학살"했다고 밝힌다.[12] 김정일의 언급을 보면, 그는 한반도의 침략자로서 미군을 거론하고 학살의 직접적인 가해자로서 치안대를 지목하고 있다.

북한은 피학살자 35,383명이 신천군 인구의 1/4에 해당하는 규모라고 주장한다. 당시 인구를 정확히 알 수 없지만 그들의 주장대로라면 국군과 유엔군이 이 지역을 점령한 기간 동안에 전체 군민의 25%가 희생되었다. 52일 동안이라는 단서가 붙어 있긴 하지만, 이처럼 많은 피해자 수는 과장되고 또한 타지에서 피난을 떠나온 사람들이 포함되었을 가능성이 크다. 신천학살에 관한 자료와 생존자들의 증언으로 보면 미군의 구체적인 행위 여부와 상관없이 인민들에게 미국은 적대적인 감정에 고정되어 있다.

피카소의 〈한국에서의 학살〉과 미국

남한에서는 파블로 피카소Pablo Picasso의 작품 〈한국에서의 학살〉 Massacre en Corée이 신천학살을 고발한 것이라고 알려져 있다. 언론과 연구자들 중에서도 이렇게 잘못 알고 있는 경우가 제법 있다. 피카소가 이 작품을 만든 경위를 보자. 1944년 프랑스 공산당에 가담한 피카소는 한반도에 전쟁이 발발하고 미국이 개입해 국제전으로 확대되자 다른 유럽 지식인들과 마찬가지로 이 전쟁에 반대하는 평화 운동에 참여한다. 1950년 9월 프랑스 공산당은 피카소에게 한국전쟁을 고발하는 그림을 그려 달라고 요청한다. 피카소는 그해 9월 작품을 구상하기 시작해서 이듬해 1월 18일 완성한다. 피카소의 작

　　　　　　　　　　　　　　인민에게 미국은 어떤 나라인가

품은 당시 "좌파 쪽으로 많이 기울어져 있던 지식인들의 감정과 일치"했다.[13]

〈한국에서의 학살〉은 '공산주의자' 피카소의 작품 중 하나이고 그가 미국 군인의 잔혹함에 영감을 받았을지 모르지만, 한국전쟁에 개입한 미국을 비판한 것은 확실하다. 신천학살이 일어나거나 알려지기 전에 이미 프랑스 공산당은 전쟁의 참상을 다룬 상징적인 그림을 피카소에게 의뢰했다. 이북의 공식 주장처럼 1950년 10월 17일부터 12월 7일까지 52일 동안 미군이 저지른 것이라는 신천학살이 해외에 알려지게 된 것은 1951년 4월 외무상 박헌영이 유엔에 미군의 잔혹 행위 문제를 제기하면서였다.

확인할 수는 없지만, 피카소가 한반도에서 벌어지고 있던 잔혹 행위에 대한 정보를 접할 수는 있었을 것이다. 영국의《데일리워커》 Daily Worker 편집자이자 중국 특파원으로 활동한 앨런 위닝턴Allian Winnington은 한국전쟁이 발발하자 한반도에 들어와 전장에서 여러 사건을 취재한다. 그는 대전 산내(골령골)에서 형무소 재소자와 보도 연맹원들이 학살당한 현장을 취재한 후 1950년 9월 베이징으로 돌아가 자신이 목격한 내용을 작성해《데일리워커》 본사로 전송한다. 이렇게 공개된 끔찍한 사실과 그가 찍은 현장 사진은 가능한 많은 대중에게 알리기 위해 판매용 팸플릿 형태로 발행되었다.[14]

정영목은 그의 논고에서 〈한국에서의 학살〉에 등장하는 학살의 주체가 미국이나 구소련, 북한이 아닌 전쟁 그 자체라는 것을 피카소가 밝혀야 했던 점에 주목한다.[15] 그에 따르면 작가로서 피카소는 자신의 작품과 마찬가지로 해석을 당하는 입장에 놓이는데, 작품에 관한 작가의 사상이나 의도가 해석과 일치하는 것이어야만 진실이

─── 신천군 일대 우익치안대 등 반공 청년들이 사용한 총기류와 治安隊(치안대), 韓靑(한청, 대한청년단) 글자가 새겨진 표식. 박물관 측은 "미제와 그 앞잡이 놈들이 신천군에서 인민 학살에 리용한 총기들"이라고 설명을 달았다

라고 할 수는 없다. 정영목은 해석을 당하는 입장에서 볼 때 〈한국에서의 학살〉은 이데올로기 양 진영에서 홀대받은 것이며, 한국의 경우 그의 작품은 전쟁이라는 우리 역사의 모순을 담은 그림 그 자체로 평가받아야 한다고 주장한다.[16]

〈한국에서의 학살〉이 탄생하게 된 연유를 볼 때, 이 그림이 신천 학살을 직접 다루었거나 형상화한 작품이라고 단정 지을 수 없다. 자신의 입장이기도 했지만 피카소는 전쟁 그 자체의 비극을 고발하고 미국을 비판하기 위한 프랑스 공산당의 정책에 부응해 그림을 그렸다. 〈한국에서의 학살〉은 그림의 전반적인 구도로 볼 때, 고야가 스페인 시민을 처형하는 나폴레옹 군대를 고발한 〈1808년 5월 3일〉 The third of May 1808을 리얼리즘 형식으로 차용한 것이다.

피카소의 〈한국에서의 학살〉이 잘못 알려져 있듯이, 남한에서

인민에게 미국은 어떤 나라인가

— 예수교장로회 신천읍 서부교회 예배당 표지석. 박물관 측은 또 다른 전시물에 다음과 같은 설명을 덧붙이고 있다. "우리 인민들에게 숭미 공미 사상을 퍼뜨리기 위하여 미국 선교사 놈들이 리용하던 성경책, 찬송가, 십자가."

신천학살의 가해자를 미군이라 특정하는 것 역시 다시 짚어 봐야 한다. 이 문제는 그렇게 단순하지 않다. 신천박물관에 전시한 자료와 살인에 사용된 무기는 미군을 직접 가리키지 않는다. 그렇지만 평양은 우익 청년들의 구체적인 행위를 설명하면서도 이 모든 책임이 미군에게 있음을 주장한다. 신천박물관의 건립 배경이 된 신천학살이 그렇듯이, 지난 사실에 대한 노동당의 역사 서술과 이 사실에 대한 해석은 정치적 의도에 따라 변형되거나 왜곡된다. 통치의 측면에서 노동당의 정책적 필요에 따라 변화하는 그들의 관점을 이해하는 실마리가 신천학살과 박물관이다.

  신천박물관 전시실에는 우익 청년들이 사용한 총기류가 놓여 있다.[17] 전시된 성경책과 치안대治安隊, 한청韓青(대한청년단) 글자가 적힌 총기류는 가해자를 지목한다. 신천학살은 기독교인과 깊은 관련이 있는데 북한에서 기독교는 사회주의 혁명의 걸림돌 중 하나였다.

정부수립을 전후해 신천 지역 기독교인들이 반공산주의 투쟁에 앞장선 것은 자연스러운 현상이었고, 남쪽으로 이주하지 않은 청년들의 반공 활동은 전시 중에 치열하게 전개되었다. 신천학살을 감행한 우익치안대는 기독교 청년들이 주도했다. 사진에서 보는 것처럼 예수교장로회 신천읍 서부교회 예배당 표지석이 전시실에 놓여 있고 성경책과 찬송가, 묵주, 십자가 등을 담은 진열대가 가해 청년들의 소속을 말해 준다.

가해자 문제에 대한 또 다른 관점을 당사자라고 할 수 있는 유태영 목사의 사례에서 보자. 황석영은 미국 뉴욕에 생존해 있는 유태영 목사를 만난 이후 그가 전하는 내용을 바탕으로 소설을 썼다. 유태영 목사는 평양에서 황석영을 처음 만난 뒤 그가 미국으로 왔을 때 자신이 겪은 신천학살을 자세히 이야기해 주었다.[18] 『손님』에서 형상화한 주인공 류요섭과 류요한은 미국에서 목회자로 활동한 유태영과 유태연 목사의 실화를 근거로 한다. 소설에서 류요섭으로 등장하는 유태영 목사 일가는 신천학살이 일어나는 동안 신천군 남부면 부종리에 살고 있었다. 그는 2대째 내려오는 목사 집안에서 태어나 자랐는데, 기독교의 영향으로 친미 반공주의자로 성장했다. 『손님』이 한국에서 대중의 인기를 얻은 이후 한 언론과 가진 인터뷰에서 그는 황석영에게 자신의 사연을 왜 밝혔는지 자세히 공개했다.[19]

1950년 열아홉 살이었던 유태영은 집을 떠나 평양에서 공부하는 중이었다. 전쟁이 발발하자 인민군 징집을 피해 신천 집으로 돌아온 그는 부엌에 묻어 둔 독 안에서 숨어 지낸다. 가을이 되자 유엔군이 38도선을 넘어 이북으로 진격하고 신천 지역에서 인민군이 후퇴하자 우익 청년들이 주동이 되어 이곳의 치안을 도맡았다. 기독교 청

인민에게 미국은 어떤 나라인가

년들이 중심이 된 치안대는 산으로 도망갔다가 보름여 만에 굶주림을 못 이겨 내려온 '공산주의자'들을 죽인다. 소설에 류요한으로 등장하는 그의 형 유태연은 치안대원을 주도해 학살에 적극 가담한다.

유태영이 전하는 사실은 이뿐이 아니다. 신천박물관에서 전시한 살인 무기에서 보듯이, 치안대원들은 사과나무 과수원 움막에 '공산주의자'들을 몇십 명씩 몰아넣고 불을 지른 후 살아 나오는 이들을 쇠스랑 같은 농기구를 사용해 찍어 죽인다. 근본주의 사상과 운동이 상대방에 대한 극단적인 적을 상정하듯이, 기독교 청년 우파의 급진적인 반공산주의 활동은 신천학살의 잔혹함을 더했다. 황석영처럼 신천학살을 단순한 대립 구도로 이해하면, 기독교 우파와 마르크스주의 좌파가 충돌한 사건이라고 할 수 있다.

유태영 목사가 진정으로 하고 싶었던 이야기는 학살의 서로 반대되는 모순이나 참혹함만이 아니다. 1951년 1·4후퇴 때 그는 누나와 형수, 어린 조카를 남겨 두고 형과 함께 남한으로 이주했고 1960년대 초반 미국으로 이민을 떠난다. 이윽고 40여 년의 세월이 흘러 1990년 북한을 방문했다.[20] 평양에서 누나를 만나고 신천에서 형수와 조카를 다시 만난 그는 놀라움을 감출 수 없었다. 북한 정부가 학살자의 가족들에게 보복을 했을 것이라고 생각한 그의 예상이 빗나갔기 때문이다. 1951년 5월 북한은 신천학살의 주동자 4명을 재판을 거쳐 처리했지만 나머지 가족들은 무사했다.

치안대에 가담한 사람들과 가해자 가족들이 북한 측으로부터 어떤 보살핌을 받았는지 아니면 보복을 당했는지 정확히 알 수 없지만, 사회 통합 관점에서 이 문제를 볼 수 있다. 1967년 3월 김일성은 당 일군들이 군중과의 사업에서 형식주의를 척결할 것을 강조하면서, 전쟁 때 **치안대의 조직 배경과 가담한 사람들에 대한 이해의 필요성**을 강조했다.[21] 그는 '도, 시, 군 및 공장 당책임비서협의회에서 한 연설'에서 책임비서들이 치안대가 어떻게 조직되고 복잡한 계층이 생기게 되었는지 "사회역사적 환경을 잘 모른다"고 질책했다.[22]

우리가 해방 직후부터 당원들과 근로자들을 이러한 혁명투쟁 경험과 혁명정신으로 교양하였더라면 후퇴시기에 우리 당의 핵심들이 그렇게 많이 놈들에게 잡혀 무참히 죽지는 않았을 것입니다. 그런데 우리 당 조직들이 당원들과 근로자들을 혁명정신으로 교양하지 못하였기 때문에 40일밖에 안 되는 후퇴 기간에 많은 사람들이 원쑤들에게 학살당하였으며 적지 않은 사람들이 공화국이 망한 줄 알고 살기 위하여 원쑤 놈들에게 붙어서 그들이 하라는 대로 '치안대'에도 들고 만행도 하게 된 것입니다.

위 내용은 유일사상체계 확립을 위한 조치가 발표되기 직전에 나온 지시지만, 김일성은 일시적 후퇴 시기의 치안대 활동에 대한 당 차원의 이해와 설명을 말하고 있다. 학살에 가담한 우익치안대원의 가족, 적어도 유태영 목사의 형네 가족을 보면 모두 무사했다. 그가 진즉에 말하고 싶은 것은 기독교와 마르크스주의의 대립보다는 사건 이후의 북한 당국과 남한 기독교계가 취한 태도에 있었다. 그는 시멘트 공장에 다니면서 노동당원이 된 조카를 보고 북한 측이 가해자들의 가족을 보살펴 준 것에 감명을 받았다. 이에 비해 직접적인 가해자인 남한의 기독교인들이 학살에 대해 반성하지 않는 것을 그는 지적했다. 유태영은 기독교가 학살에 대해 "죄의식도 가책도 후회도 없이 살아오고 있다"는 것을 밝히고 싶어 증언에 응했

인민에게 미국은 어떤 나라인가

다.[23]

　유태영 목사의 개인 경험으로 보면 노동당이 신천학살을 기독교 우익 청년들의 개별 활동으로 보지 않고 있음을 알 수 있다. 신천에서 '공산주의자'와 인민들을 죽인 가해자는 우익치안대였다. 하지만 사건의 본질은 좌우익 학살이라고 하는 사실만으로는 해석할 수 없다. 이는 해방 이후부터 지속된 남북한 정부 수립과 전쟁, 그리고 체제 내부의 계급·계층·종교 문제, 끝으로 외부 세력으로서 가장 중요한 미국까지 개입된 입체적인 것이었다.

17

반미 감정과 그 이면

적대와 정상화

신천박물관 전시실의 구성과 내용은 이 기념물을 건립한 의도를 짐작할 수 있게 한다. 박물관은 본관 16개실과 2관 3개실, 외부참관실로 구성되어 있다. 현재는 본관과 각 실의 구성이 다를 수 있는데 《천리마》와 역사서, 화보 문헌 등에서 확인이 가능한 전시 내용을 보자. 4호실은 신천군 내무서 방공호와 그 주변 지대에서 일어난 학살을 보여 준다. 자료는 1950년 10월 20일 내무서 창고에 감금되어 있던 520여 명이 방공호로 옮겨졌고, 잠시 후 입구가 폭파되어 불길과 검은 연기가 방공호를 감싸 안에 있던 사람들 대부분이 사망한 것을 전시한다. 방공호 주변과 내무서에서 사망한 사람들의 유해는 1988년에 그 일부인 300여 구가 발굴되었다. 머리뼈가 부서졌거나 팔과 다리뼈가 부러진 유해였다.[1]

7호실에는 반공유격대가 학살에 사용한 무기와 도구를 전시하고 있다. 박물관에서 보존해 놓은 살해 무기는 총기류와 작두, 도끼, 몽둥이, 쇠줄 등이다. 이를 가리켜 평양은 "침략자들의 야수성을 보여 주는 산 증거들"이라고 설명한다.[2] 생존자 오은순이 겪은 바에 따르면, 구월산 인민유격대에서 정찰조장을 하던 그의 아버지는 반공유격대에 붙잡힌 후 휘발유에 불태워져 죽었다. 그때 자신의 일가친척 20여 명이 함께 죽었는데 그는 삼촌 품에 안겨서 겨우 살아남았다. 일가족 몰살을 강조한 이 증언 기록은 생존자의 고통을 참관자들에게 확대하는 기폭제 역할을 한다.

희생자의 편지는 관람객들에게 또 다른 감정을 호소한다. 8호실 한쪽 벽면에 있는 한 통의 편지가 참관자들의 눈길을 끈다. 이 편지는 조국해방전쟁의 일시적인 후퇴 시기에 열네 살이었던 림형삼 소년이 쓴 것이다. 소년은 신천군 삼천중학교 소년단위원장이었는데 가족과 함께 우익치안대에 붙잡혔다. 형은 구월산 인민유격대원으로 활동하고 있었고 그는 이 사실을 끝내 발설하지 않았다. 전시된 내용을 보면 그는 고문을 당한 후 광산굴 안에서 죽기 전 편지를 썼다.[3] 편지는 동굴 속에서 구사일생으로 빠져나온 다른 소년에 의해 구월산 인민유격대에 전달되었다. 다음은 그가 남긴 편지의 일부다.[4]

한 번 더 보고 싶은 형님, 저는 지금 광산굴 속에 갇혀 있습니다. 이제 형님의 간 곳을 대지 않으면 저를 죽이고 말겠다는 것입니다. 저는 어떤 일이 있어도 대지 않겠습니다. 제가 죽게 되는 이유는 형님이 조선노동당원이고 집 식구가 빨갱이라는 것이랍니다. 형님, 원수를 꼭 갚아주시오. 나의 원수 미국 놈들과 그 졸개 매국도당을….

텍스트로서 편지는 관람객에게 감정을 불러일으킨다. 글쓰기의 하나로 볼 수 있는 편지는 서사 형식에서 보면 자기 고백과 같은 의미를 가진다. 자기 고백은 편지를 쓴 본인의 자기의식을 재구조화하는 경향을 띤다.[5] 중요한 것은 글쓴이가 아니라 전시된 방식과 그 내용을 눈여겨보는 관람객의 시선이다. 1962년 1월 김정일은 신천박물관을 방문해서 림형삼의 편지를 보았다. 그는 "우리는 이 소년의 원쑤를 꼭 갚아야 합니다. 미제 원쑤를 천백배로 복수하고 소년의 피맺힌 원한을 반드시 풀어 주어야 합니다"라고 소리쳤다.[6] 훗날 후계자로서 김정일의 지도력을 보여 주기 위한 서술이라고 하더라도 이와 같은 감정은 김정일뿐만 아니라 편지를 보는 인민이라면 누구에게나 느껴지는 비통한 마음 그대로다.

전시 내용은 편지를 읽거나 보는 사람들에게 사건이나 감정에 관한 어떤 맥락을 불러일으킨다. 이는 때때로 박물관에 전시된 편지나 수기와 같은 텍스트가 말하기와 같은 위치에 있음을 의미한다. 편지는 말하기와 동등한 것이며 글쓰기에 의해 고정되어 있는 담화이다. 이렇게 본다면 희생자의 편지는 강사의 설명이 없더라도 관객들에게 말을 걸고 이것은 읽는 사람들의 의식을 재구조화하는 매개체가 될 수 있다.

애국주의와 반미정치의 결속

11호실은 낙연광산과 은률광산 등 황해도 일대에서 벌어진 사건의 자료로 구성되어 있다. 12호실에는 사람을 죽이는데 사용한 무기가

반미 감정과 그 이면

있고, 13호실은 노동당과 수령에 대한 혁명적 신념을 지켜 미국에 맞서 싸운 노동당원과 인민들의 자료를 전시한다. 14호실에는 애국적 농민과 여성, 청소년들의 자료를 모아 두고 있다. 박물관을 참관한 외국 대표가 유가족에게 남긴 글과 현장 조사를 벌였던 국제민주여성연맹 조사단의 사진과 유엔에 제출한 문건은 16호실에 나열되어 있다. 제2관은 미국의 공중 폭격과 학살, 화학전에 관한 자료를 전시해 놓았다.[7]

대규모 잔혹 행위에 대한 이와 같은 구성은 아우슈비츠-비르케나우에서도 볼 수 있다. 희생자 규모에 있어서 비교가 되지 않지만 수집된 물품을 보면, 아우슈비츠 박물관은 수용소 시설과 수감자들의 유품, 인근 지역에서 발견한 물품을 보존하고 있다. 사람들이 기증한 물품 역시 박물관 수집부서에서 관리한다.[8] 박물관에서 전시하는 물품들은 신발류, 성명과 주소가 적혀 있는 가방, 그릇과 접시류, 안경, 의족과 의수, 수감복과 기성복, 탈릿tallit, 철제 유품, 여성 수감자들의 머리카락 등이다. 이런 물품들은 각 전시 공간에서 관람객에게 공개된다.

희생자들의 아픔이나 고통으로부터 창조하려는 형상은 무엇일까, 참관하는 사람들에게 무엇을 전달하려고 할까. 박물관 내부의 학살에 쓰인 도구와 피해자들의 사진, 각종 증언 그리고 그 주변 현장은 관람객들에게 공통의 감정을 느끼게끔 한다. 노동당은 희생자들의 죽음을 전시투쟁에서 빚어진 '순교'로, 그들을 '순교자'로 만드는 데 초점을 맞춘다. 순교의 이면에는 인민들의 투쟁심과 애국심이 존재한다. 강사들이 참관자들에게 설명하는 강의에서 이것은 명확해진다. 예를 들면, 강사는 13호실에 전시되어 있는 황해남도 인민위원회 위원장 리용진의 사진을 가리키며 그가 어떻게 혁명적 신념과 의리를 지켜 원수들과 싸웠는지 해설한다.[9]

리용진은 북한 정부가 후퇴하자 구월산으로 들어가던 도중 체포되어 당과 국가의 비밀을 알아내려는 반공 청년들에게 고문을 받았지만 끝내 이것을 이겨 냈다. 강사는 죽는 순간까지 나라를 배신하지 않았던 그의 애국적 행동을 강조하고, 관람객들에게 리용진의 투쟁 정신을 본받게끔 고취시킨다. 평양의 논리로 보면 죽음을 불사하고 지키려고 했던 인민들의 행위는 순교자의 자세이고 이는 애국이라는 이름으로 신화가 된다.

강사가 애국의 행위자로 제시하는 사례는 모범 인민을 만드는 과정처럼 인민들의 다양한 계층과 성분을 그대로 따른다. 앞서 살펴본 리용진과 같은 인민위원장이 있는가 하면, 농민들 중에서 모범이 되는 희생자를 예로 들면서 학살과 비극을 재연하고 관객들에게 '집합적 애국 의식'을 갖게끔 유도한다. 이러한 연계는 죽은 사람들이 단순히 전쟁이라고 하는 특수한 상황에서 미군이 죽인 희생자가 아니라, 사회주의 혁명의 이행 과정에서 노동당의 정책을 모범적으로 따른 인민이라는 데 있다. 이 방식은 반미라고 하는 적대 감정의 이면에서 사회주의적 애국주의 사상을 폭넓게 확산시키는 의의를 가진다.[10] 신천박물관의 교양은 애국주의와 반미정치의 결속을 나타낸다. 인민의 관점에서 보면 반미 감정은 정체성의 일부라고 할 수 있고, 노동당의 관점에서 보면 이 감정은 체제의 통합을 유지하는 데 반드시 필요한 정치적인 것에 해당한다.

14호실에 마련된 유여배 농민은 사회주의 혁명 과정에서 노동당이 목표로 하는 애국심과 반미 감정을 충실하게 구현한 인물이다.

신천군 가산면 백석리에 사는 유여배는 민주개혁 시기에 당에서 제시하는 영농 방법을 받아들여 밀 수확량을 엄청나게 높였다.[11] 1949년 1월 28일 열린 최고인민회의 제2차 회의에서 김일성은 그에게 "애국 농민"의 호칭을 수여한다. 전쟁이 발발한 후 전선이 이북 지역으로 북상하자 그는 인민군에게 길을 안내했고, 유엔군이 신천 지역을 점령한 뒤에는 게릴라 전투에 가담한다. 이 와중에 반공 청년들에게 붙들려 총살되었는데 그의 시체는 재령 강물에 던져졌다. 강사가 소개하는 이런 내용을 들으며 관람객들은 유여배 농민의 행적이 실린 신문과 그가 남긴 유물을 전시실에서 보게 된다. 강사는 이외에도 신천군 로월면 민주여성동맹위원장 차음전의 사진을 가리키며 당에 충성하면서 목숨을 잃은 내용을 관람객들에게 알려준다.

관람객들에게 인상적인 것은 피가 묻은 조선민주주의인민공화국 깃발의 상징이다. 황해남도 송화군 구탄중학교 소년단위원장 리헌수는 유엔군과 국군에 관한 정보를 수집해서 인민유격대에 건네주었고, 그 이유 때문에 우익 청년들에게 붙잡혔다. 죽는 순간까지 그는 인공기를 가슴에 품고 있었던 것으로 전해진다. 박물관 측은 이 깃발을 전시하고 강사들은 소년의 활동을 관람객에게 해설한다.[12] 깃발은 어떤 식으로 간수하고 어떤 때에 사용하느냐에 따라서 충성을 대표하는 도구가 된다. 어느 나라에서나 조국에 대한 애국심을 상징하는 데 국기만큼 표상이 되는 것은 없다.

노동당이 인공기를 가지고 인민들의 애국심을 교양하는 것은 다른 사례에서도 일반적인 방법이다. 함경남도 신흥군 영고면 경흥리 소년단원들은 유엔군이 이 지역을 점령했을 때 학교로 달려가 공화국 깃발을 가져와 보관한다. 노동당은 소년단원들의 행위를 "당에 대한 우리나라 소년들"이 충성심을 발휘하여 "조국과 인민에 대한 열렬한 사랑"을 표현한 것이라고 치켜세운다.[13] 이북 지역이 한국군과 유엔군에 점령당했을 때 인민들이 조선민주주의인민공화국의 깃발을 간직하는 것만으로도 애국의 상징이 되었다. 소년단원들에 대한 찬사와 혁명의 새세대로서 그들의 사명을 일깨우는 것은 오늘날에도 변함이 없다. 2017년 6월 6일 김정은은 '조선소년단 제8차 대회에서 한 연설'에서 "소년단원들은 행복만을 누리는 귀동자, 귀동녀"가 아니라 혁명선혈들을 본받아 "사회주의 제도를 더욱 빛내이기 위하여 몸과 마음을 다 바쳐야 겠"다고 말했다.[14]

과거의 비극과 고통을 그대로 재현할 수는 없지만 현재 미국이라는 적을 상대로 적개심을 불태우게 할 수는 있다. 이 논리로부터 평양은 피해자의 위치를 넘어서 미래를 향한 힘을 조직하려고 한다. 위 문단에서 제시한 사례와 같은 정치사상교양 방법을 교육성은 "미적 감정 교양"을 통한 "애국주의 교양"이라고 부른다.[15] 다른 관점에서 서술하면 이와 같은 교양 방식은 '역사'와 '정치'의 결합이라고 할 수 있다. 이런 교양은 인민들의 마음속을 '호전적 애국주의'에 광분하도록 만든다. 이 과정은 명백하게 반미라고 하는 목표를 설정한 뒤 인민들에게 관련 내용을 가르치고 그들이 정치적 감정을 갖게 하는 데 의미가 있다.

국제 사회에서 북한은 고립되어 있고 정상 국가와는 전혀 다른 낯선 세계로 인식되어 왔다. 2018년 들어서 김정은 위원장이 남한과 중국, 미국을 향해 빗장을 풀기 이전까지 평양에서 국제 정세를 보는 인식은 미국을 제국주의로 보는 관점이었다. 동유럽 국가사회주의 체제가 붕괴한 이후 한반도 특히 북한과 미국의 대결 국면은 해소되지 않고 있었다. 정치와 이념을 중시하는 노선에서 경제와 실리를 추구하는 현실주의 국제 관계의 변화 과정에서도 김정일은 제국주의 지배 세력에 대한 연대와 투쟁을 대외 정책의 목표로 내세웠다. 아버지가 사망하고 3년의 국상이 끝난 1997년 6월 아들은 주체성과 민족성을 강조한다.[16]

대결 구도의 핵심에 미국이 있고 미국에 대한 인민들의 감정을 만드는 곳 중의 한 곳이 신천박물관이다. 신천박물관은 개인과 국가를 전쟁 기억으로 매개하는 점에서 민족주의를 구성하는 하나의 물질이다. 민족주의와 전쟁을 연결하는 것은 근대 국가의 기념물에서 흔하게 볼 수 있는 현상이고, 전쟁 경험의 국가주의 해석이 담긴 박물관이 민족주의를 형성하는 방식은 보편적이다.[17]

1951년 4월 외무상 박헌영은 신천 지역에서 일어난 학살을 밝히는 서한을 유엔에 보냈는데 이 사건만 항의한 것이 아니었다. 이북 지역뿐만 아니라 남쪽에서 미군이 일으킨 학살에 대해서도 자세히 고발했다. 그 사례로서 평양은 노근리 사건과 관련해 "영동 근처의 한 터널"에서 약 100명의 민간인이 처참하게 죽었다는 내용을 인민군 내부 문건에 기록했다. 1950년 8월 2일 인민군이 작성한 이 문서는 8월 15일 미군 제1기병사단 7연대가 노획해 영어로 번역하여 회람한 것이다.[18] 북한은 이와 같은 민간인 학살을 인민군 내부 선전에 이용하면서 미국을 상대했다.

신천학살에 대한 사실로서의 역사와 정치적 의도를 가진 사건의 해석을 비교해 보자. 신천 지역에서 치안대 반공 활동을 한 곽복현의 증언에 따르면, 우익치안대가 학살에 직접 개입했고 죽은 사람들 중에는 타지에서 피난을 온 사람들도 제법 있었다. 2002년 MBC

〈이제는 말할 수 있다〉의 신천학살에 관한 프로그램 제작 과정에서 그는 이와 같은 요지의 증언을 남겼다. 그는 신천군당 방공호에서 죽은 사람들이 북한이 주장하는 것보다 적은 남녀 100여 명 정도이고, 그중에는 옹진에서 후퇴해 온 사람들이 포함된 것이라고 밝혔다.[19] 이 내용은 텔레비전 프로그램에서 방영하지 않은 곽복현의 녹취록에 있는 증언이다. 그는 신천 출신으로 '10·13반공의거'와 학살에 가담했다.

김정일이 현지지도에서 밝힌 대로 노동당은 신천학살에 대한 사실 관계와 내부의 계급 투쟁으로서 갖는 의미를 정확히 파악하고 있다. 우익치안대가 사건을 주도한 것을 알면서도 미국에 책임을 묻는 것은 그들이 궁극적으로 강조하려는 '조국해방전쟁'의 성격에 관한 정치적 의미로서 신천학살을 다루기 때문이다. 군사 작전과 지휘권에 대한 최종 책임이 미국에게 있지만 한편으로 청산하지 못한 계급 문제, 해방 이후 지속된 사회주의 체제의 '계급 정치'가 이 문제의 핵심에 있었다. 앞서 밝혔듯이 신천학살은 사건이 발생한 1950년 10~12월 이 시기만 주의할 것이 아니라 해방과 남북한 정부 수립, 그 이후 지속된 이념과 계급 투쟁의 맥락 속에서 바라봐야 한다.

이런 관점에서 사건은 '우리 내부의 문제'로서 먼저 인식할 수밖에 없다. 점령지 현실 정치를 좌우하는 우익치안대의 치안과 행정은 통제되지 않은 집단의 증오가 참혹한 광기를 불러오는 것을 명백히 말해 준다. 전장에서 흔히 볼 수 있듯이, 보복 학살과 같은 잔혹한 행위는 말단 지역에서 행정의 기반이 사라졌을 때 광기로 번진다. 티머시 스나이더Timothy Snyder가 적절하게 이름 붙였듯이, '국가의 부재'라고 할 수 있는 상황에서 대규모 학살이 자행된다.[20]

반미 감정과 그 이면

신천학살에서 살아난 생존자의 증언은 인민들에게 피해자로서 의식과 이를 넘어서서 내부의 단결을 도모하는 요인으로 작용한다. 원암리 화약 창고 안에서 400명의 어머니와 102명의 어린이가 죽었는데, 그곳에 갇혀 있다 용케 살아난 주상원은 박물관에서 강사로 일하고 있다. 그의 증언은 화약 창고에서 사람들이 얼마나 잔인한 모습으로 죽었는지, 가해자가 어머니와 아이들을 어떻게 떼어 놓고 죽였는지 묘사한다. 화약 창고에서 불길이 솟구치는 장면은 그의 진술에서 절정에 이른다.[21]

　　주상원의 말이 인민들에게 전달하는 의미는 한마디로 적에 대한 '원한'과 '분노', '복수'의 감정이다. '원한'은 억울하게 죽은 '어머니'와 '어린이'에 대한 매우 보편적인 정서이자 감정 이입이다. '분노' 다음의 '복수'는 미국을 상대로 하는 보다 적극적인 행위를 요구하지만, 당장 구체적인 적대 행동을 의미하는 것은 아니다. 이 행위보다는 사회 통합을 위한 자기 단결, 언제 당할지 모르는 폭격과 침략에 대한 사전 준비라고 보는 것이 타당할 것이다. 사람들의 내면을 정치적 감정으로 단련시킬 수 있다면 이보다 더 좋은 무기는 없다.

　　잔혹 행위에 대한 노동당의 역사 인식은 교육 과정을 보면 좀 더 일반적이며 포괄적이다. 교육성에서 발행하는 고급중학교용 역사교과서는 신천 지역 학살을 중심으로 서술하고, 전쟁 기간 중에 "강점 지역에서 인민의 영웅적 투쟁"을 학생들에게 전파하면서 "미제 침략자들의 야수적 만행"을 사례로 실었다. 이 교과서에서 중요한 것은 학살에 관한 것인데, 우익치안대와 멸공단 등 반동 청년 단체들이 미군과 함께 인민을 학살한 것으로 서술한다.[22] 형식으로는, 다시 말해 구조적으로는 미국의 책임을 강조하면서 그 내용으로는 우익 청년단체의 역할에 초점을 두고 있다.

논의를 확대하면, 학살의 책임을 미국에게 지우는 것은 내부의 인민 교양과 외부의 체제 위협에 대응하기 위한 것이다. 지속되는 위기에 맞추어 취하는 이와 같은 태도는 인민과 사회를 통합하는 통치 원리다. 평양이 외부로부터 받는 전쟁 공포와 국가 주권의 위기는 종전 이후 끊임없이 지속되었다. 지도부와 인민들이 갖는 위기감은 이북에 집중된 미군의 공중 폭격과 1950년대 중반 이후 선제 핵무기 사용 원칙에 따른 불안이 지속되었기 때문이다. 미국은 한국전쟁 이후 적대국과의 재래식 분쟁이 발생할 경우, 핵무기를 사용하겠다는 대량 보복 전략을 채택하여 환태평양 지역에 전술핵무기를 배치했다. 국제 정세의 변화는 평양이 극도의 안보의식을 갖게끔 했다.[23]

미국을 상대하는 원칙, 적대와 정상화

위와 같은 양태는 방법과 형태를 변경해 계속되어 왔다. 평양이 워싱턴과의 관계를 규정하는 방식은 북한을 악의 축axis of evil이라고 명명하는 미국의 태도에 상호 대응하는 방식이다. 차이가 있다면 첫째, 북한은 70년이 되어 가는 한국전쟁에서 그 기원을 찾고 이를 되새김하는 반면, 미국은 1990년대 초반 이후 불거진 핵 문제를 중심으로 한다. 둘째, 국제 외교에서 북한이 당면한 가장 중요한 의제는 체제 안전 보장과 미국과의 수교다. 하지만 미국에게 평양과의 관계 정상화는 최우선으로 고려할 외교 사안이 아니다. 셋째, 평양이 인민들에게 미국을 적대적으로 구성하는 것은 앞서 살펴본 것처럼, '순교'와 '애국'으로 희생자의 정체성을 형상화해 체제 내부의 단결을 목표로 하는 측면이 있다. 이에 반해 미국은 자국 내부의 동기보다는 동아시아와 한반도에서 정치 경제적 영향력을 지속적으로 유지하기 위한 방편으로 평양을 '악'으로 불렀다.

1992년 1월 김용순 노동당 비서가 미국을 방문해 아놀드 캔터 Arnold Kantor 국무부차관에게 주한미군의 한반도 주둔을 용인한다는 입장을 전달한다. 조지 부시George W. Bush 정부는 북한의 협상 제안을 거부했다.[24] 이보다 앞서 미국이 중국과 수교한 뒤, 1972년 12월 26일 최고인민회의는 제5기 1차 회의에서 외교 관계 수립과 평화 협정 체결을 워싱턴에 요구하면서 주한미군 철수는 주장하지 않았다. 평양은 일관되게 외교 관계 정상화와 주한미군에 대한 입장을 밝혀 왔다. 이 문제에 대해서 김정일은 "너무 반미로만 나가 민족 이익을 침해하게 해서는 안 되는"것이라고 결론지었다.[25]

김일성과 김정일은 미국 문제에 대해서 보다 솔직하게 속내를 드러냈다. 한반도에 주둔 중인 미군의 경우 그들은 주둔 자체를 나쁜 것으로 여기지 않으며, 미군의 지위와 역할이 변경되기를 바란다. 주한미군이 북한에 적대적인 군대가 아니라 조선반도의 평화를 유지하는 군대로서 주둔하는 것이 바람직하다는 입장이다. 평양이 가진 기본 테두리의 생각은 동구 사회주의 국가들이 무너진 1990년대 초반에 확립한 노선이다.

위 노선은 2018년 한반도의 정세 변화와 맞물린 주한미군의 위상에 대해 김정은 국무위원장이 밝힌 내용과 일치한다. 2018년 9월 5일 정의용 청와대 국가안보실장은 문재인 대통령의 대북 특별사

절단을 이끌고 평양을 방문해 노동당 중앙위원회 본부 청사에서 김정은 위원장을 만난다. 정의용 국가안보실장은 종전 선언이 남북한과 북미 관계에서 의제가 되었을 경우, 이것이 '한미 동맹을 약화시키거나 주한미군이 철수해야 하는 것과 전혀 상관이 없는 것'이라는 김정은 위원장의 확고한 의지를 언론에 밝혔다.

새세대와 인민들은 미국을 어떻게 생각할까. 수키 김은 여러 차례 평양을 방문하면서 다양한 사람들을 만났다. 그는 대외 업무를 맡아 보는 기관원(수키 김은 감시원이라고 한다)들이 미국 담배를 좋아하는 사실을 알게 되었다. 기관원에게서 그는 "미국이 자신의 첫째가는 원수라고 각오를 다지면서도 말보로 라이트 한 갑을 갖고 다니는 것은 특권과 계급의 표시로 보는 듯"한 인상을 받았다.[26] 모든 인민이 미국을 적으로 대하면서 완벽한 동일체로 존재하는 것은 아니다. 제국주의 미국을 증오하는 한편 자유주의 미국을 선망하는 마음까지 빼앗을 수는 없다. 닫힌 곳에서도 열린 세계에 대한 동경과 인식을 갖지 않을 수 없다.

수키 김은 미국 문화에 대한 평양과학기술대학 학생들의 수용과 반응에 대해 흥미로운 시사점을 남겼다. 그는 이북의 특권층이라고 할 수 있는 19세에서 20세 정도의 학생들에게 영어를 가르치면서 현대기술의 새로운 세계를 학생들에게 알려 주기 위해서 페이스북이나 마크 저커버그Mark Zuckerberg, 스티브 잡스Steve Jobs와 같은 아이콘을 얘기했다. 그렇지만 학생들은 그의 말을 알아듣지 못했다.[27] 미국(또는 서양) 문화가 어떤 방식으로 허용되는지 정확하게 알 수는 없다. 중요한 것은 학생들이 미국 문화를 접하는 데 한계가 있기는 하지만, 평양과학기술대학이 캠퍼스에서 이런 것을 가르칠 수 있는 것이 북한의 현실이라는 점이다.

2011년 남한으로 이주한 이○○는 미국이 북한에 위협이 되는 것은 사실이지만 '그것만이 전부는 아니'라고 말한다.[28] 노동당원이었던 그는 남한으로 이주하기 전 서너 차례 신천박물관 현장에서 반미 정치사상교양을 받았다. 그렇지만 미국은 선망의 대상이기도 했다. 어찌 되었건 '세계에서 가장 잘 사는 강대국이고 많은 이민자들이 부러워하는 나라'인데, 언제까지 '반미의식'만으로 인민들을 똘똘 뭉치게 할 수 있냐'는 것이 그의 생각이었다. 긴 시간이 지나고 여전히 미국과 외교 관계를 맺지 못한 북한이지만 인민들은 미국에 대한 긍정적인 지향을 조금씩 갖고 있다.

평양의 지도부가 미국을 상대하는 원칙은 반미 그 자체가 아니다. 현실적으로 미국과의 관계 정상화가 이루어지지 않은 상태에서 안보 문제를 해소할 수 없고, 이는 결국 인민 대중에게 반미 정서를 계속 교양해야 하는 필요성으로 이어진다. 2000년 6월 제1차 남북 정상 회담에서 김정일 위원장은 김대중 대통령에게 "미군 철수를 주장하는 것은 우리 인민들의 감정을 달래기 위한 것이니 이해해 주기 바랍니다"라고 말했다.[29] 평양은 과거에만 얽매여 있지 않은데, 이런 경향은 인민들에게 반미의식을 고취하는 것만큼 양면적인 성격임을 알 수 있다.

2000년 10월 매들린 올브라이트Madeline Albright 국무장관이 평양을 방문했을 때, 김정일 위원장은 북한과 미국이 수교하면 미군이 한반도에 주둔하는 것을 받아들일 수 있다고 밝혔다.[30] 반미정치는 미국과 국교 정상화가 이뤄지면 바뀔 수 있는 노선이다. 평양의 입장은 주한미군의 지위와 역할이 한반도 평화 유지에 부합하는 것이다. 김정일은 이런 의도와 반미의 성격을 여러 차례 언급한다. 10월 23일 5·1경기장에서 그는 올브라이트와 함께 조선노동당 창건 55주년 기념 매스 게임 '백전백승 조선로동당'을 나란히 관람한다. 매스 게임 도중에 대포동1호 미사일이 등장하자 김정일은 올브라이트에게 '이것이 당신이 보는 마지막 미사일이 될 것'이라고 밝히기도 했다.

김정일과 올브라이트의 합의대로 클린턴 대통령이 평양을 방문해서 김정일과 장거리 미사일 발사 실험을 중단하고 북미 관계 정상화에 합의했다면 양국의 적대 관계는 훨씬 빨리 종식되었을 것이다. 2018년 6월 12일 싱가포르에서 김정은 국무위원장과 도널드 트럼프Donald Trump 대통령이 북미 정상 회담을 가졌다. 그로부터 얼마 지나지 않아 북한의 홍보 매체《우리민족끼리》는 트위터에서 반미 선전이 빠진 포스터를 게시했다. 곧이어 노동당은 매년 6월 25일 한국전쟁이 발발한 날부터 7월 27일 휴전일까지 실시하던 반미 투쟁 행사를 열지 않았다. 미국에 대한 북한의 입장은 줄곧 일관해 왔다. 반미는 정치적 감정으로서 적대 관계가 청산되기 시작하면 옅어지고 점차 누그러진다. 북미 정상 회담 얼마 후 6월 25일자《로동신문》은 미국을 비난하지 않았고, 2면에 "1950년대의 그 정신, 그 투지로!"라는 글을 실어 전후 영웅적 투쟁 정신으로 승리를 이끈 "위대한 수령"과 정부 시책, 인민의 노력을 강조했다.

위와 같은 경우는 비슷한 전례를 갖고 있다. 2000년 '6·15남북공동선언' 이후 평양은 1958년 이후 매년 되풀이하던 반미공동투쟁월간 행사를 중지했다. 남북 관계의 진전과 더불어 미국에 대한 적대 정책을 중단한 것이다. 이북 전역에서 사상교양사업과 함께 벌어지는 이 행사를 평양이 중단한 것은 그만큼 미국에 대한 일관된 정책의 양면을 보여 주는 것이라고 하겠다. 이를 받아들이는 인민의 입장에서 보면 미국에 대한 반감은 언제든지 폐기될 수 있는 정책적인 선택지임을 암시하는 것이다.[31]

어떤 면에서 북한만큼 미국에 대해서 체제 안전 보장과 외교 관계 수립을 일관되게 추진한 나라도 드물다. 이처럼 궁극적인 목적을 향해 국면마다 변화하는 북한의 입장을 이해해야 할 필요가 있다. 2002년 김대중 대통령의 특사 자격으로 북한을 방문한 임동원은 미국에 대한 김정일의 태도를 대략 세 가지로 요약한다. 첫째, 미국에 대한 불신이다. 둘째, 미국을 두려워한다. 셋째, 미국과의 관계 정상화를 간절히 원한다. 평양이 가진 최종적인 목표는 미국과 정상적인 외교 관계를 수립한 후 미국에 대한 "적대시 정책을 버리고 평화 공존하"는 데 있다.[32]

평양에서 보면 미국은 적대와 정상화의 이중 관계를 가진 국가이다. 미국은 현실적으로 한반도 문제에서 외교 관계 정상화를 요구하는 북한의 주장보다는 자신들의 이익을 먼저 계산할 것이다. 미국에 오랫동안 거주한 동포의 입장에서 북한에 대해 관심을 가지면서 지켜본 바에 따르면, "'미국은 우리의 민족 문제에 별 관심이 없다'"는 사실이다.[33] 2016년 10월 위키리크스가 공개한 힐러리 클린턴 Hillary Rodham Clinton의 연설 내용은 워싱턴의 대북 기조를 잘 설명해 준다. 국무장관에서 물러난 지 얼마 되지 않은 2013년 6월 그는 골드먼삭스에서 여러 주제에 대한 연설과 질의응답을 가진다. "한국 세션"에서 그는 '북한이 한반도의 지정학적 리스크를 적절히 유지하면서 미국의 존재감을 부각시켜 주고 있다'라고 평가하며, '미국은 한반도의 분단 상황을 선호한다'고 밝혔다. 힐러리는 북한이 주기적으로 문제를 일으키고 있으나 미국의 입장에서 이것을 나쁘게 볼 필요는 없지만 김정은과의 관계를 시급하게 해결해야 할 문제 가운데 하나라고 언급했다. 그가 "한반도의 통일은 바라지 않는다"라고 속내를 드러낸 것처럼 워싱턴 정가의 기본적인 북한 또는 한반도 정책은 자신들의 통제 내에서 평양의 위험을 관리하고 이익을 극대화하는 것이다.

현재와 같은 남북한의 분단과 북미간의 적대 정책이 미국에게 최상의 이익이라면, 미국은 불신이 팽배한 상태에서 비핵화를 이유로 북한과 정상적인 외교 관계를 결코 수립하지 않을 것이다. 그렇지 않고 북미 간의 수교가 자신들에게 이익이라고 판단하면 워싱턴 또한 외교 정상화에 적극 나설 것이다. 민주당이든 공화당이든 정권에 따라 약간의 차이는 있겠지만 한반도의 분단 상황이 워싱턴의 이익에 가장 부합할 수 있다. 북한의 비핵화와 미국의 안전 보장을 북미 관계 정상화의 최종 목표로 설정하고 단계적·동시적 접근법과 포괄적 협상이 진행 중이다. 그렇지만 경제적 이익 관점에서 보자면, 북한에 대한 체제 안전 보장과 미국의 이익을 어떻게 교환할 것인지가 앞으로 북미 관계를 결정지을 것이다.

18

혁명후속세대의 교육

만들어진 전통

이북에서 전쟁을 겪지 않은 사람들이 대다수에 이르고, 그중 1990년대 중반 20~30대에 '고난의 행군'을 보낸 세대가 사회에서 중요한 역할을 할 것으로 주목받고 있다. 그들은 체계적인 학교 교육과 주체사상 교육을 받은 3~4세대로서 흔히 새세대라 불린다. 정창현이 만나 본 그들은 비교적 경제 상황이 좋은 1970~80년대에 사회주의 시스템을 체계적으로 습득한 엘리트로서, 국가의 혜택을 받은만큼 충성심이 강하고 "사회주의 체제를 유지하려는 보수적 사고"를갖고 있다.[1]

북한의 교육은 학교와 사회의 결속을 중요하게 여긴다. 아이들은 유치원에서 집단생활을 시작하고 인민학교에 진학한 이후부터 1년 이내에 모두 소년단에 가입한다. 학교 교육은 유치원 높은 반 1년부터 시작해 인민학교 5년, 초급중학교 3년, 고급중학교 3년까

— 인민학교 개학식 날을 맞은 북한의 어린이들

지 12년제 의무 교육이다. 모든 학교에서 사용하는 과목의 교과서는 1종뿐이다. 교육 기관은 약 5천 개의 인민학교와 중등 교육 기관이 있고 규모가 작기는 하지만 대학은 300여 개의 종합대학교와 특성화 전문학교(전문대학) 450개 정도가 있다.

　김일성의 「사회주의 교육에 관한 테제」에 따르면 다음 세대의 교육에 대하여 학교와 사회는 공통된 지향과 이해관계를 가진다. 사회 교육은 교양이라는 이름으로 종종 실시하는데, 중요한 것은 "교양기관들의 책임성과 역할을 높이며 사회교양 시설"과 "선전교양 수단"을 잘 이용하는 것이다. 이 지침은 후대의 교육을 전 사회적인 사업으로 진행하며 학교 교육과 사회 교육을 밀접히 연계하는 방침이되었다.[2] 김일성의 언급이 있은 직후 사회주의 교육에서 사회 교육에 대한 우월성과 사회교양기관, 교육의 논리들이 만들어졌다.[3]

　동유럽과 러시아의 외교관들이 아브트에게 설명해 준 비공식 평가에 따르면 북한 교육의 특징은 일반 교육과 기술 교육의 사회주

　　　　　　　　　　　　혁명후속세대의 교육

의 연계와 노동당의 지도, 혁명열사 유자녀에 대한 우대에 있다.[4] 지식보다는 사상교양에 중점을 둔다는 것이다. 이 교양의 최종 목표는 수령에 대한 충성심을 말한다. 대학 교육을 예로 들면, 교원들은 강의안을 만들어 당위원회로부터 비준을 받아야 하고 그 내용에는 지식 교육과 사상교양의 목적이 들어가야 한다. 공산주의교양의 주요 거점은 사회와 학교, 가정으로서 이는 인민의 거주와 생활 단위를 중심으로 편성한 실천 단위이자 노동계급과 인텔리, 농민의 생산 단위를 말한다.[5]

지식보다는 사상교양 먼저

사회 교육의 지도 방침은 신천박물관에서 새세대를 대상으로 하는 정치사상교양에서 실례를 찾을 수 있다. 1958년 김일성의 박물관 건립 지시 이후 신천박물관이 인민을 '반제반미투쟁' 정신으로 교양하는 거점이 된 것은 1962년 1월 22일 김정일이 박물관을 방문한 이후부터다. 김정일은 현지지도에서 신천박물관의 사명과 임무, 군중 교양 형식과 방법에 이르기까지 구체적인 방향을 제시한다.[6] 김정일을 "당중앙"으로 표현한 1984년 문헌에서 그가 신천박물관을 처음 현지지도한 때가 20대 초반의 김일성종합대학 학생 시절임을 감안하면, 방문일은 정확하지만 지시 내용은 이후에 각색되었을 가능성이 있다.

인민들을 교양하는 데 중요한 것은 정치적 신념이다. 북한 학자들에 따르면, 이 신념은 "원쑤들의 총칼 앞에서도 당과 혁명을 배반하지 않고 오직 수령님을 끝까지 따르는 높은 충실성"을 의미한다.[7] 정치적 신념은 일종의 정치사상적 신념으로서 사상적 견해가 뚜렷한 사람의 정신적 성숙 정도와 정치적 준비 정도를 뜻한다. 교양사업은 정치사상의 신념에 관한 것인데, 충실성 교양은 사상사업의 기본 임무로서 당과 수령에 대한 정치적 신념을 갖도록 하는 데 있다.

2009년 김일성종합대학이 발간한 글에 따르면 신념은 과학적 신념과 도덕적 신념, 정치사상적 신념이 유기적으로 연계되어 있는 전일적이고 다면적인 심리 현상이다. 도덕적 신념은 도덕 원칙과 규범을 체득하고 그 정당성을 확신하는 것이며, 과학적 신념은 자연과 사회에 대한 견해의 진리성과 정당성을 말한다. 신념은 목적 지향성을 가지며 정치사상적 견해를 근본으로 과학적·도덕적 신념을 형성한다.[8] 이 신념은 노동계급의 의식에서 가장 중요한 것이자 당과 수령을 믿고 따르는 충실성으로 드러난다.

정치적 신념을 갖는 것에 대한 당의 방침은 사회 교육의 교양사업에서도 취해 나가야 하는 지침이다. 신천박물관 교양사업은 노동당 황해남도당위원회 지도로 이루어진다. 주요 사업은 증언자와 목격자를 발굴하고 자료를 수집하며 유해 발굴과 현장 보존, 강사 교육과 이동 강의, 학술 연구다.[9] 박물관을 중심으로 이뤄지는 반미교양 방식은 세 가지 유형으로 나누어 볼 수 있다. 첫째는 신천군 차원에서 이뤄지는 인민 교양, 둘째는 청년 학생, 근로자, 군인 등의 정기적 참관, 셋째는 매년 6월 한국전쟁 발발 일을 중심으로 실시되는 대규모 연례행사다. 박물관은 단순히 유품을 보존하고 인민들이 참관하는 장소가 아니라 "혁명교양"과 "계급교양의 학교"로서 하나의

혁명후속세대의 교육

거점이 되었다.[10]

　신천군당위원회는 군의 지역 특성에 맞게 사상교양을 당적으로 집행해 나간다. 군당위원회는 매주 한 차례 이상 신천박물관 강사들의 강의 경험을 교환하는 모임과 강의 대상별 특성에 따른 강연 준비, 모범 강사들의 시범 출연을 공유한다. 단지 몇 사람을 제외하면 강사들은 대부분 전후 세대이고 사건을 체험하지 못한 채 내부에 전시한 자료를 근거로 교양하기 때문에 자신들의 강의 기술을 개선하려고 노력한다. 2008년 인구 조사를 기준으로 보면, 1953년 이후 출생한 55세 미만 인구는 전체 인구 2천 4백만여 명의 약 83%인 2천만여 명에 조금 못 미친다.[11]

　2000년대부터 군당위원회는 두 가지 목적으로 신천박물관 강사들의 이동 강의를 조직했다. 첫째는 당원과 협동농장원들이 농사를 사회주의 수호전으로 여기게 하고, 둘째는 일군들과 강사들에게 자기 단위의 특징에 맞게 현 정세의 요구와 계급교양을 심화하는 방법을 제공하기 위해서다. 군당위원회는 강사들과 함께 협동농장을 찾아 "원쑤들의 죄행을 성토하는 역사의 심판자라는 입장"에서 "계급적 각오를 새겨 주"는 강의를 실시한다.[12]

　다음으로 신천에서는 '전국 청년학생들의 복수 모임'을 정기적으로 갖고 반미의식을 불러일으키는 연례행사가 열린다.[13] 매년 6월 25일이 되면 당과 내각, 군의 지도부는 신천박물관을 참관해 방공호와 화약 창고를 둘러보고 '사백어머니묘'와 '백둘어린이묘'에 헌화한다.[14] 미국에 대한 분노의 감정은 지난날의 경험 그 자체보다도 최고 지도자에 대한 충성과 사회를 지탱하는 인민들의 단결로 승화하는 데 그 중요성이 있다.

1994년 '제네바 기본합의'를 평양과 맺은 워싱턴은 핵무기 공격을 하지 않을 것이라고 약속했지만, 그 이후에도 핵무기 사용을 계획하고 있었다. 2002년 9월 12일 노틸러스연구소가 공개한 미 국방부의 핵 공격 모의 훈련 문건(1998. 12. 9 작성)에 따르면, 세이머 존슨Seymour Johnson 공군 기지의 전폭기들은 수백 개의 북한 지하 시설을 공격 목표로 여러 차례 핵무기 공격 훈련을 실시했다. 훈련에 참가한 미군 제4전투비행단 소속 F-15Es 폭격기들은 내부를 콘크리트로 채운 핵무기 모형 BDU-38s 투하 훈련을 했다. 이것은 한국전쟁 때 감행한 핵탄두가 없는 핵 폭격과 다를 바 없었다. 문서에서 미군은 훈련이 "한국에서 전투를 가정한 것"이며 "생화학 무기 공격 작전"까지 포함하고 있었다고 밝혔다.[15]

미국이 핵 공격 모의 훈련을 실시한 1998년 가을은 북미 사이에 대결 국면이 상승하던 때였다. 그해 여름부터 평양은 미국이 대북 기본 협정을 이행할 의지가 없는 것을 비판했고, 10월 미국은 북한에 대해 공개적으로 침략 위협을 경고하고 이북 지역을 대상으로 장거리 핵 공격 모의 훈련을 실시했다. 북한의 "명백한 침략 준비"라는 전제를 붙이기는 했지만 미국의 이 경고는 선제공격을 포함한 모든 해병대 자원을 전쟁에 동원하고, "북한 국가를 제거"해 남한 지배 아래 '점령 정권occupation government'을 세우려는 조치였다.[16]

미국에 맞서 평양은 가능한 모든 방법으로 대결할 것을 선언한다. 1998년은 북한이 사회주의 정권을 수립한 50주년이었고, 김일성 추모 기간이 끝나고 김정일이 공식적으로 전권을 행사한 이듬해였다. 11월 22일 다급한 정세 속에서 김정일은 신천박물관을 현지지도하면서 이곳을 당원과 인민군인, 청년학생, 근로자, 혁명후속세

혁명후속세대의 교육

대의 반미의식과 계급의식을 교양하는 거점이라고 강조한다. 그는 전시된 내용을 보고 "미제와 계급적 원쑤들의 야수성과 악랄성, 잔인성을 보여 주는 력사의 증거들이며 귀중한 계급 교양자료"라고 덧붙였다.[17]

1990년대 후반에 들어서서 혁명의 새세대들을 교육해야 하는 필요성이 높아졌고, 노동당은 전후세대에게 반미정치사상교양을 지속적으로 강화할 것을 제기했다.[18] 선군 시대의 요구에 맞게 계급교양을 진행할 것을 독려하면서 신천학살과 박물관을 다시금 강조했다. 이 교양에서 중요한 것은 "혁명적 지조를 끝까지 지킨 애국자들"이 "인민의 기억 속에 영원히 남아 있을 것"이라는 데 있다. 애국자들은 적에 맞서 싸우는 신념과 지조를 지킬 줄 아는 사람으로서, "육체적 생명은 꺼질지언정 당과 수령이 안겨 준 고귀한 정치적 생명"을 지킨 사람들이다.[19] 몇 차례 언급하듯이, '사회정치적 생명체론'에서 인민의 주체적 정신은 지도자의 영도에 따라 형성되는 마음가짐에 있다.

평양에는 조국해방전쟁승리기념관이 별도로 있지만 미국에 대한 인민들의 정치사상교양은 신천박물관이 중심을 이룬다. 노동당은 김정일의 신천박물관 현지지도를 인민군 장병과 인민, 새세대 청소년들에게 반미 계급교양을 강화하는 지침으로 삼고 있다. 2000년대 이후 이 사업을 새롭게 강화하는 것은 제국주의와 대결이 장기화되고 혁명세대가 바뀐 상황 때문이다. 신천박물관이라고 하는 물질적 기초를 밑바탕으로 하는 교양은 계급 투쟁의 원리와 진수를 밝혀주는 원칙적 문제들에 대한 지침이다.[20] 노동당은 청년들이 지난날 착취당하고 억압받은 부모 세대들의 과거를 잊지 않고, 사회주의 국가 건설을 위해 그들이 어떻게 일해 왔는지 알아야 한다고 강조한다.

《로동신문》은 '신천'을 학습하는 사례를 자세히 소개한다. 학생들은 '복수기록장'이라는 수첩을 마련하여 신천의 전쟁 영웅들이 남긴 시와 피학살자 가족의 증언을 작성하고, 박물관을 관람하면서 느끼는 자신의 각오를 적는다.[21] 신천박물관은 인민의 계급의식을 교양하는 장소로서 전쟁 기억과 반미 감정의 전통을 만드는 공간이자 '혁명진지', '계급진지'의 반석으로까지 격상된다.[22] 인민의 모범을 창출할 때에도 "신천의 장한 딸들처럼"이라고 표현하여 현재의 여성 영웅을 사건 당시의 여성처럼 형상화한다.[23]

체제 수호의 무기, 반미교양

한 사회에서 개인을 통합하는 방식에는 여러 가지 요소가 어우러지는데 그중에서 기초 교육 과정은 지배 체제의 헤게모니 구조 내부로 개인들을 통합한다. 기초 교육은 주체들을 '정상화normalization' 할 뿐만 아니라 개별 주체들이 사회의 가치와 이상을 담지하도록 '개인성'을 만들어 내는 것으로 이루어진다. 에티엔 발리바르Étienne Balibar는 여기에 덧붙여 기초 교육을 "정신의 재통합remembrement이나 재주조가 일어날 수 있도록 만드는 분해demembrement" 과정이라고 말한다.[24] 교육은 순수한 견습 과정이거나 백지 상태에 새겨지는 역량, 지식, 관념 따위의 습득이 아니라 기존 질서의 해체와 새로운 질서의 구축화 과정이다. 교육이 중요한 이유는 정신의 재통합에 있는데, 노동당이 교육으로 정립하려는 것은 인민들의 개인성이 아니라 집단의 관습이다.

정치사상교양에서 만들어지는 전통은 국가 구성원의 정체성을 형성한다. '신천'은 미국의 야만을 고발하는 역사의 전통이다.[25] 에릭 홉스봄Eric Hobsbawm에 따르면, 한 나라가 전통을 창조하는 까닭은 극적인 정치 변동에 따른 사회 통합과 정체성 표현, 그리고 사회관계를 구조화하는 장치들이 필요해서다.[26] 혁명의 다음 세대인 청년학생과 군인, 노동자들에게 신천박물관은 반미정치사상교양의 거점 역할을 하는 사회 통합의 수단이고, 다양한 사회 교육 방식은 인민들의 마음을 구조화하는 전통으로 자리 잡고 있다.

박물관에서 전시하는 자료와 교양 방식은 국가가 그 구성원으로부터 지지를 얻는 수단이자 감정을 내면화하는 데 그 목적이 있다. 현재의 필요에 따라 지난 일을 해석하고 기억하는 과정은 하나의 역사적 전통을 만든다. 홉스봄은 만들어진 전통을 세 가지 유형으로 나누었다. 첫째는 공동체의 사회 통합이나 소속감을 구축하고 상징화하며, 둘째는 제도와 지위, 권위 관계를 구축하거나 정당화하고, 셋째는 사회화나 신념, 가치 체계, 행위 규범을 주입하는 것이 전통의 주요 목표다.[27] 국가는 통시적인 전쟁사를 통해서 한 나라의 전통을 재구성하고 민족 국가를 수립하는 도구로서 이를 활용한다. 전시기록물과 교육은 전쟁에 대한 역사 해석과 민족의식이 정확히 일치하는 경우가 많다.

노동당이 국가의 전통을 창출하고 미국을 대상화해 '적대적 민족주의'를 구성하는 것은 인민들의 정서에 국한하지 않는다. 반미정치는 군사력과 결합해 민족주의 정치 이념으로 자리매김한다. 2017년

10월 7일 노동당 제7기 2차 전원회의에서 김정은은 "경제 건설과 핵무력 건설의 병진노선을 따라 전진해 온 것이 천만 번 옳았으며 앞으로도 변함없이 이 길로 나아가야 한다"고 선언한다.

김정은이 선언한 '국가 핵무력 건설의 역사적 대업 완수'는 평양이 한반도 내부뿐만 아니라 미국과 중국, 일본에 대한 대외 관계에서 자주성을 지키는 "공세적 민족주의"의 수단으로 쓰이고 있음을 뜻한다. 이삼성이 분석하듯이 대륙간탄도미사일ICBM(Intercontinental Ballistic Missile)과 결합한 북한의 핵무장은 미국의 대북한 적대시 정책을 무력화시키기 위한 명분을 정당화한다. 정치와 사회 체제를 유지하기 위한 주체사상의 민족주의와 그 핵심 요소로서 반미주의가 정치와 갖는 연계성은 "침략 전쟁을 수행해 온 미국으로부터 자신을 지키는 생존 무기"라는 데 있다.[28]

평양은 "자국의 주권이 존중"받고 "일방적인 공격 대상"이 되지 않도록 보장받기를 위해 왔다.[29] 맥코맥의 부연대로, 이 나라처럼 근본적이고 보편적인 권리를 보장받는 것 자체를 국가의 목표로 삼을 정도로 취약한 나라는 드물었다. 남북한이든 북미 관계든 평양은 동등한 관계에서 쌍방향의 소통을 원한다. 2018년 3월 남한의 특사단이 평양을 방북해 조선노동당 중앙위원회 본부 청사에서 김정은 국무위원장을 만났을 때, 그는 "대화 상대로서 진지한 대우를 받고 싶다"라는 의사를 피력했다. 이 말에는 그동안 북한이 남한이나 미국, 국제 사회로부터 주권을 인정받지 못한 채 또 정상적인 외교 관례에 따라 대화 상대로서 인정받지 못한 것에 대한 속마음이 담겨 있다.

북한은 미국을 정치사상교양의 상대로 파악하고 초급당위원회

혁명후속세대의 교육

— 락랑영예군인 수지일용품공장 지배인인 영예군인 강남익이 새 제품 개발을 위한 회의를 하고
있다

자체 계급교양실에서 그들이 저지른 자료를 전시해 지난날의 비참
한 현실을 되풀이당하지 않게끔 강조한다. 전쟁 당시의 생존자를 신
문 기사에서 다루고 '새세대'에게 미국에 대한 적의를 잊지 말 것을
선전한다.[30] 평양이 대외적으로 느끼는 위협은 전쟁 이후 되풀이되
어 온 생존에 대한 강박관념에 물들게 했다. 이것은 과거의 것만이
아니다. 체제에 대한 위기가 계속되는 동안 이와 같은 정치사상교양
방식은 앞으로도 계속될 것이다.

　북한에서 현재를 재구성하는 이와 같은 방식은 1950년대 투쟁
정신을 강조하면서 더욱 뚜렷해진다. 정치사상교양은 농장 일군들
의 영농 사업에서 1950년대를 본받는 것으로 발전한다. 평안남도
온천군 안석리 당일군들은 신천의 계급교양실을 참관하는데 제4작
업반원들은 "미국을 때려 부수는 심정으로 당면한 영농 사업에서 혁

신을 일으켜 나갈 것을 결의"했다. 리당에서는 영농 현장에서 1950
년대 전시 식량증산투쟁으로 군량미를 전선에 보내 주던 그 정신을
따라 배우도록 독려하고 있다.[31]

《로동신문》은 1950년대 인민군 전사들의 영웅담을 보도하면서
이들을 모범으로 다시 제시하고 군대 원호 사업에 적극적으로 나설
것을 독려한다. 4면 전체가 1950년대 군인들에 대한 기사로 가득
채워진 2003년 5월 31일자 기사 제목을 보면, "함흥영예군인 수지
일용품공장 로병영예군인들", "언제나 화선병사 시절처럼", "변함없
는 신념 안고", "조국결사수호전의 영웅용사들, 육박전의 용사", "미
더운 제대 군인들", "인민군대원호에 비낀 우리 인민의 고상한 정치
사상적 풍모", "영예군인들에게서 걸려온 전화" 등이다.[32]

김정일은 전쟁의 폐허 속에서 다시 일어선 도시와 농촌의 공장
복구 건설, 자립경제 토대를 떠올리며 인민군대와 인민들의 수령결
사옹호와 조국 수호, 창조와 혁신의 정신을 1950년대 정신이라고
밝혔다. 이와 같은 정신을 강조하던 때는 광명성2호 발사와 두 차
례의 지하 핵 실험이 있었던 2009년이었다.[33] 외교적으로 미국과 대
결 국면이 지속되는 동안 평양은 1950년대 투쟁 정신을 불러내었
다. 세대를 이어 가는 군대와 인민의 투쟁은 2012년 강성대국을 앞
둔 대결 국면에서 신천박물관 현지지도를 더욱 강조하는 것으로 나
타났다.[34]

신천박물관의 계급교양은 2012년 김정은이 등장한 직후에도 계
속되었다.《로동신문》은 생전에 김정일의 현지지도를 언급하며 "신
천박물관 일군들은 계급적 본분을 잊지 말고 박물관을 통한 계급교
양을 잘하여야 하겠습니다"라고 보도했다.[35] 2018년 3월 26일 신천

박물관 창립 60돐 기념보고회가 열렸다. 조선노동당 중앙위원회 최휘 부위원장을 비롯해 황해남도당위원회 박영호 위원장, 관계 부문 일군들, 신천박물관 강사와 종사자들, 신천군 근로자들이 보고회에 참석했다.[36] 기념보고회에서 최휘는 신천박물관 강사들과 종업원, 일군들에게 보내는 당중앙위원회의 축하문을 전달한다. 중앙위원회는 축하문에서 신천박물관을 "미제와 계급적 원쑤들의 야수적 본성과 대학살 만행을 만천하에 폭로하는 력사의 고발장, 복수심의 발원점이며 계급 투쟁의 진리와 교훈을 뼈에 새겨 주는 반제계급교양의 위력한 거점"이라고 규정했다.

경험으로부터 반복되는 동일성은 구성원의 집합 의식collective consciousness을 형성한다. 이 의식은 사람들이 사회 속에 위치하고 있는 특정한 성분 조건과 무관한 관념 체계로서 개인의 사고와 행동을 제약한다. 이런 사회는 그 자체로서 독자적인 실체를 의미하고, 집합 의식은 그 자체의 발전 양식을 갖고 있는 사회의 정신적 전형이 된다.[37] 공동체에 대한 결속과 동일한 소속감을 극대화하기 위한 정신적 전형으로서 반미 감정은 혁명후속세대의 교육으로 재생산된다. 공동체 차원의 경험으로 전승되는 교육은 지난날의 유산을 현재에 지속시킨다.

혁명후속세대의 정치사상교양은 북한이 미국과의 관계를 서술하는 역사적 맥락과 정치적 의도에서 보자면 민족주의를 구성하는 하나의 방식이다. 역사 속에서 만들어지는 전통은 현재를 구성하는 사회적 필요에 따라 재해석되고 인민 대중의 정서는 습속, 곧 삶의 양식으로 자리 잡는다. 혁명후속세대에게 이르는 교육의 목표는 반미 감정으로부터 체제를 수호하는 실천적 과제에 있다. 바깥 세계에서 볼 때 호전적인 북한의 민족주의는 현실적 사회구성체이자 그 자체의 목적론이 뚜렷이 기입된 상태를 말한다.

19

핵무기와 인민

'발밑에 깔고 사는 핵'과 '머리에 이고 사는 핵'

2018년 6월 싱가포르와 2019년 2월 베트남 하노이에서 북미 정상 회담이 두 차례 열렸지만 비핵화와 체제 안전 보장에 관한 협상은 긍정적인 기대보다는 심각한 상태 속에 남아 있다. 북한과 미국 사이에 관계 정상화가 어려운 이유는 무엇일까. 지난 70여 년 동안 미국은 북한을 악의 축, 불량 국가, 범죄 국가, 불가사의한 나라 정도로 인식해 왔다. 미국에 위협이 되고 국제 사회 평화의 걸림돌로 북한을 상대해 왔다.

정영철이 분석하듯이, 1960년대부터 1980년대까지 미국이 북한에 대해 가지고 있는 이미지는 대체로 편견과 선입견에 의해 만들어진 '위성 국가'였다.[1] 1990년대에 접어들면서 그 이미지는 수령제에 의한 절대 권력의 세습과 핵 문제로 인해 '불량 국가'로 굳어진다. 하지만 평양이 핵무기를 개발하고 미사일 발사 실험을 성공한 2017

년 이전까지 미국은 북한으로부터 직접 위협을 받은 적이 없다. 흔히 적대 관계라고 하지만 정확하게 말하면 이 관계는 비대칭적이며 미국이 북한에 가하는 일방적인 체제 위협에 해당하는 경우가 대부분이다.

미국은 1950년 6월 한반도에서 전면 전쟁이 발발한 이후 정전이 발효될 때까지 핵무기의 전술적 사용을 여러 차례 고려했다. 개전 초기 더글라스 맥아더Douglas MacArthur는 핵무기 사용 여부에 대해 매튜 리지웨이Matthew B. Ridgway에게 문의했고, 합동참모본부는 그에게 원자폭탄을 사용하게 할 것인지 말 것인지 여부에 대해 긴급 메시지를 보냈다. 이 메시지에 따르면 합동참모본부 찰스 볼트 Charles L. Bolts 작전국장은 10~20개의 폭탄을 사용할 수 있을 것으로 예상했다.[2] 중국인민지원군의 개입으로 유엔군에게 전황이 나빠진 11월 30일 해리 트루먼Harry S. Truman 대통령은 기자 회견에서 핵무기 사용을 넌지시 알린다. 그는 미군이 이북 지역에서 후퇴하자 심각한 한반도 상황을 고려해 필요하다면 모든 무기를 사용할 것이라며, 핵무기는 언제든지 고려해 온 것이라고 언급한다.

'언제든 사용 가능한 미국의 핵'

이후에도 미국은 핵무기 공격을 여러 차례 논의했고 이것은 언제든 사용 가능한 선택이었다. 1951년 4월 5일 원자폭탄 사용 허가가 난 이후 원자력위원회에서 미 공군 제9폭격대대로 마크-4 원자캡슐 9개가 이전되었다. 핵무기를 최종 사용하지는 않았지만 그해 9월

핵무기와 인민

미 공군은 '모형 핵탄두dummy bombs'를 이북 지역에 떨어뜨렸다.[3] '허드슨만 작전Operation Husdon Harber'으로 알려진 이 훈련은 미국이 한반도 전장에서 원자폭탄 사용 능력을 확립하기 위한 것이었다. 원폭 투하 훈련은 "무기의 조립, 시험 운반, 목표물에 대한 지상 통제"와 "원폭과 관련된 공격 활동을 전개하는" 능력을 획득하는 것이 목적이었다.[4]

1951년 7월 휴전 회담이 개시된 이후 미국은 오히려 공중 폭격을 강화해 밤낮을 가리지 않고 대대적인 공습을 단행한다.[5] 휴전 협상 시작 때부터 실시한 항공압박작전Air Pressure Operation은 공중 폭격을 정치적 수단으로 활용하는 전략이었다. 전선이 아닌 후방과 군사 시설이 아닌 민간인 거주 지역을 대상으로 한 해상과 공중 폭격은 인민들을 죽이고 생존 수단을 파괴하는 끔찍한 범죄 행위였다.[6] 국제민주법률가협회는 전선으로부터 멀리 떨어진 촌락과 무방비 도시, 비군사 목표에 대한 폭격이 전쟁 법규 위반이라고 지적했다.

미군의 무차별 폭격은 인민들에게 전세를 결정짓는 것처럼 보였다. 정치보위부는 전시 여론을 수집하고 이 중에서 사상이 의심스러운 자들을 대대적으로 체포했는데, 이들은 공중 폭격으로 북조선이 전쟁에 패배할 것이라고 언급했다. 그들은 "미국 비행기가 도시와 농촌을 습격하여 점령한다"거나 "공장 등을 파괴할 뿐만 아니라 철교 및 역전을 폭격"해 군수품을 수송하지 못하여 전쟁에서 승리할 가망이 없을 것으로 보았다.[7] 정치보위부는 공중 폭격에 대한 부정적인 여론을 통제하려 했지만, 인민들은 폭격을 전쟁 승패의 요인이자 가장 무서운 공격으로 받아들였다.

폭격으로 인한 물질적 토대의 파괴와 정치적·심리적 파장은 컸다. 인민들이 정신적으로 받은 충격은 어른이나 어린아이 할 것 없이 죽음에 대한 공포였고 그 다음 미국에 대한 증오심이 뒤따랐다. 무차별 폭격으로 인민들이 대량 살상당한 까닭에 그들은 미국이라면 치를 떨며 몹시 미워하였고, 두려움과 반감은 뿌리 깊은 감정으로 남았다. 한국전쟁의 트라우마를 카터 에커트Carter Eckert는 "상시 포위 심리permanent siege mentality"라고 불렀다.[8] 인민들에게 미 공군기는 어떤 것이든 핵폭탄을 운반하고 있는 것처럼 보였을 것이라고 그는 설명한다. 거의 모든 인민들이 미군 폭격기의 공격을 피하기 위해 3년 동안 인공 지하 동굴에서 지냈다.

핵폭탄의 위협을 겪은 평양은 1952년부터 우라늄 탐사와 핵 기술 과학자를 교육하기 위해 과학원을 설립하고 인민무력부 산하에 '핵무기방위부문'을 설치한다. 1955년 원자핵물리학연구소를 설립한 후 이듬해 3월 소련과 핵 연구에 관한 원자력 협정을 체결하고 30여 명의 물리학자를 드부나핵연구소에 파견했다. 1959년 9월 이북은 추가로 모스크바에서 조소朝蘇원자력협정을 맺었고 1962년 1월 영변에 핵 연구 단지를 조성하면서 독자적인 핵연료 확보에 나선다. 북한과 러시아의 과학 분야 협력이 중단된 1990년까지 30여 년 동안 과학자 250여 명이 드부나에서 핵 기술 개발에 참여했다.

한국전쟁 이후 핵폭탄은 총력전에 가장 적합한 무기로 인식되었고 전 세계에 확산되었다. 미국과 소련 사이에 핵전쟁 위협이 증가하기 시작하자 미국은 핵무기 정책을 선제공격으로 바꾸었다. 적대국과 분쟁이 발생하면 핵무기를 먼저 사용할 수 있는 미국의 핵선제공격 정책은 한국전쟁의 결과였다. 핵선제사용가능원칙first-strike option은 미국 핵정책의 주요 원칙 중 하나로서 적대국이 핵무기를

핵무기와 인민

사용하지 않은 상태에서도 미국이 먼저 핵무기를 사용할 수 있게 했다. 이것은 핵 공격에 대해서만 핵무기를 사용하는 보복 차원의 공멸과 방어적 핵 억지력과는 확연히 다른 전략이었다.[9]

미국은 핵선제사용가능원칙에 따라 유럽과 환태평양 지역에 전술 핵무기를 배치한다. 1954년 미국은 태평양 지역에서 중국의 대만 위협에 대비해 핵무기 사용 계획을 입안하고 그해 12월 오키나와에 핵무기를 배치했다. 1956년 괌을 시작으로 오키나와와 하와이에 핵무기 시스템을 건설하고 드와이트 아이젠하워Dwight D. Eisenhower 대통령 말기에는 태평양 연안 지역에 1,700기의 각종 무기를 나누어 배치했다. 냉전이 고조되어 가던 1950년대 중반 미국은 한국 등 태평양 연안국 18개 국가와 해외 주둔 미군 기지 9곳 등, 모두 27개 기지에 1만 2천여 기의 핵무기를 배치했다. 케네디 정부 시절 이들 무기는 증가하기 시작해 1967년에 가장 많은 3,200기에 달했고, 이 중 2,600기가 한국과 오키나와에 있었다.[10] 1958년 1월부터 주한미군은 비무장지대에서 24마일 떨어진 춘천 캠프페이지에 핵무기를 반입하고 제4미사일부대를 창설했다.

미국 노틸러스연구소가 정보공개법FOIA으로 입수한 문서의 표지에는 방사능 물질 표식과 태극기와 성조기, 춘천 캠프페이지가 명시되어 있다. '한국무기지원단–한국핵작전표준절차'라고 이름 붙인 이 문서는 1987년 9월 22일 작성되었고 1986년 10월 1일 배포된 같은 제목의 문건을 대체한다고 기록하고 있다. 이 문건은 핵무기의 기지 입출고 절차와 핵무기 운반, 핵무기를 군용 트럭이나 헬기에 싣는 요령, 각각의 이동 수단별 운반 절차, 핵무기를 다루는 요령을 상세히 설명하고 있다.[11]

남한의 핵무기 배치는 미국의 지역통합전략collective security policy 정책에 따라 환태평양 연안 지역의 안보 전력을 핵무기 중심으로 보장하고 병력은 감축하는 정책에 따른 것이었다. 1958년 당시 국방부장관이었던 김정렬은 자신의 회고록에서 한반도의 핵무기 배치를 언급하지 않았지만 1954년 한미합의의사록과 1958년 수정한 한미합의의사록 부속서를 언급하며 주한미군 병력 감축과 현대식 무기 도입 과정을 밝혀 놓았다.[12] 한미합의의사록에서 언급하고 있는 현대식 무기new weapon는 핵무기를 뜻했다.

핵미사일을 들여오는 과정에서 미군은 병력과 무기를 사열한다. 영국《브리티시 파테》British Pathé가 촬영한 "한국의 신무기 도입"이라는 제목의 영상에는 미8군 마크가 그려져 있는 M65 원자포가 트럭에 실려 운반되는데, 제1군단장 아서 트뤼도Arthur Gilbert Trudeau 중장이 주한미군에 도입된 원자폭탄과 어니스트존 미사일 등의 신무기, 미군 병사를 사열하는 모습을 보여 준다.[13]

1958년 주한미공보원USIS(U.S. Information Service-Korea)이 제작한 〈리버티뉴스〉의 영상 "원자포와 핵미사일 시연"에 따르면, 이승만 대통령과 조지 데커George H. Decker 주한유엔군사령관이 동두천에 위치한 미군 포병부대 바바라캠프를 방문해 신형 무기 시연을 참관한다. 이날 사용된 무기는 "US ARMY", "BUCCANEER"이 적힌 280mm 원자포와 8인치 핵무기 미사일 "DEAR JOHN"이었다. 영상의 내레이션은 "원자포를 발사하는 모습"과 "핵무기 미사일이 화염을 내뿜으면서 발사대에서 하늘로 날아오르는 모습", "창공에서 비행하는 미사실의 모습", "원자포가 착탄된 곳에서 버섯구름이 피어" 나는 모습을 묘사하고 있다.[14] 〈리버티뉴스〉가 촬영한 장면과 해설

핵무기와 인민

내용이 사실이라면 놀랍게도 주한미군은 원자탄을 시범적으로 사용한 것이 된다.[15]

　핵무기 공격의 위험성은 선제사용가능원칙뿐만 아니라 사용 결정권을 장군에게 위임한 데서도 나타났다. '냉전' 시기 미국의 핵무기 사용 전략은 장군 개인에게 그 결정권을 사전 위임하는 방식이었다. 전쟁의 권한을 양도하는 '핵무기 대응 사전위임emergency authorization or predelegation' 조치는 1957년 미국 의회 양원합동원자력위원회에 처음으로 보고되었다. 그해 9월 북아메리카 항공방위사령부 얼 패트리지Earle E. Patridge 사령관은 비상시에 핵무기를 사용할 수 있는 권한을 대통령으로부터 사전에 위임받았다고 밝혔다.[16] 이때는 춘천 캠프페이지에 핵무기가 배치되기 불과 몇 달 전이었다.

핵무기, 지속되는 한국전쟁

전시와 같은 상태는 이북에서 현재 처해 있는 형편과 같으며 대외 위기가 발생하면 신천학살은 다시 부각된다. 평양은 2001년 11월 새로 발굴한 유해 59구를 대대적으로 보도했고, 이듬해 3월 신천군읍지구의 학살 현장과 발굴한 유해·유물을 화보로 공개한다.[17] 당시는 2001년 9월 세계무역센터에 테러가 발생해 미국의 일방주의 외교가 군사적으로 확대되고, 북한이 치열한 외교전을 펴던 때였다. 테러가 발생한 다음날 평양의 외무성 대변인은 9·11에 대해 유감을 표명했다.[18] 9·11 이후 국제 사회에서 중국과 러시아까지 대테러 전쟁에 협조하는 약속을 하며 미국과 보조를 맞추었고, UN주재 북한

대사 리형철은 총회 연설에서 이를 재천명했다.

2001년 11월 12일 북한은 "테러 자금 조달 억제에 관한 국제 협약" 등 테러와 관련한 국제 조약에 서명한다. 미국은 10월 8일 시작한 아프가니스탄 공격이 12월초쯤 마무리되자 9·11을 이라크와 연관 지었다. 이듬해 1월 29일 시정 연설에서 부시 대통령이 이라크와 이란, 북한을 '악의 축'으로 지목하자 대북 압박은 최고조에 달한다. 평양은 이 발언을 '사실상의 선전 포고'로 간주하면서 강력히 반발했다.[19] 《로동신문》은 결국 '미국과 한번은 싸워야 한다'는 각오를 공개적으로 언급하기에 이르렀다.[20] 노동당은 미국이 대테러 전쟁의 연장선에서 9·11과 악의 축을 연결 지어 자신을 공격할 것이라고 예상할 수 있었다.

긴박한 정세 속에서 노동당은 신천이 "우리 인민들의 가슴속에 미제 침략자들에 대한 증오와 복수의 대명사로 깊이 새겨져 있"음을 대대적으로 선전하고 나섰다. 2002년 1월 22일 《로동신문》은 4면 전체를 신천에 관한 기사로 가득 채운다. 주요 기사는 "신천 땅은 미제와 계급적 원쑤들의 귀축 같은 만행을 력사에 고발한다"라는 큰 제목 아래 "신천 땅의 피의 교훈", "계급교양도 선군시대의 요구에 맞게", "천만군민이 분노로 치를 떤다", "계급적 원쑤들과는 끝까지 싸워야 한다", "미제를 준렬히 단죄", "기어이 피값을 받아 내리라"라는 제목으로 해당 내용을 실었다.[21]

노동당은 신천학살의 유골을 발굴해 《로동신문》에 대대적으로 보도하고 화보를 제작해 그 참상을 선전했다. 대미 관계의 긴장 속에서 전쟁의 잔혹한 이면, 한국전쟁 이후 지속적으로 미군이 저질렀다고 주장하는 전쟁 범죄 사건을 다시 끄집어내 인민들에게 반미 감정을 북돋았다.[22] 혹독한 전쟁 경험에서 비롯된 국가 위기를 반영하는 이런 현상은 인민들의 생존과 체제 위기가 절박한 상황 속에 있음을 가리킨다.

신천 지역 학살을 중심으로 반미 감정을 전승하는 신천박물관은 독특한 역사적 경험에 기반한 집단적 결정체다. 인민들의 반미 정서는 전쟁과 피학살이라고 하는 체험에 기초해 있는 집단 의식으로서, 여기에 근거를 제공하는 것이 바로 신천박물관이다. 물질과 사상의 작용에서 본다면 위와 같은 내용은 위로부터 강요된 것만이 아니다. 전쟁 체험과 계속된 위협 속에서 인민의 참여는 국가 위기를 극복하기 위해 사회 체계 내에서 유기적으로 구성된 것이다.

인민들은 분단을 미국의 책임으로 본다. 한반도에 가장 위협이 되는 나라는 국제 질서의 패권을 가진 미국이고 그들은 다른 나라와 비교할 수 없을 정도로 압도적인 '적'이다. 어떤 조사에 따르면 이북 사람 98%의 응답자가 미국을 적대 국가, 절천지 원수, 숙적으로 여긴다. 어느 응답자는 "미국이 한국"을 "좌지우지하면서" "세계를 먹을 수 있게끔 발을 딛고 나갈 수 있는 발판이" 한반도라고 말한다. 또 다른 응답자는 한반도에서 전쟁이 일어나면 이것은 미국이 남한을 지원하기 때문에 가능한 것이라고 응답했다.[23] 미국이 자기네 이해관계를 위해 남북한을 이용한다는 입장이다. 핵무기를 제외하면 남북한의 군사력이 어느 한쪽에 압도적이지 않은 사실을 감안할 때, 그들은 미국의 뒷배 없이 남한이 이북을 침략하거나 위협할 것이라고 느끼지 않는다.

미국이 한국전쟁 때 이북 지역에 핵폭탄을 사용하지 않았음에도 불구하고, 공중 폭격의 피해는 핵 폭격과 거의 동일한 결과를 초래했을 만큼 심각했다.[24] 북한의 핵 문제는 전쟁 때부터 시작된 것이고 핵무장에 대한 근본 이유 중의 하나는 국가의 존폐와 인민들의 죽음에 다다른 경험 때문이라고 할 수 있다. 핵 문제에 대한 남한과 북한의 인식은 상반된다. 2013년 3월 19일 박근혜 대통령은 청와대에서 종교지도자협의회 공동의장단과 오찬을 가진다. 이 자리에서 그는 "북한의 핵 위협은 얼렁뚱땅 넘어갈 수 없는 문제다. 핵을 머리에 이고 살 수는 없다"라고 말한다. 불과 한 달 전 3차 핵 실험을 강행한 평양을 향해 비판하는 발언이었다.

박근혜의 이 발언이 알려진 이후 2015년 8~9월 '재미동포 아줌마' 신은미가 이북을 방문한다. 그의 안내를 맡은 설향이는 "남녘의 대통령께서 '머리 위에 핵을 이고 살 수는 없다'고 했다는데, 우리는 발밑에 미군의 핵을 깔고 수십 년을 살아 왔습니다"라고 응대한다.[25] 인민들이 춘천에 배치된 핵무기를 두려워하며 몇십 년을 살았다는 설향이의 의미심장한 말이었다. 남한은 현재의 북한 핵무기를 위협으로 느끼고 있지만 북한은 한국전쟁과 1958년 이후부터 미국의 직접적인 핵무기 공격에 시달렸다.

존 페퍼John Feffer가 설명하듯이, 동구 사회주의권의 몰락은 미국이 공중 폭격과 미사일 공격을 비롯한 군사력을 재래식 병력을 가진 비핵국가들에 사용하는 데 아무 제약이 없어 보였다. 이와 정반대로 러시아나 중국과 같이 핵을 보유한 국가에게는 군사적 조치보다 외교력에 의지하는 것으로 비쳐졌다.[26] 북한은 비핵 국가들이 겪은 위와 같은 상태에서 벗어나려고 무진 애를 썼고 핵무기 개발에 국가의 명운을 걸었으며, 최종적으로 미국과 외교 관계를 정상화하려고 노력하고 있다.

핵무기와 인민

지속되는 한반도 핵 문제는 남북한과 북미 관계 정상화의 가장 큰 걸림돌 중 하나다. 공식적으로 노동당은 핵 문제의 본질이 미국에 있음을 선언하고 있다. 대외적으로 1990년대 초반부터 현재까지 이어지는 핵 문제에 대해서 노동당이 주장하는 미국의 책임은 이렇다. 첫째는 국제 사회에서 북한 핵 시설과 무기를 과대 포장해서 만든 위협과 왜곡, 둘째는 제네바 기본합의서 파기와 경수로 건설 무산, 셋째는 자주권과 생존권을 지키기 위한 집단적 자위권의 부정, 넷째는 완전하고 검증 가능하며 되돌릴 수 없는 핵 폐기, 다시 말해 '선 핵 폐기' 주장이 허위라는 것이다.[27] 미국의 핵 위협과 전쟁 방지를 위해서 핵무기를 만들 수밖에 없는 것이 평양이 주장하는 자신들의 입장이다.

미국에 대한 "핵무기를 내놓으면 조선반도의 비핵화가 실현되는 것처럼 비핵화의 본질을 오도해 나섰다"는 평양의 비판은 비핵화가 한반도의 문제만이 아니라 국제 문제라는 인식을 드러낸다. 비핵화는 북한의 비핵화와 한반도의 비핵화를 의미하는데, 평양은 미국의 핵무기 전략 자산이 남한으로 수송되거나 배치되는 형태를 모두 포함해서 일컫는다. 평양의 공식 입장은 북미 관계가 정상화되어 신뢰가 조성되고 미국의 핵 위협과 적대시 정책이 완전히 제거되면 "자위적 핵억제력강화조치는 자연히 해제될 것"이라는 데 있다.[28] 국제 관계에서 어느 한쪽의 이해만이 일방적으로 표출되지 않는다. 위 문장에서 보듯이 북한과 미국의 관계 회복은 정상화, 신뢰, 적대시 정책, 비핵화라고 하는 우선순위와 각 단계에 대한 접근 방식의 차이를 어떻게 해소할 것인지 그 태도가 중요하다.

종전 이후 지속된 북한에 대한 미국의 적대심에는 한국전쟁에서 승리하지 못해 실추된 자신들의 위상을 심리적이고 감정적으로 되찾으려고 하는 면도 작용하고 있다. 바꿔 말하면 평양에 대한 워싱턴의 과장된 위협은 일종의 '외상 후 스트레스 장애'(PTSD, Post Traumatic Stress Disorder)와 같은 증후군을 바탕으로 한다.[29] 이와 같은 관점에서 보자면, 미국이 정의하는 북한은 '악의 상징'과도 같다. 실제로 평양이 국제 사회에서 악한 행위를 했는지 여부와 상관없이 상대방을 단죄하는 미국의 의도는 죄나 도덕과 같은 잣대로 평양을 나쁜 나라로 덮어씌우는 '야만주의'라고 부를 수 있다. 상대방을 서로 적대시하는 '악의 상징'으로 봄으로써 일종의 '불안정한 균형'의 질서를 지속시킨다.

미국의 시각에서 한국전쟁은 알려지지 않은 전쟁the unknown war 또는 잊혀진 전쟁the forgotten war이라고 하지만, 한반도 긴장이 고조되면 다시 70여 년 전 상태로 되돌아간다. 이 전쟁은 단순히 '냉전 초기의 중요한 사건'으로만 남아 있지 않다.[30] 지속되는 전쟁 상태에 대한 평양의 관점은 미국의 선제공격, 핵무기 공격으로부터 자신들을 방어하는 것이다. 이것은 국가의 존립과 개인의 생존에 직접적이며, 한국전쟁에서 초토화된 파괴와 죽음의 공포를 기억하고 전승하는 방식으로 표출되었다. 북한의 입장에서 정확히 말하자면 핵무기는 종전 선언이나 평화 협정으로 전환되지 못한 채 '지속되고 있는 한국전쟁'의 상징이다.

20

분단사회의 이주민

북쪽에서 남쪽으로 온 사람들

북쪽에서 남쪽으로 이주해 온 사람들을 부르는 명칭은 여러 가지가 있다. 해방과 한국전쟁 때까지 거슬러 올라가면 월남민이나 피난민이라고 했고 1990년대 이전까지는 귀순자(용사)라고 불렀다.[1] 현재까지 북한이탈주민, 새터민, 탈북자, 탈북민으로 불린 이들은 북한에서 남한으로 삶의 터전을 옮긴 사람들이다. 법률 용어로는 이탈주민이라고 하는데, '북한이탈주민의 보호 및 정착지원에 관한 법률'(이하 북한이탈주민법) 제2조에 따르면 군사분계선 이북 지역(북한)에 "주소, 직계 가족, 배우자, 직장 등을 두고 있는 사람으로서 북한을 벗어난 후 외국 국적을 취득하지" 않은 사람을 말한다.[2]

이북 지역을 벗어난 상황을 '이탈'이라고 이름 붙인 이 법률은 북한 체제에서 탈출한 사람들을 보호 대상으로 삼는다. 이탈이나 탈북에는 규범에서 벗어나 합법적이지 않은 방식으로 국경선을 넘은 행위를 포함하고 있다. 이주민 중에는 합법적으로 조중 국경선을 넘은 사람들도 상당하다. 제3국에서 외국 국적을 취득하려면 난민 심사를 통과하는 길밖에는 없다. 앞서 보았던 신해방지구 사람들과 대조해서 그들은 북한의 인민이었다가 남한의 국민으로 전환한 사람들이다. 인민에서 국민으로 바뀐 정치 공동체 성원의 지위는 삶의 영역에서 보다 근본적인 변화를 가져온다.

이 책에서는 그들을 북한 이주민이라고 부른다. 그들을 이주민이라고 부르게 된 계기는 2012년 가을 독일에서 이북 출신 조선족을 만난 이후부터였다.[3] 이 주장은 오늘날 국제 이주의 일반적 형태 속에서 북한 인민들의 남한 이주를 설명하는 것이 보다 적절하다는 이유에서다. 그들이 북한을 벗어나 다른 곳으로 생활의 터전을 옮겨가는 것은 황장엽이나 태영호와 같은 정치적 이유가 아니라 경제적 이유가 대부분이다. 그중의 일부는 어떤 방식으로든 북한 체제에서 합법적으로 살기에 제약이 있는 경우, 다시 말해 범죄를 저지르고 탈출한 사례도 드물지 않게 볼 수 있다.

북한을 벗어난 다른 이유들

전 세계 사람들은 이주의 시대에 살고 있다. 북한이 세계 경제 체제에 편입되지 않았고, 90%에 이르는 대외 교역의 중국 의존도는 이북의 경제가 중국 경제의 하위 부문으로 포섭될 여지를 보여 준다. 중국 의존도가 증가하면 북한의 자립경제 정책이 훼손될 가능성이 크며, 각종 경제 사업이 중국 기업에 종속될 가능성이 높다. 노동력

송출 역시 중국에 집중되어 있고 그들의 이동은 점차 확대되고 있다. 국제 이주의 시대에 현재는 제한적이지만 북한도 예외가 아니라는 게 이 글의 입장이다.

북한이탈주민법으로는 보호 대상으로서 이탈한 사람들이지만 북한을 벗어난 이유를 보면 그들 역시 국제 이주의 일반적 형태와 별다르지 않다. 그동안 남한 정부는 그들을 '탈북자'라고 칭하면서 정치적 의미를 강조하려는 의도를 항상 갖고 있었다. 실제로 그들이 이북 체제를 떠나는 것은 남한에서 흔히 주장하는 것처럼 그 체제에 대한 비판과 저항, 그리고 자유를 갈망하는 욕망보다는 경제 문제가 대부분이었다. 이와 같은 의미에서 그들에게도 국제 이주의 보편적인 형식을 적용해 이주민이라고 하는 것이 훨씬 적실성이 있을 것으로 본다. 북한 사회에서 남한 사회로 이주한 것을 반드시 체제의 성격이나 이념과 결부시켜 해석할 필요는 없다.

이주민과 북한 연구의 관계를 보자. 이주민들의 증언에서 북한 사회를 일반화할 수는 없다. 대략 다음과 같은 이유 때문이다. 첫째, 그들의 95% 이상이 함경남북도와 자강도 등 중국과 국경선을 맞댄 지역에 거주한 사람들이다. 북한에서 특히 평양과 그 이외 지역이 여러 가지 차이가 많은 점을 고려하면 그들의 경험은 이북 사회의 극히 일부분에 지나지 않는다. 다르게 말하면 평양의 속사정을 정확히 전달해 줄 사람들은 매우 드물다는 것이다. 자기 경험의 제한성이라고 하는 것은 어느 사회에서나 적용된다. 이주민이라고 해서 반드시 북한 사회를 더 잘 이해하는 것은 아니다.

둘째, 이주민들은 설문에 응하거나 증언을 청취하는 남한 사람들의 의도를 파악하면 그들이 원하는 방향대로 답하는 경우가 상당하다. 남한에 입국한 직후부터 그들은 90일 동안 북한이탈주민보호센터로 이름이 바뀐 정부합동신문센터에서 조사를 받고 하나원으로 옮겨져 사회 적응에 필요한 교육을 받는다. 정부는 행정 절차라고 하지만 문제는 이 센터에서 3개월 가까이 구금된 채 관계 기관이 합동으로 진행하는 심문에 응해야 하는 점이다. 여기서 이주민들에게 발생하는 문제는 정부가 이념적·정치적 관점에서 그들을 대상화하고, 그들은 남한 사회가 자신들에게 요구하는 것을 학습하고 내면화하는 데 있다.

이주민의 입장에서 보면 자신들은 대부분 경제적 이유 때문에 목숨을 걸고 남한으로 왔지만 남한 정부는 그들을 분단사회의 하위 의제로 다룬다. 보편적인 국제 이주의 관점에서 이주민으로 보지 않고 특수한 정치적 신분으로 간주해 심문한다. '위장 탈북자'를 가려내기 위해서라는 정부 기관의 이유가 있지만, 그들을 지나치게 대상화하는 시각은 하나원 생활 이후의 사회 적응에 부정적인 영향을 끼친다. 합동 신문과 하나원에서 그들은 자신들의 태도를 남한 사람들의 의도에 맞추어 나가는 요령을 터득한다. 이렇게 하는 것이 북한에서 남한으로 옮겨 온 자신들에게 유리하기 때문이다. 그들의 솔직한 내면을 들여다보는 것은 어렵고 웬만해서는 객관성을 담보할 가능성이 적어진다.

셋째, 성분 제도에서 보았듯이 핵심계층의 정치적 선택은 체제에 반하는 '이탈'이라고 할 수 있지만, 기본계층과 적대계층에 속하는 인민의 남한 행은 경제 문제를 해결하는 것이 이주의 주된 목적이다. 중요하게 말했듯이 어느 하나의 기준으로 사회를 설명하는 것은 높은 위험 부담을 안고 있다. 마찬가지로 어떤 사건이 벌어질 때

분단사회의 이주민

이주민의 주관적인 판단을 사실인 양 받아쓰는 언론의 행태는 지난 여러 차례의 오보에서 그 민낯이 드러났다. 이런 현상은 남한뿐만 아니라 북한 인권법 제정에 큰 영향을 끼친 신동혁과 같은 이주민의 증언이 나중에 거짓으로 밝혀진 과정을 볼 때 미국과 유엔, 국제 사회에서도 비슷하게 일어난다. 2005년 북한을 탈출한 신동혁은 그 이후 북한 수용소의 잔혹한 인권 상황을 말하면서 14호 수용자 신분이 아니었는데도 그곳에서 탈출한 것처럼 언론과 인터뷰를 했다. 14호 수용소는 석방 자체가 불가능하며 정식 명칭은 14호 관리소다.

끝으로 염두에 두어야 할 것은 북한이탈주민 연구와 북한 연구는 다르다는 점이다. 남한에서 그들의 설문을 가지고 북한 사회를 설명하려는 시도가 의미는 있지만 많은 경우 그들에게서 깊이 있고 솔직한 답변을 듣기는 어렵다. 이주의 일반적 연구에 해당하는 사회 통합과 적응을 중심으로 한 이주민 연구는 남한 사회에 대한 연구라고 해야 한다. 박한식이 탈북자 문제를 접근하는 방식에서 강조하듯이, 불법 체류라는 단서를 붙이고는 있지만 본질상 그들이 이주 노동자와 같은 상황이라는 것을 인식할 필요가 있다.[4] 이주 노동자나 다문화 가정과 다른 점이 있지만 근본적으로 북한 출신들도 이주민의 한 형태로서 남한 사회의 소수자에 해당한다.

체제 안보와 사회의 재생산이라는 관점에서 보면 북한만큼 불확실성에 대한 자신감이 큰 나라도 없을 것이다. 국제 관계에서 미국이나 남한과 불안정한 상태를 오랜 기간 유지해 올 수 있었던 것은 그 이면에 내부적으로 안정된 전체주의 국가를 만들었기 때문이다. 3대 세습을 강행하면서까지 사회의 안정을 도모했고 대외 관계에서는 고립으로부터 벗어나려고 노력하고 있다. 현재의 김정은 체제는 안정화된 고립 상태에 도달해 있다. 세습은 정치적 안정을 위한 불가피한 선택이었던 반면, 심화된 경제적 어려움은 조금씩 나아지고 있으나 외교 관계는 아직 국제 사회와 동떨어진 상태에 있다.

인민에서 국민으로 사는 것

남한에서 이주민의 존재는 사회에서 나타나는 주체적 행위 여부가 중요하다. 주권자로서 정치 공동체 구성원은 수행적 실행이라는 구체적인 행위로써 확인할 수 있는 존재다. 인민이든 국민이든 가장 중요한 것은 정치 주체에 관한 실체의 정립이다. 어느 이주민의 고백처럼 그들이 남북한 어디에도 속하지 못하고 탈북과 탈남을 반복하거나 사회 적응에 실패하면 '조난자'가 될 수밖에 없다.[5] 통합의 어려움을 겪는 주요 이유는 반복하는 생활의 차이에 있다. 남북하나재단(북한이탈주민지원재단)의 『2017 북한이탈주민 사회통합조사』결과는 일상의 중요성을 보여 준다. 설문 조사에 응한 이주민들 중 차별 당한 경험이 있는 사람들(23.1%)의 74.3%가 태도나 소통, 생활 방식과 같은 문화적 이유로 남한 사회에서 무시당했다.[6]

이주민의 경우 그들 중 일부는 남한에 정착한 이후 이북의 친척에게 일정 금액을 송금한다. 연간 송금액을 정확하게 계산할 수는 없지만 많게는 1,500만 달러(한화 약 160억 원) 정도로 추산한다.[7] 2010년 12월 북한인권정보센터가 국내에 거주하는 15세 이상 이주민 396명을 대상으로 실시한 조사에 따르면, 그들 중 49.5%가 송금하고 있으며 이 중에서 12.5%는 매년 500만 원 이상을 보내는 것으로 밝혀졌다. 개인별 연간 송금액은 51만 원에서 100만 원이 31.7%로 가장 많고 최고 송금액은 600만 원이었다. 한 해 송금 횟수는 한 차례가 65%, 두 차례 14.2%, 세 차례 10.8% 순이었다. 송금 목적지는 함경북도 81.5%, 양강도 8.7%였다. 송금을 위해 제3국의 대리인에게 지불하는 수수료는 송금액의 21~30% 수준이라고 답한 경우가 69.5%로 가장 많았다.[8]

시간이 지날수록 송금 액수는 커진다. 2011년 9월 선진통일연합과 북한민주화위원회가 여론 조사 전문 기관인 GH코리아에 의뢰해 이주민 524명을 상대로 설문한 내용은 증가한 송금 규모를 알려준다. 이주민 중에서 82.1%는 북한에 직계 가족이 있고, 이중에서 54.6%는 그 가족에게 돈을 보내고 있는 걸로 나타났다. 조사에 응한 이주민의 절반 이상이 매년 한 번 이상 가족에게 송금하고 있었다. 송금하는 액수는 응답자의 39.5%가 100만 원에서 199만 원 사이였다. 송금은 이북에 있는 가족의 경제적 요구를 충족시킬 뿐만 아니라 구성원 간의 연결 고리를 계속 이어준다. 조선족의 송금 현상을 설명한 권준희Kwon June Hee는 송금을 사랑의 이름으로 가족들을 지원하는 개인화된 형태의 돈이라고 그 성격을 정의한다.[9]

이주민의 송금에 관한 최근 소식은 보통의 예상을 뒤엎었다. 북한인권정보센터는 '2018 북한이탈주민 경제사회통합 실태 포럼'에서 남한의 이주민이 북한이나 중국에 거주하는 가족으로부터 송금을 받은 사례를 공개했다. 전화 설문조사에 응한 이주민 414명 중에서 8명(1.9%, 8건)이 "역송금을 받아 본 경험이 있다"고 답했다.[10] 역송금이라는 표현은 앞서 보았듯이 남한에 정착한 이주민이 중국이나 북한의 가족에게 돈을 보내는 것을 기준으로 할 때, 이와 정반대로 북한이나 중국에 거주하는 가족으로부터 남한의 이주민이 돈을 받은 것을 말한다. 2009년부터 역송금 사례가 나타나기 시작했는데 이런 현상은 글로벌 경제 체제의 하위 부문에서 발생하는 것으로서, '탈북자'라는 호칭을 '북한 이주민'으로 일반화해야 할 필요성을 뒷받침한다. 시장의 활성화와 상업 부문에 종사하는 인민들이 돈을 모음으로써 남쪽의 이주민 가족에게 지원할 만큼 경제 활동이 역동적으로 변화고 있다. 남한이 북한에서 이주하는 사람들을 정치적이면서 또 이념 중심으로 바라보는 '탈북자'라는 사고방식에서 벗어나야 할 때이다.

1990년대 중반 이후부터 남한에서 개인이 중개인을 거쳐 북한으로 돈을 보내는 사례는 종종 있어 왔다. 송금이 아니더라도 한중 수교 이후 국경을 넘어 온 이북의 친척을 중국에서 직접 만나거나 중개인을 거쳐서 현금을 전달하는 방식도 빈번했다. 남한이나 북한이나 이와 같은 송금은 불법이지만 중국인이나 조선족이 중간에서 이런 일을 대행한다. 2011년 남한 정부는 국내에 거주하는 이주민이 북한에 있는 가족에게 송금할 때 통일부의 승인을 받도록 하는 '남북교류협력법개정안'을 입법 예고한 적이 있다. 대금 결재에 대한 정부의 승인은 남북한 사이에 오가는 돈의 투명성을 높이는 것이라고 하지만, 이것은 결국 이북에 있는 가족의 신원이 노출되는 위험을 안고 있어 폐기되었다.

삶의 측면에서 보면 이북에서 인민으로 살았던 사람이 남한에서 국민으로 사는 것은 일상생활의 변화를 말한다. 사회주의 체제에서 살던 삶의 '단절'은 피할 수 없고 자본주의 체제에 새롭게 적응해야 한다. 남북한 사회에서 공통의 근대적 생활 또는 '연속'된 삶은 거의 찾아볼 수 없다. 이것이 분단사회의 특징이다. 과거의 생활은 일상에서 지속되지 않고 멈추며 현재의 생활은 또 다른 모습으로 나타난다. 이북에서 어떤 성분의 사람이든 그들이 남한 사회의 공동체 성원으로서 동등한 지위를 얻고 마음을 활짝 열기는 불가능에 가깝다.

행위자들의 구체적인 삶 속에서 변화가 시작하지만, 때때로 사회 변동의 실체는 개인의 일상에서 불확실한 것일 수밖에 없다. 이것은 모순적인 양면을 가진 생활에 적응하지 못하는 사람들이 남한을 떠나 제3국으로 향하거나 다시 북한으로 재입국하는 경우에서 알 수 있다. 북한 이주민들의 다양한 입장을 고려해 보면 그들의 선택은 이명준의 그것과 다르지 않다. 집계를 시작한 1990년대 초부터 현재까지 3만 명이 넘는 북한 이주민 중에서 한동안 젊은 10대 청소년들이 영국을 비롯한 유럽으로 줄지어 떠나기도 했다.

인민은 단순히 사회에 통용되는 주체로서가 아니라 사회의 주인으로서 정치 체제의 상황과 이로부터 영향을 받는 행위자다. 그들이 국민이 되었을 때 정치 사회와 시민 사회에서 형성되는 관계는 사회주의 집단생활의 한가운데서 유일사상체계의 가치를 내면화한 주체와는 전혀 다르다. 집단주의 조직 생활의 일상화는 각종 당단체의 지도와 공동 활동, 협동농장에서 지속되어 왔다. 이에 대비해 남한에서는 생활의 변화를 강제하기 위해 정치의 영역에서 하달되는 지시가 없다. 그들에게 주어진 정치 주체로서의 자유는 온전히 개인, 자기 자신의 선택과 결정에 따라 이루어진다.

남한에서 북한 이주민에게 가장 경이로운 것은 개인의 발견인지 모른다. 정치적 주체로서 개인의 발견이란 집단주의 사회체제에서는 매우 드문 현상이다. 자신의 존재를 확인시켜 주는 또 다른 정치 체제의 발견이야말로 그들에게 놀라운 실존적 경험이다. 선택을 강요하는 국가의 권력에 맞서 국민이나 인민이 어떤 사회를 선택할 권리는 제한되어 있다. 국적을 선택할 수 있는 기회가 제한된 근대 국가의 현실에서 북한 이주민은 분단사회의 가장 큰 긴장이다. 남쪽과 북쪽의 나라 모두를 마음에 둔 사람들의 운명은 언제나 가혹했다. 1955년 임진강을 헤엄쳐 이북으로 건너간 김낙중부터 윤이상과 윤노빈, 송두율 그리고 이주민에 이르기까지.

이데올로기나 정치 체제의 문제로만 이주민과 인민을 볼 수는 없다. 경제적 어려움을 해결하기 위해서 다른 나라로 이주한 북한 인민을 원초적인 인간의 심성으로 보아야 할 필요성이 있다. 이북의 체제를 비판하기 위해서 또는 체제에 위협을 가하기 위해서 이주민을 이용하거나 그들의 행위를 부풀려서 해석하는 잘못을 되풀이하지 말아야 한다. 탈출하는 과정에서 심각한 인권 침해를 겪기도 하고 중국에서 붙잡혀 되돌아가기도 하지만, 이 과정을 정치적으로 해석하기 시작하면 이주민은 이념과 분단사회의 포로로 남을 것이다. 국제 이주의 보편적인 시각으로 이주민을 지원하는 정책이 곧 남한 사회의 안정과 남북한의 상호 협력에 더 효과적이라고 할 수 있다.

21

인민과 국민 사이

왜 '인민'을 두려워하는가

인민과 관련해서 남한 사회에서 제법 논란이 되었던 적이 있다. 2007년 10월 2일 평양을 방북한 노무현 대통령은 만수대의사당을 둘러본 뒤 방명록에 "인민의 행복이 나오는 인민 주권의 전당"이라는 글귀를 남긴다. 서울의 일부 언론과 지식인들은 이 문구를 '친북'이라 하여 정치적으로 문제 삼았다. 그들은 대한민국 대통령이 조선민주주의인민공화국의 만수대의사당에 남긴 문구에 들어간 '인민'과 '인민 주권'이라는 표현을 지적했다.[1]

남한의 국회에 해당하는 만수대의사당이 북한에서 '인민 주권'을 상징한다는 것을 생각하면 위 글귀는 자연스럽다. 국회와 만수대의사당이 남북한 체제에서 비록 '입법'이라고 하는 고유 기능에서 차이가 있는 것은 사실이지만, 대통령이 남긴 방명록의 글은 상대방 정치 체제의 역사와 맥락을 존중하는 의미로 받아들일 수 있다. 이틀 뒤 10월 4일 노무현 대통령은 서해갑문을 시찰한 현장에서 "인민은 위대하다"라는 문구를 쓴다.

극히 일부 사람을 제외하면 남한 사회는 인민이라는 낱말에 경기와 같은 반응을 일으킨다. 남한 정치 체제의 구성원인 국민이나 시민은 인민이라는 용어를 사용하지 않는다. 글을 쓰거나 말을 할 때 인민이라는 낱말은 인식 속에 존재하지 않는다. 이북에 관한 사안을 언론이 보도하거나 연구자의 학술 용어로 가끔 쓰이고, 몇몇 번역본과 단행본에서 인민을 다룬 책이 출간되었을 뿐이다. 제한된 학문 분야와 몇몇 언론의 글쓰기에서 이 용어를 어렵게 찾아볼 수 있을 뿐이다. 왜 그럴까, 인민이라는 말이 남한에서 쓰이지 않게 된 것을 짐작해 보면 분단과 '냉전'의 영향 때문이라고 할 수 있다.

'냉전'은 국제 정치의 산물이자 20세기 후반 세계사를 인식하는 개념이다. 2차 세계 대전 이후 국제 체제의 핵심은 미국과 소련 중심의 대립 관계이며 유럽과 동아시아 역시 이런 질서를 일정하게 반영하고 있다. 국제 관계에서 서로 다른 이념과 가치 체계, 이를 추구하는 정책들을 설명하기 위해 쓰인 이 용어는 한반도에서 또 다른 부정적인 효용을 지니고 있다. 미리 요약하면, 인민이 북한말이라는 남한 사회 내부의 인식은 '냉전' 속의 분단사회가 어떻게 변이되고 있는지 보여 준다.

'인민'에 담긴 냉전과 분단의 개념사

'냉전'에 관한 인식은 공산주의나 반공주의와 불가분의 관계에 있다. 반공주의 또는 이와 관련한 테제에서 보면 공산주의와 반공주의 사이의 투쟁은 양측에서 이루어지는 학문의 자유를 제한한다.[2] 정치 주체에 대한 실체로서 인민은 단순히 하나의 어휘를 넘어서 '냉전'과 한반도 '분단'의 개념사라는 측면에서 바라볼 필요가 있다.[3] 인민이라는 용어가 남한 또는 분단사회에 어떤 영향을 끼치는지 밝혀 보는 것은 언어 문제를 넘어선다. 왜냐하면 자기 자신과 세계를 인식하는 인간의 사유뿐만 아니라 북한 정치 체제의 특징과 그 주체의 관계를 이해하는 주제어가 인민이기 때문이다.

'냉전' 질서에서 서로 간의 정치 외교 대결은 불가피하다. 그렇다면 '냉전'의 사유란 무엇인가. 대결과 대립, 공산주의와 반공주의로 상대방과 자신을 구분하거나 가상의 적을 만들어 대항하려는 체제의 내부 의식이라고 할 수 있다. '사유'는 문화적 헤게모니 투쟁이라는 측면에서 다룰 수 있다.[4] 문화 투쟁은 정치 투쟁의 일부다. 관념과 가치관, 이데올로기 영역을 장악하기 위한 문화 투쟁의 핵심에 사유가 존재한다. '냉전'에 관한 사유는 그 자체로 20세기 후반 세계의 절반을 바라보는 반공주의 세계관과 맞닿아 있고 국제 사회에는 다양한 반공주의가 존재해 왔다. 현실적으로 남한에서 반공주의는 북한 사회주의 체제에 대항하는 맹목적인 가치관으로서 '반북'을 의미하는 경우가 대부분이다.

삶을 형성하는 언어의 지각적 논리에 따르면, 남한 사람들은 왜 북한 사람들을 인민이라고 부르지 않을까, 하는 의구심을 가질 수 있다. 짐작하자면 상대방의 실체를 인정하고 싶지 않기 때문일 것이다. 기호들이 구성하는 언어는 지각을 통해 대상을 받아들이는 사람들의 행위로써 그 실체를 드러낸다. 이런 행위는 타자들의 반응을 예상하거나 또는 자기 자신을 재현하는 과정이기도 하다. 사물이나 현상의 어떤 규칙을 만드는 정치 과정에서 발생하는 언어의 문제를 다루는 것이 사회학과 언어의 관계다. 사회과학은 언어를 개인적이거나 집단적인 또는 자생적이거나 제도화된 개입의 대상과 사물로서 해당 언어의 실천을 이해하려고 한다.

언어의 규칙은 이것이 반드시 문법이 아니더라도 인간의 행위와 의식을 이끈다. 인간의 행위를 이성적으로 만듦으로서 문법 규칙은 보편이라는 단계로 확장한다. 남한과 북한 사람들의 언어 규칙이 다른 것은 문법이라는 규범을 넘어서 보편적인 인식과 행위에까지 영향을 끼친다. 언어를 사회 행위의 출발점으로 삼는 것은 언어를 사용하는 사람들이 속한 사회의 환경을 중시하는 데 있다.[5] 동일한 언어를 사용하더라도 개인의 다양한 사회적 환경, 이 글에서 강조하려는 상대방과의 관계나 발화의 목적, 그리고 기능에 따라 그 의미는 달라진다.

북한 체제의 구성원인 인민에서 한 걸음 더 나아가면 '남한에서 인민이라는 말을 왜 사용하지 않는가?'라는 의문과 맞닿는다. 언어를 의사소통의 도구로 사용하는 행위자로서 사람이 다른 사람과 의사를 교환하는 방식과 이것이 상호 이루어지는 (시민) 사회와 정치 공동체, 그리고 이들 각각의 내부 관계를 어떤 식으로 해명할 것인지가 중요하다. 인민을 분석하는 것은 언어에 관한 이론을 적용한 것이 아니라, 언어의 규칙과 사유를 통해 사회 구성원이 형성되는 제도적 과정과 그 주체를 규명하려는 비판 사회 이론을 가리킨다.

남북한 관계에서 인민의 실재와 그 개념은 분단사회의 구성물이라는 관점에서 볼 수 있다. 이 담론은 첫째, 분단 현실과 '냉전' 하의

인민과 국민 사이

사회 구성이라고 하는 인식론과 둘째, 정치 공동체 구성원의 정체성과 이익의 재구성이라는 비판이론 그리고 셋째, 남북한의 정치 현실에서 주체와 구조의 상호 구성이라는 존재론 관점에서 볼 수 있다. 사회의 구성물이라는 시각에서 언어는 개인이 사용하지만 이것이 생성하고 발전하는 것은 공동체 속에서 이루어진다. 각 나라나 민족이 사용하는 특정한 언어는 이것을 사용하는 개인(개체)의 것이라기보다는 그 공동체의 것이 된다. 왜냐하면 언어는 이를 사용하는 개인에게 환원되거나 귀속하는 것이 아니기 때문이다.

'인민'이라는 말이 남북한에서 법률적으로 정초된 과정을 분단 사회의 인식론 측면에서 살펴보자. 헌법 조문에 등장하는 주권자를 인민이라고 표기하거나 또한 이를 지우고 국민이라고 한 것이 분단 상황에서 갖는 의미를 말한다. 남북한이 정부를 수립하는 과정에서 제헌 헌법에 주권자를 어떻게 칭할 것인지는 지식인들이나 정치 세력들 사이에서 큰 관심사였다. 근대 국가를 꿈꾸고 있는 이들에게 정치 공동체의 주권자를 명명하는 것은 그 체제의 성격을 결정하는 의제 중 하나다.

1919년 「대한민국임시헌법」과 1944년 「대한민국임시헌장」은 주권자를 인민으로 명시했다. 해방 이후 38도선 이북의 정치 체제가 조선민주주의인민공화국 국호와 헌법에 인민을 명기하는 방향으로 국가 체계를 확립해 나가자 이에 영향을 받은 남한에서는 또 다른 변화가 일어났다. 1948년 4월 유진오가 작성한 대한민국 헌법 초고와 5월에 작성해서 입법부에 제출한 초안에는 주권자를 인민이라고 표기했다.[6] 여러 번 고쳐 쓴 초고를 보면 유진오 스스로도 주권자를 어떤 용어로 명시할 것인지, 국민과 인민을 사이에 두고 고민한 흔적을 곳곳에서 찾아볼 수 있다. 아마도 그는 학술적인 관점과 법제도적 관점, 또 용어가 담고 있는 여러 뜻의 개념적 맥락과 현실에서 쓰이는 실제성을 숙고했을 것이다.

국회의 논의는 유진오의 고민과는 다르게 이념 문제로 일단락되었다. 헌법 전문을 논의하는 과정에서 주권자는 인민에서 국민으로 결국 바뀌었다.[7] 그 이유는 단지 이북의 정치 체제가 인민이라는 어휘를 먼저 사용하고 있기 때문이다. 윤치영은 인민이라는 단어가 "공산당의 용어"라고 주장하며 이 말을 쓰고 싶어 하는 것을 사상 문제와 결부 지었다. 조봉암은 이와 반대 의견이었다. 그는 유진오처럼 인민이 각국에서 쓰는 보편적인 개념이라고 밝히면서, 북한이 사용한다는 이유로 기피하는 것은 편견이라고 주장했다. 유진오는 국민보다는 인민이 국가가 함부로 침범할 수 없는 자유와 권리의 주체로서 보다 알맞은 것이라고 보았다. 유진오는 "결국 우리는 좋은 단어 하나를 공산주의자에게 빼앗긴 셈이다"라고 탄식했다.[8]

이처럼 분단사회의 형성이 주권자를 부르는 용어의 사용 여부를 결정지었다. 일제 강점기 사회주의 운동과 유사한 개념의 동화를 가져온 인민은 해방 이후 민民의 주체성을 강조하며 직접 민주주의를 지향하는 좌익 성향과 밀접한 관련을 갖는다.[9] 남북한 정부 수립 과정에서 인민과 국민 개념의 정치적 재정의와 포섭, 그리고 배제 논리는 헌법 조항과 여러 자료에서 알 수 있다. 이런 과정은 상대적으로 남한에서 인민이라는 용어가 정치적·이념적으로 다시 정의되는 것이다. 김성보의 비판대로 인민이 사라진 것은 '단어 하나'를 빼앗긴 데 그치는 문제가 아니라 '자유와 권리의 주체'로서 "민에 대한 인식이 약화되고 국가에 일체감이 부여되는 '국민'으로서만 살아

갈 것을 강요받은" 데 그 심각성이 있다.[10] 개념의 정치적 성격에 주목할 경우 사상의 문제와 결부되어 있는 용어로서 인민을 설명할 수 있다. 남한에서 인민은 결국 보편적인 주권자 대신 북한 사람들, 공산주의자를 상징하는 언어로 간주된 셈이다.

남한에서 인민을 사유할 수 있을까

남한 체제에서 구성원의 정체성과 이익의 재구성이라는 비판이론 관점에서 인민을 살펴보자. 이북의 정치 조직이 국호에 인민이란 용어를 사용하자 그 이후부터 대한민국에서는 인민을 '북한 국가의 사람' 또는 '공산주의자'로 단정 짓기에 이르렀다.[11] 북한 체제는 경공업 분야의 증가하는 소비재 시장과 각 기관, 기업소의 부분적으로 자율적인 경제 활동 그리고 전국의 장마당을 고려하면 사회주의 체제의 변형이라 할 수 있다. 남한에서는 '북한 사회'를 '공산당'과 동일하게 여기고 있으며, 남한 정부의 정책에 반대하는 사람에게 공산주의자라는 인식표를 달아 놓는다. 널리 퍼져 있는 이런 현상은 북한이라는 존재를 남한 내부에 끌어들여 '이데올로기 덮개'로서 활용하는 것이다. 사유의 극단적 지점에서 발현하는 분단사회의 부정적 유산이자 정치적 증오와 관련된 현상이라고 하겠다.

이와 같은 정치 문화 현상은 이매뉴얼 월러스틴Immanuel Waller-stein이 말하는 자본주의 근대세계체제에서 집단과 사회 체제 내의 이해관계에 대한 문화의 이데올로기 용법으로 설명할 수 있다. 일부 사람들이 다른 사람들의 이익에 반대해 정당화하는 '이데올로기 덮개'가 바로 문화라는 것이다.[12] 문화 투쟁의 일종으로서 남한 사회에 횡횡하고 있는 '종북' 현상은 반공주의의 변용으로 나타난 '빨갱이'가 다시 한 번 퇴화한 '이데올로기 덮개'라고 볼 수 있다. 반공주의 이데올로기의 변용은 분단사에서 '정치범'이나 '사상범'이라는 정치 용어의 사회문화적 교본인 셈이다. 불과 얼마 전까지만 해도 정부의 정책에 반대하는 사람들은 정치사상범으로서 체제 내부의 적으로 간주되어 왔다. 인민이라는 용어를 의식하는 사람에게도 마찬가지다. 상대방 공동체 구성원에 대한 실재 여부와 상관없이 남한 사회의 정치 세력들 사이에서 정체성과 이익으로 재구성되는 것이다.

구성원의 정체성과 이익은 그 존재의 구별에서 시작하는데, 남한에서 인민이라는 언어의 의미론과 화용론 측면에서 보면 이것은 분단 정체성의 주요 기반이 됨을 알 수 있다. 일반적으로 사람들은 타자에 대한 규정을 통해 자신의 정체성을 형성하는데, 정치 공동체 구성원을 구분하는 것은 경제적 활동과 이념, 계급 계층, 민족 차이 등으로 이루어진다.[13] 한반도의 특수한 상황에서 어떤 이데올로기나 사유의 형태를 구성할 때 상대방과 구별 짓는 극단적인 대립에서 비롯하는 현상을 분단 정체성이라고 할 수 있다. 구성원의 배제 논리뿐만 아니라 사유의 이데올로기 작용과 이로 인한 정신세계의 결핍에 따른 정체성이라고 해도 무방하다. 이런 정체성을 바탕으로 한다면 남한에서 인민을 사유하는 사람은 존재할 수 없다.

정치 사회에서 이뤄지는 정체성과 이익의 재구성은 정치 언어 관점에도 담겨 있다. 공동체의 행위(담화)와 언어의 관계에서 출발하는 정치 언어는 정치 행위를 구성하는 말과 글이라고 할 수 있다. 이것은 '정치적인 것the political'을 구현하는 과정에서 나타나는 언

인민과 국민 사이

어 표현과 담화 행위가 정치적 언어로 변형되는 정치 언어화의 결과물이다. 정치 공동체의 외연을 안정적으로 공고화하기 위해서 정치 언어에 관심을 기울인 홍윤기는 한반도 분단 상황과 지정학적 행세에 대한 남한 정치 사회 내부의 대응 태도에 따라 정치 용어가 사용되는 것으로 본다.[14]

인민의 실존과 관련해서 볼 때 이 말은 정치적 의미에서 공동체 지평의 외연에 해당하는 사례다. 남한에서 인민을 인식하지 못하는 현상은 이 용어가 가진 근대의 보편성을 상실하는 지각적 상태를 뜻한다. 실체는 인식의 과정에서 의미를 얻고 이는 보편적인 차원으로 확대되는데, 이렇게 재구성할 수 없는 정치 언어 현상을 분단사회의 영향이라고 할 수 있다. 국가 공동체 내부에서 공용어가 갖는 중요성은 구성원들의 언어 수행이 권력에 종속되는 현상에 있다. 남한에서 인민을 사용하지 않는 사람들은 모두 이와 같은 언어의 규칙을 인지하고 있는 것이다. 바꿔 말하면 정치 언어가 자신들의 정치 사회적 이해관계와 연관되어 있음을 알고 있는 것이다.

북한에서 인민은 사회와 역사발전의 주체다. 정치 주체에 대한 실재로서 그들은 법적 지위와 사회적 존재로 볼 때 '집단 주체'의 성격을 띠고 있다.[15] 이러한 법적·실체적 배경 때문에 인민은 오히려 남한에서 그 어떤 용어보다 사회주의 또는 공산주의 가치를 지니는 언어로 굳어져 왔다. 다분히 이런 방식으로 사유하게 되면 이 말을 가지고 의사를 소통하는 것은 불가능할 뿐만 아니라, 이 말을 씀으로 해서 이념의 편향을 보여 주는 것으로 단정받기 일쑤다. 인식의 결핍 현상은 남한 사회에만 머무르지 않고 이북의 인민 대중이 당과 국가와 맺고 있는 관계의 속성을 파악할 수 없게 만든다.

남한 헌법에서 주권자를 국민이라고 적시한 것과 인민이라는 용어를 사용하지 못하는 것은 어떤 정치 사회적 뜻을 담고 있는가. 법에 부여된 힘이란 국가가 규정력과 강제력을 독점하는 것을 말한다. 법을 제정하고 그 법을 적용하는 정당화 과정은 어떤 힘의 발동이다. 헌법 조문에서 인민을 삭제하고 국민이라고 주권자를 명시하는 순간, 국민과 인민은 남한 사회에서 전혀 다른 화자의 길을 걸었다. 법의 힘에 의한 적용과 규정력에서 언어의 생물학적 특성과 그 실체를 이보다 더 잘 보여 주는 사례는 없을 것이다.

법은 이것이 적용되는 하위 제도에서 구체적인 힘을 발휘한다. 예컨대 언어와 동일시되며 말해지는 언어보다 우월한 것으로 간주되는 문자화된 언어를 규율하는 의미의 코드는 교육 제도 안에서, 그리고 교육 제도에 따라 법의 힘을 획득한다.[16] 남한에서 인민, 이 용어의 사용을 금지 — 물론 법적으로 금지하지는 않았다 — 하려는 것은 전적으로 이를 용인하지 않는 세력들이 또 다른 정치 주체의 구성을 가로막으려는 의도 탓이다. 물론 지배적인 언어의 사용이 일반화되는 까닭이 반드시 정치적 의도에만 있지는 않다.[17]

정치 언어의 화용론을 보면 법에 부여되는 힘은 이 법을 따르는 사람들이 따르지 않는 사람들을 강제할 수 있는 정당성과 수단에 의해 제공받는다. 어떤 규정이 법제화하는 것은 법 자체의 영역을 넘어서서 실천적으로 극복할 수 없는 상태를 단정해 버리는 셈이다. 헌법에서 국민을 주권자로 표기한 것은 공동체에서 제시하는 절대적인 표준을 정립한 것과 같다. 헌법에 인민이 명시된 북한과 국민으로 표기한 남한의 현실은 오늘날 인민을 절대시하는 북한과 이에 반해 인민을 사유하지 못하는 남한의 인식론적 한계를 말한다. 현재

인민과 국민 사이

북한은 국민이라는 말을 사용하지 않는다. 북한 헌법에서 법적 권리를 가진 자를 공민이라고 하는데 이는 남한의 시민에 해당한다.[18]

우여곡절을 겪으면서 국민이 대한민국의 주권자로 명명되기에 이르렀고, 유진오는 인민에 대한 보편성을 평가하며 헌법 전문에서 인민이 국민으로 바뀌는 것을 안타깝게 지적했다. 유진오의 숙고에서 보듯이 국가 체계를 형성하는 용어가 바뀌면 그에 따라 파생되는 여러 가지 개념과 실체도 변형된다. 헌법 제정 이후 그는 주권의 개념을 설명하면서 국가의 세 요소를 인민, 영토, 주권이라고 하고 국가를 구성하는 사람의 총체를 '인민 또는 국민people, staatsvolk, volk'이라고 썼다.[19] 인민과 국민을 명확하게 구별하지 않은 유진오의 서술은 인민 주권과 국민 주권을 동일하게 간주한 것이라는 주장에서도 확인할 수 있다.[20] 이 두 용어의 개념 차이와 쓰임새의 구별에도 불구하고 그는 각종 저작에서 인민을 국민과 거의 같은 동의어로 사용했다.

헌법을 초안하던 즈음에 유진오는 정치 주체로서 인민과 국민을 개념적으로 다르게 인식했는데, 헌법을 제정한 이후에는 이 두 용어를 유사하게 쓸 수밖에 없었을 것이다. 유진오의 사례에서 볼 때 실체의 수행성은 정체성에 영향을 미친다. 그는 법이 적용되는, 규정하는 힘에 들어맞는 사례라고 할 수 있다. 법의 힘이 인민을 사용하지 못하게 인식을 바꾸는 현상은 유진오 자기 자신의 사유 세계로 제일 먼저 되돌아왔다. 제도로서 법의 문제에 관한 그의 법철학은 "인간의 '불완전성'이 법에 미치는 영향"에 대한 것이었다.[21] 인민에 대한 유진오 자신의 인식과 그 실체를 제도로서 법에 대입해 보면, '법이 인간의 불완전성에 미치는 영향'의 사례로서 뒤집어 봐도 무방할 것이다.

국가와 언어의 관계에서 보았듯이 표준화된 언어 양식은 이를 수행하는 사람들을 권력에 종속시킨다. 언어적 지배 관계를 수립하기 위한 조건은 동일한 언어 공동체로 사람들을 통합하는 것이다. 이 공동체는 정치적 지배의 산물이며 정치적 지배는 다시 지배적 언어를 보편적으로 인정하게끔 강요할 수 있는 제도에 의해 재생산된다.[22] 근대의 인간에게는 자신의 의지와 정체성을 다양한 개념으로 표현할 수 있는 언어의 실체가 중요하다. 그럴 때에야 비로소 인식의 주체 형성과 사회적 상상의 또 다른 형식이 만들어진다.

국민·인민, 시민·공민 사이에서

남한은 정치 공동체 성원을 국민, 북한은 인민이라고 부른다. 이것은 단순히 정치 주체에 대한 호명의 차이 이상을 의미한다.

언어는 인간의 인식을 좌우하는데 그 차이가 심해지면 서로를 이해하기 어렵게 된다. 동일한 사물과 현상이라도 다르게 표현하면 개념과 사유가 달라진다. 이 문제는 남북한 사이의 관계와 소통에 직접적으로 영향을 끼친다. 2002년 8월 러시아를 순방한 김정일 위원장은 러시아연방 극동 지구 대통령 전권 대사인 콘스탄틴 폴리코프스키Константин Поликовски와 나눈 대화에서 북한 말과 차이가 있는 남한 말에 대해서 이렇게 말한 적이 있다. 2000년 6월 "'김대중 대통령과의 대화에서 나는 그의 말을 80퍼센트 정도만 이해할 수 있었다. 남한 말에는 영어에서 빌려 온 말이 많다.'"[23] 김정일의 솔직한 대화에는 언어 문제가 곧 인식과 관념의 문제임을 확인시켜 준다.

정치 부문에서만이 아니라 생활 속에서 인민들과 관계를 가질 때 중요하게 드러나는 것이 말과 인식의 차이다. 1997년 7월부터 1년 동안 함경남도 신포에서 경수로건설공사의 토목부 공무를 맡았던 현대건설 소속의 차재성은 북측의 경수로사업국(대상사업국) 관계자들과 여러 가지 계약을 하게 된다. 계약 내용을 설명하고 대금 지불 조건 절차를 협의하면서 '품질 보증' 얘기를 꺼냈는데, 이 말을 이해하지 못한 북측 사람들과 남측 사람들 사이에 실랑이가 벌어졌다. 현장에서 일어나는 일을 남측 사람들이 예를 들어 설명하자 북측에서 그제야 "'아!' 하는 탄성이 나왔다." 경수로사업국의 누군가가 "'질 담보를 말하는 겁니까?'", "'질 담보는 걱정하지 마시라요'"라고 말했다. 단어 하나를 갖고 서로가 인식을 같이하는데 반나절이 걸렸다.[24]

남한 사회의 성원 중에서 인민을 사용해 말을 하거나 문장을 쓸 수 있는 사람이 몇이나 있겠는가. 인민이라고 말하는 '소리'는 가능하겠지만 '의미 있는 작용'은 일어나지 않는다. 이 용어를 전제로 자기 정체성을 확산시키는 것 역시 불가능하다. 분단사회론으로 치면 이 논리는 '국민'이라는 용어를 북한 사회에 그대로 적용해도 마찬가지다. 인민을 갖고 비판적 사고를 할 수 없는 남한의 현실은 사유의 불완전성이자 북한의 주체인 구성원을 또한 왜곡해서 이해하는 것이다. 흔히 이북 사람들을 지칭할 때 인민이라고 하지 않고 '주민'이라고 하는 것은 정치 공동체 성원이라는 객관적 실재로서 그들의 존재를 인정하지 않으려고 하는 것과 같다.

인민, 이 용어의 담론은 낯선 것이 아니다. 국립국어원은 『표준국어대사전』에서 인민을 "국가나 사회를 구성하고 있는 사람들"로서 "대체로 지배자에 대한 피지배자를 이른다"고 정의한다. 이 정의의 근원은 대한제국 당시의 논의에 있다.[25] 덧붙여 법률 용어에서 규정해 놓은 인민은 "국가를 구성하고 있는 자연인"이다. 이 사전에서 인민 주권은 "민주국이나 공화국에서 나라의 주권이 인민에게 있는 경우의 주권"으로 풀이하고 있다.[26] 한 사회의 구성원이 이 낱말을 사용하고 있는지 여부와 상관없이, 국립국어원의 풀이대로라면 남한 사람은 인민이라는 용어를 아무 거리낌 없이 쓸 수 있다. 문제는 규정에 있지 않다. 모든 것은 맥락의 문제다.

북한이 헌법과 국호에서 인민을 표기한 이후 남한 헌법에서 인민이 사라지고 국민이 주권자로 명시된 것은 법에 부여되는 국가의 절대적 권력, 곧 힘을 의미한다. 언어와 법의 지배에 대한 관계는 개념의 사유와 그에 알맞은 실체를 정초하는 데 있다. 헌법 제정 과정에서 알 수 있듯이, 국민이나 인민은 사고의 체계이자 지도이며 관념과 물질의 관계를 매개하는 한 사회의 헤게모니 언어라고 해도 지나치지 않다. 남한 헌법에 부여된 힘으로는 국민이 주권자다. 인민이라고 하지 않았다고 해서 일상생활이나 공공 영역, 학문의 세계에서 사용하지 못하게 금지한 것은 아니다. 국립국어원 용례에서 보듯이 우리가 인민이라는 어휘를 사용할 수 있음에도 불구하고 그런 현실태가 존재하지 않는 것은 인민을 배척하는 분단사회의 정체성 때문이다. 인민을 사용하는 북한의 현실에 비추어 사용하지 않으려고 하는 남한의 적극적인 배제와 억압으로 이어지고 있다.

남한에서 인민이라는 단어를 사용하지 못하게 됨으로써 발생하는 문제는 유진오의 지적처럼 단순히 좋은 말 하나를 '빼앗긴' 현상을 훨씬 넘어선다. 사유의 공백과 더불어 행위의 터전이 사라져 간 것뿐만 아니라, 더 근본적인 문제는 관념의 자기 구성 능력과 정치적 실체로서 주권자 사이의 상호 관계를 형성하지 못하게 된 점에 있다. '내가 인민이다'라고 선언할 수 없는 이상 '당신이 인민이다'라는 선언도 있을 수 없다. 간단히 말하면 남한에서 인민을 쓰지 않기 때문에 북한 사람들을 인민이라고 부를 수 없는 것이다. 이 표현은 비단 인민에게만 해당하지 않는다. 관념을 이루는 어휘들이 사람들의 인식 세계 바깥에 머물고 남북한의 사고 체계를 불완전하게 만든다.

남한은 그들을 '공산주의자'로 표상하지만 인민 대중 자신들은 평범한 삶의 모습을 지닌 사람들이다. 북한 사람들과 일을 같이 해 보거나 일정 기간 그들의 생활 속에서 만나 본 사람들이 공통으로 하는 말이 있다. 작은 이념의 벽이 있지만 그들이 '평범한 사람들'이라는 것이다. 경수로건설공사에 참여한 차재성은 이북의 정부 수립일 9·9절에 열린 강상리 인민학교 마을 운동회를 인민들 사이에 끼어들어 구경한다. 그의 "눈앞에서 벌어진 마을 운동회는 한 치의 꾸밈도 없는, 북한 사람들의 삶의 모습 그대로였다." 그는 평범한 사람들과 함께한 이 숙명적인 경험에서 무엇인가를 찾고 싶은 강한 욕구를 느낀다. 북한이라는 말만 들어도 머릿속에 먹구름부터 끼었던 그 앞에서 "살아 움직이는 원색의 동영상은 결코 상상"하지 못한 모습이었다. 그는 자신이 받은 "느낌만큼은 남한 사람들과 함께하고 싶었다"고 기록했다.[27]

북한에서 남한 사람들을 받아들이는 입장도 유의해서 봐야 할 것이다. 남한 사회와 사람들을 인민들이 어떻게 보는가는 그들의 내면을 이해하는 데 중요하다. 그들에게 국민은 낯선 용어이고 정치 공동체와 맺고 있는 개인별 관계는 더욱 이해하기 어려운 부분이다. 다양한 이해관계가 표출되는 시민 사회의 의제 설정 방식 역시 낯설기는 마찬가지다. 북한은 국민을 어떻게 정의하고 있는가.『조선말대사전』은 국민을 "일정한 나라의 국적을 가진 사람"으로 정의하면서 인민과 비슷한 의미로 쓰이기도 한다고 부연해 놓았다.[28] 남한의 인민에 대한 용법처럼 북한에서도 국민은 사전에 등재해 놓았지만 정치 주체의 관점을 이해하는 용어로서 사용하지 않는다.

인민의 변형 과정은 현재 진행형이다. 남북한은 언어의 동질성을 회복하려는 공동사업으로『겨레말큰사전』을 준비하고 있다.『겨레말큰사전』편찬 사업은 1989년 평양을 방문한 문익환 목사가 김일성 주석과 통일국어사전을 편찬하기로 한 합의에서 출발한다. 2004년 4월 5일 남측의 (사)통일맞이와 북측의 민족화해협의회가 의향서를 체결하고, 2005년 2월 20일 남과 북의 편찬위원들이 금강산에서 '겨레말큰사전 공동편찬위원회' 결성식을 가짐으로써 시작했다. 2006년 1월『겨레말큰사전』편찬 사업을 전담하는 겨레말큰사전남북공동편찬사업회(이하 편찬사업회)가 출범했고, 2007년 4월 국회는 한시법으로 겨레말큰사전남북공동편찬사업회법을 제정했다. 네 차례 개정을 거친 이 법률은 2022년 4월 26일까지 유효하다.[29]

편찬사업회는 남한의『표준국어대사전』과 북한의『조선말대사전』을 모체로 제각기 올림말을 선정하고 뜻풀이 작업과 새말 보충 작업, 어휘 조사를 진행 중에 있다. 편찬사업회는 두 사전에서 선별한 23만여 개 어휘와 남북한과 연변, 중앙아시아 등 해외에서 새로 발굴할 어휘 10만여 개를『겨레말큰사전』에 수록할 올림말로 선정해 출판할 계획이다. 이 사업은 "우리 겨레가 오랜 기간에 걸쳐 창조하고 발전시켜 온 민족어 유산을 조사·발굴하여 총 집대성"하는 의미를 가진다. 올림말과 뜻풀이 중에서 양측이 합의하고 있는 인민을 찬찬히 따져 보자.[30]

2005년 이후 편찬사업회는 '인민', '국민', '공민' 등에 대한 뜻풀이를 검토했고 최종 합의는 아니지만 12만개 어휘에 대해 1차 원고를 합의한 상태다. 뜻풀이를 보면 공민은 일정한 나라의 국적을 가지고 그 나라 헌법에 규정된 모든 권리와 의무를 지닌 사람, 국민은 한 나라를 구성하는 사람, 또는 그 나라의 국적을 가진 사람이다. 이미 밝혔듯이 인민은 『표준국어대사전』과 『조선말대사전』에 등재되어 있는 어휘이기 때문에 올림말로 하는 데 별다른 이견이 없다. 남북한이 1차 합의한 『겨레말큰사전』에서 인민은 첫째, 국가나 사회를 구성하고 있는 사람들이고 둘째, 어떤 지방에 사는 사람들을 통틀어 이른다.

최종 합의가 남아 있지만 남북한이 동의한 인민의 뜻풀이는 서로 간의 개념 차이를 타협한 것이라고 하겠다. 『겨레말큰사전』의 합의는 인민을 실제 사용하고 있는 북한의 존재론적 실체성과 이와 정반대로 전혀 사용하지 않는 남한의 인식론적 관념성에서 발생하는 결핍을 반영한 것이다. 뜻풀이는 합의한 상태지만 그 뜻이 적용되는 실체의 수행성은 담보할 수 없다. 평양이 그동안 중요하게 내세우는 '사회와 역사 발전의 주체'라고 하는 인민 주권의 현실태를 고집하지 않은 것은 남한에서 이 용어의 쓰임새가 없는 현실 때문일 것이다.

좀 더 진전된 논의를 하면, 뜻풀이 자체보다도 남한에서 그 실체가 존재하지 않음에 따라 언어의 수행성은 제한된 합의라고 할 수 있다. 앞서 제기한 대로, 남한에서 이 어휘를 사용할 수 있는 형식의 가능성과 실제 생활에서 사용하는지 여부는 전혀 별개 문제다. 언어의 동질성 회복은 기호와 수단의 문제가 아니고 사회와 정치의 문제다. 다시 말해 인간 사이의 상호 행위가 벌어지는 사회와 이 상호 행위의 질서를 만드는 정치의 세계가 뒷받침되어야 분단사회의 극복이 가능하다.

남북한의 정치 관계와 무관하게 앞으로『겨레말큰사전』의 올림말이 얼마나 현실성이 있을지 알 수 없다. 국립국어원이 정의하고 있어도 현실의 가용성을 얻지 못한 인민은 현재와 같은 추세라면 남한에서 끝내 이를 망각하는 결과로 이어질 수 있다. 이것은 체제의 문제가 아니라 분단사회의 결핍된 사유와 정신세계를 뜻한다. 체제가 서로 다른 공동체에서 상대방을 제대로 인식할 수 없는 것은 존재론적 불완전성을 가져온다.

남한 사회에서 인민은 부정적인 이데올로기 덮개로 씌어 있고 북한과 '공산주의자', 공산주의 사상의 언어로 동일시하는 경향이 팽배하다. 헌법에서 인민을 배제한 이후부터 용어 자체에 대한 터부가 시작되었고 북한 정치 공동체와 그 주체인 구성원을 적대시하는 기표이자 기의로서 이 용어가 활용되어 왔다. 남한과 상반되게 북한 사회에서 이 용어는 정치 사회의 핵심이기 때문에 남한 사회가 더욱 이 용어를 검열하게 되었다. 인민을 사용하지 못하고 공산주의 용어로 받아들이는 것은 사상과 표현의 자유를 은연중에 빼앗긴 상태라는 것을 암시한다. 대한민국에서 인민의 사회구성체는 존재하지 않는다.

분단사회의 현실은 인민을 사유하지 못하는 남한의 한계와 인민

인민과 국민 사이

을 절대화하는 북한이라고 대비해서 말할 수 있다. 남한에서는 권력의 정당성과 주권의 원천으로서 인민을 표현할 수 없고 이로부터 성립하는 행위의 주체성 또한 존재하지 않는다. 개념의 역사와 정치적 변형 과정 속에 나타난 인민의 사유는 남한 체제 구성원에게 '냉전' 의식과 분단 정체성으로 남아 재생산되고 있다. 보편적인 언어이자 정치 주체로서 매력적이었던 인민이 분단사회에 매몰되어 자리를 잃고 말았다. 언어의 한계가 세계관의 한계임을 너무나 뚜렷하게 보여 주는 사례라고 할 수밖에 없다.

남북한 사이에 동질성은 인식과 실체의 문제이지만 두 개의 사회가 반드시 하나의 동일성을 회복할 필요는 없다. 현재로서는 오히려 이질성을 서로 받아들이는 것이 앞으로 한반도의 안정을 위해서 더욱 필요한 것인지 모른다. 현실을 그대로 인정하고 서로 간에 한계와 제약이 있음을 적절하게 수용하는 것이 중요한 태도라고 하겠다. 남한 사회가 '사상에서는 최강국'이라는 북한의 인민을 수용할 수 있을 때 이북 사회를 편견 없이 바라볼 수 있을 것이다. 북한 역시 남한의 자유로운 개인이 주권자로서 보장받는 민주주의의 실체를 받아들일 수 있을 때 분단사회의 극복이 가능하다. 남북한 사람들이 관계를 맺는 것은 서로 간의 책임이나 능력이 다다를 수 있는 범위를 정하고, 상대방에 대한 지식과 이해가 가능할 때 보다 나은 방식으로 이루어질 것이다.

나가며

인민을 만나다

1982년 가족을 데리고 홀연히 이북으로 입국한 윤노빈은 1991년 5월 사회과학원 초청으로 평양을 방문한 송두율과 20년 만에 재회한다. 송두율은 윤노빈에게 그가 왜 북한을 택했는지 묻지 않는다. 2003년 3월 평양에서 윤노빈을 마지막으로 만난 송두율은 "묵시적인 긴장을 담"아 "이제 북에 튼튼하게" "삶의 뿌리를 내렸다고 담담한 어조로 먼저 이야기를 꺼"내는 그의 말에 귀 기울인다. 송두율은 윤노빈이 걸었던 길에 대해서 "분단된 조국의 한쪽에서 다른 쪽으로 삶의 뿌리를" 이식하고, "분단의 철책을 넘어 새로운 삶의 길을 택하는 결단"이라고 회상한다.[1] 윤노빈이 『신생철학』에서 염원했던 '통일의 초월성과 해방'을 남한과 북한에서 어떻게 구현하면서 살았는지, 아니면 그러지 못했는지 자세하게 알려진 것은 없다. 한 지식인이 자신의 실존을 현실 속에서 운명으로 바꾸어 본 선택은 결코 쉽지만은 않았을 것이라고 짐작할 따름이다.

　2015년 10월 10일 김일성 광장에서 열린 조선노동당 창건 70주년 열병식에서 김정은 노동당 제1비서는 인민을 90회 이상 언급한다. 남한에서 이 연설문을 분석한 글들은 다른 내용도 다루었지만 인민에 주목해 논평과 해석을 내놓았다. 한마디로 노동당이 인민을 중요하게 여기고 있는 점에 초점을 맞춘 것이다. 인민을 지극히 중시하며 인민의 생활을 향상시키기 위한 국정 운영을 강하게 주장한 김정은은 전체 노동당원에게 "위대한 인민을 위하여 멸사복무해 나아갑시다"라고 호소했다. 그는 당의 존재 방식을 인민을 위해 복무하는 것이라고 못 박았다. 연설에는 김일성(수령)과 김정일(장군)이 "인민 중시, 인민 존중, 인민 사랑의 정치"를 펼쳤고 인민 대중을 제일주의로 지향해 왔음을 거듭 강조했다.[2] 당의 기반과 정통성의 원천을 인민의 지지로부터 이끌어 내고 있음을 짐작할 수 있다.

　북한 헌법은 사회와 역사 발전의 주체이자 주권자로서 인민을 명명한다.[3] 1948년 9월 8일 최고인민회의 제1기 제1차 회의에서 채택한 헌법 제1장 제2조는 조선민주주의인민공화국의 주권이 인민에게 있음을 밝혔다.[4] 현재까지 여러 차례 개정을 거친 헌법에서 주권자는 "근로인민"이다.[5] 1972년 12월 27일 최고인민회의 제5기 제1차 회의에서 채택한 사회주의 헌법은 인민을 구체적인 범주와 대상으로 나누어 표기했다. 제7조에서 "조선민주주의인민공화국의 주권은 로동자, 농민, 병사, 근로인테리에게 있"었다. 1992년 4월 9일 최고인민회의 제9기 제3차 회의에서 수정한 헌법 제4조에는 주권이 노동자, 농민, 근로인테리와 모든 근로인민에게 있었다. 2012년 4월 13일 개정한 헌법은 노동자, 농민, 군인, 근로인테리를 비롯한 근로인민을 주권자로 명시하고, 1998년 개정 때 명명한 '김일성헌법'을 '김일성-김정일헌법'으로 변경한다. 가장 최근인 2016년 6월 30일 최고인민회의 제13기 4차 회의에서 수정 보충한 헌법은 근로인민을 주권자로 했다.

사회과학원의 『조선말대사전』에서 정의하고 있는 인민은 그 뜻을 세 가지로 나누어 설명한다.[6] 인민은 첫째, "나라를 이루고 사회와 력사를 발전시켜 나가는 데서 주체"가 되는 사람들로서 "혁명의 대상을 제외하고 로동자, 농민을 비롯한 각계각층의 모든 사람들"을 포괄한다. 이는 "수령의 령도를 받거나 국가원수나 수반의 정치를 받으면서 나라를 이루고 살아가는 사람들을 수령이나 국가수반에 상대하여 이"르는 말이라는 뜻이다. 둘째, "세계의 평화와 인류의 행복에 절실한 리해관계를 가지고 자주적으로 살아 나가기를 원하는 지구상의 모든 사람들"이다. 셋째, "어떤 지방에 사는 주민들을 통틀어 이르는 말"이 인민이다. 이와 같은 정의는 혁명의 주체이면서 동시에 수령의 지도를 받는 존재로서 근대의 주체와 대비되고, 모든 사람들이면서 또한 특정 지역에 사는 사람들로 요약할 수 있다.

이북 사회에서 구성되는 인민의 수행성은 어떨까. 앞머리에서 서술했지만, 김정은 국무위원장이 언명한 대로 인민이 최대한 존중받고 정책의 중심에서 제일로 고려되는 대상인지는 헌법에 명시된 것과 별개 문제다. 사회주의 체제를 세우기 시작할 때 노동당은 인민을 유동적인 것으로 보고 역사 발전의 주체로서 '인민투쟁사관'을 제시했다. 혁명을 완수할 주체로서 인민을 상정했지만, 실상은 지도자의 역할을 강조함으로써 인민을 '수동적 동원의 대상'으로 보는 인민상人民像을 만들어 왔다. 김성보의 결론을 인용하자면, 북한의

나가며

인민관은 19세기 말부터 20세기 초반 민民에 대해 일반적으로 사용하던 인민과 '인민 주권론'의 맥락에서 이해하는 근대의 보편적 개념에서 벗어나 사회주의 이념에 따라 새롭게 정립한 것이다.[7]

1982년 3월 김정일은 '위대한 수령 김일성동지 탄생 70돐 기념 전국주체사상토론회'에서 「주체사상에 대하여」라는 글을 발표한다. 그는 여기서 사회 역사의 주체로서 "인민 대중은 력사의 창조자이지만 옳은 지도에 의하여서만 사회 력사 발전에서 주체로서의 지위를 차지하고 역할을 다할 수 있"음을 밝힌다.[8] 이 같은 인민의 지위는 해방 직후 최창익이 말한 지도자의 영도에 따라 인민들 자신이 역량을 발휘할 수 있다는 지도자론과 상통한다.[9]

인민에는 계급과 계층을 포괄하고 사회 발전에 진보적 역할을 하는 계급성이 강조되어 있다.[10] 인민 대중은 여러 계급과 계층으로 구성되고 계급 구성은 변하지만 자주성을 옹호하고 사회 진보를 이루는 데서 공통성을 가진다.[11] 북한에서 정초한 인민은 사회주의 혁명의 정치 사회적 역할을 강조하는 계급적 속성을 지니면서, 지도자와 대비되는 개념으로서 국가에 종속된 존재다.[12] 공론장의 논의에 기대어 비판하자면 정치권력 외부에서 비판과 저항, 그리고 정당성을 제공하는 공통 행위의 주체가 되지 못하는 인민이다.

노동계급을 비롯한 인민 대중에 대한 당의 영도는 사회주의 운동에서 지극히 중요하다. 유일사상체계에서 규정하는 인민의 주체적 입장은 오직 수령의 지도에 따라서만 혁명 운동이 가능한 존재이지 공통의 공간에서 수행하는 자율성은 있을 수 없다. 1948년 헌법에서 주권자로 명명된 이후 지금까지 인민은 절대 권력으로부터 일방적으로 구성되어 온 성분 사회의 수직적·위계적 위치에 자리하고 있다. 한반도 해방 공간에서 치열하게 전개된 논의에서 개체(개인)적 존재로서 인민과 계급 연합의 존재인 집합체로서 인민이 표상되었다. 현재의 한글 용법에서도 마찬가지다. 이 어휘를 사용하는 북한은 흔히 '인민'이라고 하면서도 '인민 대중', '인민들'이라고 표현하는 경우는 '전체로서의 하나'라고 하는 집합체를 강조하거나 그 의미를 되새길 때다. 인민은 그 용례로 볼 때 전체 인간을 말하기도 하고 혁명의 당사자, 그리고 계급지배의 수단을 정당화하는 원천으로서 간주되기도 한다. 정치의 주체로서 지배 계급에 반하는 피지배 계급을 대상으로 하는 것일 수도 있다. 북한이나 중국, 베트남처럼 사회주의 정치 공동체의 구성원으로서 혁명 계급을 의미하는 경우도 덧붙여야 할 것이다.

국가 체계에서 볼 때 중앙 집권적 지도는 사회주의 사회의 특징이다. 노동당은 중앙 집권적 지도가 민주주의에 기반하고 있음을 강조하지만 실제로는 민주주의의 다양한 이견보다는 사회정치적 생명체로 결속된 인민 대중을 위한 중앙 집권적 지도 원칙을 강조한다.[13] 헌법 제5조에 따르면 "조선민주주의인민공화국에서 모든 국가기관들은 민주주의 중앙집권제 원칙에 의해 조직되고 운영된다." 상급 기관이 하급 기관을 조직 운영하는 정치 규범은 당의 중앙 집중지도이자 단일 지도 체제를 의미한다.

당 우위의 국가 체계는 사회주의 나라에서 일반적이다. 당의 정책 결정이나 집체 과정을 들여다보면 나름대로 유지되는 민주주의 형식을 전면 차단한 것은 아니지만, 이것은 어디까지나 매우 한정된 범위 내에서 이루어질 뿐이다. 당을 중심으로 국가를 통치하는 사회주의 체제 중에서도 북한은 수령의 유일영도체계를 갖추고 있다.

나가며

2013년 제12차 헌법 개정에서 노동당은 프롤레타리아 독재를 명시한 조문을 삭제하고 수령의 유일영도체계를 내세웠다. 근대 국민 국가의 보편적 특성에서 북한이 유독 비판받는 이유는 단 한 명의 영도체계를 공식화해서 정치권력을 3대째 혈연으로 세습했기 때문이다.

민주주의 중앙집권제에 대해서 조선노동당 규약 제2장은 당의 조직 원칙과 조직 구조를 구체적으로 밝히고 있다. 11조에 의하면 당은 민주주의 중앙집권제 원칙에 따라 조직하며 활동한다. 민주주의 선거에 따라 각급 지도 기관이 선출되며 지도 기관은 당 조직에 정기적으로 사업을 총화 보고한다. 규약에 따르면 중앙집권제가 집행되는 원리는 다음과 같다. "당원은 당 조직에, 소수는 다수에, 하급당 조직은 상급당 조직에 복종하며 모든 당 조직은 당중앙위원회에 절대 복종한다. 모든 당 조직은 당의 로선과 정책을 무조건 옹호 관철하며 하급당 조직은 상급당 조직의 결정을 의무적으로 집행한다. 상급당 조직은 하급당 조직의 사업을 계통적으로 지도 검열하며 하급 당 조직은 자기의 사업 정형을 상급당 조직에 정상적으로 보고한다."

국제 사회에서 평양을 볼 때 항상 논란이 되는 것이 정치 체제의 성격을 보여 주는 노동당의 통치 방식과 운영 원리다. 민주주의와 중앙집권제는 노동당의 의사 결정과 정책 집행 방식을 규정하는 원칙이다. 민주주의 중앙집권제는 "민주주의와 중앙집권제를 유기적으로 결합한 활동 원칙 또는 그런 원칙이 관철되어 있는 제도"다. 이 원칙은 조직과 개인에게 "모든 문제 해결에서 개인은 조직에 복종하고 소수는 다수에, 하부는 상부에, 모든 성원과 조직은 중앙에 복종하는 것"을 중요한 요구라고 밝힌다.[14] 여기서 민주주의는 노동당원이 직접 참여해서 당 조직을 구성, 운영하고 당원들의 의사에 기초해 현안 문제를 토의·결정하는 방식을 말한다. 당원들의 창발성은 토의 결정 과정에 참여해 의사를 표현하는 과정에서 이루어진다.

북한은 민주주의를 어떻게 풀이하고 있을까. 그들에게 참다운 민주주의는 사회주의적 민주주의밖에 없다.[15] 김일성은 민주주의를 한마디로 "근로인민 대중의 의사를 집대성한 정치"로 규정한다. 그는 "국가가 로동자, 농민을 비롯한 광범한 근로인민들의 의사에 따라 정책을 세우고 인민 대중의 리익에 맞게 그것을 관철하며 근로인민 대중에게 참다운 자유와 권리, 행복한 생활을 실질적으로 보장하여 주는 것이" 민주주의라고 정의한다.[16] 공식적으로 노동당은 김일성의 교시를 그대로 인용하면서 민주주의를 정의한다. 북한의 민주주의 이해 방식은 인민 대중을 최우선으로 내세우지만 정치적 존재로서 인민의 주체성과 참여, 의사를 근원으로 하지 않고 중앙집권제의 하위 부문으로서 보조 역할을 하는 데 있다.

인민은 사회주의 국가 건설의 정치 사회적 역할을 강조하면서도 수령에 조응하는 존재라고 할 수 있다. 2003년 7월 16일자《로동신문》은 '인민' 자체를 혁명의 전취물로 여기고 당의 모든 노선과 정책은 "인민을 위하여 복무함!"이라는 구호로 집대성했다. 평양 시내 곳곳에 붙어 있는 이 선전 문구와 비슷한 의제는 인민정권의 성격을 강조하는 1970년대 후반의 김일성 연설에서 이미 등장했고, 1990년대 초반에 노동당이 전 인민적으로 제시한 구호였다.

1992년 12월 28일 김일성은 '당, 행정경제기관 일군들과 한 담화'에서 당 일군들은 인민의 참다운 충복이 되어야 함을 강조했다.[17]

나가며

최근에 당에서 '인민을 위하여 복무함!'이라는 구호를 내놓았는데 이것은 아주 좋은 구호입니다. 이 구호에는 당과 대중의 혈연적 련계를 더욱 강화하고 인민 대중 중심의 우리나라 사회주의의 우월성을 더 높이 발양시키려는 당의 의도와 깊은 뜻이 담겨져 있습니다. 우리 일군들은 '인민을 위하여 복무함!'이라는 당의 구호를 사업과 생활의 좌우명으로 삼고 인민을 위하여 충실히 일하여야 합니다.

노동당이 인민의 뜻을 강조하고 인민을 최우선으로 위하며 인민을 위해 복무한다지만, 실상은 인민의 이름이라는 형식으로 모든 정책과 최고 권력을 정당화한다. 최고 지도자-당-인민으로 일체화된 관계는 강한 내적 응집력을 가지고 있으며 집단적 상호 책임감으로 이루어진다. 이것이 경제적 어려움이나 국가 위기를 이겨 낼 수 있었던 근본적인 이유라고 볼 수 있다.

인민은 오랜 역사와 정치적 변형을 거쳐 그 실체를 만들어 왔다. 이 실체는 고대 로마 공화주의의 포풀루스populus로부터 중세 왕권의 정당화와 교황에 저항하는 원리의 근거, 프랑스 혁명기에 광범위하고 활발하게 논의된 저항의 주체, 그리고 근대 주권의 근원으로서 인민이다. 동서양에서 정치 사회 변동이 있을 때마다 이 어휘는 지배와 피지배, 권력의 정당성을 다투는 근거가 되었고 권리의 주체로서 그 존재를 정립해 왔다. 인민의 정치적 변형은 '주권의 원천을 누구에게서 찾을 것인가'라는 질문과 맞닿아 있으며, 이것은 인민의 역동성과 근대의 사유 그리고 통치의 정당성이 관계된 본질에 해당한다.

근대의 인민은 주체를 말하고 정치 행위의 입법자로서 자기 행위의 사회적 실체를 담지한 존재다. 18세기 이후 저항과 통치의 원리, 개체(개인)와 결속체(집합체)로서 권력의 원천이 인민의 의미에 결합되었는데, 결국 '주권을 가진 인민'이라는 실체로 등장했다. 공동체에 참여하는 것을 정치 행위의 출발점으로 삼는다면 인민은 무엇인가 앞으로 다가오거나 추구하는 사람들의 자기 구성self-constitution 존재를 가리킨다.

인민에 대한 규정은 정치 공동체와 구성원의 관계에서 수행적으로 구성되는 사람들의 정체성을 개념과 실체로서 특징짓는 데 있다. 수행성의 실행이야말로 인민을 가장 인민답게 만든다. 미지의 권력, 통치와 지배의 원천을 주권으로 표현하는 행위의 주체성은 인민이 개체임과 동시에 집합체임을 뜻한다. 앞으로 다가올 수행적 실행을 받아들인다면, 누군가 '인민이다'라고 선언하는 순간부터 권력의 정당성과 주권의 원천으로서 그 존재가 확립될 수 있다.

한반도에서 인민의 수행성은 아직 봉인된 상태에 있다. 남한에서 이 주체를 단지 북한 사람들로 치부하는 사람들은 결사 이후의 행동을 두려워하는 것이다. '인민의 혁명성'을 지레짐작하는 듯하다. 의미를 구성하는 정치 사회의 수행적 관점에서 인민은 그 자신의 지위나 계급, 남녀, 인종, 종교의 구별이 중요하지 않다. 중요한 것은 세계의 주체로서 사유하고 행위할 수 있는지 여부다. 인민 주권이라는 개념이 한번 가용되기 시작하면 개인들은 결속체인 인민을 구성하는 주권을 정치 행위로 옮겨 놓으려는 시도를 하지 않을 수 없기 때문이다.

법의 형식으로 보면 북한 사회에서 인민은 실존자들이다. 인민 대중은 이북의 정치 체제에 맞게 만들어진 존재로서 정부 수립 초기부터 근대의 보편적인 인민과는 다르게 정립된 사람들이다. 그들의 존재 양식은 수령의 영도와 노동당의 지침에 따르는 피동적인 객체다. 사회 내부에는 다양한 이해관계를 가진 인민들이 존재하지만 주체사상에서 설명하는 대로 최고 지도자의 영도에 따라서 주체의 지위를 갖고 그 역할을 다할 뿐이다.

노동당은 인민 대중을 핵심계층, 기본계층, 적대계층으로 분류한 후 이를 기준으로 64개 성분별로 나누어 관리한다. 인민들은 나름대로 이와 같은 규범 속에서 사회를 구성하는 개체로서의 지위를 갖고 있다. 이 개체는 집합체의 구성 인자로서 존재하지만 민주 사회의 정치적 개인을 의미하지는 않는다. 그들에게 개체로서의 활동은 당에서 허락하는 집단의 일부일 뿐이다. 노동당은 오직 인민을 내세워 통치의 정당성을 확보한다.

북한의 인민은 첫째, 집합체의 개체로서 존재하지만 이것은 국가나 사회를 구성하는 낱낱의 존재일 뿐 정치 체제의 주권자로서 갖는 성격은 제한된 상태에 있다. 둘째, 인민의 행위 주체성으로 볼 때 그들은 성분 제도의 사회적 위계에 따라 형성된 대중이다. 셋째, 개별 정치 주체가 갖는 신분의 한계와 성분에 따른 분류는 유일사상체계를 내면화하는 통치의 객체를 의미한다. 전체주의 사회의 성격을 가진 이북에서 인민은 사회 정치적 구성원으로서 유일영도체계의 통치 원리에 따라 만들어진 실체다.

한 사회에서 그 구성원의 생활과 마음가짐, 정신을 일정한 양식으로 정형화하는 것은 긴 시간을 필요로 한다. 이북에서 생활의 변화는 해방 이후부터 근대적 사회로 이행하면서 바뀌기 시작해 1960

년대 말에 이르러 완결되고, 주체의 사회주의 인간형 역시 동시에 진행되어 왔다. 바뀌고 있는 일상을 근본적으로 전환시키는 것은 인민의 감정이나 생각이 깃들어 있는 마음까지 지배할 때 가능해진다. 생활과 내면세계의 결합은 생활총화라고 하는 규율로서 집행되고 이것은 궁극적으로 생활양식의 변화를 의미한다. 이북이 인간의 가치관과 규범, 생활, 행동 등 관습과 문화, 사회적 관계를 비롯한 생활양식을 탈바꿈시킨 시기는 1967년부터 1974년을 변곡점으로 해서 김정일이 '주체형의 인간형'과 주체사상에 대한 글을 발표해 인민 대중을 수령이 영도하는 대상으로 선언한 1983년까지라고 하겠다. 사고의 체계와 삶의 방식을 규정하는 것이야말로 생활양식의 핵심이다. 이북 체제에서 사회주의 인민의 전형은 이 시기를 거쳐 완성되었다.

이북 사회에서 권력의 정당성을 제공한다는 의미에서 인민은 보편적인 정치 주체에 해당하지만, 권력에 저항할 수 없는 주체라는 측면에서는 모순을 가진 존재다. 정치적 주체로서 인민은 노동당이 요구하는 총합이 뭉쳐진 결과일 뿐이다. 동질한 사회에서 인민의 유일한 구성 영역은 사회 발전의 주체로 표현되고, 이 주체의 행위는 당과 국가로부터 분리된 주체가 아닌 '전체'이거나 또는 '전부'에 해당한다. 인민은 정치 체제와 관계를 맺으면서 순환하고 또한 질적으로 변형된다. 이것은 정치의 대상으로서 인민이 현존재의 단순한 반복이 아니라 권력의 원천이라는 정당성과 정치 행위의 산물이라는 뜻이다.

근대의 보편적인 인민의 정립 과정에서처럼, 정치권력을 견제하고 저항하는 수행성을 가진 인민 대중의 등장은 이북 현실에서는 불가능하다. 국가의 공식 담론은 노동당의 이해관계에 따라 결정될 뿐 인민들의 의지가 개입될 여지는 거의 없다. 논란이 되기는 하겠지만, 이 담론은 아래로부터의 방식이 아닌 위로부터의 제한된 민주적 방식이라고 하는 수직적인 위계 속에서 진행될 뿐이다. 평양이 주장하는 민주주의 중앙집권제 원리는 최고 지도자-당-인민의 관계를 모순적으로 드러내는 현상이다.

중앙집권제 통치 방식은 강력한 집단정신을 추구한다. 앞서 예를 들었듯이 반미 정서에서 개인적 감정과 정치가 연계되는 것을 보았다. 인민 대중에게 미국은 집단정신의 대표적인 대상이고 집합적으로 조성하는 반미 감정은 합목적적인 것이다. 이 과정은 정치 공동체와 그 구성원의 관계를 어떻게 매개하는지 보여 준다. 미국에 대한 집단정신은 인민 대중의 감정을 근거로 하지만 이것은 제각각이라기보다는 하나로 통일된 정서에 있다. 정치적 목적과 인간의 감정을 연계시켜 사회적 유대를 창조하는데, 상부에 대한 복종은 절대적이다. 노동당은 인민들의 마음속에 '미국'을 '원쑤'로 만들었지만 외교 관계를 정상화해야 하는 세계 최강국임을 부인하지는 않는다. 반미정신은 과거의 고통으로부터 현재의 두려움을 극복하는 원천이자 자신들의 존재를 지탱해 주는 힘으로 작용한다. 한반도 이북에서 고립된 섬처럼 지내 온 인민들의 실존 방식은 동질의 일체감으로 뭉치는 것이다.

본원적이고 보편성을 가진 인민으로 설정되었지만 민주주의보다는 중앙 집권에 방점을 찍은 민주 집중제 하에서 그들은 특수하게 조립된 사람들이다. 집합체에서도 인민들의 개인의식과 감정은 부분적으로 삶 속에서 나타나고 사회적 관계 역시 경직된 중앙집권제와는 조금씩 다를 수 있다. 인간의 마음과 정신까지 통치하려고 하는 것이 주체사상과 유일영도체계의 특징이긴 하지만, 모든 사람들이 노동당의 부품으로 채워진 로봇은 아니다. 인민들은 자신이 속한 공동체에 대해 자부심이 대단히 높고 근면하며 목적 지향성이 강하다. 이북 사회가 발전하고 변화하는 데 인민들의 자발적인 뒷받침은 큰 도움이 될 것이다.

인민들의 공동체 정서는 하루아침에 생겨난 것이 아니다. 어려서부터 오랜 세월 형성되어 온 집단정신은 한편으로 체제에 순응하고 최고 지도자의 영도에 따르면서 다른 한편으로 이해관계를 넘어서는 공동체 관계를 이루어 왔다. 이것이 유지되는 것은 사회가 지도자의 '영도' 못지않게 수평적인 '유대감'을 갖고 있기 때문이다. 자본주의나 자유주의와 같은 사상에 기대어 있는 정서가 아니므로 비정치적인 영역에서 유대감으로 형성되어 온 공동체 의식은 남다르다. 이북의 경직된 정치 체제와 또 다른 사회적 유대는 공동체 사회의 원시적이면서 근원적인 성격이라고 할 수 있다.

노동당은 체제 유지가 시급했고 김일성과 김정일, 그리고 김정은으로 이어지는 유일체제의 안정화가 최우선 목표였다. 그러는 동안 인민 대중은 고립된 집단으로서 적과 맞서 싸워야 했다. 바깥 세계에서 북쪽 사람들을 볼 때, 한반도 군사분계선 이북은 게토와 같은 감옥으로 생각할 수 있다. 하지만 그들은 자신들에게 가해지는 고통을 꿋꿋이 버티고 국제 사회로 나왔다. 인민들에게는 감옥이 아니라 요새였음을 깨달을 수 있다. 그들은 국내외의 변화 속에서도 동질성을 잃지 않는 집단정신으로 무장해 있으며, 조선민주주의인민공화국의 테두리를 벗어나서는 영광을 가질 수 없는 존재들이다.

나가며

인민 대중은 노동당의 정치 노선에서 통치를 위한 하나의 도구이자 집단주의 사회 구성 원리에 따라 부분 속에 전체를 심어 놓은 통치 방식의 결과물이다. 인민들이 노동당에 복속하며 자기희생을 촉진하는 것은 영광스러운 역사의 일부가 되는 것이 유일한 힘의 원천이기 때문이다. 국가의 존립을 국제 사회로부터 위협받는 상황에서 단결을 꾀하고 자기희생을 강화해야 하는 것은 집단에서 버려진다는 것이 곧 생명이 잘려 나가는 것임을 직감하기 때문이다. 북한은 김일성과 김정일, 그리고 이제는 김정은을 최고 지도자로 해서 정상국가의 모습을 갖추려고 한다. 고립에서 탈출하려고 노력하고 있다. 역설이지만, 북한이 노동당 지배의 흔들리지 않는 국가라면 자유 없는 평등으로, 평등 없는 자유보다 안정적인 사회 유형을 창출한 사회주의 국가이기 때문이다.

제1부 흔들리는 인민

1. 최고 지도자의 사망: 애도와 상실감

1 와다 하루끼, 남기정 옮김, 『와다 하루끼의 북한 현대사』, 파주: 창비, 2014, 241쪽.

2 서○○ 구술, 한성훈 채록, 서울 강남구 일원동, 2016. 12. 30.

3 빅터 차, 김용순 옮김, 『불가사의한 국가: 북한의 과거와 미래』, 서울: 아산정책연구원, 2016, 141쪽.

4 황장엽, 『황장엽 회고록』, 서울: 시대정신, 2006, 313쪽.

5 잉그리트 슈타이너 가쉬·다르단 가쉬, 박진권 역, 『독재자를 고발한다!: 김일성 부자를 위해 손과 발이 되었던 김정률 전 북한정보요원의 뒤늦은 고백』, 서울: 위즈덤피플, 2010, 181; 186~187쪽. 잠적한 지 15년이 지난 2009년 봄, 죽었다고 알려진 김정률은 "두더지" 같은 지하생활에 신물이 나서 자신의 신상을 언론인 잉그리트 슈타이너 가쉬Ingrid Steiner-Gashi에게 공개한다.

6 《한국일보》, 1994. 7. 19.

7 북미주 지역에서 벌어진 조문 파동은 다음을 참고한다. 유태영, 『제 소리: 회고록』, 뉴욕: 가나안, 2010, 339쪽; 한성훈, 「월남 지식인의 정체성: 정치 사회변동과 자기 결정성」, 《동방학지》, 제180집, 2017a, 120쪽.

8 송두율, 『불타는 얼음: 경계인 송두율의 자전적 에세이』, 서울: 후마니타스, 2017, 133쪽.

9 에릭 호퍼, 이민아 옮김, 『맹신자들: 대중 운동의 본질에 관한 125가지 단상』, 서울: 궁리, 2011, 52쪽.

10 윤이상-루이저 린저, 『상처입은 룡』, 평양: 윤이상음악연구소, 1992, 70쪽. 강조는 원문.

11 에릭 호퍼(2011), 105쪽.

12 김혁, 『소년, 자유를 훔치다: 퍼플맨 김혁이 들려주는 꽃제비에 관한 진실』, 서울: 늘품플러스, 2013, 135쪽.

13 스탈린의 죽음 이후 소련 인민들이 보인 다양한 감정과 반응에 대해서 자세히 알

수 있다. 올랜도 파이지스, 김남섭 옮김, 『속삭이는 사회 2: 스탈린 시대 보통 사람들의 삶, 내면, 기억』, 서울: 교양인, 2013b, 330~342쪽.

14 리영희, 『대화: 한 지식인의 삶과 사상』, 파주: 한길사, 2006, 496쪽.

15 《중앙일보》, 2015. 6. 13.

16 잉그리트 슈타이너 가쉬·다르단 가쉬(2010), 187쪽.

17 헬렌-루이즈 헌터, 남성욱·김은영 옮김, 『CIA 북한보고서』, 서울: 한송, 2001, 50~51쪽.

18 김정일, 「주체사상교양에 제기되는 몇 가지 문제에 대하여」, 1986. 7. 15, 『김정일선집 8』, 제2판, 평양: 조선로동당출판사, 1998, 448쪽.

19 김정일, 「전당에 혁명적 당풍을 철저히 세우자」, 1988. 1. 10, 『김정일선집 9』, 평양: 조선로동당출판사, 1997, 123~124쪽

20 김일성, 「우리 당의 주체사상과 공화국정부의 대내외 정책의 몇 가지 문제에 대하여」, 1972. 9. 17, 『김일성저작집 27』, 평양: 조선로동당출판사, 1984, 396쪽.

21 이수자, 『나의 독백: 윤이상 부인 이수자의 북한 이야기』, 서울: 한겨레출판, 2001, 33~34쪽.

22 김덕홍, 『나는 자유주의자이다』, 서울: 집사재, 2015, 267~268쪽.

23 이○○ 구술, 한성훈 채록, 서울 서대문구 연세대학교 신촌캠퍼스, 2016. 4. 7.

24 김덕홍(2015), 272쪽.

25 김덕홍(2015), 272쪽.

26 김덕홍(2015), 273쪽.

27 김병로, 『북한, 조선으로 다시 읽다』, 서울: 서울대학교출판문화원, 2016, 123쪽.

28 박한식·강국진, 『선을 넘어 생각한다: 남과 북을 갈라놓는 12가지 편견에 관하여』, 서울: 부키, 2018, 58쪽.

2. 김정일 위원장 사망과 3대 세습

1 1998년 9월 5일 최고인민회의 제10기 제1차 회의에서 수정 보충한 헌법(제8차 개정).

2 김○○ 구술, 한성훈 채록, 서울 강동구 명일동, 2014. 12. 22.

3 직접 인용한 문구는 다음에서 차용한다. 브로니슬라프 말리노프스키, 김도현 옮김, 『미개 사회의 범죄와 관습』, 서울: 책세상, 2010, 55쪽.

4 헤이즐 스미스, 김재오 옮김, 『장마당과 선군정치: '미지의 나라 북한'이라는 신화에 도전한다』, 파주: 창비, 2017, 63쪽.

5   수키 김, 홍권희 옮김, 『평양의 영어 선생님: 북한 고위층 아들들과 보낸 아주 특별한 북한 체류기』, 서울: 디오네, 2015, 349~351쪽. 스스로 밝히고 있듯이 수키 김은 학생들을 가르칠 목적으로 평양과학기술대학에 간 것이 아니라 이북의 실상을 알리는 책을 쓰기 위해 북한에 '잠입'했다.

6   김○○ 구술, 한성훈 채록, 서울 서대문구 연세대학교 신촌캠퍼스, 2016. 4. 7.

7   구술사 연구의 일반적 특징은 다음을 참고한다. 첫째, 기록을 남기지 못한 사람들, 소수자 또는 사회의 약자에 대한 연구이며, 둘째, 연구자와 구술자 사이의 쌍방향 관계라는 점이며, 셋째, 특정한 사람이나 집단의 행동에 대한 내면의 동기를 파악하고, 넷째, 문화사와 일상사·지방사·부문사를 다루는 데 유리하며, 다섯째, 구술자가 갖고 있는 침묵의 기억을 해방시키는 데 있다. 이 연구 방법의 단점은 구술자가 갖고 있는 기억의 부정확성과 이로부터 빚어지는 신뢰성 문제, 말과 사물의 불일치, 곧 말하는 언어가 가진 기표와 기의의 불일치, 역사나 사회의 전체가 아닌 조각의 일부처럼 부분적인 구술, 구술자의 말과 기억이 갖는 주관성, 해석의 자의성이 있다. 김귀옥, 『구술사 연구: 방법과 실천』, 파주; 한울아카데미, 2014, 106~109쪽. 구술 자료의 텍스트 해석에 대한 방법은 다음을 참고한다. 이희영, 「텍스트의 '세계' 해석과 비판사회과학적 함의-구술자료의 채록에서 텍스트의 해석으로」, 《경제와사회》, 제91호, 2011.

8   강동완·박정란, 『사람과 사람: 김정은 시대 '북조선 인민'을 만나다』, 부산: 너나드리, 2015, 329~333쪽.

9   2012년 4월 13일 최고인민회의 제12기 5차 회의에서 수정 보충한 헌법. '김일성-김정일헌법'이라고 부른다.

10 《중앙일보》, 2015. 6. 13.

11 고미 요지, 이용택 옮김, 이영종 감수, 『안녕하세요 김정남입니다: 방탕아인가, 은둔의 황태자인가? 김정남 육성 고백』, 서울: 중앙m&b, 2012, 112쪽. 김정남과 고미 요지가 2004년 12월, 2010년 10월부터 2012년 1월까지 주고받은 메일에서 김정남의 다양한 모습을 볼 수 있다. 김정일에 대한 자식으로서 느끼는 감정과 남편이자 한 아이의 아버지로서의 고뇌, 최고 지도자의 장남이라는 신분에 대한 조심스러운 반응, 자신을 둘러싼 각종 루머와 거짓 기사들에 대한 정확하고 성실한 답변 등 여러 일면을 보여 준다. 고미 요지는 마카오와 베이징에서 김정남을 직접 만나 인터뷰한다.

12 김정은이 후계자로 내정되어 성장하는 과정과 당에서 후계 구도를 확립하는 내부 자료에 대해서는 다음을 참고한다. 정성장, 『현대 북한의 정치: 역사 이념 권력체계』, 파주: 한울, 2011, 135~159쪽.

13   고미 요지(2012), 62쪽.

14   정세현, 『정세현의 통일토크: 남북 관계 현장 30년: 이론과 실제』, 파주: 서해문집,
      2013, 287~290쪽.

15   펠릭스 아브트, 임상순·권원순 옮김, 『평양자본주의-스위스 사업가의 평양생활 7
      년』, 서울: 한국외국어대학교 지식출판원, 2015, 225~226쪽.

16   브로니슬라프 말리노프스키(2010), 50~51쪽.

3. 고난의 행군을 넘다: 선군정치의 등장

1   이때의 재난에 대한 내용은 다음을 참고한다. 김병로(2016), 235~239쪽.

2   "Joint UN Appeal issued on 12 September 1995", 대북 인도지원에 참여한 유
      엔개발계획UNDP, 세계식량계획WFP, 유엔아동기금UNICEF, 세계보건기구WHO
      의 지원 목표액과 지원액 등에 대한 자세한 내용은 유엔인도지원조정국 웹사이트
      를 참고한다.
      https://reliefweb.int/report/democratic-peoples-republic-korea/dpr-
      korea-floods-situation-report-no12.

3   《로동신문》, 1996. 1. 1.

4   정세현(2013), 279쪽.

5   《로동신문》, 1996. 2. 7.

6   서광웅, "혁명적 락관주의는 청년들이 지녀야 할 오늘의 중요한 시대정신", 김일
      성사회주의청년동맹 중앙위원회 기관지, 《청년전위》, 제270호(루계 제14235호),
      1998. 11. 12.《청년전위》는 《청년보》라고도 하며 조선노동당 선전선동부의 금성
      청년출판사에서 발행하는 일간지다. 1946년 4월 20일 북조선민주청년동맹의 기
      관지 《청년》으로 창간된 후 그해 11월 1일 조직이 조선민주청년동맹으로 바뀌면서
      《민주청년》으로 변경되었다. 1964년 5월 17일 조선사회주의노동청년동맹으로 달
      라지면서 《로동청년》으로 다시 바뀌었다가 1996년 1월 김일성사회주의청년동맹
      으로 변경되자 《청년전위》가 되었다. 이 일간지는 청년동맹원을 비롯한 청년층을
      대상으로 발행하며, 주요 임무는 청년들이 조선노동당의 방침에 따라 행동하도록
      선전하는 데 있다. 매년 연초 당보黨報인 《로동신문》, 군보軍報인 《조선인민군》과
      함께 공동사설을 발표한다. 통일부, 《주간북한동향》, 제785호, 2006. 4. 19.

7   세종연구소 북한연구센터 엮음, 『조선로동당의 외곽단체』, 파주: 한울아카데미,
      2004, 36~37쪽.

8   한영숙(가명), "첫 번째 탈북 준비와 실패", 건국대학교 통일인문학연구단, 김종군·

정진아 엮음, 『고난의 행군 시기 탈북자 이야기』, 서울: 박이정, 2012, 49쪽.

9   황장엽(2006), 342쪽.

10   300만 명 주장은 일본 공산당 중앙위원회에서 발행하는 기관지 《아카하타》(赤旗)의 평양 특파원을 지낸 하기와라 료萩原 遼가 2004년에 발간한 책에서 언급한 것이다. 萩原 遼, 『金正日 隠された戦争-金日成の死と大量餓死の謎を解』, 文藝春秋, 2004; 하기와라 료, 양창식 옮김, 『김정일의 숨겨진 전쟁: 김일성의 죽음과 대량 아사의 수수께끼를 푼다』, 서울: 알파, 2005, 158~161쪽.

11   박경숙, 『북한사회와 굴절된 근대: 인구, 국가, 주민의 삶』, 서울: 서울대학교출판문화원, 2013.

12   2008년 유엔식량기구의 지원으로 실시한 인구센서스 결과는 다음 자료다. Central Bureau of Statistics Pyongyang DPR Korea, *DPR Korea 2008 Population Census National Report*, 2009.

13   와다 하루끼(2014), 251쪽.

14   김○○ 구술, 한성훈 채록, 서울시 금천구 독산동 146-11, 2018. 5. 9.

15   장진성, 『경애하는 지도자에게』, 서울: 조갑제닷컴, 2014, 81~83쪽.

16   김정일, 「사법검찰사업을 개선강화할데 대하여」, 1982. 11. 21, 『김정일선집 7』, 평양: 조선로동당출판사, 1996, 316쪽.

17   Steven L. Solnick, *Stealing the State: Control and Collapse in Soviet Institutions*, Cambridge:Harvard University Press, 1998; 서재진, 「북한 사회주의의 오늘과 내일」, 한국비교사회학회 편, 『동아시아 발전사회학』, 서울: 아르케, 2002, 44쪽 재인용.

18   강정구·법륜 엮음, 『(1999) 민족의 희망찾기』, 서울: 정토출판, 1999, 200쪽. 이 조사는 1997년 9월부터 이듬해 9월까지 11개월 동안 우리민족서로돕기 불교운동본부가 북중 국경지역인 압록강과 두만강변 길림성 장백, 연변지역에서 식량난민 1,694명을 개별 인터뷰한 자료이다. 인터뷰 대상자의 거주 지역은 함경북도(1,009명)와 함경남도(338명)가 전체의 79.6%에 해당한다. 평양시 거주자는 10명(0,6%)이다.

19   에릭 호퍼(2011), 50~51쪽.

20   정성장, 「김정일 시대의 정치 체제 특징 연구」, 통일부, 『2003년도 정책연구과제』, 2003, 18쪽.

21   안창림, 「경애하는 김정일동지는 선군의 위력으로 조국통일의 전환적 국면을 열어놓으신 조국통일의 위대한 구성이시다」, 《김일성종합대학학보(철학경제학)》, 제52권 제2호, 2006, 2쪽.

22   안창림(2006), 3쪽.

4. 장마당으로 간 사람들: 사적 욕망의 확대

1   페르낭 브로델, 김홍식 옮김, 『물질문명과 자본주의 읽기: 자본주의라는 이름의 히드라 이야기』, 서울: 갈라파고스, 2012, 78쪽.

2   박한식·강국진(2018), 32~33; 51쪽.

3   강정구·법륜 엮음(1999), 32쪽.

4   한나 아렌트, 이진우·태정호 옮김, 『인간의 조건』, 서울: 한길사, 1996, 102~105쪽; 함택영·구갑우, 「북한의 공公과 사私: 이론화를 위한 비교」, 이우영 엮음, 『북한 도시주민의 사적 영역 연구』, 파주: 한울, 2008, 12~13쪽.

5   한나 아렌트(1996), 112쪽.

6   사회과학원 법학연구소, 『민사법사전』, 평양: 사회안전부출판사, 1997, 119~120쪽.

7   사회과학원 법학연구소(1997), 342쪽.

8   사회과학원 법학연구소(1997), 67~69쪽; 정창현, 『변화하는 북한 변하지 않는 북한』, 서울: 선인, 2005, 275~276쪽.

9   헤이즐 스미스(2017), 237~245쪽.

10   헤이즐 스미스(2017), 251쪽.

11   《중앙일보》, 2002. 8. 2.

12   정창현, 「김정은시대 북의 경제노선: 계획 원칙 고수하며 실리 추구 경제관리 개선, 경제특구 확대」, 《민족21》, 2012년 9월(통권 138호), 57쪽.

13   7·1조치와 시장 경제 이행에 대해서는 다음 글을 참고한다. 임현진·정영철, 「북한의 경제 개혁: 자본주의로의 길인가?」, 《현대북한연구》, 7권 1호, 2004, 123~166쪽.

14   강동완·박정란(2016), 360~362쪽.

15   이성숙(가명), "기차로 돌아다니며 장사하던 이야기", 건국대학교 통일인문학연구단, 김종군·정진아 엮음(2012), 359~374쪽.

16   노귀남, 「시장이 움직인 북한여성의 길: 시장, 경쟁과 욕망, 북한여성」, 홍민·박순성 엮음, 『북한의 권력과 일상생활: 지배와 저항 사이에서』, 파주: 한울아카데미, 2013, 314~350쪽.

17   강동완·박정란(2016), 354~355쪽.

18   박영근·김철제·리해원·김하광, 『주체의 경제관리리론』, 평양: 사회과학출판사, 1992, 204~265쪽.

19   오형일, 「위대한 수령님께서 창시하신 주체의 경제관리리론은 사회주의 경제관리

운영의 가장 정확한 지도적 지침」,《근로자》, 제3호, 1978, 46~53쪽.

20 박후건, 『북한 경제의 재구성:《근로자》와 『경제연구』 등 북한 문헌들을 중심으로』, 서울: 선인, 2015, 170~171쪽.

21 김병연·양문수, 『북한 경제에서의 시장과 정부』, 서울: 서울대학교출판문화원, 2012, 124쪽.

22 펠릭스 아브트(2015), 151쪽.

23 《로동신문》, 2006. 1. 1.

24 펠릭스 아브트(2015), 7; 235~236쪽.

25 경제개발구의 종류, 지역, 위치, 업종, 면적, 개발 계획에 대한 자세한 현황은 다음 책을 참고한다. 차명철 집필, 김선옥 편집, 『조선민주주의인민공화국 주요경제지대 들』, 평양: 외국문출판사, 2018.

26 《로동신문》, 2012. 4. 16.

5. 성분사회: 출신성분과 사회성분

1 사회과학원 언어학연구소, 『조선말대사전(증보판) 2』, 평양: 사회과학출판사, 2017a, 1357쪽.

2 사회과학원 언어학연구소, 『조선말대사전(증보판) 3』, 평양: 사회과학출판사, 2017, 999쪽.

3 사회과학원 언어학연구소(2017a), 1136쪽.

4 이 기준은 다음에서 차용한다. 에릭 호퍼(2011), 45쪽.

5 에릭 호퍼(2011), 46쪽.

6 헬렌-루이즈 헌터(2001), 23~33쪽.

7 한성훈, 『전쟁과 인민: 북한 사회주의 체제의 성립과 인민의 탄생』, 파주: 돌베개, 2012, 436쪽.

8 한성훈(2012), 466쪽.

9 김일성, 「공민증 교부사업을 진행할 데 대하여」, 1946. 8. 9, 『김일성전집 4』, 평양: 조선로동당출판사, 1992, 79쪽.

10 「공민증에 관한 결정서」, 1946. 8. 9, 국사편찬위원회, 『북한관계사료집 5』, 과천: 국사편찬위원회, 1987, 823~835쪽.

11 안드레이 란코프, 김광린 역, 『(소련의 자료로 본) 북한 현대정치사』, 서울: 오름, 1995, 283~288쪽.

12 공민등록기관과 절차, 출생증, 공민증, 평양 시민증, 주민등록사업에 대한 이해는

다음을 참고한다. 현인애, 「북한의 주민등록제도에 관한 연구」, 이화여자대학교 북한학협동과정 석사학위논문, 2008, 13~15쪽; 이제우, 『북한의 신분·공민·주민등록제도에 관한 연구』, 고양: 사법정책연구원, 2017, 32~44쪽; 85~112쪽.

13   이하 내용은 다음에서 요약했다. 통일연구원, 『북한개요』, 서울: 통일연구원, 2009.

14   공민등록법 제2조 공민의 출생, 거주, 퇴거 등록 절차와 방법을 규제한다. 제6조 인민보안기관은 공민을 주민등록대장에 빠짐없이 등록해야 한다. 이 경우 이름, 성별, 난 날, 난 곳, 사는 곳과 직업, 결혼, 이혼 관계 같은 것을 정확히 밝힌다. 제9조 출생 등록은 난 날부터 15일 안으로 한다. 이 경우 출생등록신청서를 거주 지역의 인민보안기관에 낸다. 출생등록신청서에는 이름, 성별, 난 날, 난 곳, 사는 곳, 민족 같은 것을 밝힌다. 1998년 공민증은 갱신 사업으로 수첩 형태의 공민증 양면을 코팅한 카드형으로 교체되었다.

15   김덕홍(2015), 138~146쪽.

16   성혜랑, 『등나무집』, 서울: 지식나라, 2000, 329~330쪽.

17   김일성, 「량강도 당단체들의 과업」, 1958. 5. 11, 『김일성저작집 12』, 평양: 조선로동당출판사, 1981, 297쪽.

18   김일성, 「청년들의 특성에 맞게 사로청사업을 더욱 적극화할데 대하여」, 1971. 2. 3, 『김일성저작집 26』, 평양: 조선로동당출판사, 1984, 59쪽.

19   김일성, 「조선로동당건설의 력사적 경험」, 1986. 5. 31, 『김일성저작집 40』, 평양: 조선로동당출판사, 1994, 64쪽.

20   펠릭스 아브트(2015), 204쪽.

21   예를 들면 김삼복의 소설 『향토』는 적대계층과 핵심계층의 주인공을 대비시켜 성분 제도를 비판하고 능력에 따른 사회를 형상한다. 김삼복, 『향토』, 평양: 문예출판사, 1988.

22   김일성, 「원산철도공장 일군들과 한 담화」, 1959. 6. 4, 『김일성저작집 13』, 평양: 조선로동당출판사, 1981, 314쪽.

23   강명도, 『평양은 망명을 꿈꾼다』, 서울: 중앙일보사, 1995, 231~232쪽.

24   한성훈, 「월남민의 서사-출신지와 이산가족, 신념, 전쟁 체험을 중심으로」, 《사림》, 제60호, 2017b, 348~349쪽.

25   김현식, 『나는 21세기 이념의 유목민: 예일대학에서 보내온 평양 교수의 편지』, 파주: 김영사, 2007, 24~29쪽. 1992년 한국 망명 초기 김현식은 이북의 가족들에게 닥칠 위협을 고려해 자신의 신원을 언론에 노출시키지 않기로 국가안전기획부와 합의한 후 정종남으로 성명을 바꾸어 생활했다.

26   김현식(2007), 72~73쪽.

27   "2003년 4월 김정일 암살시도 사건의 전말",《월간 조선》, 2013년 2월호.

28   2011년 9월 위키리크스가 공개한 미국 국무부 외교 전문, 재미 블로거 안치용.
      http://andocu.tistory.com/

29   이성숙(가명), "북한 사회에서 성분이 나뉘게 된 과정", 건국대학교 통일인문학연구
      단, 김종군·정진아 엮음(2012), 312~313쪽.

30   잉그리트 슈타이너 가쉬·다르단 가쉬(2010), 90쪽.

31   북한 이주민 이○○에 따르면 정치 엘리트 중에서 소련 프룬제 군사학교와 군사아
      카데미 유학생 장교들이 파벌을 형성한 경우가 있다. 그들은 조선인민군 창군 60
      주년이 되던 1992년 4월 25일 열병식에서 주석단에 있는 김일성과 김정일을 전차
      로 제거하는 계획을 세웠지만 실패로 돌아갔다. 이후 군사학교 출신들은 대대적으
      로 숙청되었다. 이○○ 구술, 한성훈 채록, 서울 서대문구 연세대학교 신촌캠퍼스,
      2016. 4. 7. 러시아 군사계통 유학생 출신들이 반김정일 조직을 결성한 것은 황장
      엽도 알고 있었다. 황장엽(2006), 334쪽.

32   리 소테츠, 이동주 옮김, 『김정은 체제 왜 붕괴되지 않는가: 김정일 전기』, 서울: 레
      드우드, 2017, 293쪽.

33   김현식(2007), 58~59쪽.

34   김현식(2007), 54~55쪽.

35   수키 김(2015), 224~225쪽.

6. 상호 감시와 간접 화법: 속마음을 들키지 마라

1   김일성, 「조선민주주의인민공화국 창건 스무돐을 성대히 맞이하기 위하여」, 1968.
     4. 16, 『김일성저작집 22』, 평양: 조선로동당출판사, 1983, 175~176쪽.

2   이성숙(가명), "북한 사회에서 성분이 나뉘게 된 과정", 건국대학교 통일인문학연구
     단, 김종군·정진아 엮음(2012), 319쪽.

3   신병식, 「박정희 시대의 일상생활과 군사주의」,《경제와사회》, 제72호, 2006,
     154~155쪽.

4   최주활, 『북조선입구 1: 북한의 시장, 집, 교통, 사업문화』, 서울: 지식공작소,
     2000, 149~152쪽.

5   펠릭스 아브트(2015), 34쪽.

6   펠릭스 아브트(2015), 129쪽.

7   안드레이 란코프, 김수빈 옮김, 『리얼 노스코리아: 좌와 우의 눈이 아닌 현실의 눈

으로 보다』, 고양: 개마고원, 2013, 71쪽.

8　한영숙(가명), "북한에 혁명이 일어날 수 없는 이유", 건국대학교 통일인문학연구단, 김종군·정진아 엮음(2012), 99~100쪽.

9　이우영, 「북한 체제 내 사적 담론 형성의 가능성」, 이우영 엮음, 『북한 도시주민의 사적 영역 연구』, 파주: 한울, 2008, 165~167쪽.

10　김보현, 「일상사 연구와 파시즘: '사소한 것'을 특별하고 진지하게 다루기」, 박순성·홍민 엮음(2010), 105쪽.

11　찰스 테일러, 이상길 옮김, 『근대의 사회적 상상』, 서울: 이음, 2010, 133쪽.

12　Morgan, E. S., *Inventing the People*, New York: Norton, 1988; 테일러(2010), 217쪽 재인용.

13　테일러는 정부가 규범적 지위를 갖는 공통 의견에 따를 것을 주장하고 두 가지 근거를 제시한다. 첫째, 계몽된 이 의견을 정부가 따르는 편이 사려 깊은 일이라는 데 있다. 둘째, 인민이 주권을 갖는다는 관점으로 보면, 정부는 공론을 좇는 것이 현명하고 도덕적으로 그렇게 하지 않을 수 없다고 본다. 정부는 법 제정과 통치를 결정하는 데 있어서 계몽된 토론으로부터 나타난 의견을 법제화함으로써 법률 제정이 공론에 따라야 하는 점을 인정하게 된다. 테일러(2010), 138~139쪽.

14　테일러(2010), 141~142쪽.

15　테일러가 새롭게 도입한 공통의 행동은 단순히 수렴적인 것과는 대조되는 의미이고, 이는 개개인이 동일한 대상에 각자의 방식으로 우연히 관심을 갖게 된 것과 다르다. 다시 말해 "사람들 전체의 의견'이라고 말할 때는" 온갖 의견들이 단일하게 수렴된 결과를 의미한다. 테일러(2010), 136쪽.

16　테일러(2010), 135~136쪽.

17　한영숙(가명), "북한 사람들이 들고 일어나지 못하는 이유", 건국대학교 통일인문학연구단, 김종군·정진아 엮음(2012), 274쪽.

18　올랜도 파이지스, 김남섭 옮김, 『속삭이는 사회 1: 스탈린 시대 보통 사람들의 삶, 내면, 기억』, 서울: 교양인, 2013a, 93쪽.

19　올랜도 파이지스(2013a), 429~430쪽.

20　이○○ 구술, 한성훈 채록, 서울 서대문구 연세대학교 신촌캠퍼스, 2016. 4. 7.

21　안드레이 란코프(2013), 148~149쪽.

22　안드레이 란코프(2013), 76~77쪽.

23　한영숙(가명), "라디오로 남한 방송을 듣는 사람들", 건국대학교 통일인문학연구단, 김종군·정진아 엮음(2012), 162~166쪽.

24　펠릭스 아브트(2015), 60쪽. 평스제약은 스위스 노던 디벨럽먼트 파머수티컬 컨소

시엄과 북한 보건성 산하 평양제약이 합작해 만든 합영회사다. 2006년 모란봉 약국이 개선문 근처 북새거리에 처음 문을 연 이후 2012년 8월에 평양시 중구역에 24시간 영업하는 대동문 약국 체인점을 열었다. 2013년 평스제약은 평양에 9군데 약국을 운영 중이었다. 자세한 내용은 다음 사이트를 참고한다. http://pyongsu. com./ 평스제약은 2016년 9월 북한과의 합작 사업을 금지한 유엔 안보리의 대북 제재 결의 2375호에 따라 어려움을 겪어 왔다. 《연합뉴스》, 2017. 12. 8.

25   펠릭스 아브트(2015), 60쪽.

26   이중사고에 대한 설명은 다음을 참고한다. 조지 오웰, 김기혁 옮김, 『1984: 조지 오웰 장편소설』, 파주: 문학동네, 2014, 48~49쪽. "마음은 이중사고의 미궁 속으로 빠져 들어갔다. 알면서 모른다는 것, 완전한 진실을 알고 있으면서 반면 교묘하게 꾸며진 거짓말을 한다는 것, 상반된 두 가지 의견을 동시에 가지고 있다는 것, 모순되는 줄 알면서 그 두 가지를 다 믿는다는 것, 논리를 전개해서 논리를 반대하는 것, 도덕을 주장하면서 그것을 거부하는 것, 민주주의가 불가능하다고 믿으면서 당은 민주주의의 수호자라고 믿는 것, 잊어버릴 필요가 있는 것은 무엇이고 잊어버리고 필요한 때는 재차 기억 속에 끌어들였다가 다시 잽싸게 잊어버리는 것, 그리고 무엇보다도 그 과정 자체에다 그와 똑같은 과정을 적용하는 것, 이런 것들은 지극히 불가사의한 무엇이었다. 의식적으로 무의식의 세계로 빠져들고 그 다음엔 다시 자신이 했던 최면 상태의 행위들을 의식하지 못하는 것. '이중사고'란 말을 이해하는 데도 이중사고를 사용해야 하는 것이었다."

27   이○○ 구술, 한성훈 채록, 서울 서대문구 연세대학교 신촌캠퍼스, 2016. 4. 7.

제2부   인민의 일상생활

7. 사회주의 인간형: 노동당과 모범 인민

1   Libération, 14-20 juillet 1954; 에릭 베르네르, 변광배 옮김, 『폭력에서 전체주의로: 카뮈와 사르트르의 정치사상』, 서울: 그린비, 2012, 143쪽 재인용.

2   에릭 베르네르(2012), 144~145쪽.

3   이태준, 『소련기행·농토·먼지』, 서울: 깊은샘, 2001, 119쪽.

4   이태준(2001), 170~171; 177쪽.

5   백남운 저·방기중 해제, 『쏘련인상』, 서울: 선인, 2005, 261쪽.

6   백남운 저·방기중 해제(2005), 296쪽.

7   알프 뤼트케 외, 이동기 외 옮김, 『일상사란 무엇인가』, 서울: 청년사, 2002.

8   알프 뤼트케 외(2002), 468쪽.

9   알프 뤼트케 외(2002), 113쪽.

10 박원용, 「스탈린체제 일상사 연구의 현황과 쟁점」; 박순성·홍민 엮음, 동국대학교 북한일상생활연구센터 기획, 『북한의 일상생활세계: 외침과 속삭임』, 파주: 한울, 2010, 13~39쪽; 셴판, 이상원 옮김, 『홍위병: 잘못 태어난 마오쩌둥의 아이들』, 서울: 황소자리, 2004; 장윤미, 「중국 기층사회에서 일어난 문화대혁명과 인민의 일상」, 박순성·홍민 엮음(2010), 40~83쪽.

11 박순성·고유환·홍민, 「북한 일상생활연구의 방법론적 모색」, 박순성·홍민 엮음(2010), 189~199쪽.

12 박형중·정세진, 「'고난의 행군'과 북한 주민의 일상생활 변화」, 민족화해협력범국민협의회 정책위원회 편, 『북한주민의 일상생활과 대중문화』, 서울: 오름, 2003, 11~44쪽. 이 책은 북한 사람들의 일상을 대학 생활, 가족생활, 종교 생활, 병영 생활, 여가 체육 활동으로 구분해 서술하고 있다.

13 Henri Lefebvre, *Kritik des Alltagslebens*, Bd. Ⅱ, Kronberg/Taunus: Athenaum Verlag, 1977; 강수택(1998), 49~52쪽 재인용.

14 《개성신문》, 1956. 4. 20.

15 김일성, 「교육과 문화예술은 사람들의 혁명적 세계관을 세우는데 이바지하여야 한다」, 1970. 2. 17, 『김일성저작집 25』, 평양: 조선로동당출판사, 1983, 21쪽.

16 김일성, 「모든 것을 전후 인민경제복구발전을 위하여」, 1953. 8. 5, 『김일성저작집 8』, 평양: 조선로동당출판사, 1980, 63쪽.

17 《개성신문》, 1956. 7. 27.

18 《개성신문》, 1956. 7. 17.

19 김일성, 「개성시 당단체들의 과업」, 1960. 9. 22, 『김일성저작집 14』, 평양: 조선로동당출판사, 1981, 406쪽.

20 《개성신문》, 1956. 4. 19.

21 노동자와 농민 등 각 직업별 인민의 하루 일과에 대한 시간대별 내용은 다음을 참고한다. 조정아 외, 『북한 주민의 일상생활』, 서울: 통일연구원, 2008, 33~57쪽.

22 헬렌-루이즈 헌터(2001), 148~150쪽.

23 《개성신문》, 1954. 7. 1.

24 《개성신문》, 1956. 8. 1.

25 《개성신문》, 1956. 7. 31; 8. 7; 9. 7.

26 《개성신문》, 1956. 6. 25; 7. 6.

27   《개성신문》, 1954. 7. 4.

28   김충범, 「전체조합원들을 참가시켜 문화체육사업을 활발히 전개하기까지」, 조선로
      동당중앙위원회농업협동조합경험집편집위원회, 『농업 협동화운동의 승리 6』, 평
      양: 조선로동당출판사, 1958, 198; 200쪽; 한성훈(2012), 425쪽.

29   헬렌-루이즈 헌터(2001), 123쪽.

30   《개성신문》, 1956. 8. 10.

31   《개성신문》, 1956. 7. 5.

32   《개성신문》, 1956. 7. 31.

33   《개성신문》, 1956. 7. 26.

34   김일성, 「사회주의 교육에 관한 테제」, 1977. 9. 5, 『김일성저작집 32』, 평양: 조선
      로동당출판사, 1986, 389~390쪽.

35   한중모, 『주체의 인간학』, 평양: 사회과학출판사, 1987, 140~164쪽.

36   《개성신문》, 1956. 7. 26.

37   《개성신문》, 1957. 1. 5.

38   이종석, 『새로 쓴 현대북한의 이해』, 서울: 역사비평사, 2000, 137쪽.

39   김명순, 「친애하는 지도자 김정일 동지의 현명한 령도 밑에 진행되는 숨은 영웅들
      의 모범을 따라 배우는 운동」, 《력사과학론문집》, 16호, 1991, 58쪽.

40   김정일, 「당조직들 앞에 나서는 몇 가지 과업에 대하여」, 1980. 12. 3, 『김정일선집
      6』, 평양: 조선로동당출판사, 1995, 470쪽. 출판년도가 책 앞쪽에는 1996년으로
      되어 있으나 뒷면 발행일은 1995년이다.

41   비교역사문화연구소 기획, 권형진·이종훈 엮음, 『대중독재의 영웅 만들기』, 서울:
      휴머니스트, 2005.

42   김정일, 「주체문학론」, 1992. 1. 20, 『김정일선집 12』, 평양: 조선로동당출판사,
      1997, 469~471쪽.

43   이수자(2001), 23쪽.

44   에릭 호퍼(2011), 150~151쪽.

8. 집단주의 사회생활: 협동농장과 집단 관습

1   국사편찬위원회, 『북한관계사료집 29』, 과천: 국사편찬위원회, 1998, 158~159쪽.
     개성지역 사람들의 북한 체제 편입에 대한 연구는 다음을 참고한다. 박소영, 『개성
     각쟁이의 사회주의 적응사』, 서울: 선인, 2012, 173~211쪽. 이 연구는 교육, 정치적
     안정과 주민포섭, 선거에서 그 과정을 밝히고 있다.

2   허학송, 「농업협동조합들에 대한 집중지도 사업에서 얻은 몇 가지 경험」, 조선로동
     당중앙위원회농업협동조합경험집편집위원회, 『농업 협동화운동의 승리 6』, 평양:
     조선로동당출판사, 1958, 83쪽.

3   이하 내용은 다음에서 참고한다. 국사편찬위원회, 『북한관계사료집 15』, 과천: 국사
     편찬위원회, 1993, 718~759쪽.

4   「신해방지구 인민들의 물질문화 생활을 향상시킬 데 관한 내각명령 하달」,《개성신
     문》, 1956. 6. 9;「신해방지구 인민생활 향상을 위한 당과 정부의 거듭되는 배려」,
     《개성신문》, 1956. 6. 10.

5   「조선로동당 개성시 위원회 사업 결산보고(요지)」,《개성신문》, 1956. 4. 2.

6   리현우, 「신해방지구 농민들의 앞장에 서서-개성시 10월 농업협동조합」, 조선로동
     당중앙위원회농업협동조합경험집편집위원회, 『농업 협동화운동의 승리 1』, 평양:
     조선로동당출판사, 1958, 348쪽.

7   김일성, 「현시기 국가경제기관들의 사업을 개선강화하기 위한 몇 가지 문제에 대하
     여」, 1965. 5. 25, 『김일성저작집 19』, 평양: 조선로동당출판사, 1982, 348~349쪽.
     김일성은 '당, 정권기관 지도일군들과 최고인민회의대의원들 앞에서 한 연설'에서
     포천협동농장 현지지도를 언급하지만 분조관리제에 대한 내용은 없다. 사후에 현
     지지도 내용을 체계화한 것으로 볼 수 있다.

8   분조관리제와 포전담당제 도입이 경제관리 체계에서 갖는 의미는 다음 글을 참고
     한다. 정창현, 「농업 분조장대회와 포전담당제:〈연재〉정창현의 '김정은시대 북
     한읽기'」(40), 2014. 2. 3,《통일뉴스》, http://www.tongilnews.com/news/
     articleView.html?idxno=105884.

9   박후건(2015), 186~187쪽.

10   자세한 내용은 다음 책을 참고한다. 박소영(2012), 243~263쪽.

11   리현우(1958), 357쪽.

12   《개성신문》, 1956. 1. 12, 사설.

13   허학송(1958), 77쪽.

14   허학송(1958), 72~73쪽.

15   개성시 당증교환사업과 중앙당 집중지도 사업에 대해서는 다음을 참고한다. 박소
     영(2012), 234~242쪽.

16   한성훈(2012), 241~242쪽.

17   저자 미상, 『시대의 별: 제1부 거룩한 영상』, 1982, 216~217쪽. 이 자료의 저자와
     출판사는 밝혀져 있지 않다. 1980년 10월 조선노동당 제6차 대회에서 김정일이
     김일성의 후계자로서 주석단에 처음으로 모습을 나타낸 이후 영도자로서 그의 특

징-박식과 다재다능한 활동-을 서술한 3권짜리 책이다. 이 책을 연작으로 집필한 의도는 김정일의 인간상을 구체적으로 수록하는 데 있다. 책의 서문은 1981년 1월 기록이며 출판은 1982년 4월이다.

18 조국해방전쟁승리기념관의 내부 구성과 전시 인물, 무력건설(군대), 당정치사업, 중국인민지원군 자료, 각종 무기, 인민 영웅, 조형물은 다음 화보를 참고한다. 김명남 편집, 『조국해방전쟁승리기념관』, 평양: 외국문출판사, 2014.

19 다음 문장의 '집단 관습'은 '집단 습관'으로 번역한 것을 변형해서 쓴 것이다. 에드워드 버네이스, 강미경 옮김, 『프로파간다: 대중 심리를 조종하는 선전 전략』, 서울: 공존, 2009, 126쪽.

20 독일 태생의 프랑스 민속학자 방주네프의 민속의례에 관한 논의는 다음 글에서 인용한다. 한성훈, 「중국 조선족의 독일 이주 연구」, 《동방학지》, 제163호, 2013, 57~79쪽.

21 이상현, 「독일 도시민속학의 이론적 체계와 응용성」, 《비교민속학》, 제22집, 2002, 448~454쪽.

22 Arnold Van Gennep, *Les Rites de Passage*, Librairie Critique Emile Nourry, 1909; A. 반 겐넵, 전경수 옮김, 『통과의례』, 서울: 을유문화사, 2000, 41쪽 재인용. 민속학자 방주네프는 통과의례를 분리, 전이, 통합의 세 단계로 나누어서 보았다. 방주네프는 세계 곳곳의 종교의례에서 볼 수 있는 구조를 통일적으로 제시하면서 장소·상태·사회적 지위·연령 등의 변화에 따른 의례를 가리키기 위해 이 용어를 사용했다. 첫 단계인 분리는 개인을 이전의 사회적 지위로부터 단절시키는 상징적 행위를 수반한다. 다음 단계인 전이는 의례의 주체가 이전의 지위나 역할을 벗어버리고 일반적인 의미와는 거리가 먼 상태 또는 미래로 향하는 것이다. 마지막으로 통합은 과거로부터 완전히 새로운 사회적 지위를 부여받는 단계에 해당한다. 의례를 보다 상위의 문화로 포괄하면 전통과 관습은 사람의 의식을 쉽게 바꾸지는 못한다.

23 이 자료에 대한 간단한 소개는 다음 글을 참고할 수 있다. 김종군, 「북한지역의 상장례喪葬禮 변화 연구-1960년대 민속조사 자료를 중심으로」, 《온지논총》, 제39권, 2014, 215~218쪽.

24 민속학연구소는 수집한 자료들을 『조선민족 생활풍습』 시리즈와 『민속학론문집』, 『조선탈놀이연구』로 묶어 발간했으며, 관련분야 학자들이 참여해 연구 성과를 분야별로 정리한 후 2006년 12월 『조선의 민족전통 1~7』으로 개정·증보했다. 조사 자료는 출간 자료와 집필 원고로 분류할 수 있는데 녹음과 사진, 글들이 있으며 어로와 수렵을 포함한 광범위한 노동의 변화와 사회 조직 형태를 담고 있다. 자료에 나

타난 내용을 중심으로 조사가 이루어진 방식에 대해서 간단히 요약하면, 조사자는 현지를 방문해 인민들의 다양한 생활상을 관찰한 후 담화자(대상자)와 일일이 문답을 나눈 내용을 기록한다. 문답지는 별도로 추가되어 있지 않으며 조사자의 소속과 성명, 조사한 날짜와 담화자에 대한 성명, 나이, 부양 여부가 기록되어 있는데 어떤 경우는 담화자의 직업을 따로 표기했다. 담화자들은 주로 남자들이 많으며 연령은 40대에서부터 70대에 이르기까지 분포되어 있다. 아마 해방 직후부터 생활상의 변화를 담으려고 한 조사이기 때문에 연령대가 비교적 노년층이 많았을 것이다. 개별 조사자의 신원이 모두 기록된 것은 아니지만 주로 개성과 청진역사박물관 소속 직원이 조사에 참여했음을 알 수 있다.

25 현지 조사의 세부적인 지침을 정확히 알 수는 없지만 『현지조사요강』을 참고로 정리한 조사 내용은 대략 다음과 같다. 협동조합의 경리(노동 조직, 생산 도구, 작물 재배, 수공업, 교통 운수, 상업 유통 등)와 부락의 물질문화(부락, 공공건물과 주택, 옷, 음식물 등), 가족 및 가족 풍습(가족 구성 및 가족 경리, 가족 관계, 문화 수준과 정치적 견해, 결혼, 산아, 아동교양, 장례, 가족명절 등), 사회생활(8·15 전후 농촌의 사회생활, 계급 관계의 변화, 정치 생활, 명절놀이, 여성들의 사회생활 변화), 문화 생활이었다. 주강현, 『북한민속학사』, 서울: 이론과 실천, 1991, 250쪽.

26 정창현, 「북한의 문화유산 정책과 관리체계」, 《통일인문학논총》, 제53집, 2012, 228~229쪽.

27 이정재, 「북한 민속학 연구의 경향과 특징 연구」, 『한국의 민속과 문화』, 6권, 2002, 116~119쪽.

28 역사과학으로서 민속학에 대한 구체적인 내용은 다음을 참고한다. 주강현, 『황철산 민속학』, 서울: 민속원, 2014; 주강현(1991), 117~145쪽.

29 김일성, 「사상사업에서 교조주의와 형식주의를 퇴치하고 주체를 확립할 데 대하여」, 1955. 12. 28, 『김일성저작집 9』, 평양: 조선로동당출판사, 1980, 467~470쪽.

30 이태준(2001), 97~98쪽.

31 주강현(1991), 213쪽.

32 사회과학원 민속학연구소, 「평안북도 박천군 형팔리(황두에 대하여)」, 1961년 12월 4일. 이 책에서 북한 사회과학원 민속학연구소에서 간행한 자료의 표기는 조사지역의 「행정명」과 조사한 날짜로 표기한다.

33 '황두'의 기원은 평안도·함경도 일대에서 상호부조하는 공동생활 조직인 '향도'라는 말이 항두로 전이되어 '향'이 '황', '도'는 '두'로 변한 것이다.

34 《개성신문》, 1954. 7. 1.

35 에드워드 버네이스(2009), 128; 130; 132쪽.

36   「자강도 전천군 무평리」, 1968년 5월 8일.

37   「평안북도 선천군 효자리」, 1961년 9월 3일; 「강원도 시중군 풍룡리」, 1967년(월일 미상).

38   「강원도 룡림군 남흥리」, 1968년(월일 미상).

39   「강원도 시중군 풍룡리」, 1967년(월일 미상).

40   「함경남도 회령군 창대리」, 1955년 12월.

41   「강원도 룡림군 룡문리」, 1968년(월일 미상).

42   「강원도 룡림군 신창리 1반」, 1968년(월일 미상).

43   최진이, 『국경을 세 번 건넌 여자 최진이』, 파주: 북하우스, 2005, 42~49쪽.

44   김신숙, 「우리나라 협동조합 농민들의 가족 풍습」, 『북한민속학자료집』, 서울: 극동 문제연구소, 1974; 주강현, 『북한민속학사』, 이론과 실천, 1991, 219쪽 재인용.

45   《개성신문》, 1956. 3. 31.

46   소비에트 인간형을 만드는 공동 아파트에 대해서는 다음을 참고한다. 올랜도 파이지스(2013a), 294~317쪽.

47   1945년부터 1961년까지 북한의 사회주의 체제 성립에 대한 분석과 설명은 다음을 참고한다. 서동만, 『북조선 사회주의 체제 성립사 1945~1961』, 서울: 선인, 2005.

9. '10대 원칙'과 생활총화: 당 생활의 기본 형식

1   Volker H. Schmidt, "Multiple Modernities or Varieties of Modernity?", *Current Sociology*, Vol. 54, No. 1, 2006, pp. 81~82.

2   영국과 미국의 자본주의를 자유주의 자본주의, 후발 자본주의 국가인 독일과 일본을 비자유주의 자본주의 체제라는 맥락에서 언급할 수 있다. Kozo Yamamura and Wolfgang Streeck(eds.), *The End of Diversity? Prospects for German and Japanese Capitalism*, Ithaca: Cornell University Press, 2003.

3   쉬무엘 N. 아이젠스타트, 임현진·최종철·이정환·고성호 옮김, 『다중적 근대성의 탐구』, 서울: 나남, 2009, 93쪽.

4   성혜랑(2000), 268~270쪽.

5   김현식(2007), 324~326쪽.

6   김정일, 「전당에 새로운 당생활총화제도를 세울 데 대하여」, 1973. 8. 21, 『김정일 선집 3』, 평양: 조선로동당출판사, 1994, 435쪽.

7   《로동신문》, 2017. 5. 25.

8   《로동신문》, 2014. 5. 25.

9   김정일, 「인간 성격과 생활에 대한 사실주의적 전형화를 깊이 있게 실현할 데 대하여」, 1967. 2. 10, 『김정일선집 1』, 평양: 조선로동당출판사, 1992, 188쪽. 김정일은 예술영화 《어둠을 뚫고》를 예로 들며, 농촌의 고용 노동자인 고농을 머저리, 반동으로 만들어 놓은 혁명의 기본계급에 대한 모독이며 당의 계급노선을 엄중하게 위반한 것이라고 꼭 집어 말한다. 또한 그는 로동계급을 주인공으로 내세운 장편소설 《안개 흐르는 새 언덕》과 이것을 각색한 예술영화 《사나운 바람》은 주인공의 형상에서 노동계급의 본질적인 특징이 드러나지 않고 그 성격을 왜곡한 것이라고 했다.

10   김일성, 「자본주의로부터 사회주의에로의 과도기와 프로레타리아 독재 문제에 대하여」, 1967. 5. 25, 『김일성저작집 21』, 평양: 조선로동당출판사, 1983, 259~276쪽.

11   김정일, 「반당반혁명분자들의 사상여독을 뿌리빼고 당의 유일사상체계를 세울 데 대하여」, 1967. 6. 15, 『김정일선집 1』, 평양: 조선로동당출판사, 1992, 230~240쪽.

12   조선로동당출판사 편, 『조선로동당략사』, 평양: 조선로동당출판사, 1979, 600쪽.

13   성혜랑(2000), 312~314쪽.

14   김현식(2007), 288쪽.

15   최진이(2005), 56~57쪽.

16   김현식(2007), 285~289쪽.

17   성혜랑(2006), 339~340쪽.

18   10대 원칙은 다음과 같다. ①김일성의 혁명사상으로 온 사회를 일색화 ②김일성을 충성으로 모심 ③김일성의 권위를 절대화 ④김일성의 혁명사상을 신념으로 삼고, 수령의 교시를 신조화 ⑤김일성의 교시 집행에서 무조건성의 원칙을 준수 ⑥김일성을 중심으로 하는 전당의 사상의지적 통일과 혁명적 단결을 강화 ⑦김일성을 따라 배워 공산주의적 풍모와 혁명적 사업 방법, 인민적 사업 작풍을 소유 ⑧김일성의 정치적 생명을 귀중히 간직하며, 수령의 정치적 신임과 배려에 정치적 자각과 기술로써 충성 ⑨김일성의 유일적 영도 밑에 전당, 전국, 전군이 한결같이 움직이는 강한 조직규율 확립 ⑩김일성의 혁명위업을 대를 이어 계승/완성해야 한다.

19   김현식(2007), 224~227쪽. 강조는 지은이.

20   김현식(2007), 112쪽.

21   김혁(2013), 69~70쪽.

22   정창현, 『장성택 사건 숨겨진 이야기』, 서울: 선인, 2014, 69~70쪽.

23   김병욱·김영희, 『탈북 박사부부가 본 북한: 딜레마와 몸부림』, 서울: 매봉, 2013, 309~310쪽.

10. 선전 선동과 일상생활: 구호와 슬로건의 메아리

1   에드워드 버네이스(2009), 24; 28~29쪽.
2   에드워드 버네이스(2009), 196쪽.
3   성혜랑(2000), 166쪽.
4   김정일, 「선전일군들은 정책적 대를 세우고 일을 실속 있게 하여야 한다」, 1987. 12. 15, 『김정일선집 9』, 평양: 조선로동당출판사, 1997, 104쪽.
5   《개성신문》, 1956. 1. 20; 1956. 1. 24; 1956. 1. 29. 「당비」는 중국 단편소설인데 《개성신문》에서 연재했다.
6   《개성신문》, 1956. 1. 22.
7   좋은벗들 엮음, 『(북한사람들이 말하는) 북한이야기』, 서울: 정토출판, 2000, 59~60쪽.
8   《개성신문》, 1956. 1. 22.
9   《개성신문》, 1956. 2. 10.
10 《개성신문》, 1956. 3. 2.
11 《개성신문》, 1956. 2. 16.
12 《개성신문》, 1956. 1. 12.
13 《개성신문》, 1956. 5. 31.
14 에드워드 버네이스(2009), 80~81쪽.
15 김일성, 「조선로동당 건설의 력사적 경험」, 1986. 5. 31, 『김일성저작집 40』, 평양: 조선로동당출판사, 1994, 46쪽.
16 에릭 호퍼(2011), 156쪽.
17 에릭 호퍼(2011), 157쪽.
18 Joseph Goebbels, edited, translated and with an Introduction by Louis P. Lochner, *The Goebbels Diaries 1942-1943*, Garden City: Doubleday & Company, Inc., 1948, p. 460; 에릭 호퍼(2011), 157쪽 재인용.
19 펠릭스 아브트(2015), 69쪽.
20 《연합뉴스》, 2012. 5. 10; 자유아시아방송RFA, 2012. 5. 15.

11. 다시 남성 중심으로: 가족과 남녀 권리 관계의 변화

1   서동만, 「북한 사회주의에서 근대와 전통」, 역사문제연구소 편, 『한국의 '근대'와 '근대성' 비판』, 서울: 역사비평사, 2000, 366쪽.

2   서동만(2000), 359; 373쪽.

3   강수택, 『일상생활의 패러다임-현대 사회학의 이해』, 서울: 민음사, 1998, 37쪽.

4   알프 뤼트케 외(2002), 97쪽.

5   성혜랑(2000), 85~87쪽.

6   최주활(2000), 87~91쪽.

7   리경혜, 『여성문제해결경험』, 평양: 사회과학출판사, 1990, 53~54쪽.

8   한락규, 「공화국 형사 립법의 발전」, 안우형 편집, 『우리나라 법의 발전』, 평양: 국립
     출판사, 1960, 171쪽.

9   김일성, 「우리나라에서의 맑스-레닌주의 당건설과 당의 당면과업에 대하여」, 1945.
     10. 10, 『김일성저작집 1』, 평양: 조선로동당출판사, 1979, 323쪽.

10   리경혜(1990), 49쪽.

11   김일성, 「북조선로동당 제2차대회에서 한 중앙위원회 사업총화보고」, 1948. 3. 28,
     『김일성저작집 4』, 평양: 조선로동당출판사, 1979, 218쪽. 남녀 이혼과 공동재산
     등 가족법 발전에 관해서는 다음을 참고한다. 조일호, 『공화국 가족법 발전의 합법
     칙성에 관한 몇 가지 문제』, 평양: 과학원출판사, 1957.

12   「평안북도 선천군 효자리」, 1961년 9월 3일.

13   「강원도 룡림군 남흥리」, 1968년(월일 미상).

14   「평안북도 박천군 대련리 1반」, 1964년 12월 9일; 「평안북도 선천군 효자리」, 1961
     년 9월 3일.

15   「평안북도 박천군 대련리 3반」, 1961년 12월 6일.

16   「평안북도 선천군 효자리」, 1961년 9월 3일.

17   「자강도 전천군 무평리」, 1968년 5월 8일.

18   「강원도 시중군 풍룡리」, 1967년(월일 미상).

19   「황해남도 초도」, 1955년 4월 7일~4월 24일. 초도는 송화군에 속한 섬이다.

20   「자강도 전천군 무평리」, 1968년 5월 8일.

21   리경혜(1990), 32~33쪽.

22   최진이(2005), 15~79쪽.

23   김석향, 「"남녀평등"과 "여성의 권리"에 대한 북한당국의 공식 담론 변화: 1950년
     이전과 1979년 이후《조선여성》기사를 중심으로」,《북한연구학회보》, 제10권 제1
     호, 2006, 26~47쪽.

24   최선영, 「북한여성의 지위와 역할 변화: 관련 법령분석을 중심으로」,《동북아연구》,
     제23권 제1호, 2008, 87~108쪽.

25   강명도(1995), 45~46쪽.

26　　펠릭스 아브트(2015), 198~199쪽.

12. 함께 살고 함께 죽는 운명 공동체: 전장의 편지들

1　　NARA, RG242 Entry299 SA2009 Box717, 개인 편지(인천시-평북); SA2012
　　　Box1138 Item4-31, 개인 편지 모음; SA2012 Box1139 Item4-31, 개인 편
　　　지 모음. 이 편지는 미국 국립문서기록관리청National Archives and Records
　　　Administration(NARA)에서 소장하고 있으며 국립중앙도서관에서 열람할 수 있
　　　다. 소장 자료 Box1138과 Box1139 편지 중에는 내용물이 없이 수신자와 발신자의
　　　주소만 적혀 있는 봉투가 백여 통에 이르고, Box1139에는 우편엽서에 쓴 편지가
　　　포함되어 있다.

2　　미군이 이북 지역에서 문서를 노획하게 된 경위와 내용은 다음을 참고한다. 백선
　　　엽, 『군과 나』, 서울: 대륙연구소출판부, 1989, 45쪽; 정용욱, 「한국전쟁시 미군
　　　방첩대 조직 및 운용」, 국방부 군사편찬연구소, 『군사사연구총서』, 제1집, 2001,
　　　66~67쪽; 국방부 군사편찬연구소, 『한미군사관계사(1871~2002)』, 서울: 군사편
　　　찬연구소, 2002, 479~480쪽. 노획 문서에는 일제 강점기의 서신과 한국전쟁 이
　　　전에 작성한 편지들도 제법 수집되어 있다.

3　　이 편지의 극히 일부를 묶은 단행본이 출간되었다. 이흥환, 『조선인민군 우편함
　　　4640호-1950년, 받지 못한 편지들』, 서울: 삼인, 2012.

4　　편지 묶음에 대해서 자세히 설명하면, Box717의 개인 편지는 개전 이후 인천을 점
　　　령한 내무성 산하 300보안부대원들이 쓴 것이다. 이것은 인민군에 입대한 지 2개
　　　월밖에 되지 않은 신병들이 처음으로 작성해 집으로 보낸 것인데, 그 내용은 매우
　　　정형화되어 있다. 발신지는 경기도 인천시 우체국 사서함 1의 4호이며, 부대는 서
　　　해안 도서 경비와 인천 시내 치안을 담당하고 있었다.

5　　교육성의 교육 내용과 학교 규율, 정치사상교육은 다음을 참고한다. 한성훈(2012),
　　　316~319쪽.

6　　북한에서 벌어진 최초의 대중 운동인 건국사상총동원운동과 그 내용 중 문맹 퇴치
　　　에 대해서는 다음을 참고한다. 김두봉, 「건국사상총동원운동과 그 대상」, 『인민』,
　　　1947년 1월; 김일성, 「민주선거의 총화와 인민위원회의 당면과업」, 1946. 11. 25,
　　　『김일성저작집 2』, 평양: 조선로동당출판사, 1979, 554~555쪽; 서동만(2005),
　　　199~200쪽; 박명림, 『한국전쟁의 발발과 기원 2』, 서울: 나남출판, 1996, 309쪽.

7　　에릭 호퍼(2011), 136쪽.

8　　SA2012 Box1139 Item4-31, 발신인 신종숙(중앙우체국 우편함 5의 66) 수신인

배주종(조선인민군 6765군부대 문화부장), 1950년 10월 7일, 존경하는 부장동지
귀하.

9   SA2012 Box1139 Item4-31, 발신인 김영문(평남 강서군 증산면 두만리) 수신인
     김석준(평남 룡강군 오신면 련상리), 1950년 10월 10일, 부친전상서.

10   SA2012 Box1139 Item4-31, 발신인 백기백(평남도 룡강군 해운면 리연리) 수신인
     백기백 본댁(평북도 운산군 운산면 조양하리 2반), 1950년 10월 6일.

11   SA2012 Box1139 Item4-31, 발신인 박순후(평남 강서군 증산면 자봉리) 수신인
     박기후(조선인민군 우편함 4866호), 1950년 10월 7일, 박기후 형님전상서.

12   SA2012 Box1139 Item4-31, 발신인 선도균(조선인민군) 수신인 선옥균(경기도
     김포군 양서면 과해리 642), 1950년 8월 26일, 형님전상서.

13   SA2012 Box1139 Item4-31, 발신인 김중진(인민군 우편함 4962호) 수신인 김맹
     진(서울시 성북구 돈암동 291-46 민병덕 소아과의원), 1950년 9월 15일, 아주머
     님 보시압.

14   SA2009 Box717, 발신인 최봉현(경기도 인천시 우체국 사서함 1의 4호) 수신인 최
     홍용(자강도 만포군 만포면 삼강리 제11반), 1950년 9월 10일, 부친님전상서.

15   클라우제비츠, 김홍철 역, 『전쟁론』, 서울: 삼성출판사, 1990, 228쪽.

16   올랜도 파이지스(2013b), 194~195쪽.

17   Ricoeur, Paul, *From Text to Action: Essays in Hermeneutics*, Ⅱ. trans.
     Kathleen Blamey and John B. Thompson, Evanston: Northwestern
     University Press, 1991, p. 106. 리쾨르의 텍스트 해석에 대한 사회과학적 연구
     방법은 다음을 참고한다. 이희영(2011), 108~114쪽.

18   Hirsch, E. D., Jr., *The Philosophy of Composition*. Chicago and London:
     University of Chicago Press, 1977, pp. 21~23; 26.

19   월트 J. 옹, 이기우·임명진 옮김, 『구술문화와 문자문화』, 서울: 문예출판사, 1997,
     123~124쪽.

20   윤성우, 『폴 리쾨르의 철학』, 서울: 철학과현실사, 2004, 98쪽.

21   SA2012 Box1139 Item4-31, 발신인 박춘순(평남도 평원군 숙천면 백노리 사법
     성 사법간부양성소) 수신인 장익수(평남도 양덕군 조국보위후원회 선전지도원),
     1950년 10월 11일.

22   Dekker, Rudolf, "Jacques Presser's Heritage: Egodocuments in the Study
     of History", *Memoria y Civilización*(MyC), Vol. 5, 2002, p. 14; 한성훈, 「역사
     적 사건과 생애 연구: 민간인 학살의 증언자」, 이현서·박선웅 엮음, 『질적 연구자 좌
     충우돌기: 실패담으로 파고드는 질적 연구 이모저모』, 파주: 한울아카데미, 2018,

258쪽.

23　Jacques Presser의 연구와 이 분야에 대한 자세한 연구사는 다음을 참고한다. Dekker(2002), 13~37쪽.

24　Fulbrook, Mary and Ulinka RublackIn, "Relation: The 'Social Self' and Ego-Documents", *German History*, Vol. 28, 2010, p. 263.

25　예를 들어, SA2012 Box1139 Item4-31, 발신인 최명백(신흥군 제2병도) 수신인 배히순(경성 제14 후방병원), 1950년 8월 8일, 그리운 누님에게. 부상당한 병사가 보낸 편지.

26　SA2012 Box1139 Item4-31, 발신인 박창해(평남도 대동군 부산면 인민학교) 수신인 리재옥(황해도 벽성군 미율면 매정리 삼봉구 2반), 1950년 10월 15일, 장모님 전상서.

27　SA2009 Box717, 발신인 장정현(경기도 인천시 우편국 사서함 1의 4호) 수신인 장정룡(함남도 북청군 속후면 간도리), 1950년 9월 13일, 부모님에게.

28　SA2012 Box1139 Item4-31, 발신인 리덕수(평남 강서군 증산면 정실리) 수신인 리재근(평양인민교화소 제2과 내), 1950년 10월 14일, 오빠에게 드리는 편지.

29　국사편찬위원회, 『북한관계사료집 16』, 과천: 국사편찬위원회, 1993, 160~161쪽; 한성훈(2012), 122쪽.

30　SA2009 Box717, 발신인 박찬근(경기도 인천시 우편국 사서함 1의 4호) 수신인 박찬조(평북도 태천군 서성면 룡포리 말매골), 1950년 9월 10일, 형님주전상서.

31　박금철, 「조국해방전쟁에서 조선 인민군의 군사 정치-도덕적 승리」, 『인민』, 1952년 2월, 45쪽; 한성훈(2012), 79~92쪽.

32　SA2012 Box1138 Item4-31, 발신인 최순옥(평양시 중앙리) 수신인 강이덕(황해도 안악군 안악면 훈련리), 1950년 10월 13일, 어머님께 드립니다.

33　Barthes, Roland, '*The Death of the Author*', in *Image, Music, Text*, ed. and trans. Stephen Heath, London: Fontana, 1977, p. 148.

34　Ricoeur, Paul, *The Symbolism of Evil*, trans. Emerson Buchanan, New York: Harper & Row, 1967, p. 352.

35　칼 심스, 김창환 옮김, 『해석의 영혼 폴 리쾨르』, 서울: 앨피, 2009, 74~75쪽.

36　칼 심스(2009), 90쪽.

37　미케 발, 한용환·강덕화 옮김, 『서사란 무엇인가』, 서울: 문예출판사, 1999, 225~226쪽.

38　월트 J. 옹(1997), 157~158쪽.

39　SA2012 Box1139 Item4-31, 발신인 남영신(대공군 순안면 사직리 1구 2반 97번

지) 수신인 남종렬(평특시 도시경영성 식당 경리부), 1950년 10월 10일, 그리운 아버지에게.

40 SA2012 Box1139 Item4-31, 발신인 곽근억(평남도 강서군 중산면 사과리) 수신인 어윤빈(조선인민군 우편함 2428호), 1950년 10월 9일, 부모님게서.

41 SA2012 Box1139 Item4-31, 발신인 백락여(평북 령원군 서해면 원흥리) 수신인 김대식(서울시 동대문구 창신동 197번지), 1950년 9월 19일, 형님전상서.

42 SA2012 Box1138 Item4-31, 발신인 김창봉(평남 안주군 림석면 신리) 수신인 김수학(함북 경원군 경원면 성내리 131번지), 1950년 10월 9일, 편지에 첨부된 송금증서는 발신지 우편국장이 발행했다.

43 SA2012 Box1139 Item4-31, 발신인 리운생(평특시 기림리 14 인민학교) 수신인 리두실(평남 순천군 밀던면 재도사리 3구 1반), 1950년 10월 14일, 부모님전상서.

44 Tilly, Charles, *Coercion, capital, and European states, AD 990-1992*, Oxford: Basil Blackwell, 1990, p. 115.

45 조선로동당출판사, 『조선로동당 력사교재』, 평양: 조선로동당출판사, 1964, 210쪽.

13. 폭격의 공포: 전장의 내면세계

1 한성훈, 「역사적 사건과 생애 연구: 민간인 학살의 증언자」, 이현서·박선웅 엮음 (2018), 257~258쪽.

2 SA2012 Box1139 Item4-31, 발신인 박선살(평남 강서군 증산면 영천리) 수신인 계몽훈(평남 남포시 신흥리 58), 1950년 10월 10일, 오라반전상서.

3 SA2012 Box1139 Item4-31, 발신인 남영신(대동군 순안면 사직리 1구 2반 97번지) 수신인 남종렬(평특시 도시경영성 식당경리부), 1950년 10월 10일, 그리운 아버지에게.

4 SA2012 Box1139 Item4-31, 발신인 김덕칠(순천군 순천면 관하리 제승공장) 수신인 김덕윤(평양특별시 감흥4리 7구 3반), 1950년 10월 3일, 어머님전상서.

5 SA2012 Box1139 Item4-31, 발신인 석진섭(안주군 신안주면 소학리 2구) 수신인 석도선(함남 함흥시 함수군 연포면 부대 내), 1950년 10월 10일.

6 SA2012 Box1139 Item4-31, 발신인 신창화(안주군 대니면 계림리), 수신인 신동화(원산조선소 고등기술양성소), 1950년 10월 10일.

7 SA2012 Box1139 Item4-31, 발신인 안금주(정주군 마산면청정 25호 공장) 수신인 안명월(자강도 전천군 용인면 남상리 2반 내), 1950년 9월 24일, 사랑하는 종훈이에게; 사랑하는 명월이에게.

8   SA2012 Box1138 Item4-31, 발신인 정청송(평안남도 안주군 해안에서) 수신인 박
     옥선(함경북도 명천군 동면 양춘리 754번지), 1950년 10월 10일, 박선옥 앞.

9   SA2012 Box1139 Item4-31, 발신인 신종숙(중앙우체국 우편함 5의 66) 수신인
     배주종(조선인민군 6765군부대 문화부장), 1950년 10월 5일, 존경하는 부장동지
     귀하.

10   삐라에 대한 연구는 다음을 참고한다. 이상호, 「한국전쟁기 맥아더사령부의 삐라
     선전 정책」, 《한국근현대사연구》, 제58집, 2011; 김영희, 「한국전쟁 기간 삐라의 설
     득커뮤니케이션」, 《한국언론학보》, 제52권 제1호, 2008; 정용욱, 「6·25전쟁기 미
     군의 삐라 심리전과 '냉전' 이데올로기」, 《역사와현실》, 제51권, 2004; 이임하, 『적
     을 삐라로 묻어라: 한국전쟁기 미국의 심리전』, 서울: 철수와영희, 2012.

11   SA2012 Box1139 Item4-31, 발신인 황수연(조선인민군 우편함 2467호) 수신인
     황호□(충청북도 청원군 강서면 신전리), 1950년 9월 22일, 형님전상서.

12   SA2010 Box874-2 Item112, "대대 정치교양사업을 진행할 데 대하야"(내성 후련
     제11호, 1950년 7월 25일 비준), 내무성 후방복구련대 문화부, 「3개월간 행정정치
     교양사업문건철」, 1950. 7.

13   SA2010 Box874-2 Item112, "후방복구련대내 정치교양사업실시에 대하야"
     (1950. 7. 23), 문화부 연대장 유봉민.

14   김한길(1983), 312쪽. 미군의 공중 폭격 작전은 다음 책을 참고한다. 김태우, 『폭
     격: 미공군의 공중 폭격 기록으로 읽는 한국전쟁』, 파주: 창비, 2013.

15   공중 폭격을 당하는 인민들의 공포에 대해서는 다음을 참고한다. 한성훈(2012),
     189~201쪽.

16   구연상, 『공포와 두려움 그리고 불안』, 서울: 청계출판사, 2002, 65쪽.

17   신현주, 「신념에 대한 심리학적 고찰」, 『김일성종합대학학보(철학경제학)』, 제55권
     제3호, 2009, 54쪽.

18   SA2012 Box1139 Item4-31, 발신인 정해두(평남도 순천군 후탄면 입석리 통신간
     부학교 체신기술원양성소) 수신인 김분□(평양시 당상리 평양통신기제작소).

19   SA2012 Box1139 Item4-31, 발신인 방기용(서평양특별시 농흥리 3구 4반) 수신
     인 방기완(평남 맹산군 원남면 기양리 6반), 1950년 10월 10일, 모친주전상서.

20   한국정신문화연구원 한민족문화연구소 편, 『내가 겪은 해방과 분단』, 서울: 선인,
     2001, 413쪽.

21   SA2012 Box1139 Item4-31, 발신인 조근홍(자강도 만포군 만포면 해방리 만포철
     도공장 내) 수신인 조기직(평안남도 대동군 룡산면 초담리 356), 1950년 9월 28
     일, 어머님상서.

22 SA2012 Box1138 Item4-31, 발신인 반현수(평특시 서구역 내무서 상흥파출소) 수신인 반학수(자강도 만포군 고산면 분호리), 1950년 10월 15일.

23 반동분자 조치에 대한 자세한 내용은 다음을 참고한다. 한성훈(2012), 113~147쪽.

24 이수자(2001), 58쪽.

25 미케 발(1999), 239쪽.

26 SA2012 Box1138 Item4-31, 발신인 이정하(조선인민군 우편함 ○○부대) 수신인 이을용(경기도 김포군 건단면 당하리 당(광)명동 536), 1950년 9월 2일, 부친전상서.

27 SA2012 Box1138 Item4-31, 발신인 어윤탁(조선인민군 우편함 4640호) 수신인 어황하(황해도 신계군 마서면 번지리 독산동), 1950년 6월 14일, 친애하는 누이에게 보내는 답서.

28 성혜랑(2000), 179~210쪽.

29 SA2012 Box1139 Item4-31, 발신인 조근홍(자강도 만포군 만포면 해방리 만포철도공장 내) 수신인 조기직(평안남도 대동군 룡산면 초담리 356), 1950년 9월 28일, 어머님상서.

30 SA2012 Box1139 Item4-31, 발신인 박창해(평남도 대동군 부산면 인민학교) 수신인 리재옥(황해도 벽성군 미율면 매정리 삼봉구 2반), 1950년 10월 15일, 장모님전상서.

31 SA2012 Box1139 Item4-31, 발신인 박춘순(평남도 평원군 숙천면 백노리 사법성 사법간부양성소) 수신인 장익수(평남도 양덕군 조국보위후원회 선전지도원), 1950년 10월 11일.

32 SA2012 Box1138 Item4-31, 발신인 반현수(평특시 서구역 내무서 상흥파출소) 수신인 리경주(자강도 후창군 후창면 북분리 제2반 내), 1950년 10월 14일. 편지 날짜는 9월 14일인데 이는 반현수가 잘못 적은 것이다.

33 SA2012 Box1138 Item4-31, 발신인 김이극(평안북도 영변군 독산면 남평리) 수신인 김선극(조선인민군 우편함 4995호의 라), 1950년 10월 8일, 사랑하여주는 형님에게.

34 SA2012 Box1138 Item4-31, 발신인 조선비(황해도 재령군 천천면 청천리 교양동) 수신인 김형조(서울특별시 국제호텔 교통지휘대), 1950년 9월 21일.

35 SA2012 Box1139 Item4-31, 발신인 안정란(강서군 적송면 삼부리) 수신인 안임옥(안주군 신안주면 운송리 240), 1950년 10월 8일, 사랑한 임옥 보아라.

36 SA2012 Box1139 Item4-31, 발신인 김수남(평양시 감흥4리 73) 수신인 림수진(룡강군 룡강면 옥도리), 1950년 10월 16일, 수진 동무에게.

14. 전쟁사회: 군인과 인민이 일치된 사회

1   와다 하루키, 서동만·남기정 옮김, 『북조선: 유격대국가에서 정규군국가로』, 서울:
돌베개, 2002; 개번 맥코맥, 박성준 옮김, 『범죄국가, 북한 그리고 미국』, 서울: 이
카루스미디어, 2006; 박한식·강국진(2018); 스즈키 마사유키, 유영구 옮김, 『김정
일과 수령제 사회주의: 통일시대의 북한 정치 체제 본격 연구서』, 서울: 중앙일보
사, 1994.

2   통치성에 대해서는 다음을 참고한다. 미셸 푸코 외, 콜린 고든·그래엄 버첼·피터 밀
러 엮음, 심성보 외 옮김, 『푸코 효과: 통치성에 관한 연구』, 서울: 난장, 2014. 분단
체제 하의 국가이성에 대해서는 다음을 참고한다. 최장집(1996), 147쪽.

3   이종석, 「북한 체제의 성격규명: '유일체제론'의 관점에서」, 《한국정치외교사논총》,
제13집, 1995, 781~807쪽.

4   체제 성격에 관한 자세한 논의는 다음을 참고한다. 이종석(2000), 113~122쪽.

5   강정구, 『통일시대의 북한학: 민족중심적 이해를 위하여』, 서울: 당대, 1996.

6   서재진, 『또 하나의 북한사회: 사회 구조와 사회의식의 이중성 연구』, 서울: 나남출
판, 1995.

7   한스 마레츠키, 정경섭 옮김, 『兵營國家 북한: 마지막 평양주재 동독대사의 증언』,
서울: 동아일보사, 1991, 117~130쪽.

8   Lasswell, Harold D., *National security and individual freedom*. New York:
McGraw-Hill Book Co, 1950, p. 47.

9   정영철, 「신화와 현실: 북한 정규군 "100만" 신화 비판」, 《북한연구학회보》, 제20
권 1호, 2016, 117~151쪽.

10   한성훈, 「전쟁사회와 북한의 냉전 인식: 신천박물관을 통한 계급교양」, 《경제와사
회》, 제91호, 2011, 312쪽 각주4). 현역군인 119만 명과 예비병력 770만여 명은
2008년 북한 총인구 2,405만 명의 약 40%에 해당하는 규모다. 2008년 북한 인
구 총조사에서 성별·연령별 총인구는 24,052,231명이고 각도 지역별 인구 분포에
나타난 총인구는 23,349,859명이다. Central Bureau of Statistics Pyongyang
DPR Korea, *DPR Korea 2008 Population Census National Report*, 2009,
pp. 14~32.

11   브루스 커밍스, 남성욱 옮김, 『김정일 코드』, 서울: 따뜻한 손, 2005, 60쪽.

12   Kant, Immanuel, *Political Writing*. Hans Reiss, translated by H. B. Nisbet,
Cambridge: Cambridge University Press, 1970, p. 95.

13   이삼성, 『20세기의 문명과 야만: 전쟁과 평화 인간의 비극에 관한 정치적 성찰』, 서

울: 한길사, 1998, 106~107쪽.

14 《로동신문》, 1953. 11. 22.

15 김일성, 「인민군대 내 당정치사업을 개선강화하기 위한 과업」, 1958. 3. 8, 『김일성 저작집 12』, 평양: 조선로동당출판사, 1981, 159~179쪽.

16 김일성, 「조선인민군은 항일 무장 투쟁의 계승자이다」, 1958. 2. 8, 『김일성저작집 12』, 평양: 조선로동당출판사, 1981, 74쪽.

17 강정구(1996), 105~108쪽.

18 허남, 「미제의 세계제패 계획과 아세아」, 《근로자》, 제7호, 4(상), 1963, 31~39쪽.

19 진희관, 「북한에서 '선군'의 등장과 선군사상이 갖는 함의에 관한 연구」, 『국제 정치 논총』, 제48집, 제1호, 2008, 380쪽.

20 《로동신문》, 1993. 1. 1.

21 김용현, 「선군정치와 김정일 국방위원장 체제의 정치변화」, 《현대북한연구》, 제8권 3호, 2005, 123쪽.

22 《로동신문》, 1994. 1. 1.

23 《로동신문》, 2000. 11. 18.

24 박명림, 「위기의 한반도 2003년」, 《기억과 전망》, 통권 3호, 2003, 237쪽.

25 박명림(2003), 238쪽.

26 고상진, 「위대한 령도자 김정일 동지의 선군정치의 근본특징」, 《철학연구》, 1999년 제1호(루계76호), 1999, 17쪽.

27 김진환, 「김일성의 선로후군先勞後軍과 김정일의 선군후로先軍後勞-북한 호전성 명제에 대한 비판적 평가」, 《경제와사회》, 제87호, 2010, 62~63쪽.

제3부   인민의 내면세계

15. 전쟁의 정치적 감정: 신천학살의 기억

1 한성훈(2014); (2018)을 참고한다.

2 강조는 지은이.

3 《로동신문》, 2008. 3. 27.

4 정영남·김명남, 『신천박물관』, 평양: 조선화보사, 2009, 3쪽.

5 "구월산에 김형직 글발[志遠] 제막", 통일부, 《주간북한동향》, 제393호, 1998. 7. 10.

6   구월산 반공유격대 활동에 대해서는 다음을 참고한다. 조동환, 『항공의 불꽃: 황해 10·13반공학생의거 투쟁사』, 서울: 보문각, 1957; 국방부 정훈국, 『구월산』, 서울: 국방부 정훈국, 1955.

7   구월산유격부대전우회, 『구월산 유격부대 전사』, 서울: 한들출판사, 2002.

8   금성청년출판사 편, 『위대한 조국해방전쟁시기 소년들의 투쟁』, 평양: 금성청년출판사, 1982, 8쪽.

9   신천에서 좌우익 간의 학살과 신천박물관에서 이뤄지는 계급교양을 다룬 글은 다음을 본다. 한성훈(2012), 295~303쪽; 한성훈(2011), 309~346쪽.

10   정영남·김명남(2009), 15~17쪽.

11   《조선중앙통신》, 2004. 5. 18; 《로동신문》, 2004. 5. 19.

12   저자 미상, 『시대의 별: 제1부 거룩한 영상』, 1982, 191; 195쪽. 강조는 지은이.

13   《로동신문》, 2018. 10. 15. 강조는 지은이.

14   Smith, Anthony D., "Culture, Community and Territory: the Politics of Ethnicity and Nationalism", International Affairs, Vol. 72, No. 3, 1996, pp. 445~458.

15   Kidd, William, Memory and Memorials: The Commemorative Century, Cornwell: Ashgate, 2004, pp. 30~35.

16   Gillis, John R., Commemoriation, The Politicks of National Identity, Princeton: Princeton University Press, 1994.

17   Buruma, Ian, The wages of guilt: memories of war in Germany and Japan, London: Atlantic Books, 2009, p. 69.

18   《로동신문》, 2002. 1. 22.

19   《로동신문》, 2008. 11. 27.

20   테오도르 켐퍼Theodore D. Kemper의 일차적 감정primary emotion과 이차적 감정secondary emotion, 바바렛J. Barbelet의 구조와 행위를 연계시키는 감정론, 그리고 감정사회학의 뛰어난 연구사는 다음을 참고한다. Kemper, Theodore D. "How many Emotions Are There? Wedding the Social and the Autonomic Components", American Journal of Sociology, Vol. 93, No. 2, Sep., 1987, pp. 263~289; 이성식·전신현 편역, 『감정사회학』, 서울: 한울아카데미, 1995; 박형신·정수남, 「거시적 감정사회학을 위하여」, 《사회와이론》, 제15권, 2009, 195~234쪽.

21   로버트 J. 스턴버그·카린 스턴버그, 김정희 옮김, 『우리는 어쩌다 적이 되었을까?: 평범한 인간에게 숨어 있는 괴물의 그림자, 증오』, 파주: 21세기북스, 2010, 147~168쪽.

1   황석영, 『손님』, 서울: 창작과비평사, 2001. 황석영이 태어난 곳은 만주의 신경(新京, 현재 長春)이지만 그의 아버지가 황해도 신천이 고향이므로 한국의 옛 전통에 따르면 그의 원적지는 신천이 되는 셈이다.

2   COMMISSION OF INTERNATIONAL ASSOCIATION OF DEMOCRATIC LAWYERS, "*REPORT ON U.S. CRIMES IN KOREA*", 31st Mar., 1952, pp. 4~13. 조사단의 일원으로 참가한 영국인 모니카 펠톤Monica Felton은 평양과 황해도 지역을 중심으로 민간인 피해를 조사하고 기행문을 남겼다. Felton, Monica, *That's Why I Went*, Lawrence & Wishart, 1953. 조사단은 영국과 프랑스, 오스트리아, 이탈리아, 벨기에, 중국, 폴란드, 브라질 8개국의 교수와 변호사, 판사, 검사 8명으로 구성되었다.

3   북한 외무성은 미군의 세균무기 사용에 대해 유엔에 항의했다. 자세한 내용은 다음을 참고. 박헌영, "미군의 세균무기 사용에 대한 항의"(1951. 5. 8); "세균무기 사용에 대한 항의"(1952. 3. 29); "세균무기 사용에 관한 공화국 대표 참가 없는 조사단 파견 반대"(1951. 5. 8); "세균무기 사용에 적절한 대책을"(1952. 11. 8), 동아일보사 안보통일문제조사연구소, 『북한 대외정책 기본자료집 Ⅱ』, 서울: 동아일보사, 1976, 507~524쪽.

4   알 자지라 다큐멘터리, 〈인간과 권력〉(People & Power), 2010. 3. 17 방송. http://english.aljazeera.net/programmes/peopleandpower/2010/03/2010 31761541794128.html.

5   Women's International Democratic Federation, 1951. "Report of the Committee of the Women's International Democratic Federation in Korea," May 16~27. 황해도는 호주·쿠바·캐나다·소련·영국·중국 대표가, 평안남도는 프랑스·알제리·베트남·덴마크 대표가, 강원도는 벨기에·이탈리아·체코 대표가, 자강도는 동독·서독·네덜란드 대표와 중국 측 참가자가 조사했다.

6   조동환(1957), 369~371쪽; MBC시사제작국, 〈이제는 말할 수 있다〉, "망각의 전쟁-황해도 신천사건", 2002. 4. 21. 방영.

7   이경남, 「황석영 소설 '손님'의 파장과 신천 '학살박물관'의 허구(下)」, 《한국발전 리뷰》 제107호, 2001, 133~143쪽.

8   조동환(1957), 473~475쪽.

9   장종렵, 『조국해방전쟁의 승리를 위한 조선인민의 투쟁』, 평양: 조선로동당출판사, 1957, 54쪽. 신천 지역 학살에 대한 북한 측 피해 주장에 대해서는 다음을 참고

한다. 《로동신문》, 1951. 4. 12; 조선중앙통신사, 《조선중앙통신》, 평양: 조선중앙통신사, 1952. 이 사건에 대한 재판에 대해서는 "신천군 대중 학살 사건 공판 기소장", 《민주조선》, 1952. 5. 26 참고.

10   MBC시사제작국, 〈이제는 말할 수 있다〉, "망각의 전쟁-황해도 신천사건", 2002. 4. 21 방영.

11   한성훈(2012), 296쪽.

12   김정일, 「신천박물관을 통한 계급 교양사업을 강화할 데 대하여」, 1998. 11. 22, 『김정일선집 14』, 평양: 조선로동당출판사, 2000, 450쪽.

13   정명환, 장-프랑수아 시리넬리, 변광배, 유기환, 『프랑스 지식인들과 한국전쟁』, 서울: 민음사, 2004, 65쪽. 한국전쟁에 관한 프랑스 공산당의 평화 투쟁에 대해서는 다음 책을 참고한다. 토마스 린덴베르거, 「서유럽과 한국전쟁-프랑스의 정치 문화에 미친 영향」; 역사문제연구소, 포츠담현대사연구센터 기획, 『한국전쟁에 대한 11가지 시선』, 서울: 역사비평사, 2010, 52~65쪽.

14   Winnington, Alan, *I saw the truth in Korea: Facts and photographs that will shock Britain!*, 1950.

15   정영목, 「피카소와 한국전쟁 〈한국에서의 학살〉을 중심으로」, 『서양미술사학회 논문집』, 제8집, 1996, 241~258쪽.

16   이외에도 피카소의 작품에 대해서는 다음을 참조할 수 있다. 2002년 조선일보 신춘문예(미술평론) 당선작, 정광균, 「피카소 작품 〈한국에서의 학살〉에 대한 편견」, 2002.

17   신천박물관 내부의 이미지 2장은 일본 교토대학교 미즈노 나오키水野直樹 명예교수가 신천박물관을 방문해 직접 촬영한 것을 2014년 8월 교토에서 필자에게 제공한 것이다. 자료 제공에 감사드린다.

18   유태영 구술, 한성훈 채록, 미국 뉴저지 Harrington park 자택, 2016. 2. 20.

19   유태영 목사의 인터뷰 내용은 다음에 실려 있다. 《민족 21》, 2001년 9월(통권 6호).

20   유태영(2010), 205; 221쪽.

21   강조는 지은이.

22   김일성, 「당사업을 개선하며 당대표자회 결정을 관철할 데 대하여」, 1967. 3. 17~24, 『김일성저작집 21』, 평양: 조선로동당출판사, 1983, 156~157쪽.

23   저자가 직접 만나 기록한 증언과 그 내용의 일부는 다음을 참고한다. 유태영 구술, 한성훈 채록, 미국 뉴저지 Harrington park 자택, 2016. 2. 20; 한성훈(2017a), 118~122쪽.

17. 반미 감정과 그 이면: 적대와 정상화

1   《천리마》, 제6호, 1984, 31~33쪽;《천리마》, 제6호, 1999, 51~52쪽;《천리마》, 제10호, 1999, 56~57쪽;《천리마》, 제11호, 1999, 53~54쪽;《천리마》, 제1호, 2000, 58쪽.

2   《천리마》, 제6호, 1996, 61쪽.

3   《천리마》, 제7호, 1996, 52쪽.

4   홍동근, 『미완의 귀향일기: 주체의 나라 북한을 가다-홍동근 북한방문기, 상권』, 서울: 한울, 1988, 223쪽. 1981년 가을 방북한 홍동근은 9월 24일 신천박물관을 참관해 이 편지를 읽어 보았다. 그는 이형삼이라고 기록했으나 북한의 공식 자료는 림형삼이라고 해 놓았다.

5   Hirsch, E. D., Jr., *The Philosophy of Composition*, Chicago and London: University of Chicago Press, 1977, pp. 21~23; 26.

6   저자 미상, 『시대의 별: 제1부 거룩한 영상』, 1982, 193쪽.

7   피해자 유물과 편지, 전시된 화보 등 자세한 내용은 다음을 참고한다. 정영남·김명남(2009).

8   THE AUSCHWITZ-BIRKENAU STATE MUSEUM, *Auschwitz: A History in Photographs*, English edition prepared by Jonathan Webber and Connie Wilsack, 2009. 자세한 수집품은 신발류 8만여 점과 성명, 주소가 적혀 있는 가방 2천 1백여 점을 포함한 가방 3천 8백여 점, 그릇과 접시류 1만 2천여 점, 안경 4만여 개, 의족과 의수 460점, 수감복 570점, 기성복 260점, 탈릿(유대인이 기도할 때 머리에 쓰는 천) 260점, 철제 유품, 수감자와 생존자의 작품 2천여 점 그리고 약 2톤에 달하는 여성의 머리카락이다.

9   《천리마》, 제11호, 1999, 53쪽.

10 사회주의적 애국주의에 대한 자세한 내용은 다음 부분을 참고한다. 한성훈(2012), 43~46쪽.

11 《천리마》, 제11호, 1999, 54쪽.

12 《천리마》, 제7호, 1996, 52~53쪽.

13 금성청년출판사 편(1982), 30쪽.

14 김정은, 「소년단원들은 사회주의조국의 참된 아들딸, 소년혁명가가 되자」, 2017. 6. 6.

15 리윤호, 「표현적 독법을 통한 미적 감정 교양」, 『교원경험론문집』, 평양: 교육도서출판사, 1955, 70~72쪽.

16   김정일, 「혁명과 건설에서 주체성과 민족성을 고수할 데 대하여」, 1997. 6. 19, 『김정일선집 14』, 평양: 조선로동당출판사, 2000, 306쪽. "오늘 세계무대에서는 사회주의와 제국주의, 자주력량과 지배주의세력 사이의 첨예한 대결이 벌어지고 있다. 국제 정세가 복잡하고 자주성을 지향하는 인민들의 투쟁은 끊임없이 계속되고 있다. 제국주의자들과 반동들은 세계 진보적 인민들의 자주적인 지향과 투쟁을 가로막고 저들의 지배주의적 야망을 실현하기 위하여 집요하게 책동하고 있으나 어떠한 힘도 자주에로 나아가는 우리 시대의 기본 흐름을 돌려 세울 수 없다. 제국주의자들과 반동들의 지배주의적 책동을 짓부시고 인민 대중의 자주위업, 사회주의위업을 힘 있게 전진시키기 위하여서는 혁명투쟁과 건설사업에서 주체성을 견지하고 민족성을 살려야 한다."

17   후지와라 기이치, 이숙종 옮김, 『전쟁을 기억한다: 히로시마 홀로코스트와 현재』, 서울: 일조각, 2003, 142쪽.

18   이 북한 노획문서 번역문(1950. 8. 17)은 다음을 참고한다. 최상훈·찰스 핸리·마사 멘도사, 남원준 옮김, 『노근리 다리: 한국전쟁의 숨겨진 악몽』, 서울: 잉걸, 2003, 368쪽.

19   곽복현 증언, MBC시사제작국, 〈이제는 말할 수 있다〉, "망각의 전쟁-황해도 신천 사건", 2002. 4. 21 방영 스크립트.

20   티머시 스나이더, 조행복 옮김, 『블랙 어스: 홀로코스트, 역사이자 경고』, 파주: 열린책들, 2018.

21   《천리마》, 제7호, 1996, 54쪽.

22   교육성, 『조선력사(고급중학교용)』, 평양: 교육도서출판사, 1955, 209쪽.

23   이삼성, 『미국의 대한정책과 한국 민족주의: 광주항쟁 민족통일 한미 관계』, 서울: 한길사, 1993, 280쪽.

24   정세현(2013), 299쪽.

25   임동원(2008), 62~63쪽.

26   수키 김(2015), 44쪽.

27   수키 김(2015), 215~217쪽.

28   이○○ 구술, 한성훈 채록, 서울 서대문구 연세대학교 신촌캠퍼스, 2016. 4. 7.

29   임동원(2008), 116쪽.

30   Madeline Albright, *Madam Secretary: A Memoir*, New York: Miamax, 2003, p. 465.

31   2000년에 중단한 반미공동투쟁월간(6.25~7.27) 행사는 그 이후 남북 관계가 변화하면서 다시 재개되었다.

32   임동원, 『피스메이커』, 서울: 중앙북스, 2008, 603~604쪽.

33   신은미(2015), 196쪽.

18. 혁명후속세대의 교육: 만들어진 전통

1   정창현(2014), 21쪽.

2   김일성, 「사회주의 교육에 관한 테제」, 1977. 9. 5, 『김일성저작집 32』, 평양: 조선
      로동당출판사, 1986, 396쪽.

3   류금선, 「학교 교육과 사회 교육을 결합하는 것은 사회주의 제도의 본성에 맞는 우
      월한 교육방법」, 《근로자》, 제3호, 1978, 27~32쪽.

4   펠릭스 아브트(2015), 225쪽.

5   《근로자》, 제12호, 1961, 24~27쪽.

6   《천리마》, 제6호, 1984, 31쪽;《천리마》, 제2호, 1999, 47쪽.

7   《천리마》, 제6호, 1984, 33쪽.

8   신현주(2009), 51~53쪽.

9   《로동신문》, 2003. 11. 22.

10   《천리마》, 제6호, 1984, 31~33쪽.

11   *Central Bureau of Statistics Pyongyang DPR Korea* (2009), p. 14.

12   《로동신문》, 2009. 6. 24.

13   김상환, 「6·25전쟁을 이용한 북한의 주민교양실태」, 《북한》, 제258호, 1993,
      44~51쪽.

14   《로동신문》, 2003. 6. 26.

15   Kristensen, Hans M., "Preemptive Posturing", *Bulletin of the Atomic
      Scientists*, Vol. 58, Sep. & Oct., 2002, pp. 55~56.

16   Harrison, Selig S., *Korean endgame: a strategy for reunification and U.S.
      disengagement*, Princeton: Princeton University Press, c2002, pp. 119~120.

17   김정일, 「신천박물관을 통한 계급 교양사업을 강화할 데 대하여」, 1998. 11. 22, 『김
      정일선집 14』, 평양: 조선로동당출판사, 2000, 446쪽.

18   《천리마》, 제2호, 1999, 47~48쪽.

19   《로동신문》, 2002. 1. 22.

20   《천리마》, 제11호, 2008, 31~32쪽.

21   《로동신문》, 2004. 7. 24.

22   《로동신문》, 2003. 2. 27.

23　《로동신문》, 2006. 12. 28.

24　에티엔 발리바르, 최원·서관모 옮김, 『대중들의 공포: 맑스 전과 후의 정치와 철학』, 서울: 도서출판b, 2007, 497쪽.

25　정영남·김명남(2009), 3~4쪽

26　에릭 홉스봄, 「대량생산되는 전통들: 유럽, 1870~1914」; 에릭 홉스봄 외, 박지향·장문석 옮김, 『만들어진 전통』, 서울: 휴머니스트, 2004, 495~567쪽.

27　에릭 홉스봄, 「전통들을 발명해 내기」, 에릭 홉스봄 외(2004), 33쪽. 유럽에서 19세기 말부터 20세기 초에 국경일과 의례, 영웅, 상징물들이 대량으로 만들어져 전통이 창조되었다. 프랑스에서는 제3공화정 때 공공 기념물을 대량 생산했고, 독일 제국은 빌헬름 2세 재위 기간(1888~1918)에 대규모 기념물이 등장했다.

28　이삼성(2018), 81~83쪽.

29　개번 맥코맥(2006), 50쪽.

30　《로동신문》, 2003. 2. 17.

31　《로동신문》, 2003. 2. 27.

32　《로동신문》, 2003. 5. 31.

33　엄기영, 「1950년대 투쟁정신으로」, 《천리마》, 제11호, 2009, 19쪽.

34　《천리마》, 제11호, 2009, 18쪽.

35　《로동신문》, 2012. 12. 13.

36　《로동신문》, 2018. 3. 27.

37　에밀 뒤르케임, 노치준·민혜숙 옮김, 『종교생활의 원초적 형태』, 서울: 민음사, 1992, 328~330쪽.

19. 핵무기와 인민: '발밑에 깔고 사는 핵'과 '머리에 이고 사는 핵'

1　정영철, 「미국에서의 북한 연구-냉전의 재생산」, 《현대북한연구》, 제13권 제1호, 2010. 67~101쪽.

2　커밍스(2005), 84쪽.

3　MacDonald(1986), p. 132.

4　Cumings, Bruce, *The origins of the Korean War. Vol. 2, The roaring of the cataract, 1947-1950*, Princeton: Princeton University Press, 1990, p. 752. 미국이 한국전쟁과 '냉전'기에 초래한 핵 위기와 김일성의 핵 위기 담론에 대한 내용은 다음 글을 참고한다. 정일준, 「한반도 '핵위기'의 계보학: 핵위기 담론의 사회적 구성과 북한의 핵무장」, 《경제와사회》, 제115호, 2017, 40~65쪽.

5   평양 대폭격작전과 항공압박작전에 대한 내용은 다음을 참고한다. 공군본부,
    『6·25전쟁 증언록』, 계룡: 공군본부, 2002, 451~453쪽.

6   COMMISSION OF INTERNATIONAL ASSOCIATION OF DEMOCRATIC
    LAWYERS, "REPORT ON U.S. CRIMES IN KOREA", 31st Mar., 1952, p. 31.

7   NARA, RG242 Entry299 SA2010 Box832 Item31, 「지시문급 보고서철」, 1951
    년도. "7월분 요시인 동태조사 보고의 건"(평남안탄정산보, 제56호, 1950년 7월
    31일); "9월분 요시인 동태조사 제출에 대하야"(평남안탄정산보 제91호, 1950. 10.
    1) 안주탄광산업보위 주재책임자 박리근. "진행 중 정보 및 미결사건 보고에 대하
    야"(평남안탄정산보 제79호, 1950. 9. 22); "요시인 및 투쟁 대상체포에 대한 보고
    서 제출에 대하야"(평남안탄정산보 제78호, 1950. 9. 23); "여론", 1950년 9월에
    수집되어 보고한 안주탄광의 "여론" 8건; 한성훈(2012), 276~277쪽.

8   Eckert, Carter, "Korean Reunification in Historical Perspective"(paper
    prepared for a conference on Korean reunification sponsored by Seoul
    Shinmun, Feburary 3, 1996, p. 7; Harrison, Selig, *Korean endgame: a
    strategy for reunification and U.S. disengagement*, Princeton and Oxford:
    Princeton University Press, 2002, p. 8.

9   이삼성(1993), 306쪽.

10 1944년부터 1977까지 미국이 유럽과 태평양 지역 등 전 세계에 배치한 핵무기
    와 전략 무기 배치 현황, 철수 그리고 1958년 전후 북한의 대응에 대한 내용은 다
    음 글을 참고한다. Norris Robert S. William M. Arkin & William Burr, "Where
    they were", *Bulletin of the Atomic Scientists*, Nov/Dec. 55, 1999, pp.
    26~35; 한성훈(2012), 447쪽 각주 209); 이삼성, 『한반도의 전쟁과 평화: 핵무장
    국가 북한과 세계의 선택』, 파주: 한길사, 2018, 175~178쪽.

11 안치용 통신, "춘천에도 핵무기 있었다", 2010. 12. 16, 시크릿 오브 코리아.
    http://andocu.tistory.com.

12 김정렬, 『항공의 경종: 김정렬 회고록』, 서울: 대희, 2010, 183~187쪽.

13 "한국의 신무기 도입", 《브리티시 파페》, 1958.
    http://kfilm.khistory.org/?mod=26&MOVIE_SEQ=5776&KIND_CLSS=06.

14 주한미공보원, 〈리버티뉴스〉, 제253호, 1958. 〈리버티뉴스〉는 주한미공보원
    (USIS-Korea)이 주도하여 만든 뉴스 영화로서 전투 현장이나 후방의 상황을 찍은
    보도 영화와 기록 영화를 한국인에게 제공한 것이다. 1967년 제721호까지 제작된
    〈리버티뉴스〉는 고려대학교 한국사연구소 역사영상융합연구팀이 NARA에 소장된
    624편을 전부 수집하여 해제한 후 제공하고 있다.

http://kfilm.khistory.org/?mod=colt&kind=k5.

15   미국 정부의 공보정책에 따라 〈리버티뉴스〉가 창간된 배경과 상영 내용, '냉전' 체
      제의 문화에 끼친 영향에 대해서는 다음을 참고한다. 박선영, 「냉전시기 뉴스영화
      의 정체성과 실천의 문제-〈리버티뉴스〉의 역사와 외국 재현을 중심으로」, 《사림》,
      제65호, 2018, 299~337쪽.

16   이삼성(1998), 258쪽.

17   조선화보사, 《조선: 화보》 540호, 2002년 3월호.

18   《조선중앙통신》, 2001. 9. 12.

19   《로동신문》, 2002. 2. 1.

20   《로동신문》, 2002. 2. 23.

21   《로동신문》, 2002. 1. 22.

22   안명일, 「미제의 신천학살만행의 야수성」, 『력사과학』, 2003, 29~30쪽.

23   강동완·박정란(2015), 223; 309쪽.

24   존 페퍼, 정세채 옮김, 『남한 북한』, 서울: 모색, 2005, 45쪽.

25   신은미, 『재미동포 아줌마 또 북한에 가다: 내 생애 가장 아름답고도 행복한 여행』,
      서울: 네잎클로바, 2015, 196쪽.

26   존 페퍼(2005), 89쪽.

27   김준혁 편집, 『조선문제는 왜 해결되지 않는가: 조선문제가 국제화되기까지 5』, 평
      양: 외국문출판사, 2017.

28   김준혁 편집(2017), 33~36쪽.

29   리영희, 「미국-북한 핵 문제의 P.T.S.D적 구조」, 월간 《사회평론》, 1992년 5월,
      162~164쪽.

30   Stueck, William, "The Korean War", in Melvyn P. Leffler and Arne
      Westad(eds.), The Cambridge History of the Cold War, vol. 1, Origins,.
      Cambridge: Cambridge University Press, 2010, p. 266.

20. 분단사회의 이주민: 북쪽에서 남쪽으로 온 사람들

1   월남민과 이산가족에 대한 연구는 조만간 출간할 다른 책에서 다룰 예정이다.

2   북한이탈주민의 보호 및 정착지원에 관한 법률(시행 2018. 6. 14, 법률 제15432
      호, 2018. 3. 13. 일부개정), 국가법령정보센터 http://www.law.go.kr/LSW//
      lsEfInfoP.do?lsiSeq=202631#.

3   한성훈(2013), 58~59쪽.

4   박한식·강국진(2018), 98쪽.

5   주승현, 『조난자들: 남과 북, 어디에도 속하지 못한 이들에 관하여』, 파주: 생각의 힘, 2018.

6   남북하나재단, 『2017 북한이탈주민 사회통합조사』, 북한이탈주민지원재단, 2018, 88~89쪽.

7   다니엘 튜더·제임스 피어슨, 전병근 옮김, 『조선자본주의공화국: 맥주 덕후 기자와 북한 전문 특파원, 스키니 진을 입은 북한을 가다!』, 서울: 비아북, 2017, 33쪽. 좀 더 이른 시기의 추정 금액은 100억 원 정도이다. 안드레이 란코프 (2013), 142쪽.

8   서윤환·이용화 저, 『(2010) 북한이탈주민 경제 활동 동향: 취업·실업·소득』, 서울: 북한인권정보센터, 2011. 그 다음 송금액은 101만~200만 원(16.7%), 500만 원 이상(12.5%), 50만 원 이하(12.5%), 201만~300만 원(12.5%) 순이었다.

9   June Hee Kwon, "The Work of Waiting: Love and Money in Korean Chinese Transnational Migration", *Cultural Anthropology*, Vol. 30, No. 3, 2015, p. 489.

10   북한인권정보센터, "2018 북한이탈주민 경제사회통합 실태 포럼", 서울시 종로구 센터포인트빌딩, 『연합뉴스』, 2019. 3. 7.

21. 인민과 국민 사이: 왜 '인민'을 두려워하는가

1   《중앙일보》, 2007. 10. 3; 《조선일보》, 2007. 10. 4.

2   김동춘·기외르기 스첼·크리스토프 폴만 외, 안인경·이세현 옮김, 『반공의 시대: 한국과 독일, 냉전의 정치』, 파주: 돌베개, 2015, 13쪽. 다양한 반공주의 논의와 남한에서 반공주의가 '반북'을 뜻하는 연구는 위 책을 참고한다.

3   개념사는 학계에서 주목하는 연구 분야이다. 2008년부터 한림대학교 한림과학원에서 출간하고 있는 『한국개념사총서』는 인문·사회과학의 근대적인 기본 개념을 한반도의 장소와 시간의 역사에서 정립하려는 시도로서 아주 중요한 주제이다.

4   Gramsci, Antonio, *The Antonio Gramsci Reader: Selected Writings, 1916-1935*. New York: New York University Press, 2000.

5   사회언어학은 인간이 사용하는 언어를 사회 집단이나 그들의 활동과 관련해 연구하는 학문이다. 사회 속에 나타나는 다양한 언어 현상의 사회적 의미를 다루는데, 언어와 권력에 대한 자세한 논의는 다음을 참고할 수 있다. 허재영, 「언어 권력에 대한 연구 경향과 사회언어학적 접근법에 대하여」, 《사회언어학》, 제 21권 3호, 2013. 랄프 파솔드Ralph Fasold는 언어와 사회의 상호관계를 연구

하면서 언어의 사회언어학The Sociolinguistics of Language과 사회의 사회
언어학The Sociolinguistics of Society을 제시했다. 그는 한 사회에서 사용되
는 여러 언어의 사회적 결과에 대한 일반적인 설명을 시도한다. Fasold, Ralph
W., *The sociolinguistics of society*, Blackwell, 1984; Fasold, Ralph W., *The
sociolinguistics of Language*. Blackwell, 1990.

6 고려대학교박물관, 『현민 유진오 제헌헌법 관계자료집』, 서울: 고려대학교출판부,
   2009, 108; 180쪽. 이 책에서 인용한 유진오의 초고와 초안은 고려대학교박물관
   (2009)에서 펴낸 영인본이다.

7 대한민국 헌법 제정 과정에서 유진오가 헌법 초안 작성에 참여하게 된 경위와 「유
   진오-행정연구위원회 공동안」 작성에 대한 자세한 내용은 다음을 참고할 수 있다.
   서희경, 『대한민국 헌법의 탄생』, 파주: 창비, 2012, 284~285쪽.

8 유진오, 『헌법기초회의록』, 서울: 일조각, 1980, 65쪽; 김성보, 「남북국가 수립기
   인민과 국민개념의 분화」, 『한국사연구』, 제144호, 2009, 84쪽 재인용.

9 김성보(2009), 74쪽.

10 김성보(2009), 85쪽.

11 북한 사람들이라는 의미에서 인민에 대한 부정적인 실체를 한국전쟁의 영향에 주
   목하는 경우도 있다. 박명규는 남한에서 인민 개념을 대중적으로 기피하게 된 결정
   적인 계기를 한국전쟁에서 찾는데, '북한군'이 '인민군'으로 지칭된 것과 북한이 점
   령한 남한 지역에서 '인민위원회' 지배 하의 공포와 적색 테러가 자행된 것을 예로
   제시한다. 한국전쟁과 그 이후 남한의 반공 체제 형성 과정에서 북한이나 공산주의
   를 상징하는 기표로서 인민이 그 대상이 된 것이라는 설명이다. 박명규, 『국민·인
   민·시민-개념사로 본 한국의 정치주체』, 서울: 소화, 2009, 174~175쪽.

12 임마누엘 월러스타인, 김시완 옮김, 『변화하는 세계체제: 탈아메리카와 문화이동』,
   서울: 백의, 1995, 216쪽.

13 한성훈(2012), 473~476쪽.

14 홍윤기, 「정치언어학의 철학: 정치언어 연구의 문제 층위와 정치언어의 작동 양상」,
   《철학연구》, 제95호, 2011, 199; 206~209쪽; 한성훈(2018), 257~258쪽. 홍윤기
   는 인민을 별도로 분석하지 않고 '백성/인민'을 한 묶음으로 표시한다.

15 정치 주체의 성격을 집단 주체라고 명명한 부분은 다음을 참고한다. 한성훈(2012),
   28~33쪽.

16 피에르 부르디외, 김현경 옮김, 『언어와 상징권력』, 서울: 나남, 2014a, 47쪽.

17 부르디외는 경제 통합과 문화 생산, 유통의 통합에 따른 상징 재화 시장의 통합이
   라는 차원에서도 지배적 언어 사용을 고려한다. 그는 상징자본과 상징 권력으로서

주

언어 능력이 시장에서 결정되는 것에 주목했다(부르디외, 2014a).

18   한성훈(2012), 30~32쪽. 사회주의권에서 이루어진 공민에 대한 논의는 다음을 참고한다. 김성보(2009), 85~88쪽.

19   유진오, 『헌정의 이론과 실제』, 서울: 일조각, 1954, 15쪽.

20   이영록, 『유진오 헌법사상의 형성과 전개』, 서울: 한국학술정보, 2006, 177~187쪽.

21   백지혜, 「유진오 소설에 나타난 주체의 형상화와 '계약'의 문제」, 《현대문학연구》, 제43집, 2014, 79쪽.

22   피에르 부르디외(2014a), 42쪽.

23   올가 말리체바, 박정민·임을출 옮김, 『김정일과 왈츠를: 러시아 여기자의 김정일 극동방문 동행취재기』, 파주: 한울, 2004, 160~161쪽.

24   차재성, 『(남한사람 차재성) 북한에 가다』, 서울: 아침이슬, 2001, 31쪽.

25   개화기 인민 개념의 수용과 그 과정에 대해서는 다음 글을 참고한다. 류대영, 「한말 기독교 신문의 근대 국가론: 인민을 중심으로」, 《한국기독교와 역사》, 제29호, 2008; 김윤희, 「근대 국가구성원으로서의 인민 개념 형성(1876~1894)」, 《역사문제연구》, 제21호, 2009; 박명규(2009).

26   국립국어연구원, 『표준국어대사전』, 서울: 두산동아, 2000, 4991; 4993쪽.

27   차재성(2001), 93쪽.

28   사회과학원 언어학연구소, 『조선말대사전(증보판) 1』, 평양: 사회과학출판사, 2017, 594쪽.

29   법률 제16222호, 일부개정 2019. 1. 15.

30   2019년 1월 현재, 시민에 대해서는 남북한이 아직 합의하지 않았는데 남측에서 이에 대한 뜻풀이를 북측에 전달해 놓은 상태라고 한다. http://www.gyeoremal.or.kr/. 자세한 내용을 제공해 주신 겨레말큰사전남북공동편찬사업회 측에 감사드린다.

나가며: 인민을 만나다

1   윤노빈, 『신생철학』, 학민사, 2003, 14~15쪽; 송두율(2017), 278~282쪽.

2   《로동신문》, 2015. 10. 11.

3   북한 헌법 제정 과정에 대해서는 다음을 참고한다. 서희경(2012), 366~383쪽.

4   조선최고인민회의 상임위원회, 『조선민주주의인민공화국 헌법』, 조선최고인민회의 제1차 회의, 평양특별시, 1948년 9월 8일.

5   북한 헌법 조문은 통일법제 '데이터베이스 http://www.unilaw.go.kr/ 법령정보/

북한법령란'을 참고한다.

6   사회과학원 언어학연구소, 『조선말대사전(증보판) 4』, 평양: 사회과학출판사, 2017, 1430쪽.

7   김성보(2009), 80쪽.

8   김정일, 「주체사상에 대하여」, 전국주체사상토론회, 1982. 3. 31, 18쪽.

9   최창익, 「인민은 역사의 기본 추진력」, 《근로자》, 제9호, 1947, 13~15쪽; 김성보 (2009), 80쪽 재인용.

10 사회과학원 철학연구소, 『철학사전』, 평양: 사회과학출판사, 1970, 803~804쪽.

11 사회과학원 철학연구소, 『철학사전』, 평양: 사회과학출판사, 1985, 696쪽.

12 한성훈(2012), 36~37쪽.

13 지창익, 「국가의 중앙집권적 지도를 실현하는 것은 사회주의 사회의 본성적 요구」, 《근로자》, 제592호, 1991, 8쪽.

14 사회과학원 언어학연구소(2017a), 389쪽.

15 사회과학원 언어학연구소(2017a), 388쪽.

16 김일성, 「인민정권을 더욱 강화하자」, 1977. 12. 15, 『김일성저작집 32』, 평양: 조선로동당출판사, 1986, 532쪽.

17 김일성, 「일군들은 인민의 참다운 충복이 되자」, 1992. 12. 28, 『김일성저작집 44』, 평양: 조선로동당출판사, 1996, 25쪽.

참고문헌

1. 북한편

(1) 사회과학원 민속학연구소 민속자료

「강원도 룡림군 남흥리」, 1968년(월일 미상).
「강원도 룡림군 룡문리」, 1968년(월일 미상).
「강원도 룡림군 신창리 1반」, 1968년(월일 미상).
「강원도 시중군 풍룡리」, 1967년(월일 미상).
「자강도 전천군 무평리」, 1968년 5월 8일.
「평안북도 박천군 대련리 1반」, 1964년 12월 9일.
「평안북도 박천군 대련리 3반」, 1961년 12월 6일.
「평안북도 박천군 형팔리(황두에 대하여)」, 1961년 12월 4일.
「평안북도 선천군 효자리」, 1961년 9월 3일.
「함경남도 회령군 창대리」, 1955년 12월.
「황해남도 초도」, 1955년 4월 7일 ~ 4월 24일.

(2) 노획 문서(NARA, RG242 Entry299)

SA2009 Box717, 개인 편지(인천시-평북).
SA2009 Box717, 발신인 박찬근(경기도 인천시 우편국 사서함 1의 4호) 수신인 박찬조(평
　　북도 태천군 서성면 룡포리 말매골), 1950년 9월 10일, 형님주전상서.
SA2009 Box717, 발신인 장정현(경기도 인천시 우편국 사서함 1의 4호) 수신인 장정룡(함
　　남도 북청군 속후면 간도리), 1950년 9월 13일, 부모님에게.
SA2009 Box717, 발신인 최봉현(경기도 인천시 우체국 사서함 1의 4호) 수신인 최홍용(자
　　강도 만포군 만포면 삼강리 제11반), 1950년 9월 10일, 부친님전상서.
SA2010 Box832 Item31, 안탄산보, 「지시문급 보고서철」.
SA2010 Box834 Item44, 『면결정서철』, 서기장실, 1950년. 「북률면 인민위원회 결정 제
　　32호」, "북률면 인민위원회 제11차 회의는 김대옥 동무에 보고를 청취토의하고 다음과

같이 결정한다", 북률면 인민위원회, 위원장 송경설, 1950. 7. 16;「장수면 인민위원회 제10차 위원회 결정서」, 장수면 인민위원회, 위원장 강창성, 1950. 7. 30.

SA2010 Box874-2 Item112, "대대 정치교양사업을 진행할 데 대하야"(내성 후련 제11호, 1950년 7월 25일 비준), 내무성 후방복구련대 문화부,「3개월간 행정정치교양사업문건 철」, 1950. 7.

SA2010 Box874-2 Item112, "후방복구련대내 정치교양사업실시에 대하야"(1950. 7. 23), 문화부연대장 유봉민.

SA2012 Box1138 Item4-31, 개인 편지 모음.

SA2012 Box1138 Item4-31, 발신인 김이극(평안북도 영변군 독산면 남평리) 수신인 김선극(조선인민군 우편함 4995호의 라), 1950년 10월 8일, 사랑하여 주는 형님에게.

SA2012 Box1138 Item4-31, 발신인 김창봉(평남 안주군 림석면 신리) 수신인 김수학(함북 경원군 경원면 성내리 131번지), 1950년 10월 9일.

SA2012 Box1138 Item4-31, 발신인 반현수(평특시 서구역 내무서 상흥파출소) 수신인 리경주(자강도 후창군 후창면 북분리 제2반 내), 1950년 10월 14일.

SA2012 Box1138 Item4-31, 발신인 반현수(평특시 서구역 내무서 상흥파출소) 수신인 반학수(자강도 만포군 고산면 분호리), 1950년 10월 15일.

SA2012 Box1138 Item4-31, 발신인 어윤탁(조선인민군 우편함 4640호) 수신인 어황하(황해도 신계군 마서면 번지리 독산동), 1950년 6월 14일, 친애하는 누이에게 보내는 답서.

SA2012 Box1138 Item4-31, 발신인 이정하(조선인민군 우편함 ○○부대) 수신인 이을용(경기도 김포군 건단면 당하리 당(광)명동 536), 1950년 9월 2일, 부친전상서.

SA2012 Box1138 Item4-31, 발신인 정청송(평안남도 안주군 해안에서) 수신인 박옥선(함경북도 명천군 동면 양춘리 754번지), 1950년 10월 10일, 박선옥 앞.

SA2012 Box1138 Item4-31, 발신인 조선비(황해도 재령군 천천면 청천리 교양동) 수신인 김형조(서울특별시 국제호텔 교통지휘대), 1950년 9월 21일.

SA2012 Box1138 Item4-31, 발신인 최순옥(평양시 중앙리) 수신인 강이덕(황해도 안악군 안악면 훈련리), 1950년 10월 13일, 어머님께 드립니다.

SA2012 Box1139 Item4-31, 개인 편지 모음.

SA2012 Box1139 Item4-31, 발신인 곽근억(평남도 강서군 중산면 사과리) 수신인 어윤빈(조선인민군 우편함 2428호), 1950년 10월 9일, 부모님게서.

SA2012 Box1139 Item4-31, 발신인 김덕칠(순천군 순천면 관하리 제승공장) 수신인 김덕윤(평양특별시 감흥4리 7구 3반), 1950년 10월 3일, 어머님전상서.

SA2012 Box1139 Item4-31, 발신인 김수남(평양시 감흥4리 73) 수신인 림수진(룡강군 룡강면 옥도리), 1950년 10월 16일, 수진 동무에게.

SA2012 Box1139 Item4-31, 발신인 김영문(평남 강서군 증산면 두만리) 수신인 김석준(평남 룡강군 오신면 련상리), 1950년 10월 10일, 부친전상서.

SA2012 Box1139 Item4-31, 발신인 김중진(인민군 우편함 4962호) 수신인 김맹진(서울시 성북구 돈암동 291-46 민병덕 소아과의원), 1950년 9월 15일, 아주머님 보시압.

SA2012 Box1139 Item4-31, 발신인 남영신(대공군 순안면 사직리 1구 2반 97번지) 수신인 남종렬(평특시 도시경영성 식당 경리부), 1950년 10월 10일, 그리운 아버지에게.

SA2012 Box1139 Item4-31, 발신인 리덕수(평남 강서군 증산면 정실리) 수신인 리재근(평양인민교화소 제2과 내), 1950년 10월 14일, 오빠에게 드리는 편지.

SA2012 Box1139 Item4-31, 발신인 리운생(평특시 기림리 14 인민학교) 수신인 리두실(평남 순천군 밀던면 재도사리 3구 1반), 1950년 10월 14일, 부모님전상서.

SA2012 Box1139 Item4-31, 발신인 박선살(평남 강서군 증산면 영천리) 수신인 계몽훈(평남 남포시 신흥리 58), 1950년 10월 10일, 오라반전상서.

SA2012 Box1139 Item4-31, 발신인 박순후(평남 강서군 증산면 자봉리) 수신인 박기후(조선인민군 우편함 4866호), 1950년 10월 7일, 박기후 형님전상서.

SA2012 Box1139 Item4-31, 발신인 박창해(평남도 대동군 부산면 인민학교) 수신인 리재옥(황해도 벽성군 미율면 매정리 삼봉구 2반), 1950년 10월 15일, 장모님전상서.

SA2012 Box1139 Item4-31, 발신인 박춘순(평남도 평원군 숙천면 백노리 사법성 사법간부양성소) 수신인 장익수(평남도 양덕군 조국보위후원회 선전지도원), 1950년 10월 11일.

SA2012 Box1139 Item4-31, 발신인 방기용(서평양특별시 농흥리 3구 4반) 수신인 방기완(평남 맹산군 원남면 기양리 6반), 1950년 10월 10일, 모친주전상서.

SA2012 Box1139 Item4-31, 발신인 백기백(평남도 룡강군 해운면 리연리) 수신인 백기백 본댁(평북도 운산군 운산면 조양하리 2반), 1950년 10월 6일.

SA2012 Box1139 Item4-31, 발신인 백락여(평북 령원군 서해면 원흥리) 수신인 김대식(서울시 동대문구 창신동 197번지), 1950년 9월 19일, 형님전상서.

SA2012 Box1139 Item4-31, 발신인 석진섭(안주군 신안주면 소학리 2구) 수신인 석도선(함남 함흥시 함수군 연포면 부대 내), 1950년 10월 10일.

SA2012 Box1139 Item4-31, 발신인 선도균(조선인민군) 수신인 선옥균 (경기도 김포군 양서면 과해리 642), 1950년 8월 26일, 형님전상서.

SA2012 Box1139 Item4-31, 발신인 신종숙(중앙우체국 우편함 5의 66) 수신인 배주종(조선인민군 6765군부대 문화부장), 1950년 10월 5일, 존경하는 부장동지 귀하.

SA2012 Box1139 Item4-31, 발신인 신종숙(중앙우체국 우편함 5의 66) 수신인 배주종(조선인민군 6765군부대 문화부장), 1950년 10월 7일, 존경하는 부장동지 귀하.

SA2012 Box1139 Item4-31, 발신인 신창화(안주군 대니면 계림리), 수신인 신동화(원산조
　　　선소 고등기술양성소), 1950년 10월 10일.

SA2012 Box1139 Item4-31, 발신인 안금주(정주군 마산면청정 25호 공장) 수신인 안명월
　　　(자강도 전천군 용인면 남상리 2반 내), 1950년 9월 24일, 사랑하는 종훈이에게; 사랑
　　　하는 명월이에게.

SA2012 Box1139 Item4-31, 발신인 안정란(강서군 적송면 삼부리) 수신인 안임옥(안주군
　　　신안주면 운송리 240), 1950년 10월 8일, 사랑한 임옥 보아라.

SA2012 Box1139 Item4-31, 발신인 정해두(평남도 순천군 후탄면 입석리 통신간부학교 체
　　　신기술원양성소) 수신인 김분□(평양시 당상리 평양통신기제작소).

SA2012 Box1139 Item4-31, 발신인 조근홍(자강도 만포군 만포면 해방리 만포철도공장
　　　내) 수신인 조기직(평안남도 대동군 룡산면 초담리 356), 1950년 9월 28일, 어머님상
　　　서.

SA2012 Box1139 Item4-31, 발신인 최명백(신흥군 제2병도) 수신인 배히순(경성 제14 후
　　　방병원), 1950년 8월 8일, 그리운 누님에게. 부상당한 병사가 보낸 편지.

SA2012 Box1139 Item4-31, 발신인 황수연(조선인민군 우편함 2467호) 수신인 황호□(충
　　　청북도 청원군 강서면 신전리), 1950년 9월 22일, 형님전상서.

(3) 논문, 단행본, 김일성·김정일 저작

고상진, 「위대한 령도자 김정일 동지의 선군정치의 근본특징」, 《철학연구》 1999년 제1호(루
　　　계76호), 1999.

교육성, 『조선력사(고급중학교용)』, 평양: 교육도서출판사, 1955.

금성청년출판사 편, 『위대한 조국해방전쟁시기 소년들의 투쟁』, 평양: 금성청년출판사,
　　　1982.

김두봉, 「건국사상총동원운동과 그 대상」, 『인민』, 1947년 1월.

김명남 편집, 『조국해방전쟁승리기념관』, 평양: 외국문출판사, 2014.

김명순, 「친애하는 지도자 김정일 동지의 현명한 령도 밑에 진행되는 숨은 영웅들의 모범을
　　　따라 배우는 운동」, 『력사과학론문집』, 16호, 1991.

김삼복, 『향토』, 평양: 문예출판사, 1988.

김일성, 「개성시 당단체들의 과업」, 1960. 9. 22, 『김일성저작집 14』, 평양: 조선로동당출판
　　　사, 1981.

김일성, 「공민증 교부사업을 진행할 데 대하여」, 1946. 8. 9, 『김일성전집 4』, 평양: 조선로동

당출판사, 1992.

김일성, 「교육과 문화예술은 사람들의 혁명적 세계관을 세우는 데 이바지하여야 한다」, 1970. 2. 17, 『김일성저작집 25』, 평양: 조선로동당출판사, 1983.

김일성, 「당사업을 개선하며 당대표자회 결정을 관철할 데 대하여」, 1967. 3. 17~24, 『김일성저작집 21』, 평양: 조선로동당출판사, 1983.

김일성, 「량강도 당단체들의 과업」, 1958. 5. 11, 『김일성저작집 12』, 평양: 조선로동당출판사, 1981.

김일성, 「모든 것을 전후 인민경제복구발전을 위하여」, 1953. 8. 5, 『김일성저작집 8』, 평양: 조선로동당출판사, 1980.

김일성, 「민주선거의 총화와 인민위원회의 당면과업」, 1946. 11. 25, 『김일성저작집 2』, 평양: 조선로동당출판사, 1979.

김일성, 「북조선로동당 제2차대회에서 한 중앙위원회 사업총화보고」, 1948. 3. 28, 『김일성저작집 4』, 평양: 조선로동당출판사, 1979.

김일성, 「사상사업에서 교조주의와 형식주의를 퇴치하고 주체를 확립할 데 대하여」, 1955. 12. 28, 『김일성저작집 9』, 평양: 조선로동당출판사, 1980.

김일성, 「사회주의 교육에 관한 테제」, 1977. 9. 5, 『김일성저작집 32』, 평양: 조선로동당출판사, 1986.

김일성, 「우리 당의 주체사상과 공화국정부의 대내외 정책의 몇 가지 문제에 대하여」, 1972. 9. 17, 『김일성저작집 27』, 평양: 조선로동당출판사, 1984.

김일성, 「우리나라에서의 맑스-레닌주의 당건설과 당의 당면과업에 대하여」, 1945. 10. 10, 『김일성저작집 1』, 평양: 조선로동당출판사, 1979.

김일성, 「원산철도공장 일군들과 한 담화」, 1959. 6. 4, 『김일성저작집 13』, 평양: 조선로동당출판사, 1981.

김일성, 「인민군대내 당정치사업을 개선 강화하기 위한 과업」, 1958. 3. 8, 『김일성저작집 12』, 평양: 조선로동당출판사, 1981.

김일성, 「인민정권을 더욱 강화하자」, 1977. 12. 15, 『김일성저작집 32』, 평양: 조선로동당출판사, 1986, 532쪽.

김일성, 「일군들은 인민의 참다운 충복이 되자」, 1992. 12. 28, 『김일성저작집 44』, 평양: 조선로동당출판사, 1996.

김일성, 「자본주의로부터 사회주의에로의 과도기와 프로레타리아 독재 문제에 대하여」, 1967. 5. 5, 『김일성저작집 21』, 평양: 조선로동당출판사, 1983.

김일성, 「조선로동당 건설의 력사적 경험」, 1986. 5. 31, 『김일성저작집 40』, 평양: 조선로동당출판사, 1994.

김일성, 「조선민주주의인민공화국 창건 스무돐을 성대히 맞이하기 위하여」, 1968. 4. 16, 『김일성저작집 22』, 평양: 조선로동당출판사, 1983.

김일성, 「조선인민군은 항일 무장 투쟁의 계승자이다」, 『김일성저작집 12』, 1958. 2. 8, 평양: 조선로동당출판사, 1981.

김일성, 「청년들의 특성에 맞게 사로청사업을 더욱 적극화할 데 대하여」, 1971. 2. 3, 『김일성저작집 26』, 평양: 조선로동당출판사, 1984.

김일성, 「현시기 국가경제기관들의 사업을 개선강화하기 위한 몇 가지 문제에 대하여」, 1965. 5. 25, 『김일성저작집 19』, 평양: 조선로동당출판사, 1982.

김정일, 「당조직들 앞에 나서는 몇 가지 과업에 대하여」, 1980. 12. 3, 『김정일선집 6』, 평양: 조선로동당출판사, 1995.

김정일, 「반당반혁명분자들의 사상여독을 뿌리빼고 당의 유일사상체계를 세울 데 대하여」, 1967. 6. 15, 『김정일선집 1』, 평양: 조선로동당출판사, 1992.

김정일, 「사법검찰사업을 개선강화할 데 대하여」, 1982. 11. 21, 『김정일선집 7』, 평양: 조선로동당출판사, 1996.

김정일, 「선전일군들은 정책적 대를 세우고 일을 실속 있게 하여야 한다」, 1987. 12. 15, 『김정일선집 9』, 평양: 조선로동당출판사, 1997.

김정일, 「신천박물관을 통한 계급 교양사업을 강화할 데 대하여」, 1998. 11. 22, 『김정일선집 14』, 평양: 조선로동당출판사, 2000.

김정일, 「인간 성격과 생활에 대한 사실주의적 전형화를 깊이있게 실현할 데 대하여」, 1967. 2. 10, 『김정일선집 1』, 평양: 조선로동당출판사, 1992.

김정일, 「전당에 새로운 당생활총화제도를 세울 데 대하여」, 1973. 8. 21, 『김정일선집 3』, 평양: 조선로동당출판사, 1994.

김정일, 「전당에 혁명적 당풍을 철저히 세우자」, 1988. 1. 10, 『김정일선집 9』, 평양: 조선로동당출판사, 1997.

김정일, 「주체문학론」, 1992. 1. 20, 『김정일선집 12』, 평양: 조선로동당출판사, 1997.

김정일, 「주체사상교양에 제기되는 몇 가지 문제에 대하여」, 1986. 7. 15, 『김정일선집 8』, 제2판, 평양: 조선로동당출판사, 1998.

김정일, 「주체사상에 대하여」, 전국주체사상토론회, 1982. 3. 31.

김정일, 「혁명과 건설에서 주체성과 민족성을 고수할 데 대하여」, 1997. 6. 19, 『김정일선집 14』, 평양: 조선로동당출판사, 2000.

김준혁 편집, 『조선문제는 왜 해결되지 않는가: 조선문제가 국제화되기까지 5』, 평양: 외국문출판사, 2017.

김충범, 「전체조합원들을 참가시켜 문화체육사업을 활발히 전개하기까지」, 조선로동당중앙

위원회농업협동조합경험집편집위원회, 『농업 협동화운동의 승리 6』, 평양: 조선로동당
　　출판사, 1958.

류금선, 「학교 교육과 사회 교육을 결합하는 것은 사회주의 제도의 본성에 맞는 우월한 교육
　　방법」, 『근로자』, 제3호, 1978,

리경혜, 『여성문제해결경험』, 평양: 사회과학출판사, 1990.

리윤호, 「표현적 독법을 통한 미적 감정 교양」, 『교원경험론문집』, 평양: 교육도서출판사,
　　1955.

리현우, 「신해방 지구 농민들의 앞장에 서서-개성시 10월 농업협동조합」, 조선로동당중앙위
　　원회농업협동조합경험집편집위원회, 『농업 협동화운동의 승리 1』, 평양: 조선로동당출
　　판사, 1958.

박금철, 「조국해방전쟁에서 조선 인민군의 군사 정치-도덕적 승리」, 『인민』, 1952년 2월.

박영근·김철제·리해원·김하광, 『주체의 경제관리리론』, 평양: 사회과학출판사, 1992.

사회과학원 법학연구소, 『민사법사전』, 평양: 사회안전부출판사, 1997.

사회과학원 언어학연구소, 『조선말대사전(증보판) 1』, 평양: 사회과학출판사, 2017.

사회과학원 언어학연구소, 『조선말대사전(증보판) 2』, 평양: 사회과학출판사, 2017a.

사회과학원 언어학연구소, 『조선말대사전(증보판) 3』, 평양: 사회과학출판사, 2017.

사회과학원 언어학연구소, 『조선말대사전(증보판) 4』, 평양: 사회과학출판사, 2017.

사회과학원 철학연구소, 『철학사전』, 평양: 사회과학출판사, 1970.

사회과학원 철학연구소, 『철학사전』, 평양: 사회과학출판사, 1985.

신현주, 「신념에 대한 심리학적 고찰」, 『김일성종합대학학보(철학경제학)』, 제55권 제3호,
　　2009.

안명일, 「미제의 신천학살만행의 야수성」, 『력사과학』, 2003.

안창림, 「경애하는 김정일동지는 선군의 위력으로 조국통일의 전환적 국면을 열어놓으신
　　조국통일의 위대한 구성이시다」, 『김일성종합대학학보(철학경제학)』, 제52권 제2호,
　　2006.

엄기영, 「1950년대 투쟁정신으로」, 《천리마》, 제11호, 2009.

오형일, 「위대한 수령님께서 창시하신 주체의 경제관리리론은 사회주의 경제관리 운영의 가
　　장 정확한 지도적 지침」, 《근로자》, 제3호, 1978.

윤이상-루이저 린저, 『상처입은 룡』, 평양: 윤이상음악연구소, 1992.

장종렵, 『조국해방전쟁의 승리를 위한 조선인민의 투쟁』, 평양: 조선로동당출판사, 1957.

저자 미상, 『시대의 별: 제1부 거룩한 영상』, 1982.

정영남·김명남, 『신천박물관』, 평양: 조선화보사, 2009.

조선로동당출판사, 『조선로동당 력사교재』, 평양: 조선로동당출판사, 1964.

조선로동당출판사 편, 『조선로동당략사』, 평양: 조선로동당출판사, 1979.

조선중앙통신사, 『조선중앙통신』, 평양: 조선중앙통신사, 1952.

조선최고인민회의 상임위원회, 『조선민주주의 인민공화국 헌법』, 조선최고인민회의 제1차
    회의, 평양특별시, 1948년 9월 8일.

조일호, 『공화국 가족법 발전의 합법칙성에 관한 몇 가지 문제』, 평양: 과학원출판사, 1957.

지창익, 「국가의 중앙집권적 지도를 실현하는 것은 사회주의 사회의 본성적 요구」, 《근로
    자》, 제592호, 1991.

차명철 집필, 김선옥 편집, 『조선민주주의인민공화국 주요경제지대들』, 평양: 외국문출판사,
    2018.

최창익, 「인민은 역사의 기본 추진력」, 《근로자》, 제9호, 1947.

한락규, 「공화국 형사 립법의 발전」, 안우형 편집, 『우리나라 법의 발전』, 평양: 국립출판사,
    1960.

한중모, 『주체의 인간학』, 평양: 사회과학출판사, 1987.

허남, 「미제의 세계제패 계획과 아세아」, 《근로자》, 제7호, 4(상), 1963.

허학송, 「농업협동조합들에 대한 집중지도 사업에서 얻은 몇 가지 경험」, 조선로동당중앙위
    원회농업협동조합경험집편집위원회, 『농업 협동화운동의 승리 6』, 평양: 조선로동당출
    판사, 1958.

(4) 정기간행물

조선화보사, 《조선: 화보》 540호, 2002년 3월호.

《개성신문》, 1954. 7. 1; 1954. 7. 4; 1956. 1. 12; 1956. 1. 20; 1956. 1. 22; 1956. 1. 24;
    1956. 1. 29; 1956. 2. 10; 1956. 2. 16; 1956. 3. 2; 1956. 3. 31; 1956. 4. 19; 1956.
    4. 2; 1956. 4. 20; 1956. 5. 31; 1956. 6. 9; 1956. 6. 10; 1956. 6. 25; 1956. 7. 5;
    1956. 7. 6; 1956. 7. 17; 1956. 7. 26; 1956. 7. 27; 1956. 7. 31; 1956. 8. 1; 1956. 8.
    7; 1956. 8. 10; 1956. 9. 7; 1957. 1. 5.

《근로자》, 제9호, 1947; 제12호, 1961; 제7호, 1963; 제3호, 1978; 제592호, 1991.

《로동신문》, 1951. 4. 12; 1953. 11. 22; 1993. 1. 1; 1994. 1. 1; 1996. 1. 1; 1996. 2. 7;
    2000. 11. 18; 2002. 1. 22; 2002. 2. 1; 2003. 2. 17; 2002. 2. 23; 2003. 2. 27;
    2003. 5. 31; 2003. 6. 26; 2003. 7. 16; 2003. 11. 22; 2004. 5. 19; 2004. 7. 24;
    2006. 1. 1; 12. 28; 2008. 11. 27; 2008. 3. 27; 2009. 6. 24; 2012. 4. 16; 2014. 5.
    25; 2015. 10. 11; 2017. 5. 25; 2018. 3. 27; 10. 15.

《민주조선》, 1952. 5. 26.

《조선중앙통신》, 2001. 9. 12; 2004. 5. 18.

《천리마》, 제6호, 1984.

《천리마》, 제6호; 제7호, 1996.

《천리마》, 제2호; 제6호; 제10호; 제11호, 1999.

《천리마》, 제1호, 2000.

《천리마》, 제11호, 2008.

《천리마》, 제11호, 2009.

《청년전위》, 1998. 11. 12.

2. 남한편

(1) 논문

김보현, 「일상사 연구와 파시즘: '사소한 것을 특별하고 진지하게 다루기」, 박순성·홍민 엮음,
　　　동국대학교 북한일상생활연구센터 기획, 『북한의 일상생활세계: 외침과 속삭임』, 파주:
　　　한울, 2010.

김상환, 「6·25전쟁을 이용한 북한의 주민교양실태」, 《북한》, 제258호, 1993.

김석향, 「"남녀평등"과 "여성의 권리"에 대한 북한당국의 공식 담론 변화: 1950년 이전과
　　　1979년 이후 『조선여성』 기사를 중심으로」, 《북한연구학회보》, 제10권 제1호, 2006.

김성보, 「1950년대 북한의 사회주의 이행논의와 귀결」, 『1950년대 남북한의 선택과 굴절』,
　　　서울: 역사비평사, 1998.

김성보, 「남북국가 수립기 인민과 국민개념의 분화」, 《한국사연구》, 제144호, 2009.

김신숙, 「우리나라 협동조합 농민들의 가족 풍습」, 『북한민속학자료집』, 서울: 극동문제연구
　　　소, 1974.

김영희, 「한국전쟁 기간 삐라의 설득커뮤니케이션」, 《한국언론학보》, 제52권 제1호, 2008.

김용현, 「선군정치와 김정일 국방위원장 체제의 정치변화」, 《현대북한연구》, 제8권 3호,
　　　2005.

김윤희, 「근대 국가구성원으로서의 인민 개념 형성(1876~1894)」, 《역사문제연구》, 제21호,
　　　2009.

김종군, 「북한지역의 상장례(喪葬禮) 변화 연구-1960년대 민속조사 자료를 중심으로」, 《온
　　　지논총》, 제39권, 2014.

김종영, 「정치 언어의 특성에 관한 고찰-히틀러의 언어 사용을 중심으로」, 《독일어문학》, 제

22권, 2003.

김진환, 「김일성의 선로후군(先勞後軍)과 김정일의 선군후로(先軍後勞)-북한 호전성 명제에 대한 비판적 평가」, 《경제와사회》, 제87호, 2010.

노귀남, 「시장이 움직인 북한여성의 길: 시장, 경쟁과 욕망, 북한여성」, 홍민·박순성 엮음, 『북한의 권력과 일상생활: 지배와 저항 사이에서』, 파주: 한울아카데미, 2013.

류대영, 「한말 기독교 신문의 근대 국가론: 인민을 중심으로」, 《한국기독교와 역사》, 제29호, 2008.

리영희, 「미국-북한 핵 문제의 P.T.S.D적 구조」, 월간 《사회평론》, 1992년 5월.

알랭 바디우, 「'인민'이라는 말의 쓰임에 대한 스물네 개의 노트」, 알랭 바디우, 서용순·임옥희·주형일 옮김, 『인민이란 무엇인가』, 서울: 현실문화, 2014.

박명림, 「위기의 한반도 2003년」, 《기억과 전망》, 통권 3호, 2003.

박선영, 「냉전시기 뉴스영화의 정체성과 실천의 문제-<리버티뉴스>의 역사와 외국 재현을 중심으로」, 《사림》, 제65호, 2018.

박순성·고유환·홍민, 「북한 일상생활연구의 방법론적 모색」, 박순성·홍민 엮음, 동국대학교 북한일상생활연구센터 기획, 『북한의 일상생활세계: 외침과 속삭임』, 파주: 한울, 2010.

박신화, 「메를로-퐁티의 언어 이론과 철학 개념」, 《독일어문학》, 제51권, 2014.

박원용, 「스탈린체제 일상사 연구의 현황과 쟁점」, 박순성·홍민 엮음, 동국대학교 북한일상생활연구센터 기획, 『북한의 일상생활세계: 외침과 속삭임』, 파주: 한울, 2010.

박형중·정세진, 「'고난의 행군'과 북한 주민의 일상생활 변화」, 민족화해협력범국민협의회 정책위원회편, 『북한주민의 일상생활과 대중문화』, 서울: 오름, 2003.

박치우, 「전체주의와 민주주의: 신생 조선의 민주주의를 위하여」, 윤대석·윤미란 편, 『사상과 현실』, 인천: 인하대학교출판부, 2010.

박형신·정수남, 「거시적 감정사회학을 위하여」, 《사회와이론》, 제15권. 2009.

백지혜, 「유진오 소설에 나타난 주체의 형상화와 '계약'의 문제」, 《현대문학연구》, 제43집, 2014.

서동만, 「북한 사회주의에서 근대와 전통」, 역사문제연구소 편, 『한국의 '근대'와 '근대성' 비판』, 서울: 역사비평사, 2000.

서재진, 「북한 사회주의의 오늘과 내일」, 한국비교사회학회 편, 『동아시아 발전사회학』, 서울: 아르케, 2002.

신병식, 「박정희 시대의 일상생활과 군사주의」, 《경제와사회》, 제72호, 2006.

에릭 홉스봄, 「대량생산되는 전통들: 유럽, 1870~1914」, 에릭 홉스봄 외, 박지향·장문석 옮김, 『만들어진 전통』, 서울: 휴머니스트, 2004.

에릭 홉스봄, 「전통들을 발명해 내기」, 에릭 홉스봄 외, 박지향·장문석 옮김, 『만들어진 전통』, 서울: 휴머니스트, 2004.

이경남, 「황석영 소설 '손님'의 파장과 신천 '학살박물관'의 허구(下)」, 《한국발전 리뷰》, 제 107호, 2001.

이병혁, 「언어공동체: 자본주의 사회에서의 언어 헤게모니 문제」, 이병혁, 『언어사회학 서설- 이데올로기와 언어』, 서울: 까치, 1993.

이삼성, 「동아시아 대분단체제: 전후 동아시아 질서의 개념적 재구성과 '냉전'」, 한국냉전학 회 창립기념 학술대회, 『냉전과 동아시아 분단체제』, 성균관대학교 600주년기념관 6층 첨단강의실, 2015. 6. 25.

이상석, 「베트남전쟁 메모리얼에 나타난 기념문화」, 《한국조경학회지》, 제39권 3호, 2011.

이상호, 「한국전쟁기 맥아더사령부의 삐라 선전 정책」, 《한국근현대사연구》, 제58집, 2011.

이상현, 「독일 도시민속학의 이론적 체계와 응용성」, 《비교민속학》, 제22집, 2002.

이우영, 「북한 체제 내 사적 담론 형성의 가능성」, 이우영 엮음, 『북한 도시주민의 사적 영역 연구』, 파주: 한울, 2008.

이정은, 「아렌트의 루소 이해를 통한 양심과 여론의 관계」, 《가톨릭철학》, 제24호, 2015.

이정재, 「북한 민속학 연구의 경향과 특징 연구」, 『한국의 민속과 문화』, 6권, 2002.

이종석, 「북한 체제의 성격규명: '유일체제론'의 관점에서」, 《한국정치외교사논총》, 제13집, 1995.

이희영, 「텍스트의 '세계' 해석과 비판사회과학적 함의-구술자료의 채록에서 텍스트의 해석 으로」, 《경제와사회》, 제91호, 2011.

임종명, 「해방 직후 인민의 문제성과 엘리트의 인민 순치」, 《동방학지》, 제168집, 2014.

임현진·정영철, 「북한의 경제 개혁: 자본주의로의 길인가?」, 《현대북한연구》, 7권 1호, 2004.

장윤미, 「중국 기층사회에서 일어난 문화대혁명과 인민의 일상」, 박순성·홍민 엮음, 동국대 학교 북한일상생활연구센터 기획, 『북한의 일상생활세계: 외침과 속삭임』, 파주: 한울, 2010.

정광균, 「피카소 작품 <한국에서의 학살>에 대한 편견」, 2002.

정동규, 「분단 국가의 사회주의 언어와 언어 정책 연구」, 《한국어학》, 제8집, 1998.

정성장, 「김정일 시대의 정치 체제 특징 연구」, 통일부, 『2003년도 정책연구과제』, 2003.

정영목, 「피카소와 한국전쟁 <한국에서의 학살>을 중심으로」, 《서양미술사학회논문집》, 제 8집, 1996.

정영철, 「신화와 현실: 북한 정규군 "100만" 신화 비판」, 《북한연구학회보》, 제20권 1호, 2016.

정영철, 「미국에서의 북한 연구-냉전의 재생산」, 《현대북한연구》, 제13권 제1호, 2010.

정용욱, 「한국전쟁시 미군 방첩대 조직 및 운용」, 국방부 군사편찬연구소, 『군사사연구총서』, 제1집, 2001.

정용욱, 「6·25전쟁기 미군의 삐라 심리전과 '냉전' 이데올로기」, 《역사와현실》, 제51권, 2004.

정일준, 「한반도 '핵위기'의 계보학: 핵위기 담론의 사회적 구성과 북한의 핵무장」, 《경제와 사회》, 제115호, 2017, 40~65쪽.

정창현, 「김정은시대 북의 경제노선: 계획원칙 고수하며 실리 추구 경제관리 개선, 경제특구 확대」, 《민족21》, 2012년 9월 (통권138호).

정창현, 「북한의 문화유산 정책과 관리체계」, 《통일인문학논총》, 제53집, 2012.

조현수, 「맑스에 있어서의 언어와 정치: 언어의 이데올로기성 , 계급성 및 정치담론을 중심으로」, 《한국정치학회보》, 제17집 제1호, 2008.

주디스 버틀러, 「우리, 인민-집회의 자유에 관한 생각들」, 알랭 바디우 외, 서용순·임옥희·주형일 옮김, 『인민이란 무엇인가』, 서울: 현실문화, 2014.

진희관, 「북한에서 '선군'의 등장과 선군사상이 갖는 함의에 관한 연구」, 《국제 정치논총》, 제48집, 제1호, 2008.

최선영, 「북한여성의 지위와 역할 변화: 관련 법령분석을 중심으로」, 《동북아연구》, 제23권 제1호, 2008.

최재희, 「민주주의와 정당정치」, 《신천지》, 3권 9호, 1948.

토마스 린덴베르거, 「서유럽과 한국전쟁-프랑스의 정치 문화에 미친 영향」, 역사문제연구소, 포츠담현대사연구센터 기획, 『한국전쟁에 대한 11가지 시선: 한국, 동서독, 프랑스, 폴란드, 헝가리…』, 서울: 역사비평사, 2010.

피에르 부르디외, 「'인민적'이라고 말했나요?」, 알랭 바디우 외, 『인민이란 무엇인가』, 서용순·임옥희·주형일 옮김. 현실문화, 2014b.

한성훈, 「전쟁사회와 북한의 냉전 인식: 신천박물관을 통한 계급교양」, 《경제와사회》, 제91호, 2011.

한성훈, 「전시 북한의 반동분자 처리: 군중심판과 두문」, 《사회와역사》, 제93호, 2012.

한성훈, 「중국 조선족의 독일 이주 연구」, 《동방학지》, 제163호, 2013.

한성훈, 「월남 지식인의 정체성: 정치 사회변동과 자기 결정성」, 《동방학지》, 제180집, 2017a.

한성훈, 「월남민의 서사-출신지와 이산가족, 신념, 전쟁 체험을 중심으로」, 《사림》, 제60호, 2017b.

한성훈, 「역사적 사건과 생애 연구: 민간인 학살의 증언자」, 이현서·박선웅 엮음, 『질적 연구자 좌충우돌기: 실패담으로 파고드는 질적 연구 이모저모』, 파주: 한울아카데미, 2018.

함택영·구갑우, 「북한의 공(公)과 사(私): 이론화를 위한 비교」, 이우영 엮음, 『북한 도시주민의 사적 영역 연구』, 파주: 한울, 2008.

허미영, 「자기연출-말·몸·음식」, 박재완·일상성·일상생활연구회 지음, 『일상생활의 사회학적 이해』, 서울: 한울, 2008.

허재영, 「언어 권력에 대한 연구 경향과 사회언어학적 접근법에 대하여」, 《사회언어학》, 제21권 3호, 2013.

현인애, 「북한의 주민등록제도에 관한 연구」, 이화여자대학교 북한학협동과정 석사학위논문, 2008.

홍윤기, 「정치언어학의 철학: 정치언어 연구의 문제 층위와 정치언어의 작동 양상」, 《철학연구》, 제95호, 2011.

(2) 단행본

A. 반 겐넵, 전경수 옮김, 『통과의례』, 서울: 을유문화사, 2000.

강동완·박정란, 『사람과 사람-김정은 시대 '북조선 인민'을 만나다』, 부산: 너나드리, 2016.

강명도, 『평양은 망명을 꿈꾼다』, 서울: 중앙일보사, 1995.

강수택, 『일상생활의 패러다임-현대 사회학의 이해』, 서울: 민음사, 1998.

강영안, 『타인의 얼굴』, 서울: 문학과지성사, 2015.

강정구, 『통일시대의 북한학: 민족중심적 이해를 위하여』, 서울: 당대, 1996.

강정구·법륜 엮음, 『(1999) 민족의 희망찾기』, 서울: 정토출판, 1999.

개번 맥코맥, 박성준 옮김, 『범죄국가, 북한 그리고 미국』, 서울: 이카루스미디어, 2006.

건국대학교 통일인문학연구단, 김종군·정진아 엮음, 『고난의 행군 시기 탈북자 이야기』, 서울: 박이정, 2012.

국사편찬위원회, 『북한관계사료집 5』, 과천: 국사편찬위원회, 1987.

김귀옥, 『구술사연구: 방법과 실천』, 파주; 한울아카데미, 2014.

김덕홍, 『나는 자유주의자이다』, 서울: 집사재, 2015.

김동춘·기외르기 스첼·크리스토프 폴만 외, 안인경·이세현 옮김, 『반공의 시대: 한국과 독일, 냉전의 정치』, 파주: 돌베개, 2015.

김병로, 『북한, 조선으로 다시 읽다』, 서울: 서울대학교출판문화원, 2016.

김병연·양문수, 『북한 경제에서의 시장과 정부』, 서울: 서울대학교출판문화원, 2012.

김병욱·김영희, 『탈북 박사부부가 본 북한: 딜레마와 몸부림』, 서울: 매봉, 2013.

김혁, 『소년, 자유를 훔치다: 퍼플맨 김혁이 들려주는 꽃제비에 관한 진실』, 서울: 늘품플러스, 2013.

고려대학교 박물관, 『현민 유진오 제헌헌법 관계자료집』, 서울: 고려대학교출판부, 2009.

고미 요지, 이용택 옮김, 이영종 감수, 『안녕하세요 김정남입니다: 방탕아인가, 은둔의 황태자인가? 김정남 육성 고백』, 서울: 중앙m&b, 2012.

공군본부, 『6·25전쟁 증언록』, 계룡: 공군본부, 2002.

구연상, 『공포와 두려움 그리고 불안』, 서울: 청계출판사, 2002.

구월산유격부대전우회, 『구월산 유격부대 전사』, 서울: 한들출판사, 2002.

국립국어연구원, 『표준국어대사전』, 서울: 두산동아, 2000.

국방부 군사편찬연구소, 『한미군사관계사(1871~2002)』, 서울: 군사편찬연구소, 2002.

국방부 정훈국, 『구월산』, 서울: 국방부 정훈국, 1955.

국방부, 『국방백서 2010』, 서울: 국방부, 2010.

국사편찬위원회, 『북한관계사료집 15』, 과천: 국사편찬위원회, 1993.

국사편찬위원회, 『북한관계사료집 16』, 과천: 국사편찬위원회, 1993.

국사편찬위원회, 『북한관계사료집 29』, 과천: 국사편찬위원회, 1998.

주강현, 『북한민속학사』, 서울: 이론과 실천, 1991.

주강현, 『황철산민속학』, 서울: 민속원, 2014.

김정렬, 『항공의 경종: 김정렬 회고록』, 서울: 대희, 2010.

김종엽, 『연대와 열광』, 서울: 창작과비평사, 1999.

김태우, 『폭격: 미공군의 공중 폭격 기록으로 읽는 한국전쟁』, 파주: 창비, 2013.

김현식, 『나는 21세기 이념의 유목민: 예일대학에서 보내온 평양 교수의 편지』, 파주: 김영사, 2007.

남북하나재단, 『2017 북한이탈주민 사회통합조사』, 북한이탈주민지원재단, 2018.

다니엘 튜더·제임스 피어슨, 전병근 옮김, 『조선자본주의공화국: 맥주 덕후 기자와 북한 전문 특파원, 스키니 진을 입은 북한을 가다!』, 서울: 비아북, 2017.

동아일보사 안보통일문제조사연구소, 『북한대외 정책기본자료집Ⅱ』, 서울: 동아일보사, 1976.

로버트 J. 스턴버그·카린 스턴버그, 김정희 옮김, 『우리는 어쩌다 적이 되었을까?: 평범한 인간에게 숨어 있는 괴물의 그림자, 증오』, 파주: 21세기북스, 2010.

리 소테츠, 이동주 옮김, 『김정은체제 왜 붕괴되지 않는가: 김정일 전기』, 서울: 레드우드, 2017.

리영희, 『대화: 한 지식인의 삶과 사상』, 파주: 한길사, 2006.

마가렛 캐노번, 김만권 옮김, 『인민』, 서울: 그린비, 2015.

마르크스 칼·프리드리히 엥겔스, 박재희 옮김, 『독일이데올로기Ⅰ』, 서울: 청년사, 1998.

미셸 푸코, 이규현 옮김, 『말과 사물』, 파주: 민음사, 2012.

미셸 푸코 외 지음, 콜린 고든·그래엄 버첼·피터 밀러 엮음, 심성보 외 옮김, 『푸코 효과: 통치성에 관한 연구』, 서울: 난장, 2014.

미케 발, 한용환·강덕화 옮김, 『서사란 무엇인가』, 서울: 문예출판사, 1999.

박경숙, 『북한사회와 굴절된 근대: 인구, 국가, 북한주민의 삶』, 서울: 서울대학교출판문화원, 2013.

박명규, 『국민·인민·시민-개념사로 본 한국의 정치주체』, 서울: 소화, 2009.

박명림, 『한국전쟁의 발발과 기원 2』, 서울: 나남출판, 1996.

박소영, 『개성 각쟁이의 사회주의 적응사』, 서울: 선인, 2012.

박한식·강국진, 『선을 넘어 생각한다: 남과 북을 갈라놓는 12가지 편견에 관하여』, 서울: 부키, 2018.

박후건, 『북한 경제의 재구성: 《근로자》와 『경제연구』 등 북한 문헌들을 중심으로』, 서울: 선인, 2015.

백남운 저·방기중 해제, 『쏘련인상』, 서울: 선인, 2005.

백선엽, 『군과 나』, 서울: 대륙연구소출판부, 1989.

브로니슬라프 말리노프스키, 김도현 옮김, 『미개 사회의 범죄와 관습』, 서울: 책세상, 2010.

브루스 커밍스, 남성욱 옮김, 『김정일 코드』, 서울: 따뜻한 손, 2005.

비교역사문화연구소 기획, 권형진·이종훈 엮음, 『대중독재의 영웅 만들기』, 서울: 휴머니스트, 2005.

빅터 차, 김용순 옮김, 『불가사의한 국가: 북한의 과거와 미래』, 서울: 아산정책연구원, 2016.

서동만, 『북조선 사회주의 체제 성립사 1945~1961』, 서울: 선인, 2005.

서윤환·이용화 저, 『(2010) 북한이탈주민 경제 활동 동향: 취업·실업·소득』, 서울: 북한인권정보센터, 2011.

서재진, 『또 하나의 북한사회: 사회 구조와 사회의식의 이중성 연구』, 서울: 나남출판, 1995.

서희경, 『대한민국 헌법의 탄생』, 파주: 창비, 2012.

성혜랑, 『등나무집』, 서울: 지식나라, 2000.

션판, 이상원 옮김, 『홍위병: 잘못 태어난 마오쩌둥의 아이들』, 서울: 황소자리, 2004.

세종연구소 북한연구센터 엮음, 『조선로동당의 외곽단체』, 파주: 한울아카데미, 2004.

송두율, 『불타는 얼음: 경계인 송두율의 자전적 에세이』, 서울: 후마니타스, 2017.

송호근, 『인민의 탄생: 공론장의 구조 변동』, 서울: 민음사, 2011.

수키 김, 홍권희 옮김, 『평양의 영어 선생님』, 서울: 디오네, 2015.

쉬무엘 N. 아이젠스타트, 임현진·최종철·이정환·고성호 옮김, 『다중적 근대성의 탐구』, 서울: 나남, 2009.

신은미, 『재미동포 아줌마 또 북한에 가다: 내 생애 가장 아름답고도 행복한 여행』, 서울: 네 잎클로바, 2015.

스즈키 마사유키, 유영구 옮김, 『김정일과 수령제 사회주의: 통일시대의 북한 정치 체제 본 격 연구서』, 서울: 중앙일보사, 1994.

안드레이 란코프, 김광린 역, 『(소련의 자료로 본) 북한 현대 정치사』, 서울: 오름, 1995.

안드레이 란코프, 김수빈 지음, 『리얼 노스코리아: 좌와 우의 눈이 아닌 현실의 눈으로 보 다』, 고양: 개마고원, 2013.

알프 뤼트케 외, 이동기 외 옮김, 『일상사란 무엇인가』, 서울: 청년사, 2002.

에드먼드 닐, 이화여대 통번역연구소 옮김, 『마이클 오크숏』, 서울: 아산정책연구원, 2012.

에드워드 버네이스, 강미경 옮김, 『프로파간다: 대중 심리를 조종하는 선전 전략』, 서울: 공 존, 2009.

에릭 베르네르, 변광배 옮김, 『폭력에서 전체주의로: 카뮈와 사르트르의 정치사상』, 서울: 그 린비, 2012.

에릭 호퍼 지음, 이민아 옮김, 『맹신자들: 대중 운동의 본질에 관한 125가지 단상』, 서울: 궁 리, 2011.

에밀 뒤르케임, 노치준·민혜숙 옮김, 『종교생활의 원초적 형태』, 서울: 민음사, 1992.

에바 일루즈, 김희상 옮김, 『사랑은 왜 아픈가: 사랑의 사회학』, 파주: 돌베개, 2013.

에티엔 발리바르, 최원·서관모 옮김, 『대중들의 공포: 맑스 전과 후의 정치와 철학』, 서울: 도 서출판b, 2007.

올가 말리체바, 박정민·임을출 옮김, 『김정일과 왈츠를: 러시아 여기자의 김정일 극동방문 동행취재기』, 파주: 한울, 2004.

올랜도 파이지스, 김남섭 옮김, 『속삭이는 사회 1: 스탈린 시대 보통 사람들의 삶, 내면, 기 억』, 서울: 교양인, 2013a.

올랜도 파이지스, 김남섭 옮김, 『속삭이는 사회 2: 스탈린 시대 보통 사람들의 삶, 내면, 기 억』, 서울: 교양인, 2013b.

와다 하루끼, 남기정 옮김, 『와다 하루끼의 북한 현대사』, 파주: 창비, 2014.

와다 하루키, 서동만·남기정 옮김, 『북조선: 유격대국가에서 정규군국가로』, 서울: 돌베개, 2002.

월트 J. 옹, 이기우·임명진 옮김, 『구술문화와 문자문화』, 서울: 문예출판사, 1997.

유진오, 『헌정의 이론과 실제』, 서울: 일조각, 1954.

유진오, 『헌법기초회의록』, 서울: 일조각, 1980.

윤성우, 『폴 리쾨르의 철학』, 서울: 철학과현실사, 2004.

이삼성, 『미국의 대한정책과 한국 민족주의: 광주항쟁 민족통일 한미 관계』, 서울: 한길사,

1993.

이삼성, 『20세기의 문명과 야만: 전쟁과 평화 인간의 비극에 관한 정치적 성찰』, 서울: 한길사, 1998.

이삼성, 『한반도의 전쟁과 평화: 핵무장국가 북한과 세계의 선택』, 파주: 한길사, 2018.

이성식·전신현 편역, 『감정사회학』, 서울: 한울아카데미, 1995.

이수자, 『나의 독백: 윤이상 부인 이수자의 북한 이야기』, 서울: 한겨레신문사, 2001.

이영록, 『유진오 헌법사상의 형성과 전개』, 서울: 한국학술정보, 2006.

이임하, 『적을 삐라로 묻어라: 한국전쟁기 미국의 심리전』, 서울: 철수와영희, 2012.

이종석, 『새로 쓴 현대북한의 이해』, 서울: 역사비평사, 2000.

이종수, 『막스 베버의 학문과 사상』, 서울: 한길사, 1981.

이제우, 『북한의 신분·공민·주민등록제도에 관한 연구』, 고양: 사법정책연구원, 2017.

이태준, 『이태준문학전집 4: 소련기행·농토·먼지』, 서울: 깊은샘, 2001.

이현서·박선웅 엮음, 『질적 연구자 좌충우돌기: 실패담으로 파고드는 질적 연구 이모저모』, 파주: 한울아카데미, 2018.

이흥환, 『조선인민군 우편함 4640호-1950년, 받지 못한 편지들』, 서울: 삼인, 2012.

임마누엘 월러스타인, 김시완 옮김, 『변화하는 세계체제: 탈아메리카와 문화이동』, 서울: 백의.

임동원, 『피스메이커』, 서울: 중앙북스, 2008.

잉그리트 슈타이너 가쉬·다르단 가쉬, 박진권 역, 『독재자를 고발한다!: 김일성 부자를 위해 손과 발이 되었던 김정률 전 북한정보요원의 뒤늦은 고백』, 서울: 위즈덤피플, 2010.

장진성, 『경애하는 지도자에게』, 서울: 조갑제닷컴, 2014.

전진한, 『건국이념』, 서울: 경천애인사, 1948.

정명환, 장-프랑수아 시리넬리, 변광배, 유기환, 『프랑스 지식인들과 한국전쟁』, 서울: 민음사, 2004.

정성장, 『현대 북한의 정치: 역사 이념 권력체계』, 파주: 한울, 2011.

정세현, 『정세현의 통일토크: 남북 관계 현장 30년: 이론과 실제』, 파주: 서해문집, 2013.

정창현, 『변화하는 북한 변하지 않는 북한』, 서울: 선인, 2005.

정창현, 『장성택 사건 숨겨진 이야기』, 서울: 선인, 2014.

조동환, 『항공의 불꽃: 황해 10.13반공학생의거 투쟁사』, 서울: 보문각, 1957.

조르조 아감벤, 박진우 옮김, 『호모사케르: 주권 권력과 벌거벗은 생명』, 서울: 새물결, 2008.

조정아 외, 『북한 주민의 일상생활』, 서울: 통일연구원, 2008.

조지 오웰, 김기혁 옮김, 『1984: 조지 오웰 장편소설』, 파주: 문학동네, 2010.

존 페퍼, 정세채 옮김, 『남한 북한』, 서울: 모색, 2005.

좋은벗들 엮음, 『(북한사람들이 말하는) 북한이야기』, 서울: 정토출판, 2000.

주승현, 『조난자들: 남과 북, 어디에도 속하지 못한 이들에 관하여』, 파주: 생각의힘, 2018.

차재성, 『(남한사람 차재성) 북한에 가다』, 서울: 아침이슬, 2001.

찰스 테일러, 이상길 옮김, 『근대의 사회적 상상』, 서울: 이음, 2010.

최상훈·찰스 핸리·마사 멘도사, 남원준 옮김, 『노근리 다리: 한국전쟁의 숨겨진 악몽』, 서울: 잉걸, 2003.

최장집, 『한국 민주주의의 조건과 전망』, 서울: 나남출판, 1996.

최주활, 『북조선입구 1: 북한의 시장, 집, 교통, 사업문화』, 서울: 지식공작소, 2000.

최진이, 『국경을 세 번 건넌 여자 최진이』, 파주: 북하우스, 2005.

칼 심스, 김창환 옮김, 『해석의 영혼 폴 리쾨르』, 서울: 앨피, 2009.

클라우제비츠, 김홍철 역, 『전쟁론』, 서울: 삼성출판사, 1990.

통일연구원, 『북한개요』, 서울: 통일연구원, 2009.

티머시 스나이더, 조행복 옮김, 『블랙 어스: 홀로코스트, 역사이자 경고』, 파주: 열린책들, 2018.

페르낭 브로델, 김홍식 옮김, 『물질문명과 자본주의 읽기: 자본주의라는 이름의 히드라 이야기』, 서울: 갈라파고스, 2012.

펠릭스 아브트, 임상순·권원순 옮김, 『평양 자본주의-스위스 사업가의 평양생활 7년』, 서울: 한국외국어대학교 지식출판원, 2015.

피에르 부르디외, 김현경 옮김, 『언어와 상징권력』, 서울: 나남, 2014a.

하기와라 료, 양창식 옮김, 『김정일의 숨겨진 전쟁: 김일성의 죽음과 대량 아사의 수수께끼를 푼다』, 서울: 알파, 2005.

한국정신문화연구원 한민족문화연구소 편, 『내가 겪은 해방과 분단』, 서울: 선인, 2001.

한나 아렌트, 이진우·태정호 옮김, 『인간의 조건』, 서울: 한길사, 1996.

한나 아렌트, 홍원표 옮김, 『혁명론』, 파주: 한길사, 2004.

한성훈, 『전쟁과 인민: 북한 사회주의체제의 성립과 인민의 탄생』, 파주: 돌베개, 2012.

한성훈, 『가면권력: 한국전쟁과 학살』, 서울: 후마니타스, 2014.

한성훈, 『학살, 그 이후의 삶과 정치』, 서울: 산처럼, 2018.

한스 마레츠키 지음, 정경섭 옮김, 『兵營國家 북한: 마지막 평양주재 동독대사의 증언』, 서울: 동아일보사, 1991.

헤이즐 스미스, 김재오 옮김, 『장마당과 선군정치: '미지의 나라' 북한이라는 신화에 도전한다』, 파주: 창비, 2017.

헬렌-루이즈 헌터, 남성욱·김은영 옮김, 『CIA 북한보고서』, 서울: 한송, 2001.

홍동근, 『미완의 귀향일기: 주체의 나라 북한을 가다-홍동근 북한방문기, 상권』, 한울, 1988.

황석영, 『손님』, 서울: 창작과비평사, 2001.

황장엽, 『황장엽 회고록』, 서울: 시대정신, 2006.

후지와라 기이치, 이숙종 옮김, 『전쟁을 기억한다: 히로시마 홀로코스트와 현재』, 서울: 일조
각, 2003.

(3) 구술 증언 자료 기타

김○○ 구술, 한성훈 채록, 서울 강동구 명일동, 2014. 12. 22.

김○○ 구술, 한성훈 채록, 서울 서대문구 연세대학교 신촌캠퍼스, 2016. 4. 7.

김○○ 구술, 한성훈 채록, 서울시 금천구 독산동 146-11, 2018. 5. 9.

서○○ 구술, 한성훈 채록, 서울 강남구 일원동, 2016. 12. 30.

이○○ 구술, 한성훈 채록, 서울 서대문구 연세대학교 신촌캠퍼스, 2016. 4. 7.

유태영 구술, 한성훈 채록, 미국 뉴저지 Harrington park 자택, 2016. 2. 20.

곽복현 증언, MBC시사제작국, <이제는 말할 수 있다>, "망각의 전쟁-황해도 신천사건",
2002. 4. 21 방영.

겨레말큰사전남북공동편찬사업회, http://www.gyeoremal.or.kr/.

알 자지라 다큐멘타리, '인간과 권력(People & Power)', 2010. 3. 17 방송.

재미블로거 안치용, http://andocu.tistory.com/.

정창현, "농업 분조장대회와 포전담당제: <연재> 정창현의 '김정은시대 북한읽기'"
(40), 2014. 2. 3, 『통일뉴스』, http://www.tongilnews.com/news/articleView.
html?idxno=105884.

주한미공보원, 『리버티뉴스』, 제253호, 1958. http://kfilm.khistory.org/?mod=colt&
kind=k5.

통일부, 《주간북한동향》 제393호, 1998. 7. 10.

통일부, 《주간북한동향》, 제785호, 2006. 4. 19.

MBC시사제작국, <이제는 말할 수 있다>, "망각의 전쟁-황해도 신천사건", 2002년 4월 21
일 방영.

《민족21》, 2001년 9월 (통권 6호)

《민족21》, 2012년 9월 (통권 138호)

《브리티시 파페》, 1958.

《연합뉴스》, 2012. 5. 10; 2017. 12. 8; 2019. 3. 7.

《월간 조선》, 2013년 2월호.

《자유아시아방송RFA》, 2012. 5. 15.

《조선일보》, 2007. 10. 4.

《중앙일보》, 2002. 8. 2; 2007. 10. 3; 2015. 6. 13.

《한국일보》, 1994. 7. 19.

http://english.aljazeera.net/programmes/peopleandpower/2010/03/2010317615417
    94128.html.

http://www.unilaw.go.kr/

https://reliefweb.int/report/democratic-peoples-republic-korea/dpr-korea-floods-
    situation-report-no12.

http://pyongsu.com./

http://kfilm.khistory.org/?mod=26&MOVIE_SEQ=5776&KIND_CLSS=06.

http://www.law.go.kr/LSW//lsEfInfoP.do?lsiSeq=202631#.

3. 해외편

유태영, 『제 소리: 회고록』, 뉴욕: 가나안, 2010.

萩原 遼, 『金正日 隠された戦争-金日成の死と大量餓死の謎を解』, 文藝春秋, 2004.

Abt, Felix, *A capitalist in North Korea: my seven years in the Hermit Kingdom*,
    North Clarendon: Tuttle Publishing, c2014.

Albright, Madeline, *Madam Secretary: A Memoir*, New York: Miamax, 2003.

Arnold van Gennep, *Les Rites de Passage*, Librairie Critique Emile Nourry, 1909.

Barthes, Roland, 'The Death of the Author', in *Image, Music, Text*, ed. and trans.
    Stephen Heath, London: Fontana, 1977.

Buruma, Ian, *The wages of guilt: memories of war in Germany and Japan*,. London:
    Atlantic Books, 2009.

Canovan, Margaret, *The People*, Cambridge: Polity, 2005.

Central Bureau of Statistics Pyongyang DPR Korea, *DPR Korea 2008 Population
    Census National Report*, 2009.

Cha, Victor D., *The impossible state: North Korea, past and future*, New York,:
    Ecco, c2012.

COMMISSION OF INTERNATIONAL ASSOCIATION OF DEMOCRATIC LAWYERS,
    "*REPORT ON U.S. CRIMES IN KOREA*", 31st Mar., 1952.

Cumings, Bruce, *The origins of the Korean War. Vol. 2, The roaring of the cataract, 1947-1950*, Princeton: Princeton University Press, 1990.

Dekker, Rudolf, "Jacques Presser's Heritage: Egodocuments in the Study of History", *Memoria y Civilización*(MyC), Vol. 5, 2002.

Eckert, Carter, "Korean Reunification in Historical Perspective"(paper prepared for a conference on Korean reunification sponsored by Seoul Shinmun, Feburary 3, 1996.

Fasold, Ralph W., *The sociolinguistics of society*, Blackwell, 1984.

Fasold, Ralph W., *The sociolinguistics of Language*. Blackwell, 1990.

Felton, Monica, *That's Why I Went*, Lawrence & Wishart, 1953.

Fulbrook, Mary and RublackIn, Ulinka, "Relation: The 'Social Self' and Ego-Documents", *German History*, Vol. 28, 2010.

Gillis, John R., *Commemoriation, The Politicks of National Identity*, Princeton: Princeton University Press, 1994.

Gramsci, Antonio, *Selections from the Prison Notebooks*, ed. and trans. Q. Hoare and G. Nowell Smith, London: Lawrence & Wishart, 1971.

Gramsci, Antonio, *The Antonio Gramsci Reader: Selected Writings, 1916-1935,*. New York: New York University Press, 2000.

Harrison, Selig S., *Korean endgame: a strategy for reunification and U.S. disengagement*. Princeton and Oxford: Princeton University Press, 2002.

Hirsch, E. D., Jr., *The Philosophy of Composition*, Chicago and London: University of Chicago Press, 1977.

Joseph Goebbels, edited, translated and with an Introduction by Louis P. Lochner, *The Goebbels Diaries 1942-1943*, Garden City: Doubleday & Company, Inc., 1948.

June Hee Kwon, "The Work of Waiting: Love and Money in Korean Chinese Transnational Migration", *Cultural Anthropology*, Vol. 30, No. 3, 2015.

Kant, Immanuel, *Political Writing*, Hans Reiss, translated by H. B. Nisbet, Cambridge: Cambridge University Press, 1970.

Kemper, Theodore. D., "How many Emotions Are There? Wedding the Social and the Autonomic Components", *American Journal of Sociology*, Vol. 93, No. 2, Sep., 1987.

Kidd, William, *Memory and Memorials: The Commemorative Century*, Cornell:

Ashgate, 2004.

Klein, Josef (Hrsg.), "Politische Kommunikation- Sprachwissenschaftliche Perspektiven." in: Jarren, Otfried, Sarcinelli, Ulrich & Saxer, Ulrich (Hg.) *Politische Kommunikation in der demokratischen Gesellschaft. Ein Handbuch mit Lexikonteil.* Opladen: Westdeutscher Verlag, 1998.

Kozo Yamamura and Wolfgang Streeck(eds.), *The End of Diversity? Prospects for German and Japanese Capitalism*, Ithaca: Cornell University Press, 2003.

Kristensen, Hans M., "Preemptive Posturing", *Bulletin of the Atomic Scientists*, Vol. 58, Sep. & Oct., 2002.

Lankov, Andrei, *The real North Korea: life and politics in the failed Stalinist utopia*, Oxford: Oxford University Press, c2013.

Lasswell, Harold D., *National security and individual freedom*, New York: McGraw-Hill Book Co, 1950.

MacDonald, Callum, Korea: *The War Before Vietnam*, Houndmills and London: MacMillan, 1986.

McCormack, Gavan, Target North Korea, New York: Nation Books, 2004.

Melucci, Alberto, "The Process of Collective Identity", Hank Johnston and Bert Klandermans(eds.), *Social Movements and Culture*, The University of Minnesota Press, 1995.

Millar, F., *The Crowd in Rome in the Late Republic*, Ann Arbor: University of Michigan Press, 1998.

Morgan, E. S., *Inventing the People*, New York: Norton, 1988.

Reynolds, S., *Ideas and Solidarities of the Medieval Laity*, Aldershot: Variorum, 1995.

Ricoeur, Paul, *From Text to Action: Essays in Hermeneutics, II*, trans. Kathleen Mclaughlin and John B. Thompson, Evanston: Northwestern University Press, 1991.

Ricoeur, Paul, *The Symbolism of Evil*, trans. Emerson Buchanan, New York: Harper & Row, 1967.

Robert S., Norris, William M. Arkin & William Burr, "Where they were", *Bulletin of the Atomic Scientists*, Nov/Dec. 55, 1999.

Schmidt, Volker H., "Multiple Modernities or Varieties of Modernity?", *Current Sociology*, Vol.54, No. 1, 2006.

Schurmann, Franz, *Ideology and Organization in Communist China*, Berkeley and Los Angeles: University of California Press, 1966.

Schwartz, Barry, "The Social Context of Commemoration: A Study in Collective Memory", *Social Forces*, Vol. 61, No. 2, 1982.

Skocpol, Theda, *State and Social Revolutions: A Comparative Analysis of France, Russia, and China*, Cambridge: Cambridge University Press, 1979, pp. 4~5.

Smith, Anthony D., "Culture, Community and Territory: the Politics of Ethnicity and Nationalism", *International Affairs*, Vol. 72, No. 3, 1996.

Smith, Hazel, *North Korea: markets and military rule*, Cambridge: Cambridge University Press, 2015.

Solnick, Steven L., *Stealing the State: Control and Collapse in Soviet Institutions*, Cambridge:Harvard University Press, 1998.

Stueck, William, "The Korean War", in Melvyn P. Leffler and Arne Westad(eds.), *The Cambridge History of the Cold War*, vol. 1, Origins, Cambridge: Cambridge University Press, 2010.

THE AUSCHWITZ-BIRKENAU STATE MUSEUM, *Auschwitz: A History in Photographs*, English edition prepared by Jonathan Webber and Connie Wilsack, 2009.

Tilly, Charles, *Coercion, capital, and European states, AD 990-1992*, Oxford: Basil Blackwell, 1990.

Tsai, Robert L., "Introduction: The Politics of Hate." *JOURNAL OF HATE STUDIES*, Vol. 10. No. 1, 2012, p. 9.

Winnington, Alan, *I saw the truth in Korea: Facts and photographs that will shock Britain!*, 1950.

Women's International Democratic Federation, "Report of the Committee of the Women's International Democratic Federation in Korea," May, 1951.

감사의 말

책을 쓰는 데 많은 분들에게서 요긴한 도움을 받았습니다. 그만큼 고마운 분들입니다. 1950년대 《개성신문》은 김성보, 이신철 선생님 께서 볼 수 있도록 형편을 봐주었습니다. 이 신문을 가지고 논문을 먼저 썼는데 두 분이 러시아에서 어렵게 구한 자료를 선뜻 제공해 주었습니다. 신천박물관의 이미지를 사용할 수 있게 해준 미즈노 나 오키水野直樹 교토대학교 명예교수는 뜻깊은 분입니다. 2014년 8월 교토에서 열린 '차세대연구자포럼'에서 연구 주제와 논문을 서로 소 개하면서 신천박물관에 대한 필자의 관심을 아신 선생님께서 그곳 을 방문해 찍은 사진을 전해 주었습니다. 1958년경 춘천 캠프페이 지에 핵무기가 배치되는 전후의 한미 관계에 대한 자료는 홍석률 선 생님의 보탬이 있었습니다.

자료에 대해서 빼놓을 수 없는 분이 있습니다. 정창현 선생님은 김일성과 김정일 저작을 비롯해 사회과학원 민속학연구소 등 다양한 출처의 문헌을 활용할 수 있게 도와 주었습니다. 북한의 과거와 현재에 대한 역사 인식을 인물과 자료를 근거로 정확하게 짚어 주는 그의 관점은 놀라울 따름입니다. 귀한 자료를 다루는 데 얼마나 충실했는지 자신할 수 없지만, 글을 쓰면서 중요한 맥락과 시사점을 얻었습니다. 겨레말큰사전남북공동편찬사업회의 한용운 선생님은 바쁜 와중에도 앞으로 출간할 『겨레말큰사전』의 올림말 작업 과정을 여러 차례 소상히 알려주었습니다.

북쪽에서 남쪽으로 이주한 분들에게 고마움을 전합니다. 개인 정보를 일일이 밝힐 수는 없지만 인터뷰에 응한 북한 이주민은 글을 전개하는 데 꼭 필요한 사항만 서술해 두었습니다. 현지 조사가 거의 불가능한 상태에서 그들의 구술은 인민들의 심성을 살펴보는 데 중요한 실마리가 되었습니다. 어려운 질문을 마다하지 않고 이북에서 겪은 생활과 당시의 현실을 귀한 시간을 내어서 밝혀 주었습니다.

구술은 그 자체로 다양한 의미가 있습니다만 그렇다고 모든 구술 내용을 인용할 수는 없었습니다. 이주민이라고 해서 자기 나라 사정을 반드시 잘 알고 있는 것은 아니라는 뜻입니다. 인터뷰는 1990년대부터 2015년까지 입국한 사람들의 것입니다. 이 책이 좀 더 풍성한 모양새를 갖추게 된 것은 이분들 덕택입니다. 나름대로 삶의 의미를 찾아가는 그들에게서 체제의 성격으로 재단할 수 없는 인간의 모습을 봅니다. 북한이든 남한이든 어느 사회에 종속시킬 수 없는 인간의 보편성이겠지요.

남한에서 소수자에 대한 편견과 차별이 북한 이주민에게만 끼치는 것은 아니지만, 유독 그들에게 가혹한 것이 사실입니다. 집계를 시작한 이래 3만여 명에 이르는 이주민들 중에는 남한 생활을 견디지 못한 채 다시 이북으로 돌아간 경우도 제법 있습니다. 북한이 아니더라도 제3국으로 떠난 사람들도 5천 명이 넘는 것으로 알려져 있지요. 정치 체제를 자유롭게 선택할 권리는 매우 제한되어 있습니다만, 그들이 자신의 운명을 스스로 결정한 사람들이라는 의미에서 남북한의 정치 관계를 넘어서는 인도주의 관점이 절실해 보입니다.

이 책의 1차 자료는 《개성신문》과 사회과학원 민속학연구소의 민속 자료, 미군 노획 문서에 있는 인민들의 개인 편지, 북한 출신자의 회고록과 자서전, 평양에 체류하거나 장기간 교류한 사람들이 남긴 수기 그리고 이주민의 구술을 채록한 겁니다. 이북에서 생활한 남한 사람이나 외국인의 경험담은 그곳의 일상을 이해하는 데 큰 도움이 되었습니다. 그들이 인민들과 나눈 생생한 체험은 기록 이상의 증언이나 마찬가지일 때가 많았기 때문입니다.

자료에 대해 추신하고 싶은 게 있습니다. 열려 있는 세계에서 북한 자료를 구입하거나 취득할 수 있는 기회는 다양하게 있습니다. 평양은 월드와이드웹www을 사용하고 주요 기관은 홈페이지에서 다양한 자료를 제공하고 있지만 남한에서는 접근이 불가능합니다. 금지한다고 해서 그렇게 될 수 있는 것이 아닌데도, 이미 온라인에는 북한이 제공하는 정보가 넘쳐 나고 있는데도, 정부는 한사코 아날로그 방식으로 제한하려고만 듭니다. 유해 사이트로 분류해 접근을 차단한 정부의 조치는 여러모로 보아 뒤떨어진 정책입니다. 해외에 나가면 누구나 이북이 국제 도메인에 등록해 개설한 .kp 사이트에 접속해서 자료를 볼 수 있지 않습니까. 외국 학자들은 《로동신문》을 비롯해 여러 기관의 온라인 정보를 실시간으로 찾을 수 있습

감사의 말

니다.

정부의 통제는 학문의 자유를 정치에 종속시킬 뿐만 아니라 자료의 활용을 근본적으로 제한하는 조치에 불과합니다. 특수 자료로 취급하고 있는 북한의 간행물을 연구자와 시민들이 좀 더 자유롭게 이용할 수 있도록 관련 규정을 손질하는 것이 남북 관계를 위해서 꼭 필요합니다. 북쪽을 편견 없이 바라볼 때 올바른 남북 관계가 되지 않을까 싶은데, 비판과 분석을 위해서는 더욱 그렇습니다. 일부러 북한을 지지할 필요는 없다 하더라도 객관적인 자료를 일부러 내팽개칠 이유 또한 없습니다. 특수 자료로 분류하고 온라인에서 장벽을 쌓는 일들은 결국 우리 자신을 가두는 것밖에는 되지 않을 겁니다.

북한 사회를 이해하고 보편적으로 보려는 관점에서 빠뜨릴 수 없는 장면이 있습니다. 김정은 국무위원장과 김여정 노동당 선전선동부 제1부부장입니다. 방송에 비친 그들의 모습 뒤로 좀 더 깊은 이해를 해 보려 하였습니다. 남매는 한 국가를 책임지고 있는 30대 초중반의 비교적 젊은 나이입니다. 2004년 어머니 고용희가 사망했을 때 10대의 어린 나이였고, 2011년 김정일 국방위원장이 사망했을 때는 20대의 젊은이들이었죠. 두 사람은 최고 지도자의 자녀로서 남다른 삶을 살았을 것이지만 부모를 잃은 또래의 청년으로서 또한 평범한 감성을 경험했을 겁니다. 물론 김정은 위원장은 남편이자 아버지이기도 합니다.

2018년부터 전 세계 사람들에게 둘러싸여 카메라를 응시하며 방송에 나오는 남매의 모습을 지켜봅니다. 그럴 때마다 이런 생각이 들었습니다. 한 국가를 이끌고 있는 그들이 국제 사회의 쏟아지는 비난을 헤치고 공개 석상에 나오기까지 얼마나 절치부심했을까. 최고 지도자로서 남한과 국제 사회에 관한 지식을 갖추기 위해서 나름대로 많은 준비를 했겠구나. 인민을 통치하려면 능력이 필요하고, 국제 무대에 등장하기까지 노동당과 내각의 정치 외교 엘리트들로부터 다양한 학습을 받았을 겁니다.

북한이 최고 정치권력을 3대 세습한 매우 이례적인 국가라고 하더라도 노동당의 지도적 위치는 사회주의 체제의 일반적인 형식을 따르고 있습니다. 노동당을 비롯한 내각과 군대의 주요 정책을 결정하고, 사회를 통치하기 위해서는 관료 체계의 교육을 거칠 수밖에 없었겠지요. 이렇게 쓴 것은 북한의 평범한 사람들과 마찬가지로 정치 엘리트를 바라보는 또 다른 관점의 이해가 필요하지 않나 해서입니다. 남북 대화와 북미 대화에서 그들이 내뱉는 말의 진정성을 얼핏설핏 볼 수 있기 때문입니다.

출판이 어려운 시절이지만 인문사회과학 도서에 남다른 애정을 가진 돌베개 한철희 사장님과 편집 과정에서 글의 무게 중심을 잡아준 편집부에 감사드립니다. 보태는 것 못지않게 들어내는 편집으로 북한에 대한 낯선 내용들이 독자들에게 딱딱하지 않게 다가설 수 있도록 해 주었습니다. 이북을 단순히 말하기는 어렵습니다. 전작 『전쟁과 인민: 북한 사회주의 체제의 성립과 인민의 탄생』에 이어서 그들의 내면세계와 정치적 감정을 좀 더 명확하게 보고 싶었습니다.

당상當喪으로 마치려 합니다. 지난해 여름 111년만의 폭염이 끝나가는 2018년 8월 28일 어머니께서 돌아가셨습니다. 아무런 예고도 없이, 마음의 준비라도 할 시간을 주시지 않았습니다. 어쩌면 자식의 욕심인지도 모르겠습니다만, 이런 일을 겪은 사람들이 갖는 존재의 상실감은 이루 다 말할 수 없을 겁니다. 언젠가 올 줄 알았지만, 갑작스럽게 닥친 상으로 아무 일도 할 수 없었지요. 죽음을 한순간이라도 생각했던 마음에서 느껴야 하는 죄책감은 오래도록 남을 것입니다. 그나마 할 수 있는 일은 이 책의 초고를 읽고 마저 끝내는 것이 전부였습니다. 부모는 자식을 염려하는 존재이고 자식은 후회하고 뉘우치는 존재인가 봅니다.

어머니 방 윗목에 40년 넘게 사용한 낡은 옷장이 하나 있습니다. 맨 아래 칸에서 70년 동안 고스란히 간직한 예장지禮裝紙를 발견했습니다. 할아버지께서 쓴 예장지는 예단의 물목物目과 함께 어머니와 아버지의 혼인날을 무자戊子년(1948) 12월 26일로 밝혀 두었더군요. 장례를 치르기 전에 어머니의 예장지를 한 번도 본 적이 없었습니다. 35년 전 남편을 먼저 보낸 어머니가 단 한 번도 아버지를 입에 올리지 않았던 것처럼. 자식들은 장례식에서 예장지를 함께 보내는 예를 따르지 않고 간직하기로 결정했습니다. 몸 쓰는 일을 평생 하다 떠난 문화 柳씨 七자 永자 영가에게 이 책을 바칩니다. 좋은 곳에서 평안을 누리십시오. 밥 한 숟가락 더 먹으라고 손짓하고 채근하는 모습이 그립습니다. "엄마, 혼자 있게 해서 미안해!"

2019년 봄
한성훈

찾아보기

찾아보기